Lars Sobiraj aka Ghandy (Hg.)

& Redaktion Tech-Portal Tarnkappe.Info

Unter dem Radar

Ausgewählte Artikel und Interviews

zu Datenschutz, Informationstechnologie, Netzpolitik und Hacking

Impressum

Lars aka Ghandy Sobiraj (Hg.):

Unter dem Radar:
Ausgewählte Artikel und Interviews
zu Datenschutz, Informationstechnologie, Netzpolitik und Hacking,
Norderstedt 2024.

ISBN: 9783757861919

Taschenbuchausgabe.

© 2024 Herausgeber Lars Sobiray aka Ghandy und jeweilige Autor:inne:n
Herstellung und Verlag:
BoD – Books on Demand, Norderstedt
Schlussredaktion & Lektorat: Redaktion Tarnkappe Info
mit Unterstützung von Anna Kreisler (Mitarbeit Lektorat).
Bibliographische Hinweise unter: https://portal.dnb.de.

Den Ehrenamtlichen, die sich in lokalen Vereinen

für Quelloffenheit und Datenvermeidung

sowie die Integration von Lernenden einsetzen.

Inhalt

12

Vorwort zur Taschenbuchausgabe

Aus dem Alltag eines Online-Journalisten – oder: Wie ich Ghandy wurde

Es begab sich, dass ich als Berufseinsteiger bei einem deutschen Unternehmen als freier Mitarbeiter einstieg. Beginnen nicht alle Märchen so? Leider ist die Geschichte wahr, selbst wenn es nur meine Sicht der Dinge ist, die ich hier darlegen kann. Zu einem Erfolg nach all den Jahren und einem Rückblick auf zahlreiche Online-Artikel gehört auch der Blick auf ehemalige Arbeitgeber und andere Katastrophen.

Ehemalige Arbeitgeber und andere Katastrophen

Ich hatte das Blog schon seit längerer Zeit in meinem RSS-Feedreader. Der Ruf des Internet-Portals hatte in meinen Augen nach dem Betreiberwechsel keinen sichtbaren Schaden genommen. Viele der Artikel dort waren für mich als Leser nicht wirklich relevant. Ich hoffte aber, dass ich dort vielleicht einige meiner Kernthemen unterbringen könnte, eben weil es dort nur selten etwas darüber zu lesen gab. Nach meiner Bewerbung stellte ich schnell ein paar Unterschiede zu anderen Arbeitgebern fest. Es gab schon im Vorfeld einen Vertrag, selbst wenn er in manchen Punkten zu meinen Ungunsten formuliert war. Und es gab auch eine Verpflichtung im Voraus zu planen, bis zu welcher Uhrzeit die eigenen Artikel fertig sein sollten. Das war professionell. Auch die Bezahlung war für mich okay.

Privatsphäre bei diesem Arbeitgeber? Ein Fremdwort!

Ich fand es aber merkwürdig, dass man selbst als freier Autor zwingend die firmeneigene E-Mail-Adresse auf dem Server vom Arbeitgeber benutzen sollte. Einer meiner damaligen Kolleg:inn:en hat später sogar seinen Gmail-Account komplett aufgegeben und ist seitdem nur noch über die Adresse des Unternehmens erreichbar. Die Nachteile liegen auf der Hand: Es sind deren Server. Bei unverschlüsselten E-Mails können diese auch Jahre später noch gelesen werden. Privatsphäre ist in dieser Form nicht möglich. Scheidet ein Mitarbeiter freiwillig aus oder wird er gekündigt, verliert er seine einzige Kontaktmöglichkeit. Er ist dann für alle früheren Geschäftspartner:innen und Interviewpartner:innen auf einen Schlag nicht mehr erreichbar. Das fördert meines Erachtens die Abhängigkeit vom Arbeitgeber. Bei Festangestellten ist eine betriebliche E-Mail nachvollziehbar. Bei Freiberuflern, die für diverse Portale schreiben, hingegen nicht. Der Zwang ging so weit, dass mir wichtige Informationen absichtlich an die firmeneigene E-Mail-Adresse geschickt wurden. Per Googlemail bekam ich lediglich den Hinweis, ich müsse bei ihnen nachschauen, wenn ich die Information haben will. Sorry, das fand ich äußerst merkwürdig.

2 bis 3 Euro Stundenlohn bei Interviews

Echt krass wurde es bereits wenige Tage später. Ich bekam die Anfrage des Redaktionsleiters, der damals noch zusätzlich für ein anderes News-Portal des Betreibers verantwortlich war.

Er könne mir eine Flugreise für ein Interview in Südeuropa anbieten. Ich fragte freundlich zurück, wie denn die Konditionen aussehen. Es kam keine Antwort. Zwei Tage später fragte ich nach, was denn aus den Reiseplänen geworden sei. Er antwortete mir, ich hätte nicht nach den Konditionen fragen dürfen. Er hätte das Interview einem Kollegen vermittelt. Aha, denkt man sich dann. Ich fand es schade, weil mich das Gespräch schon gereizt hätte. Dann etwa 3 Tage vor dem Termin bekam ich eine Mitteilung, der Kollege habe es sich anders überlegt. Ob ich nicht doch fliegen könne. Ich fragte abermals nach den Konditionen. Bei einem Arbeitsaufwand von etwa 3,5 bis 4 Tagen inklusive dem Übersetzen und Mitschreiben des englischsprachigen Interviews, mit An- und Abreise, plus Formulierung eines allgemeinen Artikels über die Führung durch das Unternehmen – für all das sollte ich brutto 70 Euro bekommen. Man räume mir „ausnahmsweise" das Recht zur Zweitverwertung ein.

70 EUR für 1 Woche Arbeit

Also nochmal zum Mitschreiben: 4 von 5 Wochenarbeitstage soll ich aufwenden und kriege 70 zu versteuernde Euro, wobei für den Auftraggeber wahrscheinlich keinerlei Reisekosten entstanden sind. Ich dachte, mich kriegen sie. Kalkuliere ich wirklich mit 4 Tagen und somit 32 Stunden Zeitaufwand, komme ich auf einen Stundenlohn von 2,1875 Euro brutto. Bei 3 Tagen bin ich bei knapp 3 Euro pro Stunde. Da mein Ausweis zu diesem Zeitpunkt tatsächlich abgelaufen war, und ich wegen eines Wasserschadens die Handwerker:innen im Haus hatte, habe ich dankend abgelehnt.

Ich weiß selbst zu genau, dass im Online-Bereich die Einnahmen der Betreiber nicht in den Himmel wachsen. Aber wieso ist es nicht nachvollziehbar, wenn ich bei rund 2,20 Euro pro Stunde keine Luftsprünge mache? Mein Vorgesetzter war weniger begeistert, hat das Thema aber auch nicht weiter angesprochen. Das war auch gut so, ich hätte bei so viel Freizügigkeit ansonsten bei nächster Gelegenheit in seine Tischkante gebissen.

Übrigens hat sich das Szenario munter wiederholt, das war keine Ausnahme. Wir wurden häufiger dazu aufgefordert, auf eigene Kosten zu irgendwelchen Firmenmeetings zu fahren, die sonst wo stattfanden. Kurz vor Ende kam eine Anfrage wegen eines Interviews mit Microsoft. Das gleiche Spiel, ein vergleichbarer Aufwand, die gleiche Bezahlung. Ich hätte gerne mehr als die angebotenen 70 Euro für insgesamt zwei Artikel, schrieb ich zurück. Auf meine Nachfrage wurde ich vom Redaktionsleiter an den Geschäftsführer verwiesen. Der gab mir nach wenigen Minuten Bedenkzeit per E-Mail zu verstehen, dass man den Auftrag anderweitig „intern" vergeben hätte, was auch immer das bedeuten mag.

Der Arbeitgeber als Kommunikationszentrale

Spannend auch der Umgang mit internen Absprachen. Ich schlug dem Vertreter des Redaktionsleiters zwei Themen vor und versuchte ihm per Messenger klarzumachen, wie wichtig mein präferiertes Social-Media-Thema sei. Nein, keine Chance, Social Media wollte er nicht.

Das war an sich nichts Neues. Meine Artikelvorschläge wurden häufiger abgelehnt, das ging aber nicht nur mir so. Das ist so weit nachvollziehbar, das kann einem überall passieren. Wir machten aus, ich solle das andere Thema bearbeiten und um ca. 11 Uhr würden wir uns nochmals kurzschließen. Dazu kam die Ansage, später sei das Social-Media-Thema möglicherweise schon zu alt. Gut, okay. Damit konnte ich leben.

Eher zufällig schaute ich um kurz vor 11 Uhr im Blog meines Arbeitgebers vorbei und sah, dass meine vorgeschlagene Social-Media-News mittlerweile von einem anderen Freiberufler veröffentlicht wurde. Ich muss also davon ausgehen, mein Vorgesetzter hat sich die Sache kurz nach dem Chat anders überlegt und gab das Thema ohne jede Info an mich an andere weiter. Oder aber mein Kollege war selbst darüber gestolpert und er bekam dafür die Zusage. Auch wenn ich keine verbindliche Zusage erhalten hatte, so hatte ich dennoch schon zu Schreiben angefangen. Ich war echt schockiert über dieses Verhalten. Für mich steht fest: Wer einen Mitarbeiter so behandelt, schätzt ihn nicht! Ein einziger Satz per E-Mail oder Messenger hätte gereicht, und alles wäre prima gewesen. Aber nein, das war ja offensichtlich nicht nötig.

Weniger Honorar als Belohnung?

Wenig überraschend konnten die Herren meine Aufregung nicht nachvollziehen. Auch weil ich mit der angekündigten Reduzierung des Honorars um 6 Euro nach Ende der Probezeit nicht einverstanden war, telefonierte ich tags darauf mit dem Geschäftsführer. Ich solle mir doch nicht so viel Mühe bei der Erstellung meiner Artikel machen, dann würde auch der Stundenlohn wieder passen, sagte er mir. Solche Aussagen habe ich aber noch nie zu hören bekommen. Er könne es verstehen, dass die Reduzierung nicht motivierend wirke. Aber das anfängliche Honorar könne er auf Dauer nicht bei den Gesellschaftern realisieren. Daraufhin folgten die für trainierte Manager üblichen Fragen, um mich zu verunsichern. Er wolle mir helfen. Wo denn meine Probleme liegen würden, warum ich so lange für einen Artikel brauche und vieles mehr. Na klar! Wenn ich einfach den Text von anderen Quellen umformuliere, statt eine Anfrage bei der zuständigen Pressestelle durchzuführen, weil ich eine zitierfähige Aussage haben will, geht alles schneller. Aber dann ist es exakt das Geschmiere, welches die Firma haben will und jetzt auch bekommt. Dann wurde mir noch gesagt, eine Absprache wegen der Social-Media-News hätte nicht stattfinden müssen. Sie seien doch „keine Kommunikationszentrale".

Aktion und Reaktion

Zwischenzeitlich erfolgte eine wirklich ausgefallene Weihnachtsfeier, wo man es den Mitarbeiter:innen an wirklich nichts mangeln ließ. Sogar die Kinder der Angestellten wurden bestens versorgt. Unterhaltung, Speisen und Getränke vom Feinsten. Es gab sogar für die Freien ein dickes Weihnachtsgeschenk, was mich an dem Tag deutlich milder stimmte.

Doch das dicke Ende kommt noch. Ich habe Anfang dieses Jahres gekündigt, weil ich das Gefühl hatte, ich kann bei diesem Unternehmen nichts lernen. Texte einfach im Eiltempo herunterschreiben, das kann ich überall. Ich möchte im Idealfall dort arbeiten, wo ich mich wohlfühle, weil ich gut behandelt werde. Wenn es geht, möchte ich mich sogar mit der Firma und dem Produkt identifizieren. Andere Menschen sind vielleicht weniger empfindlich. Zu bleiben war mir unter den gegebenen Umständen nicht möglich. Um nicht zu viele Interna zu verraten, bleiben an dieser Stelle mehrere andere „Zwischenfälle" unerwähnt. Das bisher Geschriebene reicht völlig aus, um sich ein Bild von den dortigen Verhältnissen zu machen.

Basic Thinking hatte alle Beiträge gelöscht

Mein Kontakt „Uwe aus Bochum" schrieb mich an, neben dem Interview von mir sei kein Name zu sehen. Wie, was? Ich hatte das Interview doch gerade erst bei Google Plus, Facebook, Twitter, Xing und LinkedIn angekündigt, das war höchstens 10 Minuten her. Und tatsächlich. Der Redaktionsleiter hatte meinen Namen auf Anweisung der Geschäftsleitung noch vor Ablauf des Arbeitsvertrages aus allen Artikeln entfernt. Dort stand lediglich:

*„Ehemalige ***** ******** Autoren: Dieses Posting wurde von einem Blogger geschrieben, der nicht mehr für ***** ******** aktiv ist."*

Ich befinde mich dort übrigens in bester Gesellschaft. Ich habe auf 22 Übersichtsseiten Artikel gefunden, die nachträglich anonymisiert wurden. Angeblich würde dies nur bei Personen geschehen, die nur kurzfristig für das Unternehmen bloggten, wurde mir zur Antwort gegeben. Und nein, ich hätte keinerlei Anspruch darauf, namentlich genannt zu werden. Lieber Vorgesetzter, das ist einfach falsch. Schon Satz 1 von § 13 des Urheberrechtsgesetztes besagt, der Urheber hat ein Recht auf Anerkennung seiner Urheberschaft am Werk. Er kann bestimmen, ob dieses mit einer Urheberbezeichnung zu versehen und welche Bezeichnung zu verwenden ist. Dazu kommt, dass mir sogar vertraglich zugesichert war, dass mein Name erwähnt werden muss. Wenn der Redaktionsleiter den Vertrag nicht kennt, wieso glaubt er, mir schreiben zu müssen, dass ich kein Recht auf meine Namensnennung hätte? Ich verstand die Welt nicht mehr.

Okay, zugegeben.

Ich hatte die Nase gestrichen voll und via social media angekündigt, dass dies definitiv mein letzter Beitrag für diesen Arbeitgeber sei. Sonst hatte ich nichts Wertendes geschrieben. Das war mein Fehler und leider auch unprofessionell. Professionell wäre es gewesen, zu allem zu lächeln und sich still und heimlich zu sagen, dass die Welt um einen herum einfach total verrückt ist.

Wieso die ganze Aufregung? Das ist im Prinzip ganz einfach: Wer sich als freier Journalist etablieren will und eine Chance zum Publizieren bekommt, der gibt Vollgas. Ich wollte mit besonders guter Arbeit und interessanten Statements von Insidern bei künftigen Arbeitgebern punkten. Wenn mein Name neben dem Artikel fehlt, wird mir diese Chance natürlich genommen. Ich kann beim Bewerbungsgespräch schlecht sagen: Liebe:r Portalbetreiber:in, da stand mal mein Name, der wurde aber gelöscht.

Vor allem Quereinsteiger:innen suchen nach Möglichkeiten, Referenzartikel zu veröffentlichen, um sich einen Namen zu machen. Wenn ich das Statement eines Filehosters, eines Landtagsabgeordneten, einer Rechtsanwältin, eines Hackers etc. vorweisen kann, wäre das wertvoll gewesen. Das weiß ich, das wussten sicher auch meine Vorgesetzten.

Einen Rechtsanwalt habe ich zur Durchsetzung meiner Rechte glücklicherweise nicht einschalten müssen. Dennoch hat man die Wiedereinsetzung so gelöst, dass der eigene Name über die Suchmaschinen nicht mehr sonderlich gut auffindbar ist.

Fazit zum Thema Arbeitgeber

Kaum begann ich hinter die Kulissen zu blicken, kamen mir die ersten Zweifel, ob ich dort gut hinpassen würde. In den wenigen Monaten meiner Mitarbeit wurde für mich mit jeder Woche offensichtlicher, dass Autor:inn:en für diese Firma nichts weiter als austauschbare menschliche Schreibmaschinen sind. Blogbeiträge sollen so wenig wie möglich kosten, die Qualität ist dabei nachrangig. Zugegeben: Man muss nicht aus jeder News eine Doktorarbeit machen. Und manchmal neige ich zu aufwändigen Ausarbeitungen. Aber ein gewisses Maß an Qualität ist für mich einfach nicht diskutabel. Die Leser:innen sind nicht blöd und schalten ab, sobald sie sich nicht gut unterhalten fühlen.

Wirklich schlimm in dem Zusammenhang ist, dass solche Arbeitgeber über eine schier endlos sprudelnde Quelle an Nachwuchsautor:inn:en verfügen. Es wird immer genug Leute geben, die sich darüber freuen, für mehr als nur für die fünfzig Leser:innen ihres eigenen Blogs zu schreiben. Mir hätte es anfangs ganz genauso passieren können. Ich habe im Sommer 2006 auch mit unendlich viel Enthusiasmus und Spaß meine ersten News bei gulli.com veröffentlicht. Ich hätte damals Himmel und Hölle in Bewegung gesetzt, nur um weiter publizieren zu dürfen. Glücklicherweise war das nicht nötig, weil die Zusammenarbeit funktionierte - und auch kontinuierlich heute funktioniert mit den Kolleg:inn:en.

Ich habe übrigens lange darüber nachgedacht, ob ich mich überhaupt über dieses Thema auslassen soll. Zu leicht könnte der Eindruck entstehen, dass ich eine Krawallschachtel bin. Dann heißt es, er regt sich selbst über kleinste Kleinigkeiten (über seine früheren Arbeitgeber) auf. Doch weder das eine noch das andere ist der Fall! Es ist dazu aufzurufen, dass keiner einfach Lust haben solle, sich (nahezu) pausenlos schlecht behandeln zu lassen, wie ich es erlebt habe.

Ich wollte es besser machen und mit den fortfolgenden Teams entwickelten wir ein präsentes Verständnis der Grundlagen journalistischer Arbeit - und auch der wertschätzenden Zusammenarbeit!

Was sind heute unsere journalistischen Grundsätze?

Fair, kritisch und neutral, das sind nur einige von vielen Grundsätzen im Journalismus, die für eine qualitativ hochwertige und ethische Berichterstattung Sorge tragen sollen. Besonders die Neutralität in der Berichterstattung ist ein hohes und wichtiges Gut, denn die Neutralität zu Vorgängen und Taten unterscheiden einen Bericht von Propaganda oder Hetze.

Wir, Autor:inn:en der Redaktion, fühlen uns dem Pressekodex verpflichtet, wir möchten Euch als Leser:innen, neutrale, wahrheitsgemäße News, aber auch Kommentare mit der persönlichen Meinung Einzelner oder Statements von Gruppen liefern.

Wir stehen neutral in Beobachtung zu dem Geschehen, über das wir berichten. Doch auch wir als Journalist:inn:en machen Fehler, wir sind nicht perfekt!

Unabhängiger und kritischer Journalismus beruht auf Freiheit und Verantwortung. Freiheit bedeutet, dass nur dann eine freie, unabhängige und kritische Berichterstattung geben ist, wo die politischen und gesellschaftlichen Voraussetzungen vorhanden sind. Journalistisches Schaffen hat der Stärkung und Erhaltung von Freiheitsrechten und der Menschlichkeit zu dienen. Wir tragen Verantwortung, denn wir tragen durch unsere Berichte, Kommentare und News zur Bildung der Meinung der Leser:innen bei. Aus dieser Verantwortung ergibt sich die Verpflichtung zur Fairness, zur Neutralität, zur Wahrheit und zu einem gesunden Augenmaß.

Im Kräftespiel gesellschaftlicher, politischer und wirtschaftlicher Mächte und Interessen müssen wir Journalist:inn:en bei der Aufklärung und Berichterstattung durch Sammlung, Prüfung, Auswertung und Einordnung jeglicher Informationen, die für Euch als Leser:innen relevant sind, absolute Neutralität und Fingerspitzengefühl wahren.

Eine neutrale Berichterstattung bedeutet, dass wir uns als Medium nicht hinter eine Meinung, Partei oder Ideologie stellen, sondern neutral in Beobachtung das Geschehen dokumentieren und darüber berichten. Wir fühlen uns der objektiven Wahrheit verpflichtet! Dennoch sind wir auch nur Menschen, die schon mal kleinere und größere Fehler begehen.

Es gilt insbesondere auch Artikel 13 des Pressekodex, darin heißt es: Die Berichterstattung über Ermittlungsverfahren, Strafverfahren und sonstige förmliche Verfahren muss frei von Vorurteilen erfolgen. Der Grundsatz der Unschuldsvermutung gilt auch für die Presse.

Es ist nicht unsere Aufgabe und nicht unser Bestreben, über Dritte zu richten. Jeder einer Tat bezichtigte Mensch hat so lange als unschuldig zu gelten, bis die Schuld bewiesen ist.

Wir lassen allen Menschen das gleiche Recht auf Äußerung seiner Meinung und Ansicht zu Vorgängen zuteilkommen. Meinungsfreiheit bedeutet auch unliebsame Meinungen ertragen zu können.

Eine Demokratie hält das aus. Wir stehen ein für demokratisch freiheitliche Rechte, Pflichten und für die Meinungsfreiheit. Die Meinungsfreiheit darf erst dann begrenzt werden, wo die Grundrechte anderer Menschen gefährdet und gegen geltendes Recht verstoßen wird.

Recherche, Recherche, Recherche: die juristischen Grundlagen einfach erklärt

Bei jeder Planung eines Artikels ist es also zwingend erforderlich zu wissen, wo man mit welchen Mitteln recherchieren darf. Bei der Recherche lauern auf Journalist:inn:en rechtliche Gefahren, möglicherweise macht man sich sogar strafbar.

Wer nicht gegen das Persönlichkeitsrecht verstoßen will, muss wissen, was er tun darf. Zudem muss der Artikel, Radio- oder Fernsehbeitrag sorgfältig ausgearbeitet werden, damit man seine Tatsachenbehauptungen später vor Gericht beweisen kann.

Behandelt wird unter anderem: Wie umfangreich ist das Hausrecht? Wo darf ich filmen, fotografieren oder den Ton aufzeichnen? Arbeiten mit einer versteckten Kamera erlaubt? In welchen Fällen ist eine verdeckte Recherche nicht strafbar? Was versteht man unter dem Schutz von Informant:inn:en oder dem Begriff Zeugnisverweigerungsrecht? Was tun bei einer Hausdurchsuchung der privaten Räumlichkeiten betroffener Journalist:inn:en? Wer sollte unbedingt dabei sein, wie sollte man sich verhalten?

Das sind alles Dinge, die einem, mir, als Journalisten häufig begegnen. Und alles Fragestellungen, die man bei jeder Recherche unbedingt wissen muss.

In so manchen studentischen Veranstaltungen an verschiedenen Hochschulen und Fortbildungseinrichtungen unterrichtete ich über diese Fragen - neben Themen aus der Welt der Informations-Technologie.

Dieser Hintergrund meiner beruflichen Erfahrungen und Entwicklung war eine wesentliche Motivation, nach meinem ersten Arbeitgeber mir mit dem Portal Gulli.com, das heute leider nicht mehr existiert, andere Arbeitgeber gesucht zu haben.

Nach Jahren der wertschätzenden und erfolgreichen Teamarbeit - mein Rufname war inzwischen „Ghandy" geworden - machte ich mich dann schließlich mit dem eigenen Portal „Tarnkappe-Info" selbständig und bildete eine eigene Redaktion mit bezahlten und auch ehrenamtlich arbeitenden Autor:inn:en.

Ein wenig über unser Blog-Portal

Vor mehr als einer Dekade war es also soweit: Ein Jugendfreund hatte mich so lange beackert, bis ich mich endlich habe breitschlagen lassen. Viele Leser:innen kannten meine Beiträge schon von gulli.com, wo ich über mehrere Jahre hinweg die Redaktion hauptamtlich als Chefredakteur betreut habe.

Statt nach dem Ende von Gulli.com nur im Auftrag diverser News-Portale zu arbeiten, ging im Februar 2014 endlich mein eigener Blog ans Netz: Als Nachfolge-Portal hatte ich Tarnkappe Info gegründet.

Nach mehr als einer Dekade des Lebens dieser Webseite - zum Zehnjährigen - darf mit dieser Buch-Ausgabe ein wenig Geburtstag gefeiert werden – wir laden alle ein, mitzufeiern. Und: Im Gegensatz zu 90% aller früheren Kolleg:inn:en bin ich noch immer als Online-Journalist tätig. Wenn man sich bei den Business-Netzwerken umschaut, haben die meisten Leute in der Zwischenzeit ihren Job gewechselt. Und der Blog wächst in der Leserzahl prächtig.

Tarnkappe.info ist einer der meistgelesenen Blogs im deutschsprachigen Raum. Schon seit mehreren Jahren zählen wir pro Tag im Durchschnitt Seitenzugriffe im fünfstelligen Bereich. Unsere thematischen Schwerpunkte sind Recht der Urheber:innen, Datenschutz und Netzpolitik und weitere. Das spiegeln auch die Sektionen dieses Buches wieder.

Nun nach mehr 10 Jahren haben wir die meistgelesenen, nach wie vor aktuellen und relevantesten Beiträge, Nachrichten und Interviews Revue passieren lassen und in diesem Buch-Band aufbereitet.

Allen, die an Tech-Journalismus zur Informationstechnologie und Netz-Politik Interesse haben, wünschen wir viel Spaß und Erkenntnis beim Stöbern in diesem Band, der eine kleine Grund-Einführung in die Welt der IT und der Netzpolitik abbilden soll.

Stellvertretend für alle Autor:inn:en in unserem Portal und diesem Band, denen (wie am Ende formuliert) unser ausgesprochener ganz herzlicher Dank gilt:

Ihr und Euer

Lars Sobiraj aka Ghandy,

mit Redaktion

im November 2023/Februar 2024.

Überwachung & Tarnkappen

In diesem ersten Abschnitt geht es darum, zu zeigen, dass die Überwachung vielfältig ist. Ob es um Tastatureingaben, Mikrofone, biometrische Merkmale wie Fingerabdrücke oder Gesichtserkennung geht. Alle unterschiedlichen Arten werden auch mit Soft- und Hardware unterschiedlich erfasst, gespeichert, verknüpft und ausgewertet!

Die Programm-Namen sind vielfältig. Dementsprechend müssen auch die Schutz-Maßnahmen und mögliche Tarnkappen vielfältig sein, um Daten zu vermeiden, und wo Vermeidung oder ein definiertes Löschen nicht geht, sie bestmöglich zu schützen. Doch es geht inzwischen nicht nur um den Roh-Datenbestand. Die Algorithmen von Künstlicher Intelligenz nehmen bereits jetzt Zensur und damit Auswahl und Entscheidungen vor, wie z.B. beim Agenda-Cutting, auf das wir später noch eingehen.

Eine oft besprochene These in unserer Redaktion ist, dass es zukünftig eine weitere Generation von Maschinen und Laptops - sowie auch Menschen, die dieses umsetzen - geben wird, nämlich die, die nicht am Internet sind, damit unsere Eingaben nicht mehr kontrolliert werden - sowie die, die ihre Wohnungen und Maschinen Kamera- & Mikrofon-frei halten werden.

Microsofts neuer Servicevertrag erlaubt Totalüberwachung aller Nutzer:innen

von Lars Sobiraj

Microsofts neuer Servicevertrag besagt, dass man alle Inhalte der Nutzer:innen überprüfen darf. Es wird zu Löschungen und Kontensperrungen kommen.

Es gelten nun neue Geschäftsbedingungen für Microsoft-Kund:inn:en. Wenn sie sich bei der Nutzung mehrerer Produkte (Betriebssystem, Software & Cloud-Dienste) nicht an deren vage formulierten

Verhaltenskodex halten, kann das Microsoft-Konto gesperrt werden. Man verliert dann den Zugriff auf alle bezahlten oder kostenlosen Dienste und alle dort gespeicherten Daten. Auch wird Microsoft mit den Behörden kooperieren. Die Regressansprüche aufgrund der Sperrungen hat man übrigens nicht minder vage formuliert.

Microsoft will automatisch alle Inhalte überprüfen

Microsoft schreibt auf ihrer Website zur Durchsetzung: „Wir verwenden Hashes von bekannten illegalen und schädlichen Inhalten. Wir verwenden auch unsere eigene Technologie und Klassifikatoren, um schädliche Inhalte zu finden, die über unsere Dienste verbreitet werden."

Das heißt, dass alle Inhalte auf unserer Festplatte und in der Cloud 24/7 automatisch auf bestimmte Keywords hin untersucht werden. Sofern bestimmte Begriffe auftauchen, werden die Mitarbeiter:innen von Microsoft aktiv. „Wir haben menschliche Prüfer:innen, die Regelverstöße überprüfen und bestätigen, welche Maßnahmen ergriffen werden. Diese Leute können auf bestimmte Arten von Schäden spezialisiert sein oder sie arbeiten an einem bestimmten Dienst." Zudem fordert man die Nutzer:innen dazu auf, Dritte bei Verstößen zu denunzieren.

Machtmissbrauch

Wenn man Regelverstöße feststellt, will man künftig „verhältnismäßige Maßnahmen" ergreifen, was auch immer das im Einzelfall bedeuten mag. Verstöße gegen den Servicevertrag können zur Sperrung, Löschung oder die Nichtanzeige von Inhalten gehören. Außerdem behält man sich das Recht vor, Maßnahmen gegen das Konto von Nutzer:innen zu ergreifen, um daran zu hindern, erneut gegen ihre Regeln zu verstoßen.

Microsoft bestimmt darüber, was den Nutzer:inne:n erlaubt ist

Zu den verbotenen Handlungen bzw. Inhalten gehört z.B. das Verbreiten von Phishing-Mails, Missbrauch von Kindern, jegliche illegale Handlungen, Hassrede, Jailbreaken, Übertragung von anstößigen Inhalten oder Schadsoftware, Stalking, Urheberrechtsverletzungen, der Verstoß der Privatsphäre bei Dritten und vieles mehr. Einen Verstoß stellen aber auch Bilder aus dem Bereich Aktfotografie und Aktmalerei dar. Schon das Generieren von anstößiger Sprache ist ein Regelbruch. Dafür muss man die anstößigen Aussagen noch nicht einmal öffentlich verbreiten. Zudem will man uns nun detailgetreu vorschreiben, in welcher Form man Dienste mit Künstlicher Intelligenz (KI) nutzen darf. Doch was bitte haben die KI-Konzerne getan, um ihre Bots zu trainieren, die jetzt immer häufiger verklagt werden?

Auch ist von einer umfangreichen Kooperation zwischen Strafverfolgungsbehörden und Microsoft auszugehen. So könnte der Softwarehersteller quasi auf Zuruf Konten von Personen sperren, die bei bestimmten Behörden auffällig geworden sind.

Einladung zur Denunziation

Ferner schreibt man, man nutze Berichte von Nutzer:inne:n, Behörden und vertrauenswürdigen Hinweisgeber:inn:n, die sie auf mögliche Richtlinienverstöße aufmerksam machen. Das öffnet natürlich auch Tür und Tor für den Missbrauch dieser Aufforderung, um unliebsamen Zeitgenoss:inn:en mal so richtig Ärger zu bereiten. Selbstständige oder Home-Office-Nutzer:inne:n können von jetzt auf gleich ihre Existenzgrundlage verlieren, wenn sie plötzlich keinen Zugriff mehr auf ihre Daten haben.

Meinung

Für manche mag der Hinweis auf die neuen Nutzungsbedingungen nur eine weitere E-Mail im Postfach gewesen sein, die man ignoriert. Das übliche Spiel halt. Doch de facto nimmt sich Microsoft damit das Recht heraus, uns von vorne bis hinten zu durchleuchten.

Ein Betriebssystem-Anbieter, Software-Hersteller und Cloud-Dienstleister sollte aber nicht das Recht haben, Zugriff auf unsere Daten zu haben. Das sind eure Daten, nicht ihre! Ob man damit in Zukunft tatsächlich strafbare Handlungen vermeiden kann, bleibt auch noch abzuwarten. Dazu kommt: Der Redmonder Konzern war nie Teil der international tätigen Strafverfolgungsbehörden, doch genau dazu macht man sich nun. Kritisch zu sehen ist auch das Angebot an jegliche Denunziant:inn:en, sich an sie wegen dem Fehlverhalten Dritter zu wenden. Von der Ankündigung, mit der Polizei und anderen Behörden zu kooperieren, einmal ganz abgesehen.

Totalüberwachung - der perfekte Moment, um zu wechseln!

Wer bisher noch nicht genügend Argumente hatte, auf eine Linux-Distribution, freie Software zum Arbeiten und auf einen anderen Cloud-Anbieter zu wechseln, dem liefert dieses Microsoft nun frei Haus! Natürlich ist der Wechsel zeitaufwändig und manchmal auch nervig. Nein, es gibt nicht für alle Microsoft-Produkte eine Open Source-Alternative, das ist auch klar. Viele kommerzielle Programme oder Erweiterungen sind nie für Linux erschienen. Auch bei Treibern für exotische Hardware oder beim Gaming mit dem PC sieht es eher mau aus.

Doch diese Einmischung in unser aller Leben, das sollte niemandem erlaubt sein! Ich lasse mir keinen so restriktiven Verhaltenskodex vorschreiben! Das sollten wir nicht zulassen und mit den Füßen abstimmen. Das ist sowieso das Einzige, was wir jetzt tun können.

Chatkontrolle: UNO-Menschenrechtskommissar warnt eindringlich

von Lars Sobiraj

UNO-Menschenrechtskommissar Volker Türk warnt eindringlich vor der EU-Chatkontrolle. Andere drohen mit der Ausweitung auf Suchmaschinen-Ergebnisse.

In einer aktuell veröffentlichten Stellungnahme geht UNO-Menschenrechtskommissar Volker Türk auf die von der EU geplante Kontrolle aller Chat-Inhalte auf Smartphones ein. Das Büro des Hohen Kommissars für Menschenrechte (OHCHR) warnt eindringlich vor den Plänen der Europäischen Union zur Chat-Kontrolle.

UNO-Menschenrechtskommissar: Freiheitsrechte in Gefahr!

Die damit verbundene anlasslose Überwachung und Einschränkung der Freiheitsrechte aller EU-Bürger:innen steht in Anbetracht der zu erwartenden hohen Fehlerrate in keinem Verhältnis.

Im Report of the Office of the United Nations High Commissioner for Human Rights steht: „Bei einer allgemeinen Durchsuchung der Kommunikation lassen sich häufige Fehlalarme nicht vermeiden, selbst wenn die Trefferquote hoch ist, so dass zahlreiche unschuldige Personen davon betroffen sind. In Anbetracht [dessen] dürfte eine wahllose Überwachung die freie Meinungsäußerung und die Vereinigungsfreiheit erheblich einschränken, so dass die Menschen die Art und Weise ihrer Kommunikation und Interaktion mit anderen einschränken und zur Selbstzensur greifen."

Das Scannen macht Sicherheitsverletzungen wahrscheinlicher

Insbesondere die geplante Nachrichtendurchleuchtung auf privaten Smartphones zur Aushebelung sicherer Nachrichtenverschlüsselung, auch bekannt als Client-Side-Scanning, kritisiert der UNO-Menschenrechtskommissar: „Das clientseitige Scannen bringt auch neue Herausforderungen für die Sicherheit mit sich und macht Sicherheitsverletzungen wahrscheinlicher. Der Screening-Prozess kann auch manipuliert werden, so dass es möglich ist, künstlich falsch positive oder falsch negative Profile zu erstellen. Selbst wenn das clientseitige Screening für aktuelle Zwecke eng zugeschnitten ist, wird die Öffnung von Geräten für staatlich angeordnete Screenings wahrscheinlich zu zukünftigen Versuchen führen, den Umfang der Inhalte, die Ziel solcher Maßnahmen sind, zu erweitern.

Insbesondere dort, wo die Rechtsstaatlichkeit schwach ist, und die Menschenrechte bedroht sind, könnten die Auswirkungen der clientseitigen Überprüfung viel umfassender sein, z. B. könnten sie zur Unterdrückung der politischen Debatte oder zur gezielten Bekämpfung von Oppositionellen, Journalisten und Menschenrechtsverteidigern eingesetzt werden."

Insgesamt kommen die Menschenrechts-Expert:inn:en zu dem Schluss: „Ohne eine eingehende Untersuchung und Analyse scheint es unwahrscheinlich, dass solche Beschränkungen nach den internationalen Menschenrechtsvorschriften als verhältnismäßig angesehen werden können, selbst wenn sie in Verfolgung legitimer Ziele auferlegt werden, angesichts der Schwere ihrer möglichen Folgen." Die Urteile des Europäischen Gerichtshofs „untermauern diese Schlussfolgerung". Danach sei eine automatische Analyse nur bei Bedrohung der nationalen Sicherheit denkbar. „Das Gericht lehnt jede andere Rechtfertigung ab." Die Rechtsprechung zeige „eine noch stärkere Skepsis gegenüber dem Screening von Inhaltsdaten". Der UNO-Menschenrechtskommissar empfiehlt Nachrichtendurchsuchungen nur gezielt bei verdächtigen Einzelpersonen vorzunehmen.

Kaum Kritik aus den Reihen der Abgeordneten zu erwarten

Der Europaabgeordnete der Piratenpartei Dr. Patrick Breyer kommentiert die Einschätzungen von Volker Türk: „Die Menschenrechts-Expert:inn:en sprechen aus, was in Brüssel totgeschwiegen wird: Wahllose Massenüberwachung unserer privaten Kommunikation ist nicht nur ineffektiv, sondern auch eindeutig illegal. Die Wölfe im Kinderschutzpelz in Brüssel sind aber in einer so klaren

Mehrheit, dass es massive Proteste brauchen wird, um das digitale Briefgeheimnis und digitale Sicherheit im Netz zu retten. Alle werden gebraucht!"

Das EU-Parlament hat letzte Woche den Startschuss zu den Verhandlungen gegeben. Berichterstatter und Chefverhandler wird der konservative Abgeordnete Javier Zarzalejos sein. Zarzalejos hat bereits die umstrittene Europol-Reform verhandelt. Er ist allgemein bekannt als ein starker Befürworter der Chatkontrolle. Selbst für die liberale Fraktion verhandelt mit Hilde Vautmans eine starke Befürworterin. In der Folge wird die Mitte-Rechts-Mehrheit im Parlament die Pläne wahrscheinlich unterstützen. Für die Fraktion Grüne/Europäische Freie Allianz sitzt mit Dr. Patrick Breyer (Piratenpartei) ein klarer Gegner mit am Verhandlungstisch.

Doch damit nicht genug. Wie Breyer berichtet, hat die tschechische Ratspräsidentschaft zwischenzeitlich vorgeschlagen, die Verordnung zur Chatkontrolle zu erweitern. Sie fordern neben der Kontrolle aller Chat-Inhalte auf Smartphones die Speicherung von Suchmaschinen-Ergebnissen bzw. die Suchworte der Anfragen.

Wer sich mit dem Thema eingehend beschäftigen möchte, kann sich die Fakten ausführlich auf Breyers Seite Chatkontrolle.de anschauen. Ob die Warnung des UNO-Menschenrechtskommissars bei den Verhandlungen etwas bringen wird, darf man hingegen ernsthaft bezweifeln.

Gesetz zur Künstlichen Intelligenz (AI-Act): KI-basierte, EU-weite Gesichtserkennung geplant

von Lars Sobiraj

Im Sommer 2023 stimmte das Europäische Parlament über das AI-Act/KI-Gesetz ab. Kritiker:innen befürchten den Einzug chinesischer Verhältnisse in Europa.

Das Europaparlament wird bald das geplante AI-Act/KI-Gesetz weiter ausgestalten. Es besagt zwar, dass eine biometrische Echtzeit-Identifizierung aller Personen im öffentlichen Raum verboten sein soll, bei der eine KI das Gesicht scannt und alle Betroffenen dann automatisch aus der Datenbank identifiziert.

Doch aus den Reihen der konservativen Parteien kamen Vorschläge zur Aufweichung dieses Verbots. Man plant viele verschiedene Einsatzbereiche, in denen man das Verbot aufheben will.

Eine Woche vor der Plenarabstimmung über die neue Verordnung über künstliche Intelligenz, den AI-Act, kristallisiert sich innerhalb des Parlaments biometrische Massenüberwachung als zentraler Streitpunkt heraus. Bislang konnten noch Änderungsanträge eingereicht werden.

Abgeordnete aus vier Fraktionen um Patrick Breyer (Piratenpartei) fordern ein Verbot automatisierter Verhaltensüberwachung in der Öffentlichkeit z.B. durch Gesichtserkennung. Zu den deutschen Unterstützern dieses Antrags zählen Birgit Sippel und Tiemo Wölken (SPD) sowie Alexandra Geese (Grüne).

Der Europaabgeordnete der Piratenpartei Dr. Patrick Breyer kommentiert: „Mit dem KI-Gesetz haben wir die einzigartige Chance, Europa eine Zukunft frei von allgegenwärtiger Techno-Massenüberwachung nach chinesischem Vorbild zu geben.

Im Gegensatz zu der konservativen Mär gibt es kein einziges Beispiel dafür, dass biometrische Echtzeit-Überwachung je einen Terroranschlag oder andere Ereignisse dieser Art verhindert hätte. Mit Fehlalarmquoten von bis zu 99 % sind diese Technologien nicht annähernd zuverlässig genug, um von Nutzen zu sein. Der von konservativen Hardlinern vorgeschlagene Richter:innen-Beschluss ist eine bloße Formalität, ein Deckmantel für Massenüberwachung. Ihre ‚Ausnahmen' vom Verbot würden in Wahrheit den permanenten und allgegenwärtigen Einsatz von Gesichtserkennungstechnologie rechtfertigen, um nach Tausenden von "Opfern", "Bedrohungen" und Verdächtigen von "schweren Verbrechen" zu suchen, die zu jedem

Zeitpunkt zur Fahndung ausgeschrieben sind. Wir dürfen keine Kultur des Misstrauens normalisieren. Und uns nicht an die Seite autoritärer Regimes stellen, die KI zur Unterdrückung der Zivilgesellschaft in Stellung bringen!

AI-Act: KI soll abweichendes Verhalten erkennen

In Frankreich und Hamburg droht sogar die Einführung von Technik, die uns für abweichendes Verhalten bei der Polizei meldet. Derartige Verdächtigungsmaschinen melden unzählige Bürger:innen zu Unrecht. Sie sind diskriminierend, erziehen zu angepasstem Verhalten und taugen absolut nicht zum Fang von Verberecher:innen, wie Studien und Erfahrungen belegen. Wir werden dagegen kämpfen, dass schrittweise so wie in China gesellschaftliche Vielfalt unterdrückt und unsere offene, vielfältige Gesellschaft durch eine angepasste Konsumgesellschaft ersetzt zu werden droht!"

Die weitere Entwicklung des Gesetzes über Künstliche Intelligenz bleibt also spannend.

USA fordern erneut Biometrie-Daten aller EU-Bürger ein

von Lars Sobiraj

Beim Treffen mit Abgesandten der US-Grenzschutzbehörde DHS erneuerten sie ihre Forderung nach den Biometrie-Daten aller EU-Bürger.

Es ging mal wieder um die Biometrie-Daten in den Pässen der EU-Bürger:innen, die man einfordert. So haben sich die Mitglieder des Ausschusses für bürgerliche Freiheiten, Justiz und Inneres (LIBE) des Europäischen Parlaments in einem informellen Gespräch mit Vertreter:inne:n des U.S. Department of Homeland Security (DHS) ausgetauscht.

Das IBIS-Programm soll mehr Sicherheit bringen

Im Meeting stellten die DHS-Mitarbeiter:innen das ‚International Biometric Information Sharing' (IBIS) Programm der USA vor. Mit der Drohung der Wiedereinführung der Visumspflicht wollen die USA ihren Zugang zu den europäischen Biometriedatenbanken erzwingen. Drei Mitgliedsländer der EU und das Vereinigte Königreich sollen dem Programm bereits beigetreten sein.

Zu welchen Zwecken sammelt man die Biometrie-Daten?

Laut eigener Informationen der DHS unterstützen biometrische Daten „wichtige nationale Sicherheitsprioritäten, einschließlich Terrorismusbekämpfung und Einwanderung." Die DHS soll mit den Informationen schwere Kriminalität vorbeugen und bekämpfen. Insbesondere will man biometrische Daten zu gesuchten Personen, Haftbefehlen, Fahndungsausschreibungen oder anderen Zwecken erhalten, um Gesetze durchsetzen zu können. Zudem geht es um die Gewährleistung der nationalen Sicherheit und den Schutz vor unerlaubter Einwanderung. Die Daten der EU-Bürger:innen benötigt man auch, sofern Personen für Nachrichtendienste von Interesse sind.

Ein Vertreter der EU-Kommission äußerte auf dem Treffen gestern kritisch, dass die USA durch direkte Vereinbarungen mit einzelnen EU-Mitgliedsländern bewusst europäische Verträge unterlaufen hat.

Welche Biometrie-Daten wollen Sie? Antwort: möglichst alle!

Auf die Frage, welche Biometrie-Daten die USA genau abschöpfen wollen, hieß es sinngemäß: so viele wie möglich! Wenn ein Reisender polizeibekannt sei, entscheide das der zuständige US-Einreisebeamte von Fall zu Fall. Wer Pech hat, darf somit nach dem Überflug in die USA nicht einreisen. Wer das vermeiden will, muss mittelfristig vor dem Besuch ein Visum beantragen, was aber sehr viel teurer ist.

Breyer: Die EU darf sich nicht erpressbar machen!

Der Europaabgeordnete der Piratenpartei Dr. Patrick Breyer kommentiert die erneuten Forderungen der DHS: „Ich erwarte von der EU-Kommission und auch von der Bundesregierung, dass sie die

Forderung der US-Behörden zurückweisen und sich nicht erpressbar machen. Notfalls muss das Visa Waiver Programm beendet werden. Millionen unbescholtener Europäer:innen sind hierzulande in Polizeidatenbanken gelistet und könnten in den USA völlig unverhältnismäßigen Konsequenzen ausgesetzt sein.

In den USA fehlt ein angemessener Daten- und Grundrechtsschutz. Datenauslieferungen setzen unsere Bürger:innen etwa der Gefahr willkürlichen Festhaltens und des falschen Verdachts mit schlimmen Folgen im Zuge des ‚Kriegs gegen den Terror' aus, davor müssen wir sie schützen" — so die Pressemitteilung von Dr. Patrick Breyer, Europaabgeordneter der Piratenpartei.

Telekommunikationsüberwachung (TKÜ) erfasst rund 17.700 Anschlüsse von Verdächtigen

von Marc Stöckel

Laut einer neuen Statistik vom Bundesamt für Justiz, erfasste die TKÜ 2020 bundesweit über 17.700 Verdachtsfälle.

Das Bundesamt für Justiz hat dies in einer neuen Statistik zur Telekommunikationsüberwachung (TKÜ) geteilt. Das Bundesland Bayern weist dabei besonders viele Verdachtsfälle auf. Bei den erfassten Straftaten sind Drogen ganz vorne mit dabei.

Die Anzahl der Fälle ging 2020 leicht zurück

Am Montag teilte das Bundesamt für Justiz (BfJ) eine neue Statistik zur Telekommunikationsüberwachung (TKÜ). Demnach hat sich die Anzahl der Verfahren, in denen Maßnahmen nach §100a Abs. 1 StPO angeordnet wurden, von 5.222 im Jahr 2020 gegenüber dem Vor-Jahr um 0,23 Prozent verringert. Die Gesamtzahl der Überwachungsanordnungen beläuft sich auf 17.731. Sie liegt damit rund 2,7 Prozent unterhalb der des Vorjahres.

Der Statistik zufolge gab es 98 Fälle, in denen „Eingriffe in ein vom Betroffenen genutztes informationstechnisches System" per richterlichem Beschluss angeordnet wurden. Eine tatsächliche Durchführung der Eingriffe erfolgte jedoch nur in 15 dieser Fälle.

Eingriffe dieser Art erfolgen unter anderem durch den Einsatz von Staatstrojanern. Die Kommunikation wird dabei im Rahmen der Quellen-TKÜ vor einer möglichen Verschlüsselung durch moderne Messenger wie WhatsApp oder Signal abgefangen. Dafür ist es jedoch erforderlich, dass die Ermittler:innen das Smartphone der Zielperson hacken und unbemerkt eine Überwachungssoftware darauf installieren.

Bayern und Drogen im Fokus der TKÜ

Bei über 8.117 Fällen und damit einem beträchtlichen Anteil der Ermittlungen, handelt es sich laut BfJ um Verdachtsfälle mit Bezug auf Straftaten nach dem Betäubungsmittelgesetz. Im Zusammenhang mit Betrug und Computerbetrug, weist die Statistik insgesamt 2.960 Fälle aus. Bandendiebstahl (1.746), Mord und Totschlag (1.681) sowie Straftaten gegen die öffentliche Ordnung (1.097) machen ebenfalls nennenswerte Anteile der durch die TKÜ erfassten Fälle aus.

Mit Abstand die meisten Verfahren gab es laut der Statistik in Bayern. Dort waren es 1.278 an der Zahl. Dahinter folgen Hessen (698), Baden-Württemberg (579) und Niedersachsen (417). Brandenburg (90), das Saarland (47) sowie Bremen (35) bildeten hingegen das Schlusslicht. Das Bundesland Nordrhein-Westfalen landete trotz der höchsten Zahl an Einwohner:innen mit 291 Fällen nur im Mittelfeld.

Polizei greift weiterhin illegal auf personenbezogene Daten zu

von Lars Sobiraj

Laut der Tätigkeitsberichte mehrerer Landesdatenschutzbehörden verstößt die Polizei regelmäßig gegen Datenschutz- und

Auskunftsrechte. Trotz einzelner Bußgelder für Verstöße gegen die Datenschutz-Grundverordnung (DSGVO) usw. haben die Mitarbeiter der Polizei nicht aufgehört, gegen verschiedene Datenschutzgesetze zu verstoßen:

Polizei erkundigt sich bei Kinderärztin eines Mitarbeiters

Dr. Juliane Hundert, Sächsische Landesbeauftragte für Datenschutz und Transparenz, berichtet beispielsweise von einem Fall, in dem sich ein Polizeibeamter an ihre Behörde gewandt hat. Seine Dienststelle hatte die Kinderärztin seines Kindes um Stellungnahme und Auskunft über die Behandlung des Kindes gebeten. Die Vorgesetzten des Polizeibeamten versuchten mit dieser Anfrage offenbar nachzuweisen, dass der Mitarbeiter seinen Dienst nicht ordnungsgemäß verrichtet habe.

Er hatte wohl Fehlzeiten mit der Erkrankung seines Kindes begründet, was offenkundig überprüft werden sollte. Dies hätte zu einem Disziplinarverfahren geführt. Am Ende wurden seine Vorgesetzten wegen Verstoßes gegen die Pflicht zur rechtmäßigen Datenverarbeitung nach der DSGVO verwarnt. Dies ist jedoch nur ein Fall von vielen.

Die meisten haben bewusst gegen geltendes Recht verstoßen

Nach Angaben von Juliane Hundert standen in rund 75 Prozent der Ordnungswidrigkeitsverfahren Bedienstete der sächsischen Polizei im Verdacht, unbefugt auf personenbezogene Daten zugegriffen und diese unzulässig verarbeitet zu haben. Der Hamburgische Beauftragte für Datenschutz und Informationsfreiheit leitete daher ohne weitere Zwischenschritte Ordnungswidrigkeitenverfahren ein.

Juliane Hundert geht zudem fest davon aus, dass die Polizeibeamten ganz genau wussten, dass sie mit ihren Anfragen gegen geltendes Recht verstoßen. Nicht selten beträfen solche Anfragen zu möglichen Strafverfahren Personen aus dem eigenen Familien- oder Freundeskreis der Mitarbeiter:innen.

Eigenes Fehlverhalten wird verschleiert

Doch es kommt nicht nur zu rechtswidrigen Anfragen. Diese protokolliert man schlichtweg nicht, um zu verhindern, dass es deswegen zu juristischen Problemen kommen könnte. Dies bemängelte beispielsweise die Landesdatenschutzbehörde von Hamburg.

Doch die Prüfungen ergaben nicht nur vermehrt fehlende, unzureichende oder schlichtweg falsche Informationen, die die Polizeibehörden festhalten. Auch stellte man fest, dass mehrere Behörden die Angaben unerlaubt weitergegeben haben. Die Betroffenen wurden entweder gar nicht informiert oder aber bei einer Anfrage informierte man sich nicht vollständig über die Speicherung und Verarbeitung ihrer Daten. Zudem stellte man in mehreren Fällen fest, dass Daten nicht fristgerecht gelöscht wurden.

Polizei kommt Auskunftspflicht häufiger nicht nach

Das deckt sich auch ansatzweise mit eigenen Erfahrungen. Im Anschluss an die Hausdurchsuchung wegen des Verdachts auf „Besitz und Handel von Betäubungsmitteln" nahm die Polizeidienststelle meine biometrischen Daten meines Gesichts und der Finger auf. Anschließend erfolgte ein Abgleich der Fingerabdrücke mit diversen Datensätzen des Bundeskriminalamtes und verschiedener europäischer Polizeibehörden. Nach Einstellung des Verfahrens erkundigte ich mich schriftlich, wann bzw. ob man die Daten ordnungsgemäß gelöscht habe. Man teilte mir einsilbig mit, es würden in ihrer Datenbank von mir keine Daten existieren. Das allerdings war gar nicht die Frage. Ich hakte schriftlich nach, wann die Daten konkret gelöscht würden, was man auch nicht beantwortete.

Videoüberwachung im Straßenverkehr, Attrappen von Kameras am Arbeitsplatz

Auch das Thema Kameraüberwachung spielte in den Transparenzberichten eine größere Rolle. In Sachsen bezogen sich zwei Drittel der Anzeigen auf die Anfertigung von Videoaufnahmen. Dies geschah häufiger durch tragbare Kameras durch Privatpersonen oder Mitarbeiter:innen der Polizei.

In Berlin überwachte man Arbeitsplätze in mehreren Fällen rechtswidrig durch Kameras oder Kameraattrappen. Auch letztere sind am Arbeitsplatz illegal, weil diese aufgrund des Überwachungsdrucks einen Eingriff in die Persönlichkeitsrechte der betroffenen Personen darstellen.

Anzahl der verhängten Bußgelder gegen überwachende Unternehmen steigend

Mehrere Behörden berichten, sie haben im letzten Jahr deutlich mehr Bußgelder gegen Unternehmen, die Mitarbeiter:innen am Arbeitsplatz Kamera-überwachen, als in den Vorjahren verhängt. Die Frage ist allerdings, ob dies schon jetzt zu einem Umdenken geführt hat. Wahrscheinlich nicht.

Palantir I: Software für NRW-Polizei kostet knapp 40 Mio €

von Antonia Frank

Die bei NRW-Polizei eingesetzte Palantir-Software ist deutlich teurer. Statt der bisher angenommenen 14 Mio € zahlt man nun satte 39 Mio €.

Das Landeskriminalamt NRW teilte Anfang 2020 mit, künftig ein Programm der Firma Palantir Deutschland GmbH für die Polizeiarbeit verwenden zu wollen. Der Mutterkonzern zählt die CIA, das FBI sowie das Pentagon zu seinen Kunden. Die Polizei versprach sich von einer solchen Nutzung die Aufklärung von Terrorismus-Fällen und schwerer Kriminalität. Lag jedoch der Auftragswert damals noch bei 14 Millionen Euro, so explodierten die Kosten für das Gesamtprojekt. Nunmehr belaufen sie sich bereits auf 39 Millionen Euro. Zudem hinke man durch verlängerten Testbetriebseinsatz der Zeit hinterher, berichtete der Westdeutsche Rundfunk (WDR).

Palantir-Software: „keine Zauberwaffe, sondern was ganz Banales"

Die neue Software komme bei Datenanalysen zum Einsatz und soll die diversen Datenbanken verknüpfen sowie auswerten. Sie kann dabei Informationen aus dem „Waffenregister, dem Einwohnermeldeamt oder der Führerscheinstelle" mit einbeziehen. Dazu ist die Software in der Lage, soziale Netzwerke nach Verdächtigen zu durchforsten sowie Profile von Täter:innen zu erstellen.

NRW-Innenminister Herbert Reul wies dabei auf die Vorteile der Software hin: Händische Durchsuchung von Datenbanken gehöre damit der Vergangenheit an. Das Programm übernehme dies mit nur wenigen erforderlichen Klicks. „Das ist gar keine Zauberwaffe, sondern was ganz Banales", so Reul. Durch den Software-Einsatz hätten sich auch bereits die ersten Erfolge gezeigt. So seien schon „mehrfach Straftaten damit verhindert worden, etwa Geldautomatensprengungen und auch sexualisierte Gewalt an Kindern". Inzwischen nutze die Polizei das System schon täglich.

Auf Nachfrage des WDR informierte das Innenministerium über die enorme Kostensteigerung beim Einsatz der Palantir-Software. Somit zahlen die Behörden allein schon für die von Palantir berechneten Lizenzkosten für fünf Jahre 22 Millionen Euro netto. Dazu schlagen Ausgaben für zusätzliche Hardware mit rund 2,4 Millionen Euro zu Buche. Ferner seien 13 Millionen Euro „für ergänzende Tätigkeiten anderer Unternehmen ausgegeben" worden. Mittlerweise jedenfalls, so teilte das Innenministerium mit, koste „das Gesamtprojekt das Land NRW insgesamt 39 Millionen Euro". Innenminister Herbert Reul (CDU) nahm dazu wie folgt Stellung: „Palantir ist nicht teurer geworden, sondern wir haben falsch eingeschätzt und wir haben nachher sauber die Leistungen dazugerechnet, die nicht Palantir sind, die aber zu dem Projekt dazugehören."

Ungeplant langer Palantir-Testbetrieb kommt NRW teuer zu stehen

Im Gegensatz zu Innenminister Reul, der meinte, für den Palantir-Software-Einsatz kein neues Gesetz zu brauchen, drängte das Büro der NRW-Datenschutzbeauftragten hierbei auf eine neue rechtliche

Regelung. Erst im April 2022 beschloss der Landtag schließlich ein neues Polizeigesetz, inklusive einer ausdrücklichen Erlaubnis für den Einsatz der Datenbanksoftware. Somit konnte Palantir mit seiner regulären Nutzung erst Anfang Mai 2022 starten, statt wie in der Ausschreibung festgelegt ab dem dritten Quartal 2020. Der WDR wies darauf hin, dass allein diese Verzögerung den Steuerzahler schon Millionen Euro gekostet haben könnte, denn „die Zahlungen von jährlich bis zu 6,8 Millionen Euro liefen bereits".

Täuschung wegen angeblicher Corona-Mehrkosten?

Hartmut Ganzke (SPD) wies darauf hin, das Innenministerium hatte versucht, im März 2021 sieben Millionen Euro für die Software als Corona-Mehrkosten bewilligt zu bekommen: „In der Rückschau kann man vielleicht sagen, dass der Minister versucht hat zu tricksen, dass er uns die notwendigen Informationen nicht an die Hand gegeben hat." Innenminister Reul hingegen verneint die Täuschungsabsicht, räumte jedoch im Interview mit Westpol einen Fehler ein.

Gesellschaft für Freiheitsrechte reicht Verfassungsbeschwerde ein

Jürgen Bering, Bürgerrechtler bei der Gesellschaft für Freiheitsrechte (GFF), führte an, dass seine Gesellschaft plane, Anfang Oktober Verfassungsbeschwerde einzureichen. Sie sehen mit dem Palantir-Software-Einsatz Grundrechte verletzt. Demgemäß sei die Software „in der Lage, Data-Mining zu betreiben, also selbst neue Informationen aus den abgefragten Daten zu erzeugen". Gemäß Bering stünde dies im Widerspruch zu dem im April 2022 vom Landtag beschlossenen neuen Polizeigesetz. Denn dieses erlaube einen Software-Einsatz schon bei Straftaten wie Betrug, Beamtenbestechung oder Volksverhetzung. Aus seiner Sicht sollte sich der Einsatz hingegen nur auf schwerste Straftaten, wie Terrorismus oder Kindesmissbrauch beschränken. Das Innenministerium weist hingegen zurück, dass die Polizei mit der Software Data-Mining betreibe. Letztlich entscheidet folglich das Bundesverfassungsgericht über die weitere Nutzung der Palantir-Software durch NRWs Polizei.

Keylogger: Einsatz ist in der Schweiz erlaubt

von Lars Sobiraj

Das Schweizer Bundesgericht urteilte, dass der Einsatz von Keyloggern bei schweren Straftaten legal ist. Die erste Instanz hatte es verboten.

Laut der Pressemitteilung des Schweizer Bundesgerichts in Lausanne darf die Polizei nun sowohl Software- als auch Hardware-Keylogger zu Ermittlungszwecken einsetzen. Damit kann man mitlesen, was der Tatverdächtige auf seiner Computer-Tastatur eingibt. Das Urteil fiel schon vor längerer Zeit. Da zu diesem Zeitpunkt (Juni 2020) noch die Ermittlungen gegen die Tatverdächtigen liefen, machte man die gerichtliche Entscheidung erst jetzt bekannt.

Urteil aus erster Instanz außer Kraft gesetzt

Die Züricher Staatsanwaltschaft durfte somit mittels Keylogger die Passwörter eines Verdächtigen ganz legal auslesen, dem man vorwirft, im Darknet einen groß angelegten Drogenhandel betrieben zu haben. Auch den Post- und Fernmeldeverkehr des mutmaßlichen Betreibers des Darknet-Shops hat man überwacht.

Der Tatverdächtige hat es der Polizei wirklich nicht leicht gemacht. Als Betriebssystem nutzte er einen bootfähigen USB-Stick. Dabei handelte es sich wahrscheinlich um eine Linux-Distribution, die wie Parrot-OS oder Qubes-OS strikt auf IT-Sicherheit ausgelegt ist. Alle Passwörter gingen den Ermittlern somit nach dem Herunterfahren verloren. Außerdem kommunizierte er verschlüsselt mit seinen Kund:inn:en. Auch das Wohnmobil des Shop-Betreibers hat man laut Urteil visuell überwacht, möglicherweise mittels seiner eigenen Webcam.

Das Zwangsmaßnahmengericht des Obergerichts des Kantons Zürich verweigerte der Staatsanwaltschaft in erster Instanz die Bewilligung bzw. Verlängerung dieser technischen Überwachungsmaßnahme. Das Bundesgericht hingegen hat die Beschwerde der Oberstaatsanwaltschaft des Kantons Zürich letzten Sommer bestätigt.

Nur Art und Weise des Einsatzes der Keylogger entscheidend

Welchen Keylogger dabei die Polizei einsetzt, spielt keine Rolle. Auch bei einem softwarebasierten Keylogger handelt es sich um ein „technisches Überwachungsgerät" im Sinne des Gesetzes. Eine Unterscheidung zwischen einem mechanischen Keylogger und einem softwarebasierten Keylogger mache keinen Sinn, heißt es im Urteil.

Abbildung 1: Grafische Umsetzung eines Key-Loggers als Buchstaben-Sauger

Ausschlaggebend sei nicht die Beschaffenheit, sondern die Art und Weise seiner Einsetzung. Soweit die Wirkungsweise des software-basierten Keyloggers mit einem entsprechenden mechanischen Gerät absolut identisch sei und auch nicht darüber hinausgeht, spiele es keine Rolle, ob es sich um einen physischen Gegenstand oder eine behördliche Schadsoftware handele.

Kritik aus der Netzgemeinde

Felix von Leitner aka Fefe kann dem Urteil nicht viel Gutes abgewinnen. Er schreibt zum Einsatz der Keylogger: „Gegen, äh, Schwerstkriminalität natürlich nur! Versteht sich. Also, äh, Drogenkriminalität. Und demnächst dann Urheberrechtsverletzungen?"

Palantir II: Polizeisoftware in Hessen und Hamburg verfassungswidrig

von Antonia Frank

Das Bundesverfassungsgericht stufte die Palantir-Software in ihrer derzeitigen Form in Hessen und Hamburg als verfassungswidrig ein.

Die automatisierte Verarbeitung personenbezogener Daten mit der Palantir-Software Gotham, die seit 2017 in Hessen bereits praktiziert wird und in Hamburg in der Vorbereitung war, ist offenbar verfassungswidrig. Zu dem Schluss kam aktuell das Bundesverfassungsgericht (Az. 1 BvR 1547/19 u.a.). Das Land Hessen hat nun bis spätestens Ende September Zeit für eine Neuregelung. Bis dahin bleibt die Vorschrift mit deutlichen Einschränkungen in Kraft.

Zudem nutzt die Software das Land NRW. Aber auch das Bayerische Landeskriminalamt (BLKA) ließ im März letzten Jahres verlauten, das Programm der umstrittenen Firma Palantir Deutschland GmbH für die Polizeiarbeit in Verbindung mit dem geplanten „Verfahrensübergreifenden Recherche- und Analysesystem" (VeRA) anwenden zu wollen.

Das aktuelle Urteil bezieht sich allerdings nur auf den Einsatz der Datenanalysesoftware bei der Polizei in Hessen und Hamburg. Die Beschränkung auf die beiden Bundesländer beruht darauf, dass die Klagen aus diesen Ländern stammten. Als Kläger traten Journalist:inn:en, Anwält:innen und Aktivist:inn:en auf. Der Entscheid erstreckt sich dabei ausschließlich auf die Datenanalyse zur vorbeugenden Bekämpfung von Straftaten.

Kritiker:innen befürchten Missbrauch

Der Beschreibung nach wäre die Datenbank- und Recherchesoftware Palantir, Gotham, vergleichbar mit einer eierlegenden Wollmilchsau. Die Softwarelösung ist in der Lage, riesige Datenmengen zu strukturieren, analysieren, visualisieren und Zusammenhänge zu erkennen.

Einerseits könnte sie eine Zeitenwende in der Ermittlungsarbeit einläuten, andererseits birgt sie jedoch auch viele Risiken. Zwar ist die Software leistungsstark, jedoch aber auch eine massive Datenkrake. Kritiker:innen befürchteten darum, auch Unbeteiligte könnten ins Visier der Ermittler:innen geraten.

Die Palantir-Software kommt konkret bei Datenanalysen zum Einsatz. Sie soll bereits vorhandene Informationen aus diversen Datenbanken verknüpfen sowie auswerten. Vor der Programm-Einführung mussten die Polizei-Analyst:inn:en alle diese Daten noch händisch auswerten. So zu arbeiten wäre aber nicht mehr zeitgemäß.

Auch die Masse an gespeicherten Daten hat kontinuierlich zugenommen. Gleichzeitig hat sich die Technik weiterentwickelt, um solche Datenmengen zu verarbeiten. Somit ist auch die Polizei daran interessiert, das, was technisch bereits möglich ist, für sich zu nutzen.

14.000 Abfragen pro Jahr

Konkret findet Hessendata zur Bekämpfung von Terrorismus, organisierter Kriminalität und Kinderpornografie Anwendung, also Vorgänge schwerer Kriminalität. Über 2.000 Ermittler:innen arbeiten bei rund 14.000 Abfragen jährlich landesweit mit dem System. Allerdings sind sie jeweils nur für ihren Zuständigkeitsbereich freigeschaltet.

Die Verfassungsrichter:innen erkennen den Palantir-Softwareeinsatz indes als einen legitimen Zweck an. Sie bestätigten, dass durch die neue Technik „relevante Erkenntnisse erschlossen werden können, die auf andere, grundrechtsschonendere Weise nicht gleichermaßen zu gewinnen wären".

Zu bemängeln war allerdings, dass die Polizei in der Lage sei, „mit einem Klick umfassende Profile von Personen, Gruppen und Milieus zu erstellen". Damit ließen sie „eine breite Einbeziehung von Daten Unbeteiligter zu, die deshalb polizeilichen Ermittlungsmaßnahmen unterzogen werden könnten." Mit der Anwendung könnten „neue persönlichkeitsrelevante Informationen erzeugt werden, auf die ansonsten kein Zugriff bestünde".

Die Richter:innen erkennen hier ein hohes „Eingriffsgewicht". Vor diesem Hintergrund wäre der Einsatz der Palantir-Software bisher in viel zu vielen Fällen zulässig gewesen.

Urteil zu Palantir-Softwareeinsatz betrifft auch andere Bundesländer

Prozessbevollmächtigter Bijan Moini der Gesellschaft für Freiheitsrechte (GFF) erklärte, das Urteil habe „das Risiko deutlich reduziert, dass unbescholtene Bürger:innen ins Visier der Polizei geraten". Höhere Hürden für den Palantir-Softwareeinsatz für die Polizeiarbeit wären „wichtig, weil die Automatisierung von Polizeiarbeit gerade erst begonnen hat." Die GFF reichte im Herbst daher noch eine dritte Verfassungsbeschwerde bezüglich der NRW-Software ein, diese war in dem Verfahren aber nicht mehr berücksichtigt worden.

Sowohl die grünen Bundestagsabgeordneten Misbah Khan als auch Konstantin von Notz schätzen laut dem Tagesspiegel ein, dass die Entscheidung „weitreichende Auswirkungen auf die Polizeiarbeit auch in anderen Bundesländern haben" werde.

Der Europaabgeordnete und Bürgerrechtler Dr. Patrick Breyer (Piratenpartei) begrüßt das Urteil: "Der profitgetriebene Versuch ausländischer Akteure, NSA-artige Schnüffelmethoden auch bei der deutschen Polizei zu etablieren, ist gestoppt. Das schützt unschuldige Bürger:innen davor, wegen undurchsichtiger und unzuverlässigen Willkür-Algorithmen plötzlich ins Visier der Polizei zu geraten. Zielgerichtete Ermittlungsarbeit geht anders.

Mit dem geplanten AI-Act haben wir im Europaparlament das ‚Predictive Policing' längst im Visier. Gleichzeitig ist Europol aber erlaubt, was nach dem heutigen Urteil in Deutschland verboten ist, was zur Grundrechtsflucht einlädt. Ich hoffe, das heutige Urteil setzt europaweit Maßstäbe und der Europäische Gerichtshof zieht nach."

Pegasus: Spyware knackt Google Drive, iCloud, Amazon & Facebook

von Sunny

Die Spyware Pegasus kann offenbar alle Daten von den Servern von Apple, Google, Facebook, Amazon & Microsoft erfassen, oder gar löschen.

Das israelische Unternehmen NSO Group, hat mit seiner Spyware Pegasus kürzlich erst für Schlagzeilen gesorgt. Mit Hilfe einer Sicherheitslücke bei WhatsApp war es Pegasus möglich, sich auf den Smartphones seiner Opfer einzunisten, um diese auszuspionieren. Nun ist es der NSO Group anscheinend gelungen, heimlich alle Daten einer Person von den Servern von Apple, Google, Facebook, Amazon und Microsoft zu erfassen, oder gar zu löschen.

Die Spyware der NSO Group, genannt Pegasus, wird seit Jahren von Geheimdiensten und Regierungen weltweit gegen entsprechende Bezahlung verwendet. Bislang ging es meistens darum, Daten von den Smartphones der Zielpersonen zu sammeln.

Pegasus, der Datenstaubsauger

Die Spyware wurde nun weiterentwickelt, um einen noch viel größeren Bestand an Informationen erfassen zu können. Informationen, die weit über die im Smartphone gespeicherten Daten hinausgehen. Laut einer aktuellen Produktdemonstration, die Unbekannte der Financial Times zugespielt haben, kann die Spyware jetzt auch auf Daten zugreifen, die in einer Cloud gespeichert sind. Also auch einen vollständigen Verlauf der Standortdaten von Nutzer:innen. Aber auch in der Cloud archivierte Nachrichten, Fotos oder Kontaktinformationen kann nun Pegasus ausspionieren.

Die neue Software soll in der Lage sein, die Authentifizierungs-schlüssel von verschiedenen Diensten von einem infizierten Smartphone zu kopieren. So etwa von Amazon, Google Drive, dem Facebook Messenger und iCloud. In der Folge ist es ein Leichtes, mit Hilfe eines speziellen Servers, das Telefon einschließlich seines

Standorts zu imitieren. So ist es der Software möglich, einen unbegrenzten Zugriff auf die Cloud-Daten dieser Apps zu erhalten. Dieser Zugriff erfolgt dann ohne „die übliche 2-stufige Verifikation". Auch die übliche Warnung per E-Mail auf dem Zielgerät fällt aus, bewirbt die NSO Group ihre Schadsoftware in der Produktdemonstration.

Auch die neuesten iPhones- und Android-Smartphones sind betroffen

Laut einer Produktdemonstration von NSOs Muttergesellschaft Q-Cyber, die Anfang dieses Jahres für die Regierung von Uganda vorbereitet wurde, funktioniert diese Technik auf den meisten der neuesten iPhones und Android-Smartphones. Die Produktdemonstration warb für die Fähigkeit von Pegasus, „die Schlüssel zum Öffnen von Cloud-Speichern abzurufen" und „unabhängig voneinander Daten zu synchronisieren und zu extrahieren". Entsprechend den Dokumenten, die der Financial Times zugespielt wurden, ermöglicht die Spyware den laufenden Zugriff auf die in die Cloud hochgeladenen Daten von Laptops, Tablets und Telefonen. Selbst wenn man Pegasus von dem ursprünglich infizierten Smartphone entfernt hat, kann es dennoch auf die Daten zugreifen.

Die bislang einzige Möglichkeit sich zu schützen

Die tatsächliche Anzahl der Opfer ist nicht bekannt. Sicherheitsteams der betroffenen Unternehmen im Silicon Valley untersuchen nun die Methode der neuartigen Spionage Software. Diese galt bisher branchenweit als sichere Authentifizierungstechnik. Eines der Dokumente, was in der Produktdemonstration enthalten war, nannte nur eine altmodische Möglichkeit diese Art des Abhörens zu verhindern: die Änderung des Passworts einer App und den Widerruf der Login-Berechtigung.

Binance: Trainingsprogramm für die Strafverfolgung

von Sunny

Zum Ermittlerteam von Binance gehören Analyst:inn:en und Ermittler:innen, welche bei der Zerschlagung von Silk Road und dem Hydra Market beteiligt waren.

Die Kryptowährungsbörse Binance ist bei den Behörden dafür bekannt, auf ihre Anfragen schnell zu reagieren. Nun kündigte die bekannte Kryptobörse an, ein spezielles Schulungsprogramm für Strafverfolgungsbehörden anbieten zu wollen.

Analyst:inn:en und Ermittler:innen, welche bei der Zerschlagung einiger der weltweit größten kriminellen Plattformen wie Silk Road und Hydra Market geholfen haben, sollen die Schulungen anleiten.

Das hauseigene Binance Ermittlungsteam geht neue Wege

Jeder, der mit Kryptowährungen zu tun hat, ist irgendwann schon einmal über Binance gestolpert. Gegründet 2017 von Changpeng Zhao lief bei der weltweit bekannten Kryptowährungsbörse aber längst nicht immer alles nach Plan. Im Jahr 2021 wurde Binance sowohl vom US-Justizministerium als auch von der US-Steuerbehörde wegen des Verdachts auf Geldwäsche und Steuervergehen untersucht.

Aber auch Aufsichtsbehörden aus aller Welt warnten eine Zeit lang ausdrücklich vor Binance. Seitdem hat sich bei der Betreibergesellschaft des Krypto-Handelsplatzes viel getan. Das hauseigene Ermittlungsteam von Binance will nun proaktiv dazu beitragen, Internet- und Finanzkriminalität bekämpfen zu können.

Alleine im letzten Jahr wurden demnach bereits über 30 Seminare von der Kryptowährungsbörse abgehalten. Beamte aus Argentinien, Brasilien, Kanada, Frankreich, Deutschland, Israel, den Niederlanden, den Philippinen, Schweden, Südkorea und dem Vereinigten Königreich nahmen schon an den Schulungen teil.

Hochrangige Expert:inn:en im Ermittlerteam der Kryptobörse

Tigran Gambaryan, der Global Head of Intelligence and Investigations bei Binance, gab in einer Presseerklärung bekannt: „Wir haben unser Team verstärkt, um noch mehr Schulungen durchzuführen und Hand in Hand mit Regulierungsbehörden auf der ganzen Welt zu arbeiten."

Um kriminelles Verhalten proaktiv aufdecken und verhindern zu können, kommen bei Binance ehemals hochrangige Analyst:inn:en und auch Strafverfolgungsbeamt:innen zum Einsatz. Dazu gehören Fachkräfte, welche dabei geholfen haben, einige der größten kriminellen Plattformen wie Silkroad und Hydra zu zerschlagen.

Eine enge und schnelle Zusammenarbeit mit weltweiten Ermittlungsbehörden

Der ehemalige Spezialagent des IRS-CI, Tigran Gambaryan, sieht nicht nur eine steigende Nachfrage nach Schulungen zur Aufklärung und Bekämpfung von Krypto-Verbrechen. „Da sich immer mehr Aufsichtsbehörden, Strafverfolgungsbehörden und Akteure des privaten Sektors mit Kryptowährungen befassen, sehen wir eine steigende Nachfrage."

Mehr als 27.000 Anfragen von Strafverfolgungsbehörden gingen laut Tigran Gambaryan seit November 2021 bei Binance ein. Hervorheben möchte er hierbei vor allem eines: „Binance ist bei den Strafverfolgungsbehörden dafür bekannt, auf Anfragen der Behörden sehr schnell zu reagieren. Kein traditionelles Finanzinstitut kann das übertreffen."

Gesichtserkennungs-KI: China weltweit führender Exporteur

von Antonia Frank

Laut einer Studie von Brookings Institution exportiert China Gesichtserkennungs-KI auch in Länder mit schwacher Demokratie und in Autokratien.

Forscher:innen von Harvard University und MIT sammelten im Rahmen einer, von Brookings Institution, einer prominenten Denkfabrik, veröffentlichten Studie globale Daten zu Handelsgeschäften mit Gesichtserkennungs-KI. Demgemäß wäre China der weltweit führende Exporteur von Gesichtserkennung. Darüber berichtete Wired.

Auf der einen Seite erwarten die Forscher:innen, dass eine Nutzung von KI-Technologie das Wirtschaftswachstum in den kommenden Jahren vorantreiben wird. Auf der anderen Seite jedoch birgt die Technologie auch neue Herausforderungen in sich. Die Forscher:innen schreiben, dessen Einsatz könnte Demokratien untergraben, die Ziele der autokratisch verfassten Staaten stärken und „Überwachungskapitalisten" unterstützen.

Die Studie zielte somit darauf ab, die Auswirkungen der KI-Revolution zu untersuchen. Die Forscher:innen fanden dabei heraus, dass China eher als andere Länder KI-Technologie exportiert. Es stellte sich die Frage, welche internationale Auswirkungen die sich abzeichnende Führungsrolle Chinas bei dieser Überwachungstechnologie hat. Die Forscher:innen wollten daher speziell Erkenntnisse darüber gewinnen, was es konkret bedeutet, wenn diese Gesichtserkennungs-KI von einer Weltmacht wie China exportiert wird.

China konzentriert sich zudem auf den Export von Gesichtserkennungs-KI in Länder mit schwacher Demokratie, die soziale Unruhen und Umwälzungen erleben. Dabei könnte der Handel durchaus auch politisch motiviert sein. In dem Maße, in dem China KI exportiert, kann dies Autokratien im Ausland fördern und hervorbringen. Die Autor:inn:en schreiben:

„Die Nachfrage der chinesischen Regierung nach Überwachung und politischer Kontrolle führt auch zu mehr Exporten von Gesichtserkennungs-KI. Darüber hinaus deuten unsere Ergebnisse, dass Autokraten- und Möchtegern-Autokraten-Staaten im Ausland Überwachungstechnologie aus China nachfragen, darauf hin, dass politische Faktoren die Richtung der KI-Innovation beeinflussen können."

Einsatz von Gesichtserkennungs-KI nicht konform mit Menschenrechten?

Der Studie zufolge könnten diese Exporte andere Regierungen in die Lage versetzen, mehr Überwachungsmaßnahmen durchzuführen. Dies könnte den Menschenrechten der Bürger:innen dort schaden. Martin Beraja, ein an der Studie beteiligter Wirtschaftswissenschaftler am MIT, dessen Arbeit sich auf die Beziehung zwischen neuen Technologien wie KI, Regierungspolitik und Makroökonomie konzentriert, stellt fest:

„Die Tatsache, dass China in diese Länder exportiert, kann dazu führen, dass sie autokratischer werden, obwohl sie eigentlich demokratischer werden könnten."

Die Forscher:innen wiesen auf zwei Fakten hin: „Die Wahrscheinlichkeit, dass China KI zur Gesichtserkennung exportiert, ist wesentlich höher als in anderen Ländern, insbesondere im Vergleich zu anderen Spitzentechnologien. Zweitens stellen wir fest, dass Autokratien und schwache Demokratien eher dazu neigen, KI zur Gesichtserkennung aus China zu importieren, insbesondere diejenigen, die keine inländischen KI-Investitionen tätigen oder sich in politischen Unruhen befinden. Bei den KI-Importen aus den USA oder den Importen anderer Spitzentechnologien aus China ist keine solche politische Ausrichtung zu beobachten."

Gemäß der Studie sind chinesische Unternehmen mit 201 Exportgeschäften im Bereich der Gesichtserkennungs-KI weltweit führend. Den zweiten Platz nehmen US-Unternehmen mit 128 Exportgeschäften ein. Auch im Bereich der künstlichen Intelligenz ist

China führend: 250 von insgesamt 1.636 Exportgeschäften, die irgendeine Form die künstliche Intelligenz betreffen, gingen an 136 Importländer. Der zweitgrößte Exporteur waren die USA mit 215 KI-Export-Geschäften.

Wired weist darauf hin, dass in den letzten Jahren die US-Gesetzgeber und -Präsidenten ihre Besorgnis darüber zum Ausdruck gebracht haben, dass China im Bereich der KI-Technologie einen Vorsprung gegenüber den USA erlangte. Die vorliegende Studie belegt bereits, dass eine solche Verschiebung bereits stattgefunden habe.

Chinesische Unternehmen beherrschen die Technologie zur Gesichtserkennungs-KI zum Teil deshalb, weil sie Verbindungen zu staatlichen Stellen haben, die große Mengen an Fotos zur Verfügung stellen können und weil diese die Entwicklung der Technologie erheblich finanzieren.

In einer früheren Studie argumentierten Beraja und seine Mit-Autor:inn:en, dass die Innovation bei der Entwicklung von KI zur Gesichtserkennung in Autokratien florieren kann, weil die Technologie und die Ziele der Regierung eng miteinander verbunden sind.

Standort richtig verbergen – so gehen Geheimdienste vor

von Marc Stöckel

Wenn Du glaubst, Dein Standort ließe sich einfach verbergen, indem Du das GPS Deines Smartphones deaktivierst, dann irrst Du Dich gewaltig.

Deinen eigenen Standort mit einem Smartphone in der Tasche effektiv vor fremden Augen zu verbergen, ist alles andere als trivial. Den Standortverlauf in den Systemeinstellungen zu deaktivieren, bringt dabei nämlich herzlich wenig. Doch was kannst Du überhaupt tun, um Deine Positionsdaten zu schützen? Hier erfährst Du, wie Geheimdienste dabei vorgehen.

Du wirst auf Schritt und Tritt verfolgt

Unsere alltäglichen Begleiter wie Smartphones, Tablets oder Laptops erfassen nur allzu gerne Positionsdaten. Für einige Anwendungen ist das sogar erforderlich. Beispielsweise wenn eine Wetter-App Dich vor einem schweren Gewitter in Deiner Umgebung warnt.

Es gibt jedoch auch Software, die ständig wissen will, wo Du Dich gerade aufhältst, obwohl diese Information für ihre Funktionalität eigentlich gar nicht erforderlich ist. Und selbst wenn Dir das vorerst nicht wehtut, können durchaus irgendwann Situationen entstehen, in denen Dir das Standort-Tracking zum Nachteil gereicht.

Kein Wunder also, dass so manche Android- oder iPhone-Nutzer:innen den eigenen Standort gerne vor Internet-Konzernen wie Google, Apple, Microsoft oder Facebook verbergen und lieber unter dem Radar bleiben möchte.

Damit Du dabei nicht im Dunkeln tappst, hat die National Security Agency (NSA), der weltweit bekannte Auslandsgeheimdienst der USA, vor einiger Zeit einen Guide dafür veröffentlicht, wie Du es effektiv unterdrücken kannst, dass eine fremde Person einen Standortverlauf von Dir erhält. Und genau das schauen wir uns hier mal etwas genauer an.

Warum es sich lohnt, den Standort zu verbergen

Schützenswert sind Deine Positionsdaten insbesondere deshalb, weil sie mitunter Details über Deine täglichen Abläufe und sozialen Beziehungen offenbaren können. Wer die gesammelten Daten kontrolliert, weiß unter Umständen genau, wann Du Dich regelmäßig an bestimmten Orten aufhältst und Zeit mit bestimmten Personen oder in großen Menschenmengen verbringst.

Gerade für Personengruppen, die häufig ins Fadenkreuz von Behörden, Regierungen oder anderen Organisationen geraten, kann das ein echtes Problem darstellen. Dazu zählen beispielsweise Journalist:inn:en, Whistleblower:innen sowie auch Richter:innen oder Rechtsanwält:innen.

Dein Standort lässt sich nicht nur per GPS erfassen

Zunächst ist es mal wichtig zu verstehen, dass Dein Android-Smartphone, iPhone, Notebook oder Tablet Deinen Standort nicht nur über das bekannte Global Positioning System (GPS) oder dessen Abkömmlinge GLONASS, Galileo oder Beidou erfasst. Die Geräte haben darüber hinaus die Möglichkeit, ihre Position grob über das Mobilfunknetz, WLAN sowie Bluetooth zu bestimmen.

Allein schon das Einschalten Deines Smartphones sorgt dafür, dass Dein Mobilfunkprovider unmittelbar erfährt, in welcher Funkzelle es sich eingewählt hat. Im Falle eines Notrufs kann diese Information Leben retten. Der NSA zufolge hat jedoch so manch ein Provider diese Standortdaten in der Vergangenheit schon an Dritte verkauft.

Doch tatsächlich ist eine Kooperation der Netzbetreiber nicht mal erforderlich, um an Deinen Standort zu gelangen. Denn die von Deinem Smartphone an die Funkzelle übermittelten Informationen lassen sich auch durch mobile Basisstationen empfangen, die Kriminelle käuflich erwerben können, um Personen damit gezielt zu verfolgen.

Das Deaktivieren der Standortdienste gilt nur für Apps

Darüber hinaus solltest Du Dir im Klaren darüber sein, dass das Ausschalten der Standortdienste Deines Smartphones dieses noch lange nicht davon abhält, Deine Positionsdaten zu erfassen, zu speichern und zu übermitteln.

Überwachung

Denn durch diese Einstellung lässt sich Dein Standort lediglich vor installierten Apps verbergen, die folglich nicht mehr auf diese Daten zugreifen dürfen. Für das Betriebssystem gilt diese Einschränkung jedoch nicht.

Weiterhin haben Apps und Webseiten noch die Möglichkeit, Deine Position anhand von Browserdaten oder Deiner IP-Adresse zu bestimmen. Das Ausschalten der Dienste für das Standort-Tracking bzw. den Standortverlauf bringt Dir in dem Fall herzlich wenig.

Selbst Fotos, die Du mit Deiner Smartphone-Kamera aufnimmst und danach in sozialen Netzwerken teilst, können Deinen Standort zu einem bestimmten Zeitpunkt verraten. Und das nicht nur anhand dessen, was auf dem Bild zu sehen ist, sondern auch durch die Metadaten (EXIF) der Aufnahme.

Dank WLAN und Bluetooth lässt sich Dein Standort nur schwer verbergen

Ferner können Angreifer:innen Deine Position auch durch unauffällige Geräte beispielsweise anhand der von Deinem Handy ausgehenden WLAN- oder Bluetooth-Signale ermitteln.

Das gelingt oftmals selbst dann, wenn alle drahtlosen Verbindungen augenscheinlich "deaktiviert" sind. Denn einige Sensoren liefern im ausgeschalteten Zustand noch immer genug Informationen, um Deinen Standort zu berechnen. Folglich dürfte es schwer sein, mit einem Handy in der Tasche wirklich effektiv unter dem Radar zu bleiben.

Ist Dein Smartphone mit einer Malware infiziert, so kann diese unter Umständen ebenfalls Standortdaten erfassen und an Angreifer:innen übermitteln und Dir zeitgleich vorgaukeln, Deine Drahtlosfunktionen seien deaktiviert.

Eine Vielzahl an Geräten ist an der Erfassung beteiligt

Neben Deinem Smartphone, Notebook oder Tablet, bei denen vielleicht offensichtlich ist, dass sie Standortdaten sammeln, gibt es noch viele andere Geräteklassen, die ebenfalls drahtlos kommunizieren und folglich zumindest an Deiner Positionsbestimmung mitwirken können.

Dazu zählen beispielsweise Fitness-Tracker, Smart-Watches, medizinische Geräte, Kraftfahrzeuge, Fernseher, Spielekonsolen, smarte Lampen und Küchengeräte, Sicherheitskameras, Saugroboter und viele weitere IoT-Geräte. Einige davon erlauben es Dir nicht einmal, ihre drahtlose Kommunikation zu deaktivieren. Da hilft im Ernstfall nur das Trennen von der Stromversorgung.

Standort verbergen: die von der NSA empfohlenen Maßnahmen

Aus all dem, was Du bis hierher über die Standortbestimmung Deiner Geräte erfahren hast, ergeben sich für Menschen, die ihren Standort gerne möglichst effektiv vor fremden Augen verbergen möchten, einige Handlungsempfehlungen. Dem US-amerikanischen Geheimdienst zufolge lauten diese wie folgt:

- Deaktiviere die Standortdienste auf Deinen Geräten.

- Schalte sämtliche drahtlosen Technologien wie Bluetooth und WLAN aus, wenn Du sie gerade nicht benötigst. Nutze in diesem Kontext auch den Flugmodus, wenn Du nicht erreichbar sein musst.

- Räume Apps so wenige Berechtigungen wie möglich ein und nutze die Privatsphäre-Einstellungen des Systems, um ihren Zugriff auf Standortdaten zu beschränken.

- Meide Anwendungen, die generell auf Standortdaten angewiesen sind, um richtig zu funktionieren. Solltest Du auf eine solche Applikation angewiesen sein, so erlaube ihr den Standortzugriff nur, während Du sie aktiv verwendest.

- Unterbinde die Anzeige personalisierter Werbung und das Werbe-Tracking so weit wie möglich.

- Setze Deine Werbe-ID regelmäßig – mindestens aber ein Mal pro Woche – zurück.

- Deaktiviere sämtliche Einstellungen, die es Dir erlauben, den Standort Deines eigenen Gerätes im Falle eines Verlustes zu verfolgen.

- Reduziere Browser-Aktivitäten auf ein absolutes Minimum und verbiete es sämtlichen Webseiten, Deine Position zu bestimmen.

- Nutze einen anonymisierenden VPN-Dienst, der Dir dabei hilft, Deinen Standort durch Verschleierung Deiner IP-Adresse zu verbergen.

- Speichere möglichst wenige Daten in der Cloud, die Standortinformationen enthalten.

Maßnahmen für besonders kritische Fälle

Wer eine besonders geheime Mission verfolgt, bei der er auf gar keinen Fall getrackt werden darf, dem empfiehlt die NSA, sämtliche Geräte mit drahtlosen Funktionen vor der Reise zum Zielort abzulegen.

Das Mitführen eines Smartphones in ausgeschaltetem Zustand kann sich hier als unzureichend erweisen. Und auch das für die Anreise genutzte Fahrzeug sollte idealerweise frei von jeglicher Art von Kommunikationstechnologie sein.

Fazit: Wirklich verbergen lässt sich Dein Standort nur durch radikalen Verzicht

Nachdem Du diesen Artikel gelesen hast, ist Dir sicherlich klar, dass es nahezu unmöglich ist, Deinen Standort permanent zu verbergen. Zumindest solange Du Dein Smartphone noch bei Dir trägst und es regelmäßig verwendest. Wer mit dem Internet verbunden ist, hinterlässt ohnehin immer irgendwelche Spuren. Die besten Geräte sind: keine.

Wie gut diese tatsächlich rückverfolgbar sind, hängt jedoch von Deinem Verhalten ab. Und wenn Du bis hier hin gelesen hast, hast Du den ersten wichtigen Schritt bereits getan. Denn nun hast Du zumindest ein Gefühl dafür, unter welchen Bedingungen sich Dein Standort erfassen lässt und wie Du Dich bei Bedarf davor schützen kannst, um unter dem Radar zu bleiben.

TikTok: Mit Hilfe von Agenda-Cutting die Meinungsfreiheit unterdrücken

von Sunny

Themen wie "LGBTQIA+", "gay" oder auch "Klimakrise" und "Klimawandel" werden von TikTok für Nutzer in Deutschland fast unmerklich unterdrückt.

TikTok betreibt auch in Deutschland ganz gezielt ein sogenanntes Agenda-Cutting (eine gezielte Unterdrückung von Themen). Was sich auf den ersten Blick harmlos anhört, ist nichts weiter als Zensur im großen Stil. Denn die Videoplattform schließt all die Menschen systematisch aus, die sich z. B. zu Themen wie „LGBTQIA+", „gay" oder auch „Klimakrise" und „Klimawandel" austauschen wollen.

Agenda Cutting: Eine Jahrhunderte alte „Tradition"

Das sogenannte „Agenda Cutting" ist bei Weitem keine Erfindung der letzten Jahre oder gar von TikTok. Bereits für George Orwell und Aldous Huxley war dieses mächtige Werkzeug zur Manipulation der Massen ein wichtiges Thema in ihren Büchern. Aber was genau bedeutet dieses Wort? Und was noch viel wichtiger ist, welche Auswirkungen hat es auf uns oder besser gesagt, auf die Nutzer:innen von TikTok?

Kurz gesagt, geht es um nichts weiter als eine sehr subtile Beeinflussung der öffentlichen Meinung. Denn wenn bestimmte und für die Obrigkeit unliebsame Begriffe dauerhaft und gezielt unterdrückt werden, wird irgendwann auch weniger über sie geredet.

Die Professorin für Medienwissenschaft und Intermedialität an der Universität Bonn, Caja Thimm, beschreibt den Vorgang bei TikTok folgendermaßen: „Zunächst erscheint das subtil, indem ich einfach zentrale Begriffe nicht zulasse, aber wenn es funktioniert, diskutiert man über diese Themen nicht mehr und das heißt dann auch, dass die Menschen, die über diese Themen diskutieren wollen, unter Umständen TikTok verlassen."

Alkohol, Angriff, Anlass, Armee, Auschwitz, Bodentruppen, Corona, Crystal Meth, Ecstasy, Energie, Entnazifizierung, ernähren, FLINTA, getötet, homophob, homosexuell, Kampf, Kampfjets, kiffen, Klimakrise, Klimawandel, Krieg, kämpfen, Nationalsozialismus, Panzer, Peng Shuai, produzieren, queer, Rauchen, Risiko, Rohstoffe, Russen, Russland, Sauerstoff, saufen, Spezialoperation, symptomatisch, Terroristen, trans*, Truppen, Ukraine, Ukrainer, Völkerrecht, Warn-App, Wettkämpfe*

Laut der ARD tagesschau.de werden die oben genannten Wörter nur teilweise von TikTok blockiert (Stand September 2022). Die Investigativ-Journalisten des ARD konnten zumindest kein sich wiederholendes Muster erkennen. Doch in welcher Intensität spielt der Algorithmus diese Themen auch an die Nutzer:innen, die diese interessieren bzw. nicht interessieren?

Diese Wörter hingegen sind auf der Videoplattform derzeit komplett verboten (Stand September 2022, tagesschau.de):

Cannabis, Crack, Drogen, Gas, Gay, Heroin, Heterosexuelle, Homo, Kokain, LGBTQ, LGBTQI, LSD, Nazi, Porno, Pornografie, Prostitution, Schwul, Sex, Sexarbeit, Sklaven.

Shadow-banning bei TikTok – der nächste Schritt

Dass ein Beitrag, welcher ein für TikTok unliebsames Wort enthält, mal gepostet werden kann und dann ein weiteres/zweites Mal nicht, ist eine Sache. Dass Nutzer:innen (Poster:innen wie Konstument:innen) davon nichts mitbekommen, wieder eine ganz andere. ARD-Investigativ beschreibt das Problem folgendermaßen.

„Die Videoplattform machte im Test Nutzer:innen gegenüber kein einziges Mal transparent, ob und warum ein Kommentar nicht erschien. Stattdessen erweckte die App den Eindruck, ihre Kommentare seien öffentlich. Shadow-Banning nennt man diese Methode. TikTok-Nutzer:innen können sich daher nicht gänzlich sicher sein, ob der eigene Kommentar auch für andere Menschen sichtbar ist" (tagesschau.de). Man müsste es mit einem zweiten Account kontrollieren.

Niemand mag Zensur. Wenn man nun aber die eigene Beaufsichtigung oder genauer gesagt, die Einschränkung der eigenen Meinungsfreiheit nicht mitbekommt, was dann?

Gute Schlagzeilen über TikTok gibt es nicht allzu viele. Es gibt allerdings mehr als genügend gute Gründe dieser Videoplattform den Rücken zu kehren. Ärzt:innen und Kinderkliniken weltweit warnen schon lange vor der Nutzung dieser App. Aber auch den Datenschutz bei Kindern scheint man bei TikTok nicht wirklich ernst zu nehmen.

Da bleibt laut dem Magazin t3n als Fazit nur: „TikTok ist menschenfeindlicher Dreck. Löscht eure Accounts, werft die App von euren Telefonen und erklärt euren Kindern, was TikTok macht."

Aber nicht nur Kinder nutzen TikTok. Minderheiten kennen keine Altersbeschränkungen. Und es kann nicht unser Ziel als freie und demokratisch denkenden Bevölkerung sein, bestimmte Themenbereiche systematisch aus der Welt schaffen zu wollen.

Dinge so lange – und gezielt auszublenden, bis niemand mehr über ein für „die Obrigkeit" unbequemes Thema spricht, haben schon viele Diktaturen versucht. Aber es ist noch nie etwas Gutes dabei herausgekommen!

Verschlüsselung & Kryptographie

Verschlüsselung ist ein wesentliches Gut: Dabei ist die moderne Kryptographie nur für Computer einfache Mathematik. Sie wird zukünftig zu der Grundausbildung in der Schule gehören, wenn wir eine humanistische Ausbildung in einer Welt der Maschinen, und in einer Co-Existenz mit den überwachenden Maschinen umsetzen wollen.

Privatsphäre kann dank Verschlüsselung für Bürger:innen geschützt bleiben: Auch für jede:n politisch Aktive:n wird eine Grundkenntnis in den Werkzeugen der Verschlüsselung insbesondere zum Schutz der Kommunikation grundlegend sein. Die oft besprochene These in unserer Redaktion ist, dass nur wenn die Kryptographie Einzug in die Schulen hält, sich eine Stasi 2.0 verhindern lässt.

NIST vermutlich teilweise von NSA unterwandert

von Moritz Poldrack

NIST – die US-Standardisierungsbehörde – stand wohl mit der NSA in regerem Austausch als bisher angenommen.

Dr. Daniel Bernstein, auch bekannt als djb, ist für viele Informatiker:innen ein Begriff. Als Entwickler von NaCl ist er der Kopf hinter einer der verbreitetsten Bibliotheken für kryptografische Funktionen und hat sich mit seiner Arbeit einen Legenden-Status in der Hacker:innen-Community erarbeitet. Bernstein erhebt jetzt schwere Anschuldigungen an die amerikanische Standardisierungsbehörde NIST.

Quantensichere Verschlüsselung

Quantensichere Verschlüsselung (Post-Quantum Kryptographie) ist ein Begriff, zu dem Bernstein bereits 2003 selbst arbeitete und an deren Verbreitung er selbst aktiv mitwirkte. Dabei geht es um Algorithmen zur Verschlüsselung, die auch mit Quantencomputern sicher sind. Die Primzahlzerlegung, die Basis vieler kryptografischer Methoden ist, kann mit diesen Rechnern relativ leicht geknackt werden.

Durch von Edward Snowden geleakte Dokumente wurde bereits offenbar, dass die NSA sich an Standards beteiligt, um diese zu schwächen und eine Möglichkeit, die Verschlüsselung zu brechen einzubauen. NIST beteuerte zu der Zeit, dass diese Beeinflussung nie so stattgefunden hätte, dass die Organisation etwas davon mitbekommen hätte.

Die Standardisierung dieser Verschlüsselungsmethoden ist ein Dauerprojekt und so werden regelmäßig neue Methoden und Kurven untersucht und geprüft.

NSA in NIST-Boardmeetings

Anfang des Monats veröffentlichte Dr. Bernstein auf seiner Website folgendes und diese Dokumente haben es in sich:

- NSA-Mitarbeiter:innen sind Teil des Gremiums (das ist erst einmal nicht verwunderlich oder an sich schlecht),
- NSA-Mitarbeiter:innen waren in den Gremien, ohne ihre Zugehörigkeit offenzulegen,
- Britische NSA-Partner hatten Treffen mit der NSA.

Was für die meisten etwa so überraschend sein dürfte wie die Entdeckung von Sand in der Sahara, kann jedoch absurde Ausmaße annehmen.

Hohe Mathematik, einfache Rechenfehler

In seinem Post schildert Bernstein auch die absurde Historie von Kyber512[1], einem Verschlüsselungsalgorithmus, der mindestens so sicher wie AES-128 sein soll. (Hier handelt es sich um methodologische Kritik an der Arbeitsweise von NIST und nicht um eine Sicherheitsbewertung von Kyber. Dazu gerne im Portal für Extra-Kontext stöbern.)

Hierin erklärt Bernstein den simplen Rechenfehler, den NIST in seiner Einschätzung macht. Potenzen werden beim Addieren nicht addiert. Er selbst bringt das einfache Beispiel:

240 times 240 is 280, but 240 plus 240 is only 241

Dr. Daniel J. Bernstein

Dieses Beispiel ist vielleicht für jemanden, der im Alltag nicht viel für Mathe übrighat, nicht so klar. Für Kryptolog:innen, oder auch Mathe-Lehrer:innen der 5. Klasse, sollte dieser Fehler so offensichtlich sein, wie eine Schraube mit einem Seitenschneider in die Wand zu kloppen.

Diese Fehler in der Methodik, sind schockierend. Dass diese Fehler dutzende von NIST beauftragte Mathematiker:innen übersehen haben, wirkt unrealistisch. Dass die NSA diese Fehler übersehen würde, dürfte ausgeschlossen sein. Update: Es wurde inzwischen klargestellt, dass es sich um von NIST beauftragte Mathematiker:innen handelt.

Was eine NIST-Standardisierung nach sich zieht

NIST Standards finden gewissermaßen überall Anwendung. Von NIST's Alternative zum BSI Grundschutz, bis zu Kurven und Algorithmen, sind sie in Firmen, TLS-Verbindungen und vielen anderen – auch GPG-Schlüsseln – im Einsatz. Eine Schwachstelle darin ist damit eine potenzielle Gefahr für alle, sollte diese Organisation so kompromittiert sein, wie es scheint.

Verschlüsselungs-Umgehung: EU-Zusammenarbeit mit Five Eyes

von Antonia Frank

Hinsichtlich der Frage nach einer Verschlüsselungs-Umgehung streben die EU-Staaten eine Zusammenarbeit mit den Five Eyes an.

Die EU-Staaten beziehen die angelsächsischen Geheimdienstallianz der „Five Eyes" in ihre Pläne bezüglich einer Verschlüsselungs-Umgehung bisher sicherer digitaler Verschlüsselung mit ein. Dokumente der deutschen EU-Ratspräsidentschaft an die EU-Mitgliedsstaaten, die das belegen, liegen der Süddeutschen Zeitung vor. Im Bündnis und Spionage-Netzwerk „Five Eyes" wirken die USA, Großbritannien (UK), Kanada, Australien und Neuseeland seit 1946 zusammen.

Wie die Süddeutsche Zeitung berichtet, würde der Inhalt der Erklärung „End-to-End-Encryption and Public Safety" der Five-Eyes-Länder, einschließlich Indiens und Japans, einer Aufforderung an Unternehmen, Zugang zu verschlüsselten Inhalten zu gewähren, teilweise dem EU-Dokument „Empfehlungen für den künftigen Umgang mit dem Thema Verschlüsselung" vom 16. November 2020, ähneln. In beiden Papieren wird dabei ein „rechtmäßiger Zugriff auf verschlüsselte Kommunikation" mittels Verschlüsselungs-Umgehung verlangt. Das EU-Dokument fordert die EU-Mitgliedsstaaten unter Punkt sechs dazu auf, sich zu dem Thema „eng mit den Initiatoren des Papiers „End-to-End-Encryption and Public Safety" austauschen".

Die EU-Innenminister:innen wollen künftig entschiedener gegen Terrorismus vorgehen. Wegen der E2E-Verschlüsselung von Messengern sehen sie allerdings ihre Pläne gefährdet. Aktuell legten sie in einer gemeinsamen Erklärung dar, dass Behörden dennoch Zugang erhalten müssen. Hierbei will man sowohl der Polizei, als auch den Geheimdiensten Informations-Zugang gewähren. Die Daten-Öffnung solle sich einerseits auf Verbindungsdaten (Vorratsdatenspeicherung) und andererseits auch auf verschlüsselte Inhaltsdaten erstrecken. Wegen der tiefen Einschnitte in die Grundrechte der Menschen, stehen beide Erhebungsarten unter massiver Kritik. Zwar heißt es, „digitale Beweise" seien von den zuständigen Behörden im Einklang mit den Gesetzen zu erheben und auszuwerten. Wie man dabei jedoch „die Vertrauenswürdigkeit der Produkte und Dienstleistungen erhalten" will, die auf E2E-Verschlüsselungs-Techniken basieren, darauf bleibt man bisher die Antwort schuldig.

Wie nun aus beiden Dokumenten, sowohl aus dem der „Five Eyes", als auch aus den Papieren der EU, hervorgeht, soll eine Allianz aus

Telekom-Anbietern, Tech-Unternehmen und Behörden eine gemeinsame Lösung schaffen. Deren Aufgabe soll es sein, eine E2E-Verschlüsselung zu entwickeln, mit denen Ermittler:innen einerseits auf die verschlüsselten Inhalte zugreifen können, ohne jedoch andererseits die Verschlüsselung zu schwächen. Bekannte Möglichkeiten zur Umsetzung würden gleichermaßen in der Schaffung eines Nachschlüssel, aber auch im Öffnen von Hintertüren oder im Einsatz von Staatstrojanern liegen.

Verschlüsselungs-Umgehung stößt auf erneute Kritik

Martin Blatter, Chef des Messenger-Dienstes Threema, kritisierte infolge solche Forderungen nach einem Aufweichen der Verschlüsselung, berichtet die Welt am Sonntag: „Diese Forderungen nach einem Generalschlüssel zeugen von der Unbedarftheit der Behörden. Technisch sei das gar nicht möglich. „Wir haben gar keinen Generalschlüssel, den wir hinterlegen könnten. Die Verschlüsselung wird von den Nutzer:inne:n vorgenommen und nicht von uns."

EU-Rat hält am Ende der Verschlüsselung fest

von Lars Sobiraj

Im Streit um die Pläne zur Chatkontrolle und des Bruchs der Verschlüsselung ist nun ein Vorschlag des spanischen Vorsitzes bekannt geworden.

Der Vorschlag zur verdachtslosen Durchsuchung aller privaten Nachrichten und Fotos auf Smartphones unter Umgehung jeglicher Verschlüsselung wird besprochen: Er soll im EU-Rat bei der Abstimmung eine Mehrheit für die Chatkontrolle sichern.

Verschlüsselung droht endgültig abgeschafft zu werden

Der Europaabgeordnete der Piratenpartei und Jurist Dr. Patrick Breyer, der das Vorhaben im EU-Parlament mitverhandelt, hat den geleakten Vorschlag gelesen und warnt:

„Die Lippenbekenntnisse zu sicherer Verschlüsselung sind ein Placebo. Kommunikationsdienste wie Whatsapp oder Signal müssten trotzdem unsere Smartphones zu fehleranfälligen Scannern und Wanzen umfunktionieren (sog. client-side scanning), so dass man sich auf die anschließende Verschlüsselung der ‚unverdächtigen' Nachrichten nicht mehr verlassen könnte.

Was die EU-Regierungen noch diesen Monat beschließen wollen, bedeutet unverändert: Neben unwirksamer Netzsperren- und Suchmaschinen-Zensur droht mit der verdachtslosen Chatkontrolle das Ende des digitalen Briefgeheimnisses und sicherer Verschlüsselung. Und mit der Durchleuchtung persönlicher Cloudspeicher die Massenüberwachung privater Fotos, mit der Altersverifikation durch Kommunikationsdienste das Ende anonymer Kommunikation, mit der Appstore-Zensur für Jugendliche eine Art digitaler Hausarrest.

Unzureichender Schutz aller Bürger:innen

Die Vorkehrungen zum Grundrechtsschutz sind noch schwächer als von der Kommission vorgeschlagen. Von den EU-Regierungen weiterhin nicht geplant sind die überfällige Pflicht zur Löschung bekannten Missbrauchsmaterials im Netz. Auch geht es im Vorschlag nicht um europaweite Standards für wirksame Präventionsmaßnahmen, Opferhilfe und -beratung sowie konsequente strafrechtliche Ermittlungen.

Mit diesem Big-Brother-Angriff auf unsere Handys, Privatnachrichten und Fotos mithilfe fehleranfälliger Algorithmen droht ein Riesenschritt in Richtung eines Überwachungsstaates nach chinesischem Vorbild. Chatkontrolle ist, wie wenn die Post alle Briefe öffnen und scannen würde – ineffektiv und illegal. Selbst intimste Nacktfotos und Sex-Chats können plötzlich bei Unternehmenspersonal oder der Polizei landen. Wer das digitale Briefgeheimnis zerstört, zerstört Vertrauen. Auf Sicherheit und Vertraulichkeit privater Kommunikation sind wir alle angewiesen: Menschen in Not, Missbrauchsopfer, Kinder, die Wirtschaft und auch Staatsbehörden.“

Im Interview mit unserer Redaktion sagte der Politiker, das Bekenntnis zu Grundrechten vieler Politiker:innen passe zu dem geplanten Aufbrechen der Verschlüsselung elektronischer Geräte überhaupt nicht zusammen. Niemand solle glauben, dass man den Behörden total vertrauen könnte. Auch sei es nicht so, dass man in einem Überwachungsstaat sicherer leben würde. Dies sei ein „fataler Irrtum".

Linksunten: Verschlüsselung gegen Repression erfolgreich

von Lofi

Die Vorwürfe gegen das Nachrichtenportal Linksunten sind verjährt. An der Verschlüsselung von Datenträgern scheiterten die Ermittler:innen.

2017 wurde das linke Nachrichtenportal linksunten.indymedia verboten, seine Medien in einer rechtswidrigen Razzia beschlagnahmt. Seitdem versuchten Ermittler:innen die Festplatten zu entschlüsseln. Mangels Erfolges hat die Staatsanwaltschaft das Verfahren eingestellt – nach fünf Jahren.

So gehen Ermittler:innen bei verschlüsselten Medien vor

Nach einer Beschlagnahmung im Rahmen einer (Haus-)Durchsuchung erstellen IT-Forensiker:innen eine bitweise Kopie aller Datenträger. So erhalten sie ein 1:1-Abbild aller Daten und Metadaten. Die Datenträger selbst landen in der Asservatenkammer und gehen nach Einstellung oder Ende eines Verfahrens an Beschuldigte zurück. Im Fall Linksunten händigte die Staatsanwaltschaft die Geräte nach zwei Jahren wieder aus. IT-Forensiker:innen arbeiten nur mit den Kopien in Verbindung mit Write-Blockern, um die Daten nicht zu verändern. So können sie Beweise liefern, die vor Gericht Manipulationsvorwürfen standhalten. Offenbar haben sie fünf Jahre lang versucht, den Linksunten-Datenschatz auszuheben – ohne Erfolg. Eine ganze LKA-Task Force aus Baden-Württemberg und das Bundesamt für Verfassungsschutz haben sich daran die Zähne ausgebissen. Ob dabei auch die für Kryptoanalyse zuständige Behörde ZITIS involviert war, ist genauso unbekannt wie der bei Linksunten verwendete Verschlüsselungsalgorithmus.

Allen, die sich um die Sicherheit ihrer Daten sorgen, empfehlen wir starke Verschlüsselungen wie AES/GPG/McEliece, statt sich auf integrierte Angebote der Festplattenhersteller zu verlassen – Backdoors der Strafverfolgungsbehörden sind da zwar nicht bekannt, aber auch nicht auszuschließen.

Sicher ist nur: Die Ermittlungsbehörden sitzen auf einem gigantischen Datenberg und setzen vieles daran, diesen abzuarbeiten. Die ZITIS baute einen Hochleistungsrechner, ein Quantencomputer steht auf der Wunschliste, aber die Technologie ist noch nicht für diese Zwecke gängig. Die Kompetenzen der Polizei, Daten zu entschlüsseln, wurden ausgebaut. Was sie anders nicht knacken können, geben Staatsanwaltschaften an externe Dienstleister. Grenzen dürften da nur die Verfolgungsverjährung bei Straftaten setzen. Wie im Fall Linksunten – nach fünf Jahren musste also die Ermittlung eingestellt sein.

Soweit die Neuigkeiten – das ganze Ermittlungsverfahren ist aber so fragwürdig, dass ich genauer hinschauen möchte. 2017 war kein gutes Jahr für Meinungsfreiheit und Grundrechte. Wie ist das Linksunten-Verbot einzuordnen? Werfen wir einen Blick zurück.

Was war Linksunten?

Linksunten war bis zu seinem Verbot regionaler Ableger des linken Indymedia-Projekts mit Schwerpunkt auf den Südwesten Deutschlands. Gegründet wurde Linksunten zur Vorbereitung des Protests gegen den NATO-Gipfel in Straßburg 2008. Als weiteren, älteren Ableger gibt es noch das deutschsprachige de.indymedia.org, das trotz weitgehender inhaltlicher Überschneidung bis heute legal ist. Durch die bessere Moderation war Linksunten aber populärer und hatte überregionale Verbreitung.

Die Wurzeln von Indymedia

Hacker:innen und Medien-Aktivist:inn:en gründeten Indymedia 1999 anlässlich des Gipfels der Welthandelsorganisation in Seattle. Der

Protest gegen den Gipfel und das Vorgehen der Polizei glichen in ihrer Intensität und Verlauf dem G20-Gipfel 2017 in Hamburg: In Seattle marschierte am Ende die Nationalgarde auf, in Hamburg die BFE+, eine Polizeieinheit, die eigentlich Kalaschnikow-schwingende Islamisten bei Terroranschlägen zur Strecke bringen soll. Die Aktivisten warfen schon vor dem „Battle of Seattle" etablierten Medien vor, teilweise tendenziös oder einseitig zu berichten oder durch Falschmeldungen Polizeigewalt zu rechtfertigen.

Zur Herstellung einer „Gegenöffentlichkeit" hat Indymedia den Anspruch, die Nachrichten und Inhalte zu bringen, die etablierten Medien keine Meldung wert seien. Dutzende linke Netzwerke auf der ganzen Welt nutzen Indymedia, Ableger gibt es vor allem in Europa und den USA, aber auch im globalen Süden. Pressemitteilungen von aktivistischen Gruppen machen einen hohen Anteil des Indymedia-Inhalts aus. Darum ist das Linksunten-Verbot auch ein Akt der Pressezensur.

Damit die Veröffentlichung allen Menschen zugänglich ist, gibt es bei vielen Ablegern der Indymedia keine Freischaltung der Beiträge. Metadaten speichern sie nicht. Als Sprachrohr verwenden viele linke Gruppen heutzutage Blogs oder andere soziale Medien wie Twitter und Instagram. Aber die technischen Hürden zur eigenen Webseite waren 1999 höher, das Internet für breite Massen Neuland.

Diese Inhalte fanden sich auf Linksunten

Durch das Open Posting gab es nicht nur bei Linksunten, sondern auch auf anderen Indymedia-Seiten immer wieder Spam-Einträge und Flame Wars zwischen Linken und Rechtsradikalen. Nach politisch motivierten Sachbeschädigungen fanden sich dort auch Schreiben von Bekenner:innen, und Daten von Nazis wurden gedoxxt.

Zuletzt machte Indymedia von sich reden, als vertrauliche Informationen zum G7-Gipfel in Elmau auftauchten. Das Nutzer:innen- und Themen-Spektrum von Linksunten war aber breiter: Es fanden sich theoretische Texte über Feminismus ebenso wie vegane Kochrezepte, Kongressberichte und Anleitungen zu zivilem Ungehorsamen, wie sie

„auf der Straße" bei Protesten Anwendung finden. Die meisten Postings dürften nicht allen Leser:innen politisch gefallen - schon gar nicht, wenn jemand in Diensten des Staates steht. Das macht die Inhalte aber noch nicht illegal.

Medien zu moderieren, ist schwierig

Zehn-, wenn nicht hunderttausende Einträge aus über acht Jahren zählt das immer noch einsehbare Archiv, das den Stand vom Tag des Verbots wiedergibt. Bei der Masse an Einträgen ist es möglich, dass die ehrenamtliche Moderation nicht immer hinterherkam und ihr mancher Eintrag durch die Lappen ging. Strafbare Inhalte sind von juristischen Lai:inn:en häufig auch nicht zu erkennen. Das Problem haben aber zahlreiche Webseiten, die trotzdem nicht verboten sind.

Selbst das NetzDG-Gesetz macht Vorschriften, die quasi nur von geschulten Inhaltsprüfer:inne:n in Vollzeit eingehalten werden können – und da das Gesetz auch erst ab 2 Millionen Nutzer:inne:n Anwendung findet, richtet es sich auch nur an die großen Platzhirsche wie Facebook, Twitter und YouTube. Erlassen wurde das Gesetz eine Woche nach dem Linksunten-Verbot. Zensor:inn:en hätten auch vor dem NetzDG-Gesetz Möglichkeiten gehabt, Inhalte löschen zu lassen – jeden Beitrag bei Linksunten konnte man melden. Offenbar hielt man es auf Behördenseite nie für nötig, das auch zu tun.

War das Linksunten-Verbot ein politisches Manöver?

Der damalige Bundesinnenminister Thomas de Maiziere (CDU) begründete das Verbot von Linksunten explizit damit, dass dort zu Gewalt beim G20-Gipfel 2017 aufgerufen worden sei. Beweise blieb er schuldig. Als Sprachrohr der linksradikalen Szene riefen Gruppen in der Tat dazu auf, sich an den Gipfelprotesten zu beteiligen. Das allein ist noch kein Gewaltaufruf – ob Gewalt angemessen sei, darüber scheiden sich auch im Schwarzen Block die Geister. Da aber Beiträge anonym und ohne Freischaltung durch die Moderation veröffentlicht werden konnten, lässt sich nicht nachvollziehen, wer vermeintliche Aufrufe zur Gewalt verfasst haben könnte.

Auf jeden Fall hatte ein Verbot einen Monat vor der Bundestagswahl 2017, wie man im linksunten von Deutschland sagen würde, ein Geschmäckle. Denn die Stimmung im Land war gekippt: Die Flüchtlingsthematik 2015/2016 polarisierte die Gemüter, die rechtsradikale AfD war im Aufwind.

Die CDU saß nicht mehr so fest im Sattel wie vier Jahre zuvor, lag im Frühjahr 2017 sogar gleichauf mit der SPD. Deren Vorsprung war im Sommer 2017 aber auch wieder passé. Wahlwerbung durch Law&Order-Politik wäre eigentlich nicht nötig gewesen.

Welche Rolle spielte der Innenminister?

Innenminister Thomas de Maiziere hat sich mehrfach durch eine unrühmliche Rolle ausgezeichnet: Seit 2008 wusste er vom globalen Lauschangriff der NSA, den Edward Snowden 2013 aufdeckte. Da er den Bundestag darüber belogen haben könnte, stand er unter heftiger Kritik, und seine politische Karriere geriet ins Wanken.

Auch andere Skandale haben ihn ins schlechte Licht gerückt. Da war etwa seine Rechtfertigung der Polizeigewalt gegenüber Flüchtlingen bei einem rassistischen Vorfall 2016. Oder der Vorwurf, dass er Informationen des militärischen Geheimdiensts über den NSU-Terroristen Uwe Mundlos dem NSU-Untersuchungsausschuss unterschlagen habe.

Als Innenminister arbeitete de Maiziere erfolgreich daran, die Überwachungspraktiken des NSA durch deutsche Behörden zu ermöglichen und im Nachhinein zu legalisieren. Das Ergebnis ist beispielsweise das BND-Gesetz, das die rechtsstaatliche Unschuldsvermutung aushebelt.

Er wollte die Vorratsdatenspeicherung wieder einführen und die Trennung von Polizeien und Geheimdiensten aufheben. Auch die Online-Durchsuchung (im Volksmund: „Staatstrojaner") wurde unter Thomas de Maiziere in einer geheimen Sitzung durchs Parlament geboxt. Rechtskräftig wurde das Gesetz zur Online-Durchsuchung einen Tag vor dem Linksunten-Verbot.

Massive Überwachung aufgrund Linksunten-Verbot möglich

Die Rechtsauffassung der Strafverfolgungsbehörden beim Linksunten-Verbot grenzt an Rechtsbeugung: Die Staatsanwaltschaft konstruierte einen Verein, der nicht existierte, um ihn dann als „kriminelle Vereinigung" verbieten zu können. Bis heute ist unklar, ob die Beschuldigten überhaupt eine Verbindung zu Linksunten hatten, sie beispielsweise Admins oder Mods waren. Eine Verfassungsklage gegen dieses Vorgehen ist anhängig, die unser Portal hält euch auf dem Laufenden.

Der das Verbot der Webseite begründende Paragraf (129 StGB) findet Anwendung, wenn einem Beschuldigten keine andere Straftat vorgeworfen werden kann, und gilt deshalb als „Gesinnungsparagraf". Dieser rechtfertigt nach der Strafprozessordnung auch umfassende Grundrechtsverletzungen nicht nur gegen die Beschuldigten, sondern auch gegen deren Bekanntenkreis.

Er ermöglicht beispielsweise das Abhören von Telefonaten, das Mitlesen des Internetverkehrs, das Abfangen und Lesen von Post und die Verwanzung von Wohnung und Arbeitsplatz. Deshalb werfen Linke der Staatsanwaltschaft vor, das Verbot von Linksunten sei ein Konstrukt, um die linke Szene insgesamt auszuforschen.

Offenbar standen die Behörden nach G20 unter massivem Ermittlungsdruck. Gleichzeitig ist die Rolle des Verfassungsschutzes noch nicht voll aufgeklärt.

Die angeblichen Beweise, die Grundlage zum Linksunten-Verbot und der Hausdurchsuchung waren, unterliegen der Geheimhaltung – falls es sie überhaupt gibt. Sicher hat die Behörde noch ein paar Akten darüber. Bleibt die Frage, was mit ihnen geschieht? Wir vermuten: Ein Teil der Antwort könnte die Bevölkerung verunsichern.

McEliece-Messaging: Smoke Crypto Chat – The first mobile McEliece Messenger published as a stable prototype worldwide

von Claudia Rahmschmidt und David Adams

Eine deutsche Version des Beitrages findet sich ebenso wie die zahlreichen Referenz-Verlinkungen online im Portal.

Mobile messengers are increasingly encrypted, and it is imperative that they become more secure. We introduce the app Smoke Crypto Chat.

Summary

Mobile messengers are increasingly encrypted and have to become more secure. And they are currently strong involved in discussions about secure end-to-end encryption on the agenda of trying out – precisely because of the end of the product life cycles of the unsafe algorithms RSA and elliptical curves like ECDSA.

While new algorithms are sought that are safe against the quantum computers, the McEliece algorithm has been established for around 40 years to be secure and has now also been implemented in a messenger. And: Own, open-source, network-able (federate-able) and decentralized chat servers are seen as a perspective despite central chat services.

A particularly secure messenger has now been published as an open-source project model with a stable current release: The Smoke Crypto Messenger (to be found at F-Droid.org) is the first mobile messenger to use the quantum-computing secure McEliece-algorithm worldwide and thus herald a new age in the „Third Epoch of Cryptography" (Theo Tenzer) and their quantum computers. A stable prototype: its strengths and development perspectives are discussed in detail below. It can be found at F-Droid.org and Github) is a first step and a pioneer in applied Cryptography.

Because of an above-average, high interest and server access, especially from the edu- and university-area, as well because of several inquiries from our readers, the article on McEliece-Messaging, that was also published in German language, has now been translated into English.

Since the American Institute NIST has announced already (and final) in 2016, that the RSA algorithm depending on the key size has to be considered (more or less) than broken (also with regard to the future computing power of the supercomputers), it is important to secure the possible attacks on encryption in the upcoming age of quantum computing. The same-named algorithm of the recently deceased Robert McEliece is considered particularly secure alongside the algorithm NTRU.

Abbildung 2: Figure I: McEliece-Messaging with four different Moduli as Choice for the Encryption-Algorithm McEliece.

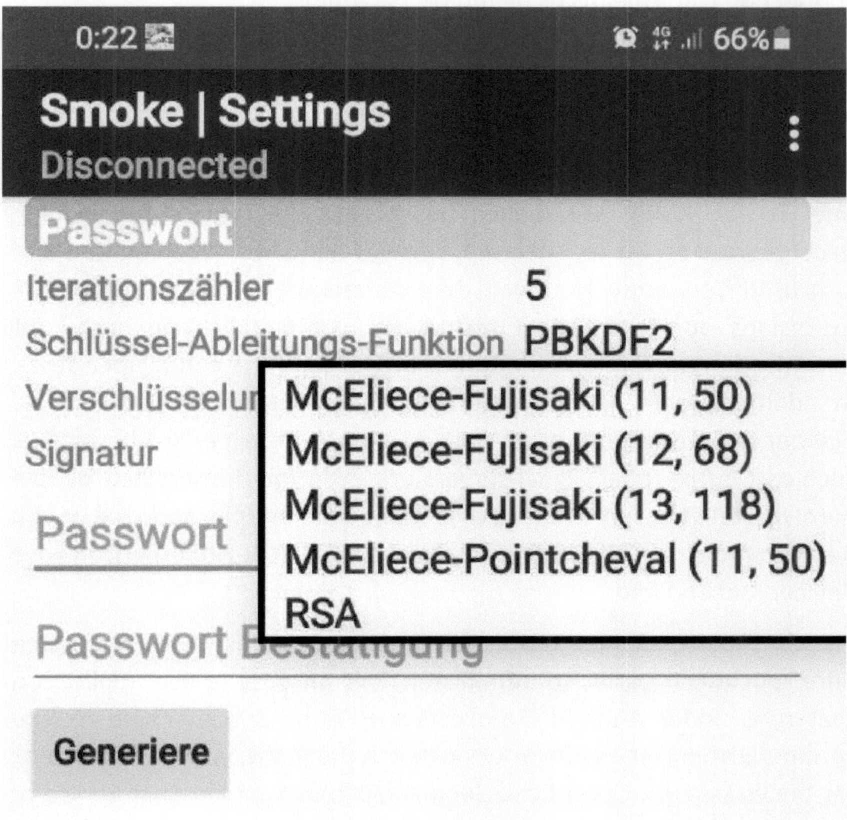

Smoke Crypto Chat Messenger at f-droid.org

Now a first mobile messenger has implemented this algorithm and been released with another stable release: Smoke Crypto Chat Messenger. This is stored at Github and has also undergone the strict requirements for the source code during an compilation by the alternative download portal F-Droid.org.

This messenger integrates into a chat server architecture, which can also be decentralized and is federate-able (network-able). The associated server is: SmokeStack-Server and is based on the Echo-Protocol, which secures the encrypted message again by a HTTPS/TLS-connection (thus means using multi-encryption).

Not to forget, the server question is very crucial for messaging: Smoke communication through your own server for family communication? – The server setup on Android becomes a topic easy to learn.

The server question for messaging communication is a very crucial one: So far, XMPP aka Jabber, has played the role of the leading decentralized server architecture, since XMPP is well documented and also used frequently. However, their servers are not all with the XEP-extensions for encryption technically compatible and also not encrypted in the implementation or do not pass the compliance-tests. In addition, even servers that can implement encryption such as Ejabber or Prosody, are often only installable for experts. Alternatives such as Matrix– oder Signal-servers are even for IT-interested people hardly installable, not to speak of compile-able or open source – or you need an Amazon AWS-Docker access or have a TOR-Node-DHT on your device. And and and..

The SmokeStack-Server (also at F-Droid) is not just open to source here, but much easier to administer: it is an easy-to-use application that runs under Android. Smokestack thus describes simple mobile communication servers for your pocket in the jeans, your own home or for the classroom. Other Echo-Servers (such as Spot-On Chat Server or Spot-On-Lite) exist for numerous operating systems und bigger scales.

Abbildung 3: Figure II: Current Graphical User Interface of the 1:1-Chats in Smoke Messenger under Android.

The idea and learning objective can become more increasing that IT-teachers at every school can set up and administer an open-source communication server for their class without further dependencies. And, that for that purpose there are various clients and customized user interfaces available – at best, which look like popular messengers like WhatsApp. An encryption handling chat-server should be able to be set up by any IT teacher at school.

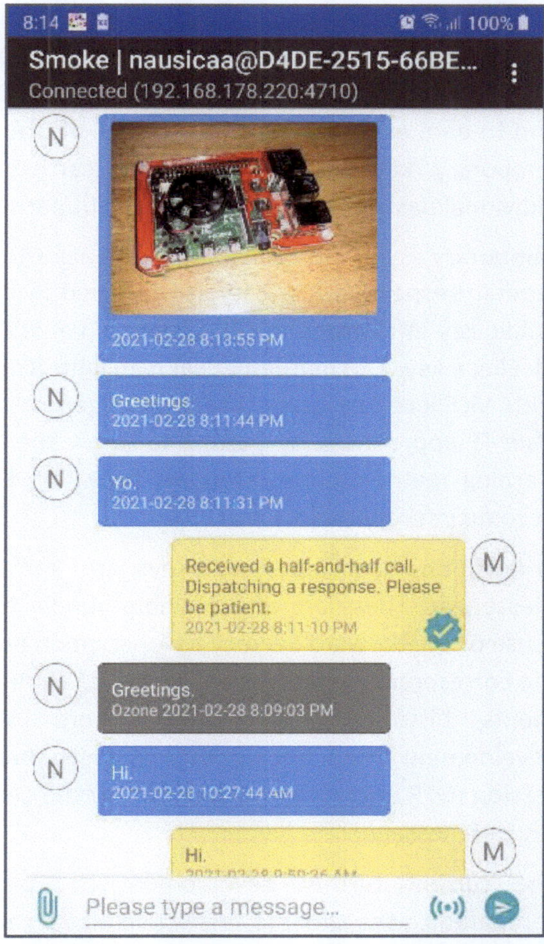

With this type of Echo-Server, with the Smokestack application, the server setup is very easy to use via an Android app – the actual messaging app Smoke enables with Smokestack to put on an own server and therefore opens up all interested persons access to quantum-computing more secure McEliece-Messaging.

Smoke Crypto Chat Messenger: Fiasco Forwarding in Cryptography

The Smoke Chat client is not only open source and equipped with the McEliece encryption, it also enables the user to get defined passphrases in the sense of „Customer Supplied Encryption Keys" (CSEK) for a safe end-to-end encryption: the Cryptographic Calling, an end-to-end encryption in the sense of the Forward Secrecy with temporary keys can therefore be carried out with self-chosen, individual passphrase on both sides (symmetrical encryption).

Temporary asymmetrical keys with the algorithms McEliece (4 different moduli) respective RSA can also be used in the Messenger Smoke: A public key infrastructure (PKI) is used, i.e. with a private and a public McEliece key. The mathematical highlight: RSA key users can also chat with McEliece key users. The messenger is a good practice model to train IT apprentices by getting to know the McEliece algorithm and learning mathematician students how RSA keys with McEliece keys become interoperable.

In addition, so-called Fiasco-Keys are implemented in the Smoke Messenger: These are also a whole bundle of temporary keys in the sense of the Forward Secrecy for encryption and are kept in a cache for the corresponding decryption attempts. XMPP with compatible mobile clients, historically, is therefore more likely to be located in development from encryption, in which only one key is sent per session (OTR encryption), which is now the OMEMO encryption with a key per message.

The current further development is: Fiasco Forwarding (FF) is compared to the Omemo respective also Signal Protocol, in which the (one) key of the upcoming message is derived very schematically from the key of the previous message, much more volatile, i.e. encryption becomes safer by Fiasco Forwarding (FF) – and messaging also becomes a safer process through this process design (also described by Tenzer in his book about cryptography). If a key is known in the Signal protocol (and thus also in WhatsApp encryption), follow-up messages could also be deciphered, which can then also refer to the other keys –

and then open up in the stocking like a stitch. Security is there with a purely schematically assigned and permanent method derived key (so-called Double Ratchet procedure).

The protocol of the Fiasco-Forwarding in the Echo-Protocol is therefore more mature here, since it leaves numerous options: The signal of evaluating a development trend in Cryptography is about the further development of a key transmission protocol: from the Signal, formerly Axolotl or Omemo protocol, to Fiasco-related, volatile options in Cryptography, in which much more than one key are sent per message! Perfect-Forwading (of one key per message) has a successor: Fiasco-Forwading (of a bunch, up to a dozen, of keys).

The chat-ID is regulated in the Smoke Crypto Chat via a 32-digit number, so that the user does not have to announce an own telephone number. The automatic telephone book upload is particularly the illegal non-conformity of other messengers with risk in Law infestation for some countries following the GDPR. Over this ID, based on the SIP-Hash process, used for a symmetric encrypted channel, the cryptographic keys are safely transferred.

Since no one can notice (or wants to type in) such a long ID-number, there is the further option of using an Alias. A chat user defines an Alias term in the chat client, for example the city name „Boston", since he lives there, and the chat friend also gives his Alias to this user. Complete. The McEliece key is then exchanged via this „Boston" channel and the secured chat can begin (then via McEliece).

This means that central key servers have been replaced by the autocrypt function. With autocrypt, the applications of two chat partners automatically exchange the public keys. Autocrypt goes back to the idea of a REPLEPO, in which even a user's public key is only encrypted with the key of the friend. It is used, for example, by the promising messenger Delta-Chat and others who use chat via email servers (using the POPTASTIC protocol[*]).

Now the Smoke Messenger comes and converts the path from the key server to Autocrypt one step further: AutoCrypt is replaced by the Alias. A simple key based on the selected password (e.g., „Boston") – which would not be incompatible with any encryption control regulation – creates a channel that then shares the safe public key. The SmokeStack-Server also has special key server capabilities.

Emoticons & pictures can be exchanged

In addition to text, emoticons and pictures can also be sent in the chat. The latter are stored in an encrypted container on the smartphone. This means that an image must also be extracted from it before it can be continued unencrypted. Smoke is known as one of the only messengers, which has a login and also encrypts the saved databases as a safe container.

Smoke Crypto Chat is one of the few messengers that not only require a security password to log in, but also to decrypt the data on the smartphone's Android hard-drive. It **should** be noted that some views and menu settings only become visible if several friends are inserted as users in the messenger. It is an exploratory model, also in the graphical interface: a pioneer model, ideal for learners.

Building connections from Smoke-Settings.

There is a separate function for the file transfer of any files (in any size) from cell-phone to cell-phone. The special thing here: the files can also be sent to a SSH client and do not need a second Smoke client. This standard also relies on interoperability using the Steam-protocol.

Messages to offline users are temporarily saved in a so-called Ozone-Postbox, whose name only in the client Smoke and Server SmokeStack

---

[*] See a more detailed description of Delta-Chat and encrypted chat over email-servers at ISBN: 9783755761174 & 9783755758112.

must be set equally; The cryptographic keys in the Smokestack-server automatically regulate everything else. The group chat is currently established in IRC style based on symmetrical encryption and compatible with the client of the Encryption Suite Spot-On, which, in addition to the server function, also includes numerous open-source encryption tools.

The SmokeStack-Server is also a key server for the user (which XMPP-servers and others are not, for example). Even from the Smoke client, a friend's public key can be forwarded to the direct IP-connection for faster networking to servers or friends.

Further App perspectives with volunteering developers from the community

The Messenger-Client Smoke has been the world's first mobile McEliece Messenger since 2016 (in addition to further implementations on the desktop). It is fully functional with the current release. The easy to set up server enables everyone to get to know the operation of the new elements. A further adapted and polished user interface (especially for the individual settings) could simplify the operation here. An Italian development team has already started a new development of the user interface for the iPhone. They „forked" the project for its own development in swift respective flutter programing language.

However, wishes to make Smoke Crypto Chat look like WhatsApp are disappointed and remain in this project model development tasks, which, however, are not all Rocket Science. It needs organizations such as universities and highschools that still develop instead of going to buy on the market. Or free and interested GUI & Java developers for Android from the common good-oriented community environment, which create a chat client based on the simple server Smokestack with simple architecture of the HTTPS shipping of a with-McEliece-encrypted message.

If this prototypical model concept were further adapted, for example, as a separate development and chat client, this chat app could then use any school without much administration effort. The future is neither in the proprietary protocol, the libraries for the code, nor in the niceness of one App. But in the simplicity of a chat server to be set up in a decentralized chat in every classroom of an IT-teacher and the (financial savings) goal also for organizations such as communities and municipalities, to have developed their own open-source messenger for the members and to be able to operate themselves inexpensively.

After all, it is also about state and municipal independence from central communication servers in the architecture of the software landscape and the data protection-compliant design. And this without uploading phone numbers of friends.

If one wants to become (technical) and (also) decryption world champion one has also to accept the leadership in the development of open source cryptographic messengers and take over their learning content and adopt their teaching and learning content – and „dare more encryption". At the moment, a lot of time seems to be spent on elaborated discussions in terms of privacy and encryption of private electronic messages from citizens beyond the technical possibilities.

Smoke Crypto Chat is open source

The prototypes Smoke and SmokeStack with their code base are not only suggested for evaluation, but also for everyone discoverable. Open source enables students to learn together in the field of cryptography, e.g. using this pioneering McEliece messenger. The future belongs to research into McEliece messaging with an algorithm that the security institute BSI in Germany and also probably following the American Institute for Standards and Technology NIST are currently researching for a future standardization of encryption in the epoch of quantum computers. To the general and interested public this messaging technology is already available open source today.

Eike Kiltz im Gespräch: Kryptographie jederzeit und überall?

von Annika Kremer

Verschlüsselungstechnologien sind oftmals im Einsatz, obwohl dies zumeist im Verborgenen passiert. Professor Dr. Kiltz will sich dafür einsetzen, so viel Kryptographie wie möglich einzusetzen. Dieses Thema gewinnt mit der zunehmenden Technisierung und Vernetzung unseres Alltags und der Diskussion um Privatsphäre und Sicherheit immer mehr an Bedeutung. Wir haben einmal genauer nachgehakt.

Kryptographie = Kommunikation gegen mögliche Angreifer:innen absichern

Prof. Dr. Eike Kiltz hat seit mehreren Jahren an der Ruhr-Uni Bochum einen Lehrstuhl für Kryptologie und IT-Sicherheit inne. Technisch wie politisch stellen sich hier viele spannende Fragen, die Annika Kremer dem Interviewpartner gestellt hat. Das Interview entstand bereits im Februar 2011 und wurde ursprünglich bei gulli.com veröffentlicht. Aufgrund der anhaltenden Aktualität haben wir uns nun für eine Zweitverwertung entschieden.

Eike Kiltz studierte Mathematik in Bochum und erwarb dort im Jahr 2004 seinen Doktortitel. Anschließend forschte er an verschiedenen Universitäten, so auch in San Diego, Amsterdam, Barcelona und Lausanne. Im September 2010 wurde er als Professor in die mathematische Fakultät der Ruhr-Universität Bochum berufen, wo er bis heute lehrt. Sein Spezialgebiet ist die Kryptographie. Zu diesem Thema hielt er zahlreiche Vorträge auf Fachkonferenzen und schrieb Artikel in Fachzeitschriften, die sich unter anderem mit Hashfunktionen, Public-Key-Verschlüsselung und verschiedenen mathematischen Angriffen auf bekannte Verschlüsselungs-Algorithmen befassten.

Annika Kremer: *Sie befassen sich beruflich mit Kryptographie. Beschreiben Sie bitte kurz Ihre Arbeit?*

Eike Kiltz: In der Kryptographie geht es darum, Kommunikation gegen mögliche Angreifer:innen abzusichern. Sie telefonieren zum Beispiel gerade, und der Nachbar zapft die Leitung an. Ohne Kryptographie könnte er nun alles mithören. Wir Kryptograph:inn:en machen den Nachbar:innen das Leben schwerer, indem wir die Kommunikation mit kryptographischen Verfahren so verschlüsseln, dass allein legitime Gesprächspartner:innen auf der anderen Seite die Daten auch wieder entschlüsseln können. Mehr Kryptographie findet man z.B. im Online-Banking, Online-Shopping, dem neuen digitalen Personalausweis, oder auch in elektronischen Autoschüsseln. Wer seinen Computer startet, hat bereits hunderte von kryptographischen Operationen ausgeführt, ohne es überhaupt zu merken.

Wir arbeiten allerdings nicht direkt an Computern und implementieren, wir kümmern uns unter die darunter liegenden kryptographischen Verfahren und Algorithmen. Nun wie funktionieren solche kryptographischen Verfahren? Wir wollen eine Nachricht verschlüsseln. Eine Nachricht ist nichts anderes als eine Folge von Zahlen. Z.B. „A" ist „1", „B" ist „2", usw. Mit Zahlen kann man Mathematik betreiben. Man kann Zahlen addieren, multiplizieren, oder auch höhere Mathematik darauf anwenden, wie sie z.B. als perturbierte Vektoren in einem diskreten Gitter darstellen. In meiner Arbeit beschäftige ich mich damit, neuartige kryptographische Verfahren zu entwickeln und analysieren, die (kurz gesagt) schneller und sicherer sind als momentan bestehende Verfahren. Hierbei liegt mein Forschungsschwerpunkt auf so genannten Public-Key (oder auch asymmetrische) Verfahren, bei denen die Teilnehmer:innen sicher miteinander kommunizieren können, ohne sich jemals physikalisch begegnet zu sein.

Annika Kremer: *Wie genau kamen Sie auf diesen Berufswunsch? Was ist für Sie das Faszinierende an diesem Gebiet?*

Eike Kiltz: Ich hatte schon ganz früh Bezug zu Computern. Mit 12 hatte ich bereits meinen ersten Computer, einen C64, auf dem ich viel programmiert habe. Mathematik hat mich auch schon von klein an fasziniert und es zählte in der Schule auch immer zu meinen Lieblingsfächern (obwohl ich in Klausuren mehrere 5-er hatte). In der Mittelstufe hatte ich einen grandiosen Mathematiklehrer, Herrn Kaunus, der mit seiner einzigartigen Art mein Interesse an der Mathematik geweckt hat.

Nach der Schule folgte ein Studium der Mathematik an der Ruhr-Universität Bochum. Fasziniert an der Kryptographie hat mich dann schlussendlich, dass man hier interessante Anwendungen der sonst so trockenen Mathematik findet. Moderne kryptographische Verfahren beruhen auf hochgradig nicht-trivialer Mathematik, zum Beispielaus den Bereichen der algebraischen Geometrie oder Kodierungstheorie. Das ist doch toll, oder? Und trotzdem ist man immer noch recht nahe an der Praxis. Ich bin wahrscheinlich einer der wenigen Mathematiker an meiner Fakultät, der selbst seiner Oma erklären kann, woran er gerade forscht. Habe ich übrigens gestern gemacht, deshalb erwähne ich es. Meine Oma wird 90 nächstes Jahr.

Darüber hinaus können wir Kryptograph:inn:en auch wirklich spannende Dinge machen. Nach dem Austausch von ein paar Nachrichten könnte ich Sie z.B. davon überzeugen, dass ich ein bestimmtes Geheimnis (z.B. ein Passwort) kenne, ohne darüber hinaus irgendetwas über das Geheimnis preiszugeben. Klingt nach Magie, oder? Solche „Zero-Knowledge" Protokolle gehören mittlerweile in den Standard-Werkzeugkasten von Kryptograph:inn:en. Noch etwas Spannendes, das Millionärsproblem: mit Hilfe von Kryptographie könnten wir herausfinden, wer von uns beiden der reichere ist, ohne unser genaues Vermögen preiszugeben.

Annika Kremer: *Was muss jemand mitbringen, der in Ihrem Fachgebiet erfolgreich sein will, und welche Ratschläge würden Sie jemandem geben, der eine Karriere in diesem Bereich erwägt?*

Eike Kiltz: Die tägliche Arbeit von Kryptograph:inn:en ist wahrscheinlich theoretischer und formaler als man sich das gewöhnlich vorstellt. Ein Beispiel: um von Sicherheit eines Verschlüsselungsverfahrens reden zu können, muss man erstmal formal aufschreiben können, was das genau bedeutet. Dies machen wir gewöhnlich in einem streng mathematischen Sinne und benutzen dabei Formalien aus der Wahrscheinlichkeits- und Komplexitätstheorie. Davon sollte man sich jetzt nicht abschrecken lassen, aber ein gutes mathematisches Grundwissen und Verständnis sind in meinem Gebiet unerlässlich. Ich würde also allen Interessent:inn:en empfehlen, Mathematik oder ein ähnliches Studium zu absolvieren. An der Ruhr-Uni Bochum gibt es auch den interessanten Studiengang in IT-Sicherheit, den ich sehr empfehlen kann. Darüber hinaus sollte man Spaß daran haben, sein theoretisches Wissen auch in der Praxis anzuwenden.

Annika Kremer: *Wie wird sich die Nutzung von Kryptographie Ihrer Meinung nach in Zukunft ändern?*

Eike Kiltz: In Zukunft werden wir immer mehr Kryptographie einsetzen, ohne uns dessen überhaupt bewusst zu sein. Kryptographie überall. Das dies überhaupt möglich ist, ist eine meiner Forschungsziele. Wir arbeiten gerade an neuartigen kryptographischen Verfahren, die schnell genug sind, um sie auch auf kleinen RFID Tags einzusetzen, die aber zur gleichen Zeit auch eine gewisse formale Sicherheitsgarantie haben. Wenn man sich mittels eines kleinen RFID-Tags authentifiziert, dann will man natürlich nicht erst 10 Sekunden warten, damit sich eine Tür öffnet. Deshalb wird in diesem Bereich heutzutage noch größtenteils auf Kryptographie verzichtet. Mit modernen Verfahren merkt man fast gar nicht mehr, dass man Kryptographie einsetzt.

Annika Kremer: *Was halten Sie insbesondere von dem eventuell bevorstehenden Durchbruch bei der Quanten-Kryptographie? Glauben Sie, dass dieser die IT-Sicherheit nachhaltig verändern wird? Wenn ja, in welcher Form? Glauben Sie, dass es zu der Situation kommen könnte, dass sämtliche Verschlüsselungen auf einmal wertlos werden?*

Eike Kiltz: Ich muss vielleicht erstmal ein kleines Missverständnis aufklären, über das ich eigentlich sogar ganz dankbar bin. Auf der einen Seite gibt es die von Ihnen angesprochene Quanten-Kryptographie. Hierbei handelt es sich um kryptographische Verfahren, die mit Hilfe von polarisierten Photonen kommunizieren und ihre Sicherheit aus den Gesetzen der Quantenmechanik beziehen. Solche Verfahren existieren bereits, sie sind allerdings zu aufwändig, um in naher Zukunft praktischen Einsatz zu finden.

Auf der anderen Seite gibt es die so genannten Quantencomputer. Man kann zeigen, dass Quantencomputer viele Probleme erheblich effizienter lösen können als klassische Computer. Dummerweise zählt zu diesen Problemen auch das Brechen von allen heutzutage eingesetzten Public-Key Verfahren wie z.B. RSA. Hier wird es spannend. Im Moment kann niemand sagen, ob (und wenn ja wann und wie ausgereift) solche Quantencomputer gebaut werden können, um welche RSA-Schlüsselgröße zu knacken.

Stellen Sie sich also einfach vor, dass es bald Computer gibt, die z.B. geheime Kreditkartennummern entschlüsseln können. Jetzt kommt eine einfache ökonomische Rechnung: immens groß multipliziert mit 5 Prozent ergibt immer noch immens groß. Das können wir uns einfach nicht leisten, die Risiken sind zu groß.

Wir müssen verstehen lernen, warum manche mathematischen Probleme für Quantencomputer schwer zu lösen sind und andere nicht. Darüber hinaus müssen wir aus diesen schweren Problemen effiziente und sichere kryptographische Verfahren machen.

Ich sollte vielleicht auch noch erwähnen, dass nicht alle kryptographischen Verfahren von Quantencomputern gebrochen werden könnten. Nach dem heutigen Stand der Forschung (2011) sind insbesondere Secret-Key (symmetrische) Verfahren wie z.B. AES oder Hash Funktionen nicht fundamental von Quantenrechnern angreifbar, da sie zu wenig algebraische Struktur besitzen. Auch hier ist noch mehr Grundlagenforschung notwendig.

Annika Kremer: *Kommen wir zu den gesellschaftlichen Aspekten von Verschlüsselung. In der Geschichte hat sich das Verhältnis zwischen Kryptographie und Krypto-Analyse stets verschoben, das heißt, mal gab es Codes, die sich mit keinem Verfahren ohne Weiteres entschlüsseln ließen, mal standen diese nicht zur Verfügung. Momentan befinden wir* *uns an einem Punkt, in dem die Entschlüsselung vieler verschlüsselter Daten mit realistischen technischen Mitteln nicht möglich ist. Was sind Ihrer Meinung nach die Auswirkungen davon? Wie wirkt sich dies auf die Privatsphäre der Menschen aus?*

Eike Kiltz: Starke Kryptographie ist im Prinzip etwas sehr positives. Mittlerweile hat jeder die Möglichkeit, mit geringem technischen Aufwand seine persönlichen Daten gegen Dritte zu schützen. Auf der anderen Seite müssen wir auch darauf achten, dass wir die Menschen richtig erziehen, mit Ihren persönlichen Daten (z.B. vermeidend oder sparsam) umzugehen. In diesem Zusammenhang fallen einem natürlich direkt Social Networks wie z.B. Facebook ein, in denen Leute freiwillig ihre persönlichen Daten einspeisen, ohne sich dessen Konsequenzen bewusst zu sein. Eine Sensibilisierung unserer Gesellschaft halte ich deshalb für eine der großen Herausforderungen der Zukunft.

Annika Kremer: *Was halten Sie vor diesem Hintergrund von den Plänen der US-Regierung, alle Anbieter verschlüsselter Dienste zum Einbau einer Backdoor zu verpflichten? Nötig, sinnvoll, durchführbar?*

Eike Kiltz: Kurz und prägnant: unnötig, nicht sinnvoll, und auch nicht durchführbar. Stellen Sie sich einfach nur mal vor, was passiert, wenn diese Backdoor plötzlich auf WikiLeaks erscheint. Ein Horrorszenario. Nach den Ereignissen der letzten Monate wird wohl jedem einleuchten, dass so etwas unweigerlich irgendwann passieren wird. Außerdem gibt es verschiedene technische Möglichkeiten, wie man eine solche Verpflichtung umgehen könnte. Aus meiner Sicht grober Unfug, über den wir nicht weiter diskutieren sollten.

Annika Kremer: *Verschlüsselung ist ein Werkzeug, das nicht nur für positive Zwecke – wie den Schutz von Geschäftsgeheimnissen oder der eigenen Privatsphäre – eingesetzt werden kann. Auch Kriminelle könnten davon profitieren. Besorgt Sie das?*

Eike Kiltz: Achja, eigentlich eher weniger. Wenn man will, dann kann man das Argument auf jede Art von Technologie anwenden. Böse Bitches und Buben können mit einem Handy ihre Machenschaften absprechen und nach einem erfolgreichen Coup mit einem schnellen Auto türmen. Keiner würde heute auf die Idee kommen, Handys oder schnellen Autos zu verteufeln. Die Politik und die Menschen müssen lernen, mit neuen Technologien umzugehen. Wenn wir uns einmal an Verschlüsselung gewöhnt haben, dann wird hoffentlich niemand mehr diese Frage stellen.

Annika Kremer: *Oftmals ist von Datenschützer:inne:n und Sicherheitsexpert:inn:en die Meinung zu hören, dass Verschlüsselung zu wenig genutzt wird. Chats, E-Mails und andere Kommunikationsmittel würden häufig unverschlüsselt genutzt und somit ein unnötiges Risiko eingegangen. Würden Sie zustimmen? Wenn ja, wo sehen Sie die Gründe für dieses Verhaltens und wie könnte man ihm womöglich entgegenwirken?*

Eike Kiltz: Man muss solche Fragen immer in Relation sehen. Wenn ich mich per E-Mail mit einem Kumpel zu einem Kaffee verabrede, dann ist Kryptographie sicherlich Overkill. Generell müssen wir eh aufpassen, dass wir uns von solchen Sachen nicht zu sehr stressen lassen. Beispielsweise hat meine Bank jetzt ein weiteres „Sicherheitsfeature" eingebaut, damit ihr Online-Banking noch sicherer wird. Durch dieses neue Feature brauche ich jetzt mindestens 5mal so lang, um eine Überweisung zu tätigen. Auf der anderen Seite hat sich die Sicherheit objektiv nur verdoppelt, d.h. gemessen an dem alten System würden Angreifer:innen nun höchstens doppelt so viel Vorbereitung brauchen, um in mein Konto einzubrechen. Wie gesagt, das Wichtigste ist die Menschen für die Aspekte der Privatsphäre zu sensibilisieren. Jeder muss selbst entscheiden können, welche Sicherheitsrelevanz er seinen Daten gibt.

Annika Kremer: *Herr Kiltz, vielen Dank für das Gespräch.*

Edward Snowden äußert sich zum Welttag der Verschlüsselung

von Antonia Frank

Edward Snowden äußerte zu einer Kampagne zum Schutz der Verschlüsselung: "Wenn Sie die Verschlüsselung schwächen, werden Menschen sterben".

Vor dem Hintergrund, dass unsere Online-Privatsphäre zunehmend bedroht ist, weil Regierungen auf der ganzen Welt Hintertüren zur Verschlüsselung fordern, die den Zugang zu persönlichen Daten ermöglichen würden, hat sich Edward Snowden der Global Encryption Coalition (GEC) angeschlossen. Gemeinsam starteten sie anlässlich des Welttages der Verschlüsselung, dem Global Encryption Day, eine Kampagne zum Schutz der Verschlüsselung. Die Gruppe besteht aus zivilgesellschaftlichen Organisationen und Technologieunternehmen. Sie warnen vor der Schaffung eines gefährlichen Präzedenzfalls, der die Sicherheit von Milliarden von Menschen auf der ganzen Welt gefährdet, berichtet thenextweb.com.

Die Verwendung einer starken Verschlüsselung haben aktuell viele Regierungen weltweit in Frage gestellt. Auch die EU treibt hierbei Pläne zur Schwächung der Ende-zu-Ende-Verschlüsselung weiter voran. Im Gespräch ist aktuell, wie man Chatanbieter dazu verpflichten kann, die Verschlüsselung, etwa mit Hilfe von Generalschlüsseln, zu kompromittieren. Zudem sollen Ermittler:innen künftig Chatverläufe im Klartext einsehen können.

Dem zugrunde liegt die Besorgnis, dass Kriminelle Verschlüsselungstechnologien ausnutzen, um illegale Aktivitäten im Internet zu verbergen. Fakt ist jedoch auch, dass eine Untergrabung der Verschlüsselung die Benutzer:innen anfälliger für Cyberangriffe und kriminelle Aktivitäten macht. Auf eine funktionierende Verschlüsselung sind sowohl Aktivist:inn:en, als auch Oppositionelle, verfolgte Gruppen, aber auch normale Bürger:innen zunehmend angewiesen.

In seiner Erklärung weist Edward Snowden darauf hin: „Wenn man die Verschlüsselung schwächt, werden Menschen sterben. Allein in diesem Jahr, nach dem Sturz der afghanischen Regierung, haben wir gesehen, wie wichtig Verschlüsselung für die Sicherheit der Menschen ist. Die Covid-Pandemie hat uns vor Augen geführt, wie wichtig verschlüsselte Messaging-Apps auf unseren Smartphones sind, um mit unseren Angehörigen zu kommunizieren, wenn wir krank sind und Hilfe brauchen. Ärzt:innen nutzten verschlüsselte Messaging-Apps, um mit ihren Patient:inn:en zu kommunizieren und persönliche Informationen sicher auszutauschen. Verschlüsselung macht uns alle sicherer. Von Familien, die Fotos ihrer Kinder schützen, bis hin zu persönlichen Gesundheitsdaten – Verschlüsselung schützt unsere privaten Daten.

Ohne Verschlüsselung wäre es für mich unmöglich gewesen, Whistleblowing zu betreiben. Meine ersten Nachrichten an Journalist:inn:en wurden verschlüsselt übermittelt, und ohne eine sichere Ende-zu-Ende-Verschlüsselung ist es unmöglich, sich vorzustellen, wie mutiger investigativer Journalismus überhaupt stattfinden könnte.

Trotzdem versuchen Regierungen auf der ganzen Welt, die Verschlüsselung zu schwächen, indem sie Plattformen auffordern, ‚Hintertüren' für die Strafverfolgung zu schaffen. Die Schwächung der Verschlüsselung wäre ein kolossaler Fehler, der Tausende von Menschenleben gefährden könnte."

Am Welttag der Verschlüsselung (immer Mitte Oktober) gibt es in Folge eine Vielzahl an dezentralen Veranstaltungen auf der ganzen Welt. Diese sollen verdeutlichen, wie verschiedene Lebensbereiche durch Verschlüsselung geschützt werden. Die Global Encryption Coalition fordert die Öffentlichkeit jedes Jahr auf, am Global Encryption Day auf verschlüsselte Dienste umzusteigen:

https://www.globalencryption.org/

Open Source & Fähigkeiten für die Community

Ausgewogene finanzielle Interessen (um nicht die Gewinnmaximierung eines Kapitalismus zu nennen) und Gemeinwohlorientierung lassen sich unter einen Hut bringen. Open Source bedeutet, seine Arbeit für die breite Bevölkerung zur Verfügung zu stellen. Programmieren kann nicht jede:r, aber jede:r braucht heute ein Programm.

Sicher aber ist, dass sich jede:r mit den eigenen Fähigkeiten in Prozesse für das Gemeinwohl einbringen kann - sei es ehrenamtlich oder auch mit nur geringer Aufwandsentschädigung. Geld hat schließlich auch die Funktion von Leihen und Schenken. Und dabei soll die Freude wohl am größten sein. Sich in die Gemeinschaft einzubringen, bedeutet aber auch, inklusiv zu sein, und anderen zu helfen, in die Gemeinschaft hineinzukommen.

Es fängt beim Wikipedia-Edit an, diesen zu integrieren oder neue Artikel konstruktiv zu begleiten – bis hin zum Projekt-Team-Treffen: einfach mal einen Kuchen mitzubringen, der selbst gebacken ist. Die in unserer Redaktion oft besprochene These ist, dass wir alle noch ein Stückweit eine Extra-Meile gehen können, um etwas für den anderen zu organisieren. Alles andere wäre rein egoistisch. Open Source rulez!

Open-Source: Damit Dich keiner abzieht

von Moritz Poldrack

Ein Normie™ ist jemand, der will, dass der Computer macht, was man will. Die heutige Ausgabe richtet sich vor allem an alle anderen: die, die den PC dazu bringen, das zu tun, was man will. Aber keine Sorge, auch wenn Du Dich selbst als Normie identifizierst, könntest du hier ein paar interessante Projekte und Tools für Dich finden oder vielleicht sogar zum nicht-Normie™ aufsteigen.

Alle Programme online auf unserer Liste im Portal haben eines gemeinsam: Sie respektieren Deine Rechte als User:in. Gmail, Office365 und iCloud haben alle Tracking- und Anti-Features, die darauf abzielen, dass Du das Produkt bist und nicht selbstbestimmte/r Nutzer:in. Mit jedem Libre-Tool, das Du statt einer proprietären Alternative verwendest, nimmst Du den Konzernen etwas Macht über Dich. Die Links zu den zahlreichen Open-Source-Projekten findet ihr wie gesagt online auf unserem Portal.

Maya OS: Indiens Verteidigungsministerium will Windows durch eigenes Linux ersetzen

von Lars Sobiraj

Das indische Verteidigungsministerium will Windows durch Maya OS ersetzen, eine besonders sichere Linux-Distribution, die auf Ubuntu basiert.

Das indische Verteidigungsministerium bereitet sich mit Maya OS darauf vor, das Betriebssystem der mit dem Internet verbundenen Computer künftig besser zu schützen. Einem aktuellen Bericht vom The Indian Express zufolge wird die Behörde Windows aus allen PCs entfernen, die online sind. Den Schritt begründet die Behörde damit, dass man sich somit in Zukunft besser vor weiteren Cyberangriffen zur Wehr setzen will.

Neues Betriebssystem basiert wie Linux Mint auf Ubuntu

Laut dem aktuellen Bericht will man Maya OS als Ersatz für Windows einsetzen, was auf Ubuntu basiert. Einer der Hauptvorteile von Maya OS ist, dass es eine ähnliche Oberfläche für Benutzer:innen und Funktionalität wie Windows aufweist. Somit sei es für die Mitarbeiter:innen leicht, sich daran zu gewöhnen.

Außerdem verfügt es über eine Funktion namens Chakravyuh, eine Endpunkt-Anti-Malware- und Antiviren-Software, die eine virtuelle

Schicht zwischen Benutzer:inne:n und dem Internet bildet und Hacker:inne:n den Zugriff auf sensible Daten verwehrt.

Maya OS: eigene Linux-Distribution als Antwort auf Cyberangriffe

Indien hatte in den letzten Jahren bereits mit größeren Angriffen von Hacker:innen auf ihre kritische Infrastruktur zu kämpfen, darunter auch ein Angriff auf ein Atomkraftwerk im Jahr 2019. Die Behörde vertritt die Ansicht, dass Windows eine große Anzahl von Malware-Bedrohungen aufweist, während Ubuntu-Angriffe seltener seien.

Ein Team von Expert:inn:en aus verschiedenen Regierungsbehörden hat sechs Monate lang an Maya OS gearbeitet. Das Team arbeitete auch mit indischen Softwareunternehmen und akademischen Einrichtungen zusammen, um das Betriebssystem zu testen und zu verbessern. Das Betriebssystem wurde von drei Diensten geprüft. Die Marine hat den Einsatz bereits genehmigt. Die indische Armee und die Luftwaffe prüfen es ebenso.

Abbildung 4: Logo des quell-offenen Betriebssystems MayaOS in Indien

Derzeit ist geplant, Windows bis zum 15. August 2022 in den mit dem Internet verbundenen PCs der Behörde im Südblock des Landes durch Maya OS zu ersetzen. Für alle anderen Regionen des Verteidigungsministeriums wird das selbst entwickelte Betriebssystem bis Ende des Folgejahres verfügbar sein.

Warum Ubuntu als Unterbau?

Die Linux-Distribution Ubuntu wird von der Canonical Ltd. als freie und quelloffene Software vertrieben. Das bedeutet, dass jeder den Code einsehen, verändern und verbessern kann. Dadurch profitiert Ubuntu von den kollektiven Bemühungen tausender Entwickler:innen und Benutzer:innen, die zur Entwicklung und Sicherheit des Systems beitragen. Außerdem verfügt Ubuntu über eine eingebaute Firewall, ein strenges System von Rechten für Benutzer:innen und regelmäßige Sicherheitsupdates, die es vor potenziellen Bedrohungen schützen soll.

Außerdem können die Mitarbeiter:innen des Verteidigungsministeriums weiterhin in der Linux-Umgebung virtualisiert mit Dokumenten von gängigen Anwendungen wie Microsoft Office, Adobe Photoshop und AutoCAD arbeiten, weil sie mit Windows kompatibel sind. Darüber hinaus enthält Ubuntu fortschrittliche Attribute wie Cloud-Speicher, Verschlüsselung, digitale Signatur und eine biometrische Authentifizierung.

Was verbirgt sich hinter dem Namen Maya OS?

Maya OS wurde nach dem altindischen Wort Maya benannt, das „Illusion" bedeutet. Der Name deutet darauf hin, dass das Betriebssystem eine trügerische Schutzschicht für die Computer des Verteidigungsministeriums schaffen kann, um sie vor Cyberangriffen zu verbergen. Der Name Chakravyuh leitet sich hingegen von einer alten indischen Militärformation ab, die dazu diente, Feinde in einem kreisförmigen Labyrinth zu fangen. Ob Maya OS jemals frei verfügbar sein wird, geht aus dem Bericht leider nicht hervor.

Nicht das erste selbst entwickelte OS

Übrigens ist Maya OS nicht das erste indische Betriebssystem, das im eigenen Land entwickelt wurde. Im Jahr 2007 veröffentlichte das Centre for Development of Advanced Computing (C-DAC) das Bharat Operating System Solutions (BOSS) mit dem Ziel, die Einführung von freier und quelloffener Software in ganz Indien zu fördern. BOSS-Linux ist bereits in 19 indischen Sprachen verfügbar und wurde zwischenzeitlich auch von der indischen Armee verwendet.

Wikipedia: Ist das Online-Lexikon wirklich demokratisch?

von Lars Sobiraj

Die Online-Enzyklopädie Wikipedia wird immer mit dem Begriff „freies Wissen" gleichgesetzt. Doch wie frei ist diese Community eigentlich? Was verbirgt sich hinter dem perfekt wirkenden Deckmantel dieser ach so „freien" Wissenssammlung Wikipedia? Wodurch werden die Inhalte beeinflusst, die sehr viele Menschen ungeprüft als Wissen und Wahrheit übernehmen? Wir gehen in diesem Beitrag der Frage nach, unter welchen Bedingungen und Strukturen die Autor:inn:en arbeiten.

Wikipedia: partizipativ – oder gar demokratisch bzw. frei?

Das Online-Lexikon Wikipedia ist eine nützliche Webseite mit derzeit etwa 260 Sprachversionen, die zu den weltweit meistbesuchten Webseiten gehört. Der Amerikaner Jimmy Wales erhielt im Oktober 2010 als Anerkennung für die Gründung der Wikipedia ein stolzes Preisgeld in Höhe von 100.000 Schweizer Franken. Die Lobrede des Gottlieb Duttweiler Institutes betont, in der Wikipedia sei die Mitarbeit „ehrenamtlich, das partizipative Modell zutiefst demokratisch" - denn Freiwilligkeit sei der „Preis der Freiheit".

Diese Worte zeugen von Enthusiasmus, doch ist die Wikipedia hinter ihren Kulissen wirklich demokratisch? Eine zentrale Definition, was Wikipedia ist, gibt es nicht. Stattdessen gibt es eine Seite mit Negativ-Definitionen, die seit ihrer ersten Fassung im September 2001 einige tausend Male geändert wurde. Diese Seite enthält den zentralen Satz „Wikipedia ist keine Demokratie". Als Beweis gilt eine Stellungnahme von Jimmy Wales aus dem Jahre 2005. Jimbo Wales wünscht sich darin: „Der Hinweis, die Wikipedia sei eine Enzyklopädie und kein Demokratie-Experiment, sollte am besten auf Papierzettel ausgedruckt und jedem Menschen auf der Welt in die Hand gegeben werden."

Jimmy Wales: „Demokratie ist hier ein Schimpfwort."

Sorgen bereiteten Jimmy Wales vor allem „die Idiot:inn:en, deren Mehrheitsentscheidungen den gesunden Menschenverstand aufheben könnten." Gleichwohl sei er bereit, bei den anderssprachigen Schwesterprojekten Meinungsbilder zu akzeptieren, da er die dortige Willensbildung „weniger überschauen" könne. An anderer zentraler Stelle schreibt man noch dazu: „Wikipedia ist keine Demokratie, sondern eine Willkürherrschaft. Man hat keine Rechte. Demokratie ist hier ein Schimpfwort."

Die Funktionäre des „Fan-Clubs" Wikimedia in Deutschland reihen sich in die Linie von Jimmy Wales mit Kraftsprüchen ein wie zum Beispiel: „Wir sind hier, um die Demokratie zu beschreiben, wir praktizieren sie nicht." oder „Wikipedia ist keine Demokratie. (…) Wikipedia ist ein privates Dienstangebot. Es gibt kein Recht auf Mitarbeit. Wer sich hier nicht wohlfühlt, kann jederzeit ohne Androhung von Strafe gehen."

Wikipedia Community: Abstimmungen sind „böse"

Abstimmungen finden statt, obwohl vor ihnen als „böse" gewarnt wird. Dort steht im O.-Ton: „Polls are evil. Don't vote on everything, and if you can help it, don't vote on anything." Man fürchtet sich vor dem Stimmbetrug durch Autor:inn:en mit mehreren Konten zur Benutzung, sodass man im deutschsprachigen Projekt Verifikationsprojekte durch „persönliche Bekanntschaften", aber auch durch Bürgschaften unter Vorlage des Personalausweises entwickelte. Beides blieb bislang im Versuchsstadium. Die Stimmberechtigung wird derzeit von der Dauer und vom Umfang der ständigen Mitarbeit bestimmt. Offiziell haben Wikimedia Foundation und Wikimedia in Deutschland keinen Einfluss auf die Inhalte. Im Hintergrund betreibt man ein Beschwerdesystem (OTRS), über das man in der Öffentlichkeit nur ungern berichtet. Viel lieber verweist man auf die Selbstorganisation der Autor:inn:en.

„Wikipedia ist kein Mädchenpensionat"

Diese Selbstverwaltung hat aber ihre Eigenheiten. Beispiele für eine Gesellschaft der Ellenbogen gibt es tagtäglich. „Ihr Spinner:innen seid einer Diskussion nicht würdig. Mangelnder Widerspruch ist daher nicht als Zustimmung zu werten. Finger weg von dem Artikel, wenn ihr ihn nochmal anfasst, wird er gesperrt", warnte beispielhaft einmal ein Freizeit-Wikipedia-Administrator. Die zunächst nur gefühlte Willkür des Betroffenen wird mit Verweis auf „Wikipedia ist kein Mädchenpensionat" objektiviert. Wer eine Kritik nachhaltiger formuliert, gilt als „Projekt-Störer:in" oder Demokratie-Fanatiker:in. Entsprechende Erwiderungen werden unter Verweis auf „Keine persönlichen Angriffe", „Kein Wille zur enzyklopädischen Mitarbeit" oder „Sperrumgehung, keine Besserung erkennbar" mit zeitweiliger, im Wiederholungsfalle unbegrenzter Sperre der Benutzer:innen gekontert. Die Auseinandersetzungen sind standardisierte Rituale.

Männer und ihr rauher Umgangston dominieren die Community

Dabei gelten alle Benutzer:innen zunächst einmal als gleichberechtigt. Zu den Autor:inn:en, die sich dennoch etwas unterscheiden, zählen in der deutschsprachigen Wikipedia etwa 300 Benutzer:innen mit dem Status einer/eines so genannten Admin, Oversight-Berechtigten, Bürokrat:inn:en, Check-User-Beauftragen, Mitglieds eines Schiedsgerichts und vielleicht noch weiteren unbezahlten Funktionen, die in der zahlenmäßig erstaunlich kleinen Gemeinschaft als erstrebenswert angesehen werden.

Hinzu kommt die Hoffnung auf ehrenamtliche oder festvertragliche Funktionen beim Verein Wikimedia in Deutschland, die sich jedoch nur für wenige erfüllt. Ebenso bringt es Pluspunkte, sich als Mentor:in, Teilnehmer:in eines Wettbewerbs oder als Mitglied einer „Redaktion" zu präsentieren. Weiteres Gewicht verschaffen auch persönliche Verbindungen über Stammtische und andere Veranstaltungen. Es bilden sich fast ausschließlich von Männern geprägte geschlossene Zirkel, die das Prinzip der sozialen Kontrolle leicht überwinden können. Das Gefühl der Zugehörigkeit verändert auch die Selbstwahrnehmung und die Wahrnehmung des Projekts in der Diskussionskultur. Dies erklärt zumindest teilweise den rauen Ton, der zuweilen bis zur Repression reicht.

Verkrustete Strukturen bewirken den Schwund der Autor:inn:en

Es wird interessant sein, das so hoch gelobte Projekt in seiner Entwicklung weiter zu beobachten. Die Besonderheiten des sozialen Systems des eigentlichen Projekts Wikipedia untersuchten unter anderem Günter Schuler 2007, Christian Pentzold 2007, Christian Stegbauer 2009 und Peter Haber 2010 (Interview mit Peter Haber). Wissenschaftler sprechen öffentlich von „Verkrustung" und „Schwund von Autor:inn:en". Die Zahl der tätigen Autor:inn:en bleibt auf mehr oder minder gleichem Niveau hängen, die Zahl der Neuanmeldungen sinkt seit 2006 sogar dramatisch. Die Anzahl der aktiven Administrator:inn:en ist 2010 innerhalb der letzten zwölf Monate sogar um etwa 10 % zurückgegangen. Der Artikelbestand der Wikipedia wächst nach wie vor, aber die Produktivität selbst hat in sämtlichen großen Sprachversionen seit 2006 kaum Zuwachs. Ganz sicher wird es mit der Wikipedia als Projekt trotz ihrer Machtkonflikte also weitergehen.

Wer aber in der Wikipedia freiwillig mitwirkt, dürfte in diesem Klima das gepriesene „Ideal der Freiheit" auf Dauer nicht finden. Daran werden auch die eingeleiteten Maßnahmen wenig ändern können.

Nachtrag

Dieser Beitrag erschien erstmals im Oktober 2010 bei gulli.com. Leider hat sich an den bestehenden Verhältnissen innerhalb der Wikipedia-Community bis heute wenig bis gar nichts geändert. Von daher ist dieser Artikel so aktuell wie eh und je. Weil das IT-Portal als auch das Forum gulli offline ist und den Crawlern das Aufzeichnen der Inhalte nicht möglich ist, haben wir uns für eine Zweitveröffentlichung bei Tarnkappe.info online entschieden.

In jenem Jahr haben sich nach mehreren kritischen Beiträgen Mitglieder der Wikipedia im gulli:board eingetragen, um den Inhalt der Artikel öffentlich infrage zu stellen. Da wir alle wichtigen Passagen mit aktiven Links versehen haben, gelang ihnen dies aber nicht (siehe online). Es kam sogar zu einzelnen telefonischen Kontakten. Diese sollten aber offenbar nur dazu dienen, herauszufinden, wer unser/e

Insider:in innerhalb der Community war. Da wir dies nicht preisgegeben haben, schlief der Kontakt schnell wieder ein und es kam auch zu keinen persönlichen Treffen. Auch die Wikifant:inn:en im gulli:board, die damals für schlechte Stimmung sorgen sollten, haben uns dann sehr schnell wieder verlassen.

Später tauchte das Thema Wikipedia immer wieder in Verbindung mit massenhaften Abmahnungen von auftragslosen Fotograf:inn:en auf. Auf unsere Anfrage bei den Verantwortlichen in Deutschland und den USA bei der Wikimedia Foundation bekamen wir keine befriedigende Antwort. Niemand fühlte sich für unsere Anfrage zuständig. Nicht einmal Prof. Lawrence Lessig, der Erfinder der Creative Commons Lizenzen. Dabei wollten wir lediglich in Erfahrung bringen, was man dort gedenkt, gegen den gezielten Missbrauch der CC-Lizenzen zu unternehmen, um daraus gewinnbringende Abmahnungen zu kreieren.

OpenStreetMap: Frederik Ramm zur Google-Maps-Alternative im Interview

von Lars Sobiraj

OpenStreetMap (OSM) – Die ganze Welt mit einfachsten Mitteln kartografieren und das Material allen Menschen kostenlos zur Verfügung stellen?

Nachdem das Projekt anfangs belächelt wurde, benutzen seit ein paar Jahren sogar Navigations-Apps wie skobbler (iPhone/Android) und andere das frische Kartenmaterial der ehrenamtlichen Mapper. Außerdem wurde OSM mittlerweile auf einer Vielzahl von Webseiten eingebaut. Ein weiterer Vorteil besteht darin, dass man die Daten auch für CAD-, 3D-Programme oder andere Projekte benutzen kann.

OpenStreetMap (OSM) ist ein freies Projekt, bei dem Freiwillige ohne jeden kommerziellen Hintergrund frei nutzbare Geodaten sammeln. Mithilfe dieser Daten können Weltkarten gerendert oder Spezialkarten erstellt werden. Die Datenbank kann völlig flexibel eingesetzt werden, so sind viele andere Projekte wie die Mateka´te oder OSM3D, die dreidimensionale Variante, möglich.

Wir haben uns darüber eingehend mit Frederik Ramm unterhalten. Er hat gemeinsam mit Jochen Topf mehrere Auflagen ihres Buches „OpenStreetMap – Die freie Weltkarte nutzen und mitgestalten" veröffentlicht.

Lars Sobiraj: *Hallo Frederik! Wie bist du zu OSM gekommen, was genau tust du dort und was reizt dich persönlich daran?*

Frederik Ramm: Mein Name ist Frederik Ramm, ich bin 38 Jahre alt und studierter Wirtschaftsingenieur – damit also in der Kartografie genauso ein Laie wie so ziemlich alle anderen bei OpenStreetMap auch. Mein Einstieg bei OpenStreetMap war insofern etwas ungewöhnlich, als dass ich gar nicht als „Mapper" anfing (also als Datensammler), sondern als Programmierer; ein Freund hatte das Mappen angefangen und fluchte ab und zu über den OSM-Editor, ich sagte „das kann man doch leicht verbessern", und schon hatte ich diese Aufgabe.

Später war ich eine ganze Zeit lang der Hauptentwickler dieses Editors, und mit dem Mappen habe ich natürlich auch irgendwann angefangen. Ich fand Landkarten jeder Art schon immer spannend, und dass ich mit diesen Daten jetzt selber herumhantieren kann, macht mir Freude. Ich bin auch täglich aufs Neue begeistert von dem Engagement der vielen Mapper:innen überall auf der Welt.

Lars Sobiraj: *Open StreetMap hat viel zu tun mit Sport (Fahrradfahren), einem gemeinschaftlichem Erleben, Wettbewerb und Technik. Was aber ist das Geheimrezept dahinter, wieso funktioniert das bei uns in Deutschland und der Welt so gut - und z.B. vielleicht im Gegensatz zum Messaging mit dezentralen, souveränen Chat-Servern, wo es keine Initiativen (oder Genossenschaft wie auf dem Energiemarkt) gibt, ein quelloffenes und verschlüsseltes WhatsApp selbst aufzubauen?*

Frederik Ramm: Ich glaube, da gibt es überall in jedem Projekt bzw. Software-Bereich ganz unterschiedliche Gründe, warum das geht oder auch nicht so gut geht. Für OpenStreetMap kann ich sagen: Es gibt Gegenden, da entsteht durch OpenStreetMap das erste Mal überhaupt eine brauchbare aktuelle Karte für Jede/n. In den reichen westlichen Ländern haben wir in der Regel zwar brauchbares Kartenmaterial, aber wenn man das auf die Gruppen der Nutzer:innn runterbricht, ist oft auch Fehlanzeige – das meiste ist halt für Autofahrer:innen gemacht.

Ein Geheimrezept gibt es vermutlich nicht – es ist nur am Anfang schwer. Solang du noch keine brauchbaren Daten hast, fragen die meisten natürlich: Was soll ich da mitmachen, das wird doch nie was. Und so kommst du auch nicht zu brauchbaren Daten. Der Projektgründer Steve Coast, ist praktisch jahrelang von einer Konferenz zur nächsten getingelt und hat allen erzählt, wie toll OpenStreetMap ist, und irgendwann haben es die Leute dann halt auch geglaubt, und dann ging die Erfolgsgeschichte los.

Das haben wir ein kleines bisschen auch dem Aufbau-Erfolg der Wikipedia zu verdanken. Wenn einem die Leute ins Gesicht sagten, dass das doch nie was wird, konnte man immer die Geschichte von der Wikipedia erzählen, und die hatten die meisten dann schon irgendwo gehört, und das ließ sie nachdenklich werden.

OpenStreetMap läuft aber nicht überall auf der Welt gleich gut. Wir haben zum Beispiel in den USA sehr viele Daten, weil wir einen amtlichen Datenbestand importieren konnten, aber die Community entwickelt sich dort nur langsam.

Lars Sobiraj: *Vielleicht magst du allen Nichtkennern kurz erklären, wie ihr die Straßen kartografiert.*

Frederik Ramm: Die Standardmethode ist: GPS einschalten, sodass es jede Sekunde die Position abspeichert, dann herumfahren oder – laufen und dabei Notizen machen – zu Straßennamen, Art der Straße, Points of Interest (also so etwas wie Briefkästen) und allem anderen. Später am Rechner lädt man dann den GPS-Track und die existierenden OSM-Daten der Gegend und zeichnet die neu gewonnenen Informationen ein.

In der Presse wird es oft vereinfachend so dargestellt, als bräuchte man einfach nur sein GPS einzuschalten und könne die Daten nachher zu OpenStreetMap hochladen und „so entsteht dann die Weltkarte". Das ist natürlich Humbug, denn das GPS weiß ja nicht, wie eine Straße heißt. Ohne manuelle Handarbeit geht es also nicht.

Lars Sobiraj: Wie viel Prozent der Fläche Deutschlands habt ihr denn so schon erfassen können? Und wie schaut es in anderen Ländern Europas aus? Wie viele Mapper:innen gibt es eigentlich?

Frederik Ramm: Das sind ziemlich schwierige Fragen. Ich könnte jetzt angeben und sagen: Wir haben derzeit 250.000 angemeldete Benutzer:innen. Stimmt auch. Aber davon haben nur 120.000 jemals was gemappt, und wenn man schaut, wie viele davon wirklich regelmäßig was machen, dann sind es vielleicht nur 20.000 weltweit. Und die Flächenfragen kann ich auch nicht beantworten – denn wann ist eine Fläche denn „erfasst"? Wenn eine Autobahn durchgeht, oder wenn auch die Telefonzelle neben der Toilette in der Kleingartenkolonie im Autobahndreieck gemappt ist?

OpenStreetMap ist niemals fertig, es gibt immer noch was Neues zu tun. In den deutschen Städten haben wir jetzt eigentlich schon seit Langem fast alle Straßen, aber Hausnummern fehlen uns noch sehr viele. Bei kleinen Orten auf dem Lande kann es schon mal sein, dass wir nur die Durchgangsstraße haben. Neulich war ich in Bad Waldsee, einer Kleinstadt im Schwäbischen mit immerhin 20.000 Einwohnern, und musste mit Schrecken feststellen, dass das erst halb gemappt war. Ich habe mir gleich ein GPS geschnappt und bin los, aber es fehlt auch heute noch einiges.

Die meisten anderen Länder Europas liegen etwas hinter Deutschland, holen aber kräftig auf.

Lars Sobiraj: Die kommerzielle Konkurrenz hat anfangs verächtlich, später besorgt auf euch reagiert. Wie klappt es denn mittlerweile? Gibt es Pläne für eine Zusammenarbeit? Kommt eines Tages vielleicht sogar ein tomtom oder ein anderes Navi mit euren Daten heraus - aktuellere Daten als eure dürfte es ja kaum geben?

Frederik Ramm: Es gibt ja für das iPhone und mittlerweile Android schon eine kommerzielle Navi-Lösung mit OSM-Daten, nämlich skobbler. Die (und ihre Kund:inn:en) scheinen ganz gut damit zu fahren. Was die Gerätehersteller betrifft, bleibt abzuwarten – Google einige der Hersteller ja schon zu „lebenslange kostenlose Kartenupdates"-Angeboten genötigt, das heißt, diese Hersteller verdienen auch an Kartenupdates nichts mehr und hätten keinen Schaden, wenn sie ihre Plattformen für OpenStreetMap-Daten öffneten. Aber vielen ist auch der ganze Open Source-/Open Data-Gedanke fremd. Die sind so zementiert in ihrer Kultur von geistigem Eigentum und der Maximierung seines wirtschaftlichen Nutzens, dass es ihnen schwerfällt, sich Geschäftsmodelle vorzustellen, die nicht auf irgendeiner Art von „Kopierschutz" beruhen.

Lars Sobiraj: *Google dürfte ja auch Interesse an eurem Material haben. Wurde da schon bei euch angeklopft?*

Frederik Ramm: Google braucht nicht bei uns anzuklopfen. Die können unsere Daten genauso nehmen wie jeder andere auch, wenn sie sich an die Lizenzbedingungen halten.

Lars Sobiraj: *Die Datenbank für die ganzen Geodaten ist ja völlig flexibel. So kann man diese auch für ganz andere Dinge benutzen, wie zum Beispiel die Matekarte oder OSM 3D. Was ist sonst noch in der Planung?*

Frederik Ramm: OSM ist nicht zentral gesteuert. Die nächste Spezialkarte entsteht sicherlich gerade irgendwo auf der Welt im Kopf von Geeks, die oder der Mate trinkt …

Lars Sobiraj: *OSM-Projektgründer Steve Coast gründete CloudMade. Sind aus dem Projekt weitere Firmen entstanden? Wie konntest du deine Arbeit bei OSM für dein Berufsleben benutzen?*

Frederik Ramm: Mir sind außer Cloudmade und meiner Firma, der Geofabrik, keine bekannt, die sich fast ausschließlich mit OSM beschäftigen, aber es gibt eine Anzahl von Freelancern, die über ihre OSM-Aktivitäten mittlerweile auch in der Lage sind, im OSM-Bereich

Dienstleistungen anzubieten. Die Geofabrik verkauft Datendienste (zum Beispiel WMS- und Tile-Server mit OSM-Daten) und Know-How (wir helfen Leuten beim Einsatz von OSM oder der Installation eigener Server). Wir sind da ganz offen. Das Erste, was ich Kund:inn:en am Telefon sage, ist meistens, dass man sich alles, was man von mir bekommt, auch kostenlos bei OSM herunterladen kann. Ich verkaufe nur eine Zeitersparnis.

Lars Sobiraj: *Wie geht es mit OpenStreetMap weiter, was ist für die nächste Zeit geplant?*

Frederik Ramm: Geplant ist zentral gar nichts, wie schon gesagt. Das Einzige, wo ein paar Leute ein bisschen planen, ist, welche Hardware wir brauchen, um der wachsenden Last gerecht zu werden. Wie es weitergeht – es wird bestimmt mehr Nischenanwendungen geben. Also Spezialkarten etwa für verschiedene Sportarten oder Geschmäcker, Spezial-Routing, Kartenvorlesesysteme, Stromnetzkarten und so weiter. Es bleibt auf jeden Fall spannend.

Lars Sobiraj: *Dann Euch weiterhin viel Erfolg mit OSM und vielen Dank für Deine ausführlichen Antworten.*

Fake News erkennen – ein paar wichtige Tipps gegen Manipulation

von Carsten

Fake News sind seit einiger Zeit auf der Tagesordnung. Sie sollen Angst verbreiten und den politischen Diskurs zerstören. Wir geben euch Tipps:

Ob kannibalistische Geflüchtete, bezahlte Klimaaktivist:inn:en oder erfundene Straftaten – Fake News sind seit einiger Zeit auf der Tagesordnung. Sie sollen Angst verbreiten und den politischen Diskurs zerstören. Mit der Verbreitung gezielter Fehlmeldungen im Internet wächst auch die Unsachlichkeit und Faktenresistenz. Wir wollen Euch Tipps geben, um Falschmeldungen besser erkennen zu können.

Die Manipulation und Meinungsmache durch gezielte Falschmeldungen haben eine lange Geschichte. Doch Social Media, Foren, Messenger, Videoplattformen und andere Dienste bieten heute schnellere und effektivere Methoden, um diese zu verbreiten. Einmal gefangen im Dunstkreis der Filterblase voller Verschwörungsideologien, Hasstiraden und Falschmeldungen, lässt es sich nur schwer wieder herauskommen. Deshalb ist es wichtig, schon frühzeitig zu erkennen, welche Meldungen seriös sind, und welche gezielt Unwahrheiten verbreiten möchten.

Das größte Problem an Fake News ist die Diskursverschiebung und zunehmende Unsachlichkeit in (politischen) Diskussionen. Der Hang zum Anzweifeln von Tatsachen und die Entgegnung mit Whataboutism führen sachliche Gespräche ins Dekonstruktive. Selbst abnehmende Straftatenstatistiken helfen nicht gegen empfundene Unsicherheiten. Glaubt man der Summe aus täglichen Meldungen bestimmter Kreise wären Kannibalismus, Femizid (Frauentötung) und Raubmord auf den Straßen deutscher Städte an der Tagesordnung. In Wirklichkeit ging die Anzahl registrierter Straftaten in den letzten Jahren immer weiter zurück.

Wie erkenne ich Manipulationen und Fake News?

Doch was kann man tun, um nicht in solche Filterblasen zu geraten, in denen lediglich die eigene Sichtweise wiederholt und bestätigt wird? Zuerst einmal sollte man immer die Qualität, Neutralität, Herkunft und Autor:inn:enschaft der Artikel hinterfragen. Dass das oft nicht leicht ist, zeigt auch ein Experiment, dass die Wissenschaftlerin Mai Thi Nguyen-Kim auf ihrem YouTube-Kabal maiLab vorstellte. Unsere Gefühlswelt spielt eine große Rolle beim Glauben an die Authentizität von Meldungen und Nachrichten. Deshalb sollte man immer abwägen und mehrere Quellen zu einem Thema überprüfen.

Dabei kann es helfen, sich vor allem gegensätzliche Darstellungen zu einem Thema anzusehen. Dadurch kann man auch die Seriösität des Beitrags besser einschätzen. Wenn es zu bestimmten Themen nur eine oder wenige Veröffentlichung gibt und sich sonst kein Medium dazu äußert, sollten die Alarmglocken angehen. Wenn es eine ernsthafte Quelle für das Thema gibt, sollte sich auch mehr dazu finden lassen. Quellen sollten immer hinterfragt werden: woher stammt das Wissen? Wurde es von anderen Seiten bestätigt? Erfährt man alles oder nur Bruchteile?

Man kann grundsätzlich davon ausgehen, dass auch bei bester Absicht es nicht zu tun, Journalist:inn:en immer wieder ihre eigene Meinung in Themen einfließen lassen. Nur sollte das auch transparent geschehen. Leider nehmen sich das manche Kolleg:inn:en nicht zu Herzen. Man sollte sich also immer damit auseinandersetzen, wer Verfasser:in einer Nachricht oder eines Posts ist. Welche Hintergründe/Meinung/Ideologie hat diese Person? Besteht eine bestimmte Motivation, sich zum Thema zu äußern? Wo veröffentlicht diese Person ansonsten noch? Verfügt die Person über Fachwissen zu dem Thema? Wurde zum Thema studiert, oder kommen die Aussagen aus einem hohlen Bauch? Gibt es Kritik an früheren Bearbeitungen?

Falschmeldungen sehen Schwarz-Weiß

Gerade bei heiklen Themen sind die Parteien in einer Diskussion oft sehr engstirnig und einseitig. Auch hierbei erkennt man oft das Potenzial medialer Falschmeldungen: einfache Wahrheiten und Lösungen gibt es nicht. Außer bei Fake News. Oftmals liegt die Wahrheit irgendwo zwischen Schwarz und Weiß. Die Realität unserer immer dynamischer, und komplexer werdenden Welt lässt sich nicht so einfach in Gut und Böse einteilen. Diese Tatsache sollte man verinnerlichen und lieber einmal zu viel zweifeln, ob das, was ich gerade konsumiere, der absoluten Wahrheit entspricht. Der Philosoph und Soziologe Theodor W. Adorno schrieb bereits 1959, was heute nicht treffender passen könnte: „Das Halbverstandene und Halberfahrene ist nicht die Vorstufe der Bildung, sondern ihr Todfeind".

Um Falschmeldungen nicht auf den Leim zu gehen, sollte man sich also auch fragen: was will der Artikel? Will er mir Informationen vermitteln oder eine bestimmte Meinung aufdrücken? Legt er Fakten dar oder appelliert er an meine emotionale Reaktion? Erhebt der Beitrag den

Anspruch auf die absolute Wahrheit oder informiert er über andere Meinungen und Standpunkte zu dem Thema? Stellt der Artikel das Thema verkürzt da oder wägt er alle Seiten ab? Werden bestimmte Minderheiten gezielt und überwiegend negativ/einseitig dargestellt?

Die Rolle von Social Media und Clickbaiting

Trotz all des Fortschritts ist die Rolle des Internets und von Social Media bei der Meinungsbildung unserer Tage nicht weg zu diskutieren. Wie bereits gesagt, spielen gerade letztere eine große Rolle bei der Verbreitung von Fake News. Eine französische Studie stellte 2016 fest, dass 6 von 10 Social Media User:innen, Artikel die sie teilen (abgesehen von der Überschrift) vorher nicht lesen. Es geht ihnen also nicht um die Verbreitung von Informationen, sondern vor allem um die Bestätigung der bereits gefällten Meinung, die sie in dem Post (vermeintlich) bestätigt sehen. Man sollte sich also fragen: warum teilt die Person diesen Artikel? Woher kommt dieser Artikel? Ist der Artikel auf einer Website mit Impressum erschienen? Ist das Impressum seriös oder nachgemacht (also ein Fake)? Wird die Seite häufig gelesen? Behandelt man dort viele unterschiedliche Bereiche und Sichtweisen, oder fokussiert die Webseite nur ein bestimmtes Thema bzw. Denkrichtung? Was sagen andere Leser:innen über diese Website?

Gerade bei Bouelvardpresse, Social Media und Videoplattformen wie YouTube ist Clickbaiting ein weit verbreitetes Problem. Dabei werden gezielt reißerische Überschriften und Titel genutzt, um die Klickzahlen und Auflagen zu erhöhen. Oft haben die Texte und Videos unter solchen Clickbaiting-Titeln nur einen marginalen Bezug zur eigentlichen Thematik. Klar soll diese Eye-Catcher-Strategie möglichst viele Menschen ansprechen und zum Anklicken bzw. zum Lesen anregen. Allerdings kommt der tatsächliche Informationsgehalt dabei oft viel zu kurz und ist nichts weiter als eine maßlose Übertreibung. Deshalb sollte man sich auch hier fragen: warum wurde gerade dieser Titel gewählt? Muss der nachfolgende Beitrag unter so einem plakativen Titel stehen? Haben Titel und Text etwas miteinander zu tun? Soll mich der Titel nur dazu bringen, den Beitrag zu anzuklicken? Ist der Titel nicht nur reißerisch, sondern hetzt auch gegen Minderheiten und/oder Personen? Würde eine seriöse Quelle mit derart reißerischen Titeln arbeiten?

Weitere Empfehlungen zu Falschmeldungen und Fake News

Die österreichische NGO Mimikama und der deutsche Blog Volksverpetzer haben es sich zur Aufgabe gemacht, massenhaft geteilte Beiträge auf ihre Richtigkeit hin zu überprüfen. Dabei beschäftigen sie sich vor allem mit Clickbaiting und Fake News. Auch der BILDblog und Übermedien sind gute Anlaufstellen für die Enttarnung medialer Fehltritte und Fake News. Für Skeptiker:innen bietet die Kampagne Klicksafe.de eine Anleitung zum kritischen Beleuchten gelesener Beiträge. Eine sehr umfangreiche Liste mit Querverweisen zu NGOs, Websites und Projekten, die sich mit Hatespeech beschäftigen, bietet das Portal no-hate-speech.de.

Alles in allem ist der Umgang mit Fake News Privatsache. Umso wichtiger ist es sich im eigenen Umfeld umzusehen und aufklärend entgegenzuwirken. Fakt ist, dass das Internet und der schnelle Informationsaustausch Desinformationskampagnen Tür und Tor geöffnet haben. Es liegt an und ganz individuell selbst, zwischen der Datenflut zu selektieren und den ganzen Unsinn zu sortieren, um endlich wieder sachliche und konstruktive Diskurse voranzutreiben.

Wir hoffen, dass euch die Tipps weiterhelfen, zukünftig ein paar Fragen im Hinterkopf zu haben und kritischer auf Medien zu blicken.

Freifunk: Warum solche Projekte nicht funktionieren – ein Erlebnisbericht

von Hextor

Hextor beschreibt in seinem Erlebnisbericht seine ganz persönlichen Eindrücke von einem Treffen von Fans für Freifunk. Leider verlief das Treffen nicht gut: Wenn nur Fachidiot:inn:en aufeinander treffen und diese nicht offen für fremde Meinungen sind, können neue

Gemeinschaften nicht wachsen und gedeihen. Der Bericht erklärt, warum die Community zum Thema Freifunk in seiner Heimatstadt zum Scheitern verurteilt ist.

Probleme bei Freifunk Projekten

Nach einiger Zeit wollte ich mal wieder eine Erfahrung mit Euch teilen. Dieser Artikel ist in gewisser Weise als ironisch anzusehen, beruht aber auf Tatsachen.

Eines Abends beim Surfen am Computer, fiel mir ein Artikel im Internet auf, worum es um die altbekannte Thematik „Mesh-Netzwerke" ging. Wahrscheinlich handelte es sich um einen Artikel über die neue Firmware-Version der Fritzbox von AVM. Hier sollte es neue Möglichkeiten und Optionen geben, um mehr Mesh-Optionen nutzen zu können.

Außerdem las ich davor auch schon einen Artikel über eine neue Katastrophen-App namens „Smarter", welche Nachrichten ohne das Dasein bzw. Zutun von einem Mobilfunknetzwerk verschicken kann. (Umgesetzt über eine Ad-Hoc-Technik, die sich über das WLAN Netzwerk steuern lässt). Eigentlich ist es doch eine tolle Idee, dezentral Nachrichten zu verschicken! Ich bekam folglich wieder mehr Lust, mich in das Thema einzulesen und kam natürlich sofort auf die lokale Freifunker Community.

Hintergrund: Worum geht es beim Freifunk überhaupt?

Dies ist eine Community, die über modifizierte Router mit eigener Firmware diverse WLAN Router miteinander verbinden und so eine Art Mesh-Netzwerk aufbauen. Kommunikation untereinander mit eigenen Services und die Bereitstellung von Hotspots mit freiem Internetzugang sind die wichtigsten Merkmale dieses Projektes. Um bei dieser guten Idee mitzumachen, suchte ich nach einer lokalen Community, mit der ich mich in Verbindung setzen konnte, um eventuell selbst solch einen Router aufstellen zu können, um vielleicht einen weiteren Knoten im Netzwerk anzubieten.

Das erste Treffen mit der Community

Gesagt, getan. Ich meldete mich über dem E-Mail-Verteiler an und fragte auch gleich nach, ob es lokale Treffen gibt. Zufällig gab es in meiner näheren Umgebung (einer Großstadt) solch ein Treffen. Der Tag kam näher und ich war sehr gespannt, was mich wohl erwarten würde. Das Treffen fand in einem Restaurant statt. Es gab dort anscheinend einen Stammtisch. Ich habe wegen der Größe des Restaurants nicht gleich die richtigen Leute gefunden und fragte deswegen den Kellner. Er wusste sofort Bescheid und zeigte mit dem Finger auf einen Tisch.

Ich ging also zu dem besagten Tisch und da ich ein offener Mensch bin, sagte ich: „Hier bin ich. Wer von Euch ist denn Benjamin?" (Name zum Schutz der Person geändert). Ein Herr sagte: „Ja, hier, setz dich". Der Tisch war besetzt mit zwei älteren Herren, eines Mannes mittleren Alters und drei recht jungen Herren. Ich setze mich mitten in die Mannschaft und niemand begrüßte mich. Ich versuchte mich mehrfach vorzustellen, weil ich das so gelernt habe. Es erfolgte keine Reaktion von niemanden. Ich war deswegen ein wenig verwirrt. Aber gut, das bist Du ja von Informatiker:inne:n manchmal gewöhnt, dass sie etwas schüchtern sind. Bevor ich mich vorstellen konnte, war die Bedienung da und fragte, was ich trinken möchte. Ich und die anderen bestellten unsere Speisen.

Kommunikation ist in manchen Kreisen schwierig

Ich musterte für ein paar Sekunden die Leute. Einer war in sein MacBook vertieft und tippte wie wild etwas ein, das ganze Notebook war mit Aufklebern versehen. Der junge Herr neben mir tat das gleiche. Der, der mir gegenübersaß, sagte kein Wort und starrte nur sein Handy an. Da ich wie gesagt kein Mensch von Vorurteilen bin, legte ich los und sagte so etwas wie „Na gut Jungens, dann erzählt mir doch mal bitte was ihr genau so macht und wie ich mithelfen kann im Freifunk-Netzwerk". Die Köpfe gingen nach oben. Es fing eine wilde Diskussion rund um die Themen Netzwerk, WLAN, Richtfunk und andere Gesprächsthemen in diesem Bereich an.

Ich kam leider noch nicht dazu, mich vorzustellen und ergriff dann die Gelegenheit, das nun mal anzugehen. Ich stellte mich kurz vor, erwähnte auch meinen Beruf in der Cybersicherheit. Darauf erfolgte schallendes Gelächter von fast allen Anwesenden. Sie sagten, das sei ja richtiger Unfug, was ich mache. Ich fühlte mich ein wenig auf den Schlips getreten. Aber dachte mir wieder entschuldigend, dass das Informatikstudierende waren, die in ihrer eigenen Welt leben.

Merkwürdige Umgangsformen

Wir diskutierten weiter über Dies und Das. Ich wusste aber immer noch nicht, wie die Leute hießen. Von den drei älteren Herren am anderen Tischende kam überhaupt keine Regung. Sie starrten entweder auf ihr Handy oder flüsterten leise, aber mit Euphorie über irgendein Netzwerk-Thema. Der Abend wird wohl nicht der Witzigste. Aber nun war ich ja schon mal da und versuchte mich weiter in die Community einzubringen.

Als ich ums Eck ging, folgte mir einer der älteren Herren. Ich traf ihn am Waschbecken. Er schaute mich kurz an und guckte dann verschreckt auf den Boden. Er ging dann wortlos zurück zum Stammtisch. Hmm… was das wohl zu bedeuten hatte? War ich vielleicht komisch? Habe ich irgendetwas Falsches gesagt? Gut, ich setzte mich auch wieder an den Stammtisch und unterhielt mich weiter mit dem jüngeren Publikum.

Wie sich herausstellte, waren tatsächlich zwei von ihnen als Informatikstudenten und einer im Pharma-Sektor tätig. Ist nicht negativ gemeint, aber man sah den Leuten sofort an, was sie studieren. Viel nerdiger gingen die Anziehsachen und Laptops nicht mehr. Es folgten nach jedem Thema immer wieder längere Pausen und jeder vertiefte sich in sein Notebook. Ich hatte keines dabei und musterte weiter das Geschehen.

Kaum Gespräche über den Inhalt des Projekts

Als das Essen kam, fingen alle an zu essen und einer der Jüngeren sagte, warum esst ihr nur Fleisch – das ist alles ungesund. Es folgte eine Diskussion zum Thema veganes Essen. Ich ließ das Thema unkommentiert stehen, obwohl ich dazu eine ganz eigene Meinung habe. Es gibt eine Sorte Mensch, mit der diskutiert man besser nicht, da es im heftigen Streit endet. Als die Mahlzeit vorbei war, wollte ich bald gehen, da das Treffen für mich doch sehr ernüchternd war. Auch wurde nicht viel über Mesh-Netzwerke oder Freifunk gesprochen, was ich mir erhofft hatte.

Freifunk? - Verlorene Zeit, dachte ich mir. In dem Moment, als ich gehen wollte, kam einer der Älteren in der Runde und sagte: „Na, dann erzähl mal. Was machst Du so und wer bist Du?" - Ich erzählte also nochmals, dass was ich bereits erwähnt hatte und sagte, dass ich die Idee von Mesh-Netzwerken gut finde und gerne mitmachen würde.

Nickerchen oder Schwächeanfall?

In diesem Augenblick dachte ich, dass der Herr neben mir eine Art Schwächeanfall haben musste, da er vom Stuhl halb auf den Boden hängend mit dem Kopf über seinem halb aufgegessenen Schnitzel hing. Ich schaute ratlos die anderen an. Wie sich herausstellte, machte er in einem vollbesetzten Restaurant ein Nickerchen zwischen Schnitzel und Laptop.

Freifunk – willkommen in einer anderen Welt?

Okay, dachte ich mir, das ist ja wohl doch eine etwas andere Welt hier. Dasselbe passierte mit dem Herrn mir gegenüber. Mir war es peinlich. Die anderen Gäste schauten schon herüber und dachten sich bestimmt schon ihren Teil. Meines Wissens ist das kein Benehmen, aber gut – andere Community, andere Sitten. Ich ließ mir nichts anmerken und sprach noch über die Projekte in meiner Stadt.

Es stellte sich heraus, dass die Community nicht wirklich groß war, obwohl die Stadt sehr groß ist. Leider waren auch nur sehr wenige Knotenpunkte miteinander verbunden. Angeblich würde das am Fehlinteresse der Leute liegen und auch am Geld. Richtfunk-Technik sei teuer und deswegen könne man keine größeren Knoten miteinander verbinden. Sie überlegten, warum dies so ist, und ich schlug vor, diesbezüglich marketingstrategisch vorzugehen, um auch nicht technikaffinen Personen die Vorteile des Freifunks und des dezentralen Gedankens zu erklären. Ich hatte schon ähnliche Kampagnen in anderen Städten beobachtet, jedoch nicht im Detail.

Teilnehmer total auf Technik fixiert

Prompt kam der Vorschlag meines Gegenübers doch Router-Workshops anzubieten, wo er erklären würde, wie man Router miteinander verbindet und die Technik erklärt. Ich erwähnte, dass dies vielleicht etwas zu speziell sei, um den Grundgedanken unter die Leute zu bringen und um neue Freifunker:innen zu werben. Mein Einwand wurde mit teils abstrusen Argumenten totgeschlagen. Anders kann man es leider nicht nennen.

Die Jungs waren hier total auf Technik fixiert, aber mehr leider auch nicht. Es gab für sie anscheinend keine andere Welt als die Technik selbst. Dieser Eindruck wurde die nächsten 30 Minuten weiter verstärkt. Das Thema Marketing und wie man neue Mitglieder werben könnte für den Verein, war wie weggewischt.

Der Herr neben mir hatte sein Nickerchen abgeschlossen…

… und setze sich, ohne einen Ton zu sagen, gleich wieder an sein Notebook, und programmierte wild vor sich hin. Ich habe nicht ganz verstanden, was es war. Aber ich glaube, es handelte sich um eine Art TOR zum normal zugänglichen Internet Mapping. Ich weiß noch, dass er etwas davon murmelte, dass er Richtfunk besitze, der so stark sei, dass er „durch Hochhäuser durchlasern könnte. Das ist der geilste Shit ever". Gut, da hat zumindest jemand Spaß an der Sache, dachte ich mir…

Ich fragte noch einen der älteren Herren, welchen Router ich für den Freifunk Hotspot nehmen könne. Er erklärte mir dies. Es folge eine riesige Diskussion über die richtige Hardware. Ich wollte doch einfach nur wissen, was ich als Anfänger machen kann, um dem Netzwerk etwas beizusteuern. Leider führte dies nicht zum gewünschten Erfolg.

So wird das nichts mit Freifunk

Ich beendete dann irgendwann das Gespräch, zahlte mein Getränk und sagte, dass ich mich dann nochmals melden würde. Einer der älteren Herren sagte, ich solle doch wieder mal vorbeischauen. Ich ging, ohne dass es jemanden groß interessiert hätte. Ich glaube, wenn das Restaurant angefangen hätte zu brennen, hätte es auch niemanden interessiert.

Draußen traf ich wieder den gleichen Mann, den ich bereits am Waschbecken getroffen hatte. Er schaute zum Boden, als er mich sah und sagte keinen Ton. Ich ging weiter und dachte mir nur: „Und ihr wundert euch, dass die Community so klein ist und keiner wirklich Lust hat, mehr zum Thema Freifunk zu machen?"

Ich verließ das Treffen desillusioniert

Ich glaube, dass viele tolle IT-Projekte genau an solch einem Fehlversagen der Community und auch an der Organisation scheitern. Es gibt viele tolle Dinge, die sich über Technik realisieren lassen. Aber wenn „normale" Menschen auf solch eine Community treffen, sind sie schnell schockiert. Da hat man dann direkt keine Lust mehr, mitzumachen.

Das alles ist wirklich sehr schade, weil ich die Idee hinter dem Thema Freifunk mag. Ich wollte Euch mit diesem Erlebnisbericht einfach einmal zeigen, warum meiner Meinung nach Dinge, wie z.B. Freifunk nicht großflächig funktionieren. Manche Menschen denken leider gerade im Technikbereich einfach zu engstirnig und vergessen komplett das, was um sie herum passiert. Fest steht: So lässt sich eine dezentrale, freie Community, wo jeder mitmachen kann, nicht aufbauen. Für mich war es ein verlorener Abend, für die Umgebung leider eine verlorene wie tolle Idee.

Euer Hextor.

openPetition – Die Mitmach-Plattform im Interview mit Fritz Schadow

von Lars Sobiraj

openPetition & Co.: Kritiker glauben, die Online-Kampagnenseiten hätten ihre besten Jahre hinter sich: Nach Ansicht eines CCC-Sprechers, Frank Rieger, haben die Petitionsplattformen ihre besten Jahre sogar „längst hinter sich". Diese bombardieren die Nutzer:innen mit E-Mails regelrecht. Darin fordert man sie erneut zur Unterzeichnung einer Petition auf. Auch bei den sozialen Netzwerken sind die Petitions-Plattformen allgegenwärtig. Haben es die Leute schon satt? Wir haben mal nachgehakt und dazu einen Mitarbeiter von openPetition befragt.

Vielen Dank an, für die Unterstützung bei der Realisierung dieses Interviews: Wir haben gemeinsam mit Bernd Rohlfs von der Gesellschaft für freie Informationssysteme (gfi) eine längere Zeit an dieser Interview-Reihe gearbeitet.

Das vorliegende Interview (und weitere) erschien ursprünglich beim IT-Newsportal gulli.com im Frühjahr des Jahres 2013. Da Forum und Portal trotz der Re-Übernahme des früheren Betreibers nicht mehr zugänglich sind, haben wir uns für eine Zweitveröffentlichung entschieden.

Unser Dank gilt auch archive.fo. Ohne deren archivierten Beiträge von gulli.com wäre eine Zweitveröffentlichung gar nicht möglich gewesen. Wir hatten zwischenzeitlich befürchtet, dass diese Gesprächsreihe, die in Teilen sogar in einem Schulbuch veröffentlicht wurde, insbesondere mit diesem zentralen Interview für immer verloren ist.

„In einer modernen Demokratie sind Transparenz und Zugang zu Informationen notwendige Voraussetzungen für Teilhabe und Mitbestimmung. Wir wollen, dass die Menschen gut informiert sind und die Möglichkeit haben, sich aktiv an politischen Prozessen zu beteiligen."

Das ist kein Hochglanzpapier zu Werbezwecken, dies ist ein Ausschnitt aus dem Koalitionsvertrag 2012 bis 2017 des Landes Schleswig-

Holstein. Leider bleibt die Realität oftmals weit hinter solchen Floskeln zurück. Eine direkte Mitbestimmung der Bürger:innen ist nicht per Gesetz vorgesehen. Zudem hapert es oft an behördlicher Transparenz, obwohl viele Stellen aufgrund des Informationsfreiheitsgesetzes dazu verpflichtet wären.

Portale wie die von Campact, openPetition, Change.org, Avaaz und der Petitionsausschuss des Deutschen Bundestages versuchen uns wieder stärker einzubinden, uns zu aktivieren. Doch kann dies gelingen? Zumindest die bei openPetition behandelten Themen dürften nicht für alle Besucher:innen gleich relevant sein. So forderte beispielsweise eine Petition die Aufhebung des Nachtangelverbots in Baden-Württemberg. Die Rettung eines Freibads in Brake und anderer Sportstätten möchte man erwirken. Und ebenso, dass das Land NRW nicht seine Zuschüsse für Archäologie und Denkmalpflege streicht. Kann man so die Massen in Aktion versetzen? Wir erkundigten uns bei Fritz Schadow, der bis noch vor einigen Jahren für die Berliner openPetition gGmbH tätig war.

Lars Sobiraj: *Hallo Herr Schadow. Wie definieren Sie openPetition?*

Fritz Schadow: openPetition ist eine offene, partizipative Petitionsplattform. Die Bürger:innen erstellen und vertreten die Petitionen. openPetition bringt Menschen mit gemeinsamem Anliegen zusammen. Wir fördern den Austausch, Vernetzung und gemeinsames aktiv werden. Mehr als 6,56 Millionen Menschen (Stand von vor einigen Jahren) nutzen openPetition, um Politik und Gesellschaft mitzugestalten – lokal, regional, bundesweit. openPetition verfolgt keine inhaltlichen Ziele, sondern setzt sich für die Vereinfachung und Weiterentwicklung der Instrumente der partizipativen Demokratie ein. openPetition ist gemeinnützig und finanziert sich über Spenden.

Lars Sobiraj: *Zum Zeitpunkt dieses Interviews sind es nur 1,5 Millionen. Wann eröffneten Sie Ihre Website?*

Fritz Schadow: openPetition ist im April 2010 online gegangen.

Lars Sobiraj: *Wer sind die Verantwortlichen? Was ist die Rechtsform?*

Fritz Schadow: Gegründet wurde openPetition von Jörg Mitzlaff, der sich zuvor im Verein Mehr Demokratie e.V. engagierte. openPetition ist von Mehr Demokratie unabhängig. Bis Mitte 2012 war die Petitionsplattform ein ehrenamtliches Projekt, das Jörg Mitzlaff und weitere Freiwilligen betreut haben. Seit Juni 2012 ist openPetition eine gemeinnützige GmbH mit Sitz in Berlin. Geschäftsführer ist Jörg Mitzlaff.

Lars Sobiraj: Wie viele Personen arbeiten im Team?

Fritz Schadow: Das Kernteam sind zwei Hauptamtliche. Dazu kommen einige Ehrenamtliche, die uns zum Beispiel bei der Software-Entwicklung unterstützen (Stand 2013).

Lars Sobiraj: Wer gab der gGmbH das Gründungskapital? Wie stellen Sie heutzutage die Einnahmen sicher?

Fritz Schadow: Bis Mitte 2012 war openPetition ein ehrenamtliches Projekt, das mit den privaten Mitteln der Engagierten, v.a. von Jörg Mitzlaff finanziert wurde. 2012 wurde für openPetition eine gemeinnützige GmbH (gGmbH) gegründet, um eine angemessene Betreuung und Weiterentwicklung der inzwischen sehr stark frequentierten Petitionsplattform zu gewährleisten. Die Gründung wurde anteilig von Jörg Mitzlaff und dem Kampagnennetzwerk Campact e.V. finanziert. openPetition finanziert sich über private Spenden und mit Unterstützung von Campact e.V.

Lars Sobiraj: Auf welche politischen Räume beziehen sie sich, zum Beispiel Bund, Länder, Unternehmen?

Fritz Schadow: Alle politischen Ebenen: Gemeinde/Stadt, Kreis, Bundesland, bundesweit (die meisten Petitionen haben einen lokalen oder regionalen Bezug) Dies betrifft auch Akteure aus Wirtschaft und Gesellschaft. Die Plattform ist deutschsprachig, und offen für alle Regionen, in denen Deutsch offizielle Sprache ist: Deutschland, Liechtenstein, Luxemburg, Österreich, Schweiz, Regionen in Italien und Belgien.

Lars Sobiraj: *Wie kann man als Bürger mitmachen, welche Daten von sich muss man eintragen?*

Fritz Schadow: Folgende Daten werden abgefragt:

- Petition starten: voller Name, volle Anschrift, E-Mail-Adresse
- Petition unterzeichnen: voller Name, volle Anschrift, E-Mail-Adresse
- Petitionen unterstützen: Vorschläge, Anregungen an Petenten, Petition verbreiten, organisieren von Veranstaltungen und Aktionen zur Unterstützung des Anliegens
- openPetition unterstützen: Anregungen, Rückmeldungen, Vorschläge zur Weiterentwicklung, die openPetition-Idee bekannter machen, Förderer werden.

Lars Sobiraj: *Was unternimmt openPetition für den Datenschutz?*

Fritz Schadow: Wir haben vier Handlungsbereiche bzw. Regeln:

- *Anonymität:* Petitionen können für andere Besucher/innen unserer Plattform anonym unterschrieben werden. Name und Adresse sind somit nur für den Adressaten der Petition und den Initiator, der sie übergibt, sichtbar. Unsere Server stehen in Deutschland und wir erfüllen die deutschen Datenschutzbestimmungen.
- *Datensparsamkeit:* Wir fragen nur nach solchen Daten, die wir ganz konkret an der jeweiligen Stelle zum Beispiel für das Unterzeichnen oder das Erstellen einer Petition benötigen. Wenn Daten nicht mehr benötigt werden, werden sie automatisch gelöscht.
- *Kein Spam:* openPetition versendet Newsletter und andere E-Mails nur an Personen, die diese selbst auf den openPetition.de-Seiten bestellt, und die E-Mail-Adresse bestätigt haben (Double-Opt-In-Verfahren).
- *Keine Weitergabe:* Personenbezogene Daten werden ausdrücklich nicht für Zwecke der Werbung/Marktforschung genutzt. Eine Weitergabe der Daten an Dritte erfolgt ohne

Einwilligung nur dann, wenn wir dazu gesetzlich verpflichtet sind. Unsere Datenschutz-Richtlinien im Detail befinden sich auf der Webseite.

Lars Sobiraj: *Wie kommt das Feld „Unterstützer:innen" bei Ihnen an der rechten Seite neben der Petition zustande?*

Fritz Schadow: Dort wird angezeigt, über welche Webseiten besonders viele Unterzeichner:innen einer Petition auf die jeweilige Petitionsseite gelangt sind. Das ist interessant für den Initiator der Petition und auch für die Unterstützer:innen, da dort meist weitere Informationen zur Petition oder dem Thema zu finden sind. Das Feld wurde inzwischen umbenannt in: „Woher kommen Unterstützer:innen".

Lars Sobiraj: *Gibt es eine Diskussionsmöglichkeit für die Leser:innen beziehungsweise Teilnehmer:innen?*

Fritz Schadow: Diskussion und Vernetzung sind zentrale Bestandteile von openPetition. openPetition wurde entwickelt, um die herkömmlichen „Einbahnstraßen-Petitionen" weiterzu-entwickeln und partizipativer zu machen. openPetition bringt Menschen mit einem gemeinsamen Anliegen zusammen, ermöglicht Austausch und gemeinsames aktiv werden. Das geht über:

- *Diskussionsseite:* Zu jeder Petition gibt es eine eigene Diskussions-Seite, auf der Pro- und Contra-Argumente ausgetauscht werden. Petent:inn:en schätzen diese Diskussionsseite, weil sie zusätzliche Argumente für ihr Anliegen finden und mit Hilfe von Kritik ihr Anliegen besser formulieren und sich besser dafür einsetzen können.
- *Fragen an Petent:inn:en:* Interessierte können jeweilige Petent:inn:en per E-Mail kontaktieren (die E-Mail-Adressen von Sender:in und Empfänger:in sind dabei für beide Seiten unsichtbar). Diese Funktion wird gern genutzt für inhaltliche Nachfragen und für Anregungen, um die Petition zu verbessern. Unterstützer:innen der Petition können so weit mehr tun, als einfach nur unterschreiben: sie können die

Petition weiter entwickeln, ihr Wissen einbringen und sich mit dem Petent:inn:en vernetzen um z.B. weitere gemeinsame Aktivitäten zu planen.

- **Mail an Unterstützer:innen:** Der Petent kann an die Unterstützer:innen der Petition per E-Mail kontaktieren (wenn sie sich damit einverstanden erklärt haben) und über den Stand der Dinge zur Petition informieren. Diese Funktion wird gern genutzt, um auf weitere Veranstaltungen oder Protestaktionen für die Ziele der Petition hinzuweisen. So können sich Menschen mit dem gleichen Anliegen noch stärker gemeinsam engagieren, als nur über das Sammeln von Unterschriften (die E-Mail-Adressen sind dabei für beide Seiten unsichtbar).

Stellungnahme an Adressat:inn:en: die Adressat:inn:en der Petition (Entscheidungsträger:innen), können eine offizielle Stellungnahme zum Anliegen auf openPetition veröffentlichen. So wird schon vor der Übergabe der Unterschriften ein Dialog eingeleitet.

Lars Sobiraj: Prüfen Sie die Inhalte einer Petition, zum Beispiel deren Argumente? Wenn ja, wie geschieht dies im Detail?

Fritz Schadow: openPetition verfolgt kein inhaltliches Interesse. openPetition ist eine offene Plattform – offen für alle Themen und Anliegen. Wir geben Tipps für gutes Argumentieren und eine gute Präsentation des Anliegens, werten jedoch nicht. Eine inhaltliche Prüfung erfolgt nur hinsichtlich verfassungsfeindlicher, diskriminierender, beleidigender Inhalte und solcher, die strafrechtlich relevant sind. Solche Petitionen beenden wir, gemäß unseren Nutzungsbedingungen: offensichtlich unsinnige Petitionen und Spaßpetitionen werden in den „Troll-Turm" verschoben. Solche Petitionen nicht zu löschen, schafft Transparenz.

Lars Sobiraj: Der Troll-Turm ist durchaus lesenswert. Dort finden sich Forderungen, den Montag abzuschaffen, gegen den Aufstieg vom HSV und viele andere Späße, wie eine Petition, dass sich

Papiertaschentücher z.B. nicht in der Waschmaschine auflösen sollen. Haben Sie eine Petition auch schon einmal abgelehnt?

Fritz Schadow: Das passiert sehr selten. Ein Beispiel aus der letzten Zeit ist eine Petition, die diskriminierend und verunglimpfend gegen eine Glaubensgemeinschaft war. Das geht natürlich nicht.

Lars Sobiraj: *Welche Petition hatte die meisten Unterschriften?*

Fritz Schadow: Die Petition gegen die GEMA-Tarifreform hatte mit über 300.000 Unterschriften bisher die meisten Unterstützer:innen. Man hat sie im Dezember der Bundesjustizministerin übergeben.

Lars Sobiraj: *Wie gut ist die Resonanz in der Politik?*

Fritz Schadow: Auf der lokalen und regionalen Ebene sind unsere Petitionen am erfolgreichsten. Wenn es um die Grundschule, das öffentliche Schwimmbad oder den Sportplatz vor Ort geht, reagieren Bürgermeister:innen meist sehr schnell und haben ein offenes Ohr für das Anliegen. Initiator:innen von Petitionen schreiben uns immer wieder, dass die gesammelten Unterschriften in der Stadtverordnetenversammlung oder im Gemeinderat ein gewichtiges Argument waren. Das gilt besonders, wenn viele der Unterschriften aus den Wahlkreisen der Entscheidungsträger:innen kommen. Da auf openPetition die Postleitzahlen und Adressen beim Unterschreiben angegeben werden, lässt sich genau sagen, wie viele Menschen von vor Ort unterschrieben haben.

Auch auf der Bundesebene kann eine Petition, die an die richtigen Personen gerichtet ist, viel bewirken: Die Petition gegen die GEMA-Tarifreform 2013 von Matthias Rauh erreichte mehr als 300.000 Unterschriften. Diese hat man im Dezember an das Justizministerium übergeben. Nur zwei Wochen später verkündet die GEMA den Stopp der neuen Tarife und die Justizminister:innen-Konferenz wird sich im Sommer mit dem Thema beschäftigen.

Lars Sobiraj: *Welche Petitionen von Ihnen hat man bisher im Bundestag behandelt?*

Fritz Schadow: Die meisten Petitionen auf openPetition richten sich nicht an den Bundestag, sondern haben regionale/lokale Anliegen und Adressat:inn:en. So zeigt es sich leider, dass gute Anliegen im Petitionsausschuss des Bundestags verpuffen. Selbst wenn eine persönliche Anhörung von Petent:inn:en erreicht wird (dazu sind auf dem Petitionsserver des Bundestags 50.000 Unterschriften innerhalb eines vorgegebenen Zeitraums nötig), passiert in der Regel nichts. Nach ein oder zwei Jahren schickt man den Anfragenden eine Stellungnahme des Ausschusses zu. Meistens besagen diese, dass in der Sache nichts unternommen werden müsse.

Mit den Petitionen auf openPetition kann deutlich mehr Öffentlichkeit erzeugt werden und Entscheidungsträger:innen werden direkt mit den Forderungen der Bürger:innen konfrontiert. Nicht zuletzt durch die bei uns vorhandenen Vernetzungsmöglichkeiten der engagierten Menschen.

Lars Sobiraj: *Was war bisher der größte Erfolg einer Petition bei Ihnen?*

Fritz Schadow: Wie genannt, dass die GEMA Ende 2012 ihre für 2013 angekündigte Tarifreform gestoppt hat, ist einer der Höhepunkte.

Genauso wichtig sind aber die vielen „kleinen" Erfolge: Die drohende Abschiebung von Fabiola Cruz und ihren beiden kleinen Schwestern konnte verhindert werden: Die drei Mädchen gingen seit sechs Jahren in Hamburg zur Schule und Fabiola bereitete sich gerade mit glänzenden Noten auf ihr Abitur vor, als die Ausländerbehörde den Beschluss schickte. Ihr Geburtsland Honduras kennen die drei kaum. Fabiolas Klasse wollte sich das nicht bieten lassen: Die Schüler:innen haben eine Petition gestartet und Demonstrationen organisiert. Die Härtefallkommission lenkte schließlich ein.

Umweltschule genehmigt: Trotz erfolgreichem ersten Schuljahr sollte die Natur- und Umweltschule Dresden geschlossen werden – obwohl es in der Neustadt nicht genügend Plätze für alle Grundschul-Kinder gab. Engagierte Eltern und Lehrer:innen starteten die Petition an den Sächsischen Landtag und stellten die Verantwortlichen öffentlich zur Rede. Mit Erfolg: Die Schule ist jetzt eine anerkannte Ersatzschule.

Lars Sobiraj: *Glauben Sie, dass E-Petitionen eines Tages wichtiger sein werden als zum Beispiel politische Initiativen?*

Fritz Schadow: Online-Petitionen und andere Formen politischer Mitwirkung schließen sich nicht aus, sondern ergänzen sich. Die erste zentrale Bedeutung von Online-Petitionen besteht darin, dass durch sie Menschen schnell erkennen können, dass sie mit Ihrem Anliegen nicht allein dastehen. Das ist eine wichtige Voraussetzung, um den entscheidenden Schritt vom Wollen zum Handeln zu gehen. Denn das Wissen um eine große Menge Gleichgesinnter stärkt die Zuversicht, das Ziel erreichen zu können. Online-Petitionen legen die Initiative in die Hände von Bürger:innen und überlassen Politik nicht den Berufspolitiker:innen.

Die zweite Bedeutung besteht darin, dass Online-Petitionen Menschen mit dem gleichen Anliegen vernetzen können, so dass sie gemeinsam auch über die Petition hinaus aktiv werden können. Denn Online-Petitionen sind dann besonders erfolgreich, wenn sie durch Aktivitäten außerhalb des Internets ergänzt werden, z.B. dem direkten Dialog mit Entscheidungsträger:innen, Demonstrationen oder Protestveranstaltungen.

Lars Sobiraj: *Welchen Zweck erfüllen private Plattformen, wenn es auch epetitionen.bundestag.de gibt?*

Fritz Schadow: Die ePetitionen des Petitionsausschusses des Bundestags können ausschließlich an den Bundestag gerichtet werden. Das ist in vielen Fällen die falsche Adresse, zum Beispiel weil die Anliegen einen starken, regionalen/lokalen Bezug haben oder sich nicht an die Politik, sondern die Privatwirtschaft wenden.

Es ist wirkungsvoller, die zuständigen Politiker:innen direkt zu adressieren, als den umständlichen und langwierigen Weg über den Petitionsausschuss zu wählen. Unterschriftensammlungen auf dem ePetitions-Server des Bundestags haben ebenso wenig rechtliche Verbindlichkeit wie Petitionen auf privaten Plattformen. Selbst wir eine öffentliche Anhörung einer ePetition erwirken, entstehen daraus keine rechtlich verbindlichen Konsequenzen. Die Bundestags-Petition gegen die enorm steigenden Haftpflichtprämien für freiberufliche Hebammen zeigt dies deutlich: nach zweieinhalb Jahren wurden kosmetische Änderungen versprochen, die am eigentlichen Anliegen der Petition vorbei gehen. Der Druck auf und Zugang zu den Verantwortlichen ist mit privaten Petitionsplattformen wirkungsvoller.

Petitionen auf offenen Plattformen führen zu einer breiteren gesellschaftlichen Debatte, als die auf den Seiten von epetitionen.bundestag.de. Sie stellen mehr Öffentlichkeit her und erreichen zunehmend mehr Menschen.

Lars Sobiraj: *Herr Schadow, vielen Dank für das Gespräch.*

Werkzeuge für die Online-Sicherheit

Die wesentlichen Tools für die persönliche Sicherheit - denn um die geht es und nicht allein um die Sicherheit der Daten - sind nicht an einer Hand abzuzählen. Hinzukommen zahlreiche Prozesse, wie sie jeder anwendet und sich im Alltag damit schützt. Die Projekte werden oft nur von wenigen Personen programmiert und auf die Straße gebracht. Viel zu wenig erfolgen Spenden und Anerkennungen oder Mitarbeit in diesen Projekten, die oftmals auch Verschlüsselung einbeziehen.

Die dazu in unserer Redaktion oft besprochene These ist, dass wir uns in der unternehmerischen und öffentlichen Verwaltung auch finanziell bei den quell-offenen Sicherheit-Werkzeugen mehr erkenntlich zeigen sollten. Egal, ob es um Festplatten-Verschlüsselung oder ums McEliece-Messaging oder nur um einen einfachen quelloffenen Proxy und dessen Einrichtung geht. Denn die Tools sollten quell-offen sein, damit sie nicht nur allen zur Verfügung stehen, sondern auch potenzielle Sicherheitslücken überprüfbar sind und geschlossen werden können. Jeder Euro an proprietäre Tools mit Verschlüsselung für die Sicherheit, ist ein verschwendeter Euro für die Sicherheit von allen - durch quelloffene Werkzeuge.

TrueCrypt: BSI verheimlicht Audit-Dokumente der Software

von Bill

Im Jahr 2010 ließ das Bundesamt für Sicherheit in der Informationstechnik (BSI) ein Audit der veralteten Verschlüsselungssoftware TrueCrypt 7.1 erstellen. Die Dokumente dazu wurden erst am 16. Dezember 2019 veröffentlicht, aufgrund einer Anfrage des Portals Frag-den-Staat. Seit dem 16. Dezember sind die Dokumente zur BSI-Untersuchung von TrueCrypt online, allerdings mit einer Verspätung von neun Jahren.

TrueCrypt-Analyse erst nach mehrfacher Anfrage herausgegeben

Ein Nutzer auf der Plattform Frag-den-Staat schickte eine Anfrage an das BSI und bat um alle Dokumente zur TrueCrypt-Analyse. Daraufhin sandte die Behörde dem Antragsteller mehrere Unterlagen aus dem Jahr 2010. Das BSI teilte auch in seiner E-Mail mit, dass der Empfänger die Dokumente nicht veröffentlichen dürfe, weil man sie urheberrechtlich geschützt hätte. Das BSI ließ sich natürlich Zeit und rückte erst nach mehreren Anfragen die Dokumente heraus. Die Dokumente sind seit dem 16. Dezember nun öffentlich einzusehen.

TrueCrypt stammt von anonymen Entwickler:innen

Die Verschlüsselungssoftware TrueCrypt hat eine wechselhafte Geschichte hinter sich. Angefangen bei der Spendenkampagne vom Kryptograph Matthew D. Green, um ein Audit für die Software zu finanzieren, bis zur Veröffentlichung von einigen Schwachstellen der Software. Im Mai 2014 kam dann das überraschende Ende – die Software werde nicht mehr weiterentwickelt. Laut einer Recherche des Journalisten Evan Ratliff, soll sogar der Drogenhändler Paul Le Roux an der Entwicklung beteiligt gewesen sein. Sicherheitsforscher raten schon seit Jahren aufgrund von zwei angeblich kritischen Sicherheitslücken von der Verwendung von TrueCrypt ab.

Entwickler:innen von VeraCrypt nicht informiert: TrueCrypt im Audit nicht als kritisch eingestuft

Mittlerweile hat sich die Alternative VeraCrypt, welche auf dem TrueCrypt-Code basiert, etabliert. VeraCrypt wird auch weiterentwickelt und es ist davon auszugehen, dass es auch zukünftig dabei bleibt. Die kürzlich bekannt gewordenen Dokumente des BSI betreffen auch Sicherheitslücken bei VeraCrypt, diese werden aber nicht als kritisch eingestuft. Wer VeraCrypt verwendet, sollte dennoch darauf achten, ausschließlich die neueste Version zu benutzen. Wer noch immer TrueCrypt verwendet, sollte auf jeden Fall zeitnah auf VeraCrypt umsteigen.

Das Bundesamt für Sicherheit in der Informationstechnik hat den Haupt-Entwickler der Nachfolgesoftware allerdings nicht informiert. VeraCrypt-Chefentwickler Mounir Idrassi bestätigte auf Anfrage der Kolleg:inn:en von Golem.de, dass er vom Sicherheitsaudit des BSI noch nie gehört habe. Da die BSI-Untersuchung Jahre vor der Gründung von VeraCrypt abgeschlossen wurde, hat man es wohl nicht für nötig gehalten, die Entwickler:innen der Nachfolgesoftware nachträglich über die gefundenen Sicherheitslücken in Kenntnis zu setzen.

VeraCrypt: Festplatten-Verschlüsselung als Nachfolge-Alternative zu TrueCrypt?

von Lars Sobiraj

VeraCrypt: Das letzte Update erfolgte vor kurzem. Doch im Gegensatz zu anderen Programmen gilt VeraCrypt der Pariser Softwareschmiede Idrix schon länger als inoffizieller TrueCrypt-Nachfolger. Ist die Software zur Verschlüsselung von Festplatten wirklich sicher? Für das eigene Projekt wählte man den Slogan „strong security for the paranoid". Doch Verschlüsselungssoftware für Festplatten ist etwas für wirklich alle Anwender:innen.

Worum geht es? Mit einer Festplattenverschlüsselung können ganze Festplatten oder einzelne Partitionen verschlüsselt werden. Daneben gibt es für Außenstehende nicht sofort erkennbare Container, deren Inhalt man nur mit dem korrekten Passwort sichtbar machen kann. Die Polizei kann zwar schnell erkennen, ob verschlüsselte Container angelegt wurden. Doch auch im Rahmen einer Hausdurchsuchung kann man nicht zur Preisgabe eines Passworts gezwungen werden. Ist das Passwort lang genug (z.B. mehr als 32 Zeichen), haben die Behörden keine Chance auf das Gerät zuzugreifen.

Nach Bekanntwerden der umfangreichen Zusammenarbeit von Microsoft mit dem US-Geheimdienst NSA geriet die Windows-eigene Verschlüsselungssoftware BitLocker gehörig in Verruf. Wer auf Nummer sicher gehen wollte, benutzte bis letztes Jahr TrueCrypt, auch wenn die Entwickler:innen im Mai 2014 überraschend bekannt gaben, dass sie die Entwicklung ihrer Software angeblich aufgrund von Sicherheitslücken nicht fortsetzen konnten.

VeraCrypt: die Alternative für alle gängigen Betriebssysteme

Im Gegensatz zu tcplay, Kryptos oder CipherShed gilt VeraCrypt bereits als einsatzbereit für den täglichen Einsatz. Dies ist eine Abspaltung von TrueCrypt, die aber zumindest teilweise kompatibel ist. Version 1.0f kann beispielsweise auf TrueCrypt-Daten zugreifen und diese bei Bedarf ins eigene Format konvertieren. VeraCrypt vom französischen Herstellter Idrix ist für Windows, Linux und Mac OS verfügbar.

Die Software des Vorgängers wurde weiterentwickelt und verbessert. So soll VeraCrypt beispielsweise besser gegen Brute-Force-Angriffe geschützt sein. Die Anwendung gestaltet sich so ähnlich wie bei TrueCrypt, auf die Nutzer:innen des Vorgängers kommen bezüglich der Bedienung keine großen Änderungen zu. Die Anwender:innen können wie üblich zwischen verschiedenen Verschlüsselungs-Algorithmen auswählen.

Auf jeden Fall ist auch dieses aktuelle Projekt einen näheren Blick wert (wenn man seine Daten auf der internen Festplatte nicht gleich unter Linux mit LUKS absichert), weil die Software auf einem bewährten Quellcode aufbaut und dieser frei verfügbar ist. Wer dennoch den Vorgänger bevorzugt, kann sich weiterhin eine Kopie von TrueCrypt herunterladen.

Tor-Browser installieren und anonym damit im WWW surfen

von Kati Mueller

In unserer Anleitung erklärt Autorin Kati Müller, wie man den Tor-Browser installieren und sicher und anonym damit surfen kann.

Das Tor-Projekt bietet für alle Betriebssysteme und fast alle Geräte fertige Tor-Browser Pakete an, die sich einfach installieren lassen. Die

Browser sind auf Basis des Firefox speziell für das Tor-Netzwerk modifiziert und zeichnen sich durch große Anonymität und Privatsphäre aus. Sie telefonieren nicht zum Hersteller, wie beim Original oder Chrome, lassen keine eine eindeutige Identifizierung zu (Fingerprinting) und speichern keine History oder dauerhafte Cookies, die das Surfverhalten der Benutzer verraten.

Wie kann ich den Tor-Browser installieren und sicher nutzen?

Trotzdem sollten einige Dinge vermieden werden, um unerkannt zu bleiben. Es dürfen niemals irgendwelche Plugins wie Flash oder Multimedia-Erweiterungen im Browser installiert werden. Diese Zusatzprogramme umgehen das Tor-Netzwerk und verraten den Benutzer durch seine lokale IP-Nummer. Das gleiche gilt für viele Addons. Auch davon sollte man die Finger lassen. Das Öffnen von Dokumenten aus dem Internet im Browser ist ebenfalls keine gute Idee. Heruntergeladene Dokumente können mit anderen Programmen geöffnet werden.

Tor-Netzwerk

Das Tor-Netzwerk ist so aufgebaut, dass sich die Tor-Browser der Benutzer:in über die Entry-Nodes (Eingangsknoten) mit dem Netzwerk verbinden. Geben die Surfer:innen eine Internet-Adresse im Tor-Browser ein, so werden die Datenströme nicht direkt zum Ziel gesendet, sondern über die Entry-Nodes auf die vielen tausend Server innerhalb des Tor-Netzwerks verteilt, die wiederum die Datenpakete auf weitere Server aufteilen, sodass die Datenströme zerwürfelt und untereinander gemischt werden, um die Verbindung zu anonymisieren. Anschließend sammeln sich die Datenströme bei den Exit-Nodes (Ausgangsknoten), die sie zum eigentlichen Ziel im Internet weiterleiten. Der Rückweg funktioniert entsprechend genauso. Je mehr Benutzer:innen teilnehmen, desto größer ist die Durchmischung der Ströme, wobei es aber nicht zu einer Verwechslung oder Vermischung des Inhalts der Daten kommen kann.

Dann ist da noch das berühmt-berüchtigte Darknet, bei dem es sich um nichts anderes als versteckte Webserver im Inneren des Tor-Netzwerks handelt. Solche Server sind m.E. vollständig anonym und lassen sich weder einem Land noch Eigentümer:innen zuordnen. Bei einer Verbindung ins Darknet verlässt der Datenstrom nicht das Tor-Netzwerk. Das Netzwerk würfelt ihn durcheinander und sammelt sich beim Zielserver im Inneren des Tor-Netzes. Man schickt die Daten nach dem gleichen Muster zurück.

Maßnahmen gegen neugierige Entry-Nodes

Leider gibt es immer wieder neugierige Betreiber:innen von Entry-Nodes, gegen die man Maßnahmen ergreifen sollte. Entry-Nodes sind die Eingänge ins Tor-Netzwerk und der einzige Ort, an dem die IP von Benutzer:innen im Tor-Netzwerk feststellbar ist. Mit diesen verbindet sich der Tor-Browser, um ins Tor-Netz zu gelangen. Einige dieser Server sind unter Kontrolle staatlicher Stellen, die nur zu gerne wüssten, wer da im Darknet unterwegs ist. Verbindet man sich z.B. mit einem chinesischen Entry-Node, so bekommt man am heimischen Computer mit großer Wahrscheinlichkeit Besuch aus China. Dieser schaut nach, ob da vielleicht ein Server, NAS oder anderes Gerät läuft, das Benutzer:innen verrät. Dazu wird mittels TLS-Handshake das Zertifikat des Servers ausgelesen. In der Folge hätte man Nutzer:innen enttarnt. Den gleichen Trick benutzt Microsoft regelmäßig nach einer Installation von Windows. Manchmal dauert es ein paar Stunden, aber sie kommen...

Den Problemen kann man aus dem Weg gehen, indem man Tor nicht direkt, sondern über einen Proxy mit den Exit-Nodes verbindet. Das ist im Browser bereits vorgesehen und lässt sich leicht einstellen. Dazu ruft man die Tor-Netzwerk-Einstellungen auf und trägt die Proxy-Daten ein.

Viele Provider bieten ihren Kund:inn:en kostenlose Proxy-Dienste an, wie z.B. Telekom oder M-net. Telekom-Kunde:inn:en tragen als Proxy Adresse: www-proxy.t-online.de Anschluss: 80 ein.

Die Länder der Exit-Nodes im Tor-Browser festlegen

Der Tor-Browser bietet in seiner Konfigurationsdatei torrc die Möglichkeit, nur bestimmte Länder als Exit-Nodes zu verwenden. Das ist recht praktisch, wenn man mal eine „einheimische" IP braucht. Dazu fügt man zwei Zeilen zur torrc hinzu und startet Tor neu.

Die Datei befindet sich bei Linux unter ~/.tor/tor-browser_de/Browser/TorBrowser/Data/Tor/torrc

Unter Windows geht man über einen Rechtsklick auf das Tor-Icon und hangelt sich dann durch die Ordner „TorBrowser", „Data", „Tor" zur torrc, die mit Notepad geöffnet werden kann.

In der „torrc" fügt man Folgendes hinzu:

StrictNodes 1

ExitNodes {de},{ch}

{de} steht für Deutschland und optional {ch} für die Schweiz. Man kann auch jeden anderen zweistelligen Ländercode verwenden, sollte aber bedenken, dass es dort auch genügend Exit-Nodes gibt. Mittels eines dritten Eintrages „EntryNodes" lassen sich bestimmte Länder als Eingangsknoten auswählen. Das kann auch ganz nützlich sein.

In der torrc lassen sich noch weitere Einträge hinzufügen, die z.B. einen eigenen Server im Darknet einbinden. Das erscheint in einem anderen Beitrag im Portal online. Wer sich die Datenströme in Echtzeit anschauen möchte, kann dies beim Projekt TorFlow tun.

Spot-On:
Eine moderne Verschlüsselungs-Suite im Echo

von Scott Edwards

Wir haben Scott Edwards gefragt, der vor einigen Jahren für die seit 2010 bestehende Verschlüsselungs-Software „Spot-On" ein englischsprachiges User-Manual ergänzend zu den projektseitig vom Entwickler verfassten technischen Dokumentationen im Team erstellt hat, ob er für uns eine Kurzfassung zu dieser Software-Applikation des Entwicklers Textbrowser erstellen kann, die wir dann ins Deutsche übersetzten.

Wir stellen Euch dieses Programm aus der angewandten Kryptographie vor, da die Software nicht nur umfassende und innovative kryptographische Funktionen enthält:

Die App Spot-On kann auch in manchen Punkten - z.B. insbesondere hinsichtlich der Sicherheit - für den Datei-Transfer-Bereich quasi als Nachfolger von Web-of-Trust-Sharing (wie z.B. RetroShare) gelten: Denn da werden die Datei-Transfers nur Punkt-zu-Punkt verschlüsselt und weitere Hops sind durch Vertrauen absichert. Diese Trust-Architektur hat aber auch vor zehn Jahren schon zu Abmahnungen geführt, falls urheberrechtliche geschützte Musikdateien versendet wurden. Danach folgten etwa jährlich zwar noch ein Retro-Release, nun aber schon seit längerer Zeit nicht mehr. Ist diese geringe Sicherheit also Retro?

Spot-On ist kryptographisch umfassender und setzt echte Ende-zu-Ende Verschlüsselung um, auch - und das ist hier zentral - über mehrere Hops und Knotenpunkte hinweg.

Welche Potenziale bietet also die App „Spot-On", die neben verschlüsselten 1:1-Chat und Gruppenchat, auch den Torrent-ähnlichen Download mit Magnet-Links sowie eine F2F geteilte Such-Datenbank in einem Echo-Netzwerk umsetzt, das wie Tor und I2P eine Multi-Hop-

Umgebung als vermaschtes, und sicher verschlüsseltes Proxy-Netzwerk gestaltet?

Was macht also die Verschlüsselungs-Software Spot-On genau?

Spot-On ist eine Software, die zwei Freunde über einen Schlüsselaustausch sicher verbindet: Es werden also Freund- zu-Freund verschlüsselte Verbindungen aufgebaut. Damit ist es eine Verschlüsselungs-App mit mehreren Funktionen, die pro Tab abgebildet werden. Die drei wesentlichsten Funktionen sind:

- *Kommunikation. 1:1-Chat, Gruppenchat, E-Mail*
- *Filesharing und File-Transfers mit Magnet-Links*
- *P2P-Websuche in einer Datenbank.*

Alles verschlüsselt. Es ist daher ggf. am ehesten mit RetroShare vergleichbar - doch RetroShare verschlüsselt nur Freund zu Freund (denn es ist ein Web-of-Trust). Spot-On verschlüsselt durchgängig Ende-zu-Ende.

Das Netzwerk funktioniert kryptographisch: Die App ist daher auch mit Tor oder I2P vergleichbar, auch wenn man darüber noch nicht surfen kann: die Funktionen sind derzeit halt Chat, und FileSharing mit einer Magnet-URL- & Webseiten-Such-Funktion.

Und: das eingesetzte kryptographische Protokoll namens Echo funktioniert so, dass es in den Datenpaketen keine IP-Adressen weder von Sender noch Empfänger gibt. Daher ist es „Beyond Routing" bzw. sogar „Beyond Cryptographic Routing". Das ist auch im Vergleich zu einem TCP-Routing, Onion-Routing, Blockchain-Routing oder I2P-Routing interessant und innovativ: Immer, wenn ein Knotenpunkt ein Datenpaket weitergeleitet hat, ist im Echo alles anonymisiert und proxifiziert.

Daher lohnt nicht nur netzwerktechnisch, sondern auch kryptographisch ein ausführlicher Blick, da es eine umfassende Verschlüsselung-Software als Suite ist - für eine Verschlüsselung von Chat sowie E-Mail und auch Websuche und Filesharing.

Kurzum: Es ist eine Chat-App, eine Datenbank-Suche und eine torrent-ähnliche File-Sharing-App für den Download mit Magnet Links. File-Sharing ist mit F2F und E2F über Multihops im Echo in einer neuen Evolutionsstufe und sicher definiert.

Zugleich ist Spot-On auch eine Server-Software für den mobilen Messenger Smoke.

Gerade auch bei zunehmender Überwachung werden F2F-Netze mit Ende-zu-Ende Verschlüsselung zukünftig eine höhere Sicherheit bieten.

Doch nun zu dem Beitrag von Scott Edwards:

I. Einleitende Zusammenfassung – „Spot-On" ist eine Echo-App mit umfassender Verschlüsselung: Multi-Hop-F2F mit E2E

Die kryptographische Applikation Spot-On des Entwicklers Textbrower ist nicht nur quell-offen (bei Github zu finden), sondern ermöglicht, drei wesentliche Funktionen des Internets in einer verschlüsselten Umgebung umzusetzen, nämlich: Kommunikation (Chat und E-Mail), Datei-Austausch bzw. File-Sharing sowie auch die Informationssuche in einer F2F-Suchmaschine bzw. lokalen Datenbank.

Die kryptographischen Funktionen der Software Spot-On sorgen für eine Verschlüsselung in einem Friend-to-Friend Netzwerk bei Kommunikation und Websuche, und darüber hinaus sind ebenso alle Datei-Transfers immer durchgängig Ende-zu-Ende verschlüsselt. Es gibt derzeit kaum eine weitere Applikation, die so umfänglich F2F mit E2E – aber, und das ist hier der Punkt: über Multi-Hops – umsetzt.

Magnet-Links, wie sie aus dem Torrent-Bereich bekannt sind, werden (innerhalb des verschlüsselten Netzwerkes) unterstützt und bilden einen dezentralen Tracker. Die kryptographische Software benötigt neben dem Klienten zur besseren Verbindung ggf. einen Server. Dieser ist in der Software bereits integriert: In der Funktion für einen sog. „HTTP-Listener" ist es mit wenigen Klicks sehr einfach, einen eignen Server (z.B. als Magnet-Tracker oder als Chat-Server) zu erstellen.

File-Sharing – und ebenso der Chat und alle weiteren Funktionen - können mit Spot-On auch über Tor laufen: Sofern als zusätzliche Sicherheits-Umgebung erforderlich, kann Spot-On (nutzt HTTP/S) über die Proxy-Optionen mit Tor im Local-Host angebunden werden.

Dieses ist aber keine Voraussetzung, da das Echo-Netzwerk komplett verschlüsselt ist und ähnlich wie das Onion-Routing hohe, wenn nicht sogar aufgrund der kryptographischen Dichte noch differenziertere Sicherheit bietet. Denn: das eingesetzte Echo-Protokoll sendet nur verschlüsselte Pakete und kennt kein Routing, ist also „Beyond"-TCP-Routing, da die Adressierung der einzelnen Instanzen über kryptographische Funktionen abgebildet wird.

Das unterscheidet das Echo auch vom TCP-Routing (oder Onion-Routing): Es gibt keine Sender- oder Absender-Information - jedes verschlüsselte Paket setzt im Knotenpunkt nur ein Ping-rein und Ping-wieder-raus um (an alle verbundenen Freunde bzw. Knotenpunkte). Es verbleiben keine Information über die Datenpakete in den Servern, bzw. in den Klienten sind sie ausschließlich hochgradig verschlüsselt (z.B. nach einem Download oder in der Chat-Historie).

Eine Suchfunktion (z.B. für Magnet-Links oder URLs und Webseiten) sowie Funktionen zur zusätzlichen Datei-Verschlüsselung ergänzen diese Encryption-Suite, d.h. die URL-Such-Datenbank kann auch F2F und verschlüsselt geteilt werden: Webseiten (oder auch Infos aus PreDBs) können mit RSS importiert werden und dann über die Suche gefunden werden. Neueste Indexierungen werden in der Suche immer zuerst genannt, wenn keine Filterung erfolgt.

Der folgende Beitrag stellt wesentliche Aussagen zu einigen ausgewählten Funktionen ausführlicher dar und zeigt Anwendungsperspektiven, wenn Datei-Verschlüsselung, Transfer-Verschlüsselung, Chat- und Kommunikationsverschlüsselung sowie eine Verschlüsselung der Suche von Informationen des Webs, in einer Sicherheitsumgebung zusammenkommen.

II. Verschlüsselter Datei-Transfer: Spot-On nutzt aus dem Torrent-Bereich bekannte Magnet-Links

Um eine Datei transferieren zu können, reicht ein verschlüsselter 1:1-Chat, in dessen Fenster der Knopf „Datei senden" gedrückt wird. Das Programm erstellt umgehend einen aus dem Torrent-Bereich bekannten Magnet-Link sowie einen Tracker in dem Klienten und versendet den Link im Chat.

Da der Magnet-Link im Chat-Fenster den verschlüsselten Chats nur mit einer Person geteilt wird, startet der Download direkt und es sind keine weiteren Schritte notwendig.

Sollte der Magnet-Link aber in einer Gruppe geteilt werden, dann kann er auch wie ein Torrent „swarmen", d.h. trotz der Verschlüsselung gleichzeitig von vielen Personen hoch- und runtergeladen werden.

Für eine File-Sharing-Anwendung mit zahlreichen Personen im Download, ist es also eine sehr einfache Architektur, es bedarf keines Extra-Trackers mehr. Da nach einem Hop im Echo-Netzwerk keine Zuordnung der verschlüsselten Datenpakete mehr stattfinden kann (zu diesem Proxy Effekt im Echo unten noch mehr), ist es eine sehr sichere, aber auch einfache Gestaltung, um Dateien mit einer Person oder mit einer Gruppe von Personen zu teilen.

Da alles in einem F2F-Netzwerk funktioniert, also Freund:innen sich mit Freund:innen vernetzen, und alles verschlüsselt ist, ist dieses sehr sicher:

Denn hinzukommt, und das unterscheidet das Echo von einem Web of Trust, dass die Verschlüsselung Ende-zu-Ende umgesetzt ist und nicht Point-zu-Point. In einem Web-of-Trust über Freund:innen hinweg wird an jedem Knotenpunkt entschlüsselt und wieder verschlüsselt (und die Kryptographie durch Vertrauen ersetzt). Bei Spot-On ist das über alle Hops, also auch über eine Multi-Hop-Kette, immer Ende-zu-Ende verschlüsselt.

Wenn sich P2P (Peer-to-Peer), wo sich jeder Peer mit einem anderen öffentlichen Peer verbunden hat, vor Jahren schon hin zu verschlüsselten Verbindungen zu Freunden (F2F, Friend-to-Friend) gewandelt hat, dann ist die dritte und nachfolgende Evolutionsstufe nun eine Ende-zu-Ende Verschlüsselung in einem verschlüsselten Netzwerk über mehrere Freund:innen und Knotenpunkte hinweg.

Und schließlich: Bevor der Magnet-Link erstellt wird, fragt die Software, ob man die Datei mit einem Passwort verschlüsseln möchte. Diese Funktion wird „Nova" genannt, und setzt eine altbekannte AES-Verschlüsselung mittels eines Passwortes auf die Datei. Dieses Passwort muss ein Empfänger dann nach dem Download eingeben, um die Datei zu entpacken.

III. Die Websuch-Funktion in Spot-On ist ohne Queryhits und wird F2F gesynced

Die Such-Funktion in Spot-On ist eine Suche in einer lokalen Datenbank. Die kann SQL oder PostGres sein. Zu Beginn fragt ein Einrichtungs-Wizard, ob eine Datenbank für die Suchfunktion angelegt werden soll.

Das hat den Vorteil, dass Suchanfragen nur in der lokalen Datenbank durchgeführt werden. Sogenannte „Query-Hits" erfolgen also nicht wie in anderen P2P-Suchen in anderen Knotenpunkten. Diese sichere Architektur ist ein wesentlicher Weitblick in die Zukunft, denn neben Vorratsdatenspeicherung und Chatkontrolle wird ja auch die Speicherung aller Suchanfragen und Suchworte von Nutzer:inne:n zwecks Überwachung gefordert.

In jeder Installation kann also eine Such-Datenbank in einer verteilten Architektur bzw. Datenbank erstellt werden. Auch ein php-Web-Interface ist vorhanden, um seine eigene thematische Suche bzw. Datenbank ins Web zu bringen. Die Datenbank wird einerseits gespeist über RSS: Mit dem unter Optionen befindlichen RSS-Tool können Webseiten und URLs per RSS-Protokoll in die Spot-On-P2P-Websuche importiert werden.

Und andererseits synchronisiert sich die Such-Datenbank mit den Datenbanken der Freund:innen. Dazu muss man nur einen Key austauschen: Um chatten zu können, braucht das Gegenüber den Chat-Key - und um die Suche-Datenbank zu teilen, braucht es halt nur einen Austausch eines URL/DB-Keys.

Filter können definieren, dass unerwünschte Stichworte nicht in die Datenbank einfließen bzw. nur gewünschte Themen die Datenbank befüllen.

Die Funktion kann also Bookmarks mehrerer Nutzer in einem gemeinsamen Topf synchronisieren oder aber - da die Webseite ebenso mit abgespeichert wird – die URL als HTML-Webseite bzw. auch als PDF exportieren (ohne Werbung und Bilder, wenn sie nicht als Base64-Code im HTML eingebettet sind).

Es ist zudem ein zensur-resistentes Teilen von News-Seiten über den verschlüsselten Kanal zu Freunden.

Mit dem Sub-Projekt „Spot-On-Pages" können die in der Datenbank gespeicherten Webseiten und Such-Indexe auch an ein GIT-Konto exportiert (und davon auch importiert) werden. So ist es möglich, seine Webseiten oder Bookmarks bzw. thematische Pages-Datenbank einfach bei Github einzulagern. Und jeder kann sie dort auch im Web lesen oder wieder in seinen Spot-On-Klienten importieren: Das Internet-Archive.org nun bei Github?

Damit sind Lese-Begrenzungen durch Great-Firewalls aufgehoben. Man liest die Webseite oder eine Spot-On-Sammlung an thematischen Webseiten als Download einfach über ein GitHub-Repositorium ein oder lässt es durch einen Freund machen, über dessen verschlüsselten Kanal die Informationen dann lokal eingehen. Zentrale Archive waren gestern: Heute sind Webseiten auch in Datenbanken und Repositorien archiviert, die im Web oder über Freund:innen dezentral geteilt werden können.

Diese Suchfunktion lässt jeden Knotenpunkt teilhaben an dem gesamten Datenbestand: Das ist demokratisch und zensurresistent und es gibt statt unbekannten Algorithmen nur Filter, die der Suchende selbst definiert und die Suchergebisse beeinflussen.

IV. Chat & Gruppenchat in Spot-On sind hochgradig verschlüsselt

Der Gruppenchat ist ebenso verschlüsselt und wie IRC aufgebaut - und wird „Buzz" (engl., für so viel wie: „öffentliches Gerede") genannt. Die Verschlüsselung ist symmetrisch, d.h. sie erfolgt mit AES. Freilich, alle, die den Schlüssel kennen, können an dem Gruppenchat semi-öffentlich teilnehmen. Auch eine separate Android App ermöglicht es, an dem Gruppenchat teilzunehmen.

Dazu ist ein Gruppenraum mit: Name, Hash und Salz zu definieren. Also drei Begriffe oder Kürzel: das kann also auch dreimal „Tesla" sein, wenn man sich über Energie oder Autos unterhalten möchte.

Es kann so ein Gruppenraum natürlich auch nur von zwei Personen privat betreten werden, dann ist es ein 1:1-Chat, der symmetrisch über sicheres AES abläuft. Während sonst der 1:1-Chat eine asymmetrische Verschlüsselung mit z.B. hohem RSA umsetzt. In der Linux-Version ist auch McEliece als zukunftsweisender Algorithmus implementiert. Für McEliece unter Win32, das Qt-Digia und MinGW nach der Bekanntgabe des Support-Endes von Win32 seitens Microsoft nicht mehr zu Kompilierung unterstützen, müsste auf ein älteres Win32--Release zurückgegriffen werden, denn Spot-On gibt es schon seit 2010 - oder man nutzt die Linux-Version mit diesem Algorithmus.

Eine Moderation des Gruppenchats ist nicht möglich, da die Nachrichten im Netzwerk aufgrund der Echo-Funktion anonym eingeblendet werden. Es ist halt Buzz.

Auf die Verschlüsselung bei der E-Mail-Funktion kann hier nicht weiter eingegangen werden, nur so viel: das POPTASTIC-Protokoll, der Chat über E-Mail-Konten, ist 2015 hier erstmalig implementiert und 2016 released worden, aus dem dann ab 2017 beispielswiese der Spike-Chat oder Delta-Chat mit Autocrypt-Verschlüsselung als separate Projekte ähnliche Funktionalitäten und Gestaltungen gefunden haben.

Ebenso bietet der 1:1-Chat in Spot-On auch noch weitere kryptographische Funktionen wie eine sog. „Socialist-Millionaire"-Sicherheitsfunktion, mit der der Chat von einer asymmetrischen Verschlüsselung (mit öffentlichem Schlüssel) auf eine symmetrische Verschlüsselung (mit Passwort) umgestellt werden kann – aber ohne das Passwort elektronisch übermitteln zu müssen.

Der Chat, egal ob einzeln oder in der Gruppe, kann also einfach zum Übertragen von Magnet-Links genutzt werden, um Dateien auszutauschen oder um mit Freund:inn:en in einer sicheren Online-Umgebung zu kommunizieren.

V. Echo-Netzwerk: Wie funktionieren das Echo und seine Verschlüsselung?

Zwei Spot-On-Klienten können sich direkt verbinden. Oft ist aber eine NAT-Umgebung oder eine Router-Einrichtung ohne Port-Forwarding gegeben, in der es für eine Verbindung einfacher ist, wenn ein Echo-Server als Dritter installiert ist. Dieses ist wie genannt in der Software über einen Listener möglich.

Der Server macht wie das Echo im Walde mit den Datenpaketen nur Ping-Rein und Ping-wieder-raus. Und zwar an alle verbundenen Knotenpunkte bzw. Klienten. Wenn wir in den Wald rufen, und das Echo wieder herausschallt, dann können es ja dort auch alle hören, die vor dem Wald stehen.

Die Datenpakete im Echo sind alle (multi-)verschlüsselt. Um ein Paket zu entschlüsseln, wird mit allen vorhandenen Schlüsseln aller Freunde versucht, es zu öffnen. Wenn der Cipher-Text in lesbaren Klar-Text umgewandelt wurde, dann war der Entschlüsselungs-Versuch erfolgreich und die Nachricht bzw. Datei wird angezeigt bzw. zur Verfügung gestellt.

Ob der Klartext nach einem Entschlüsselungsversuch auch dem Originaltext des Absenders entspricht, wird über einen Hash der Originalnachricht, der dem verschlüsselten Datenpaket beigelegt ist, verifiziert.

Da eine kryptographische Hash-Funktion nicht umkehrbar ist, ist das kryptographisch sicher und der Hash kann dem Datenpacket beigelegt werden.

Ein Datenpaket wird also mit dem Key von allen z.B. zehn Freunden entschlüsselt und der jeweils erhaltene Klar-Text aus dem Cipher-Text wird gehasht und mit dem beigelegten Hash der Originalnachricht verglichen. Matchen beide Hashes, dann war es der richtige Key des bekannten Freundes. (Jetzt weiß man ggf. auch, warum der Entwickler sich im Alias Textbrowser nennt: Jedes Datenpaket wird im Echo „ge-browsed", mit allen vorhanden Crypto-Keys versucht, etwas Lesbares daraus zu machen. Aber ggf. hieß er schon vor der Erfindung des Echos so. Eine RFC-Beschreibung gibt es zu diesem Echo-Protokoll noch nicht (vielleicht definiert da ja mal zukünftig jemand) und hat auch nichts mit RFC-862-Echo zu tun).

Die Pakete haben keinerlei Routinginformation: Das ist Komplexitäts- und Chaos-Forschung zum Thema „Beyond Cryptographic Routing". Weil: auch die IP-Adresse wird nicht durch einen kryptographischen String ersetzt – auch, wenn es TCP oder UDP als Netzwerk benötigt, das Echo kann dieses letztlich als neue Layover-Schicht ergänzen. Wie nachzulesen ist, sei dem Entwickler diese Innovation „mittags in einer Kantine in Boston" eingefallen: Es ist „Beyond" eines Routings, das auf kryptographische Werte setzte, die noch Crypto-String-Adressen kannten. Und es ist ein interessantes Gebiet für die, die bislang nur an IP-Routing (oder auch Onion-Routing) gedacht haben.

Was bedeutet das: Dadurch, dass jede Nachricht an jeden verbundenen Klienten gesendet wird, wird nicht deutlich, wer mit welchem Schlüssel welches Paket erfolgreich entziffern kann. Das Mesh-Netz wird quasi mit jedem Daten-Paket umfassend bestückt und damit zum Flooding-Mesh-Netz, denn jede Nachricht kommt an jedem Knotenpunkt vorbei. D.h. es gibt sehr wenig Metadaten, womit das Echo auch eine Vorratsdatenspeicherung aushebeln kann.

Zwar haben alle Instanzen dann ggf. alle Pakete, aber diese sind ja gut verschlüsselt, aufgrund der Multi-Verschlüsselung der Echo-Kapsel. Mit einem weiteren Hash werden schon einmal vorbeigekommene Pakete bzw. Doubletten herausgefiltert, das ist das übliche „Congestion-Control" und balanciert das Netz. Weitere Entschlüsselungsversuche erfolgen für diese Doubletten nicht.

Das Lesen einer Nachricht ist und bleibt im Echo also privat, weil erfolgreiche Entschlüsselungen nur lokal stattfinden. Durch die Verbindung von Spot-On-Instanzen, die auf „nicht-am-Internet-befindlichen" Betriebssystemen laufen oder auch auf „nicht-nach-Hause-telefonierenden" Linux-Maschinen laufen, ist es möglich, diese „Trusted Execution Environments" (TEE`s) auch per Bluetooth und damit mit einem Protokollwechsel an weitere Spot-On-Instanzen anzuschließen, die eine Internet-Insertion der (inzwischen ja verschlüsselten) Datenpakete übernehmen.

So ein Protokoll-Wechsel soll die unbemerkte Installation von Trojanern erschweren: Denn Chat-Kontrollen durch Trojaner auf den TEE`s ohne Internet, wo die Konversion von Klar-Text zu Cipher-Text stattfinden, sind eher unwahrscheinlich - vom Trojaner StuxNet mal abgesehen, der aber auch über einen USB-Stick in die Anlagen eingebracht werden musste.

Und an der Zweit-Maschine für die Internet-Insertion – da sind die Pakete ja dann schon verschlüsselt.

Das Echo ist also seit mehr als 10 Jahren eine interessante Architektur gepaart mit moderner Verschlüsselung.

Sobald ein Knotenpunk ein Datenpaket weitergeleitet hat, ist zudem nicht mehr erkennbar, von welchem vorherigen Knotenpunkt dieses Paket kam. Jegliches an einem Knotenpunkt weitergeleitete Echo hat quasi eine Proxyfunktion. Wenn Nachbarn zu Nachbarn Gerüchte erzählen und weiterleiten, diese aber verschlüsselt sind, weiß man nicht, von welchem Nachbarn sie kommen.

VI. Einrichtung eines Echo-Servers

Die Einrichtung eines Echo-Servers ist durch die Erstellung eines Listeners im Listener-Tab der Software mit wenigen Klicks schnell erfolgt. Der Port, meist 4710, aber frei wählbar (also auch 80 oder 443 mit HTTPS gehen durch die Firewall), ist zuhause dann im Router meist weiterzuleiten – das war es schon. Bei einer Webserver-VPS-Maschine fällt oft auch dieser Schritt weg.

Der Echo-Server speichert keine Daten und sendet nur wie ein Echo oder ein Spiegel alle eingehenden Pakete wieder an alle verbundenen Klienten heraus. So simple. Und mehr gibt es eigentlich nicht zum Echo-Server zu sagen. Außer, dass es auch einen Server-Spot-On-Light ohne UX für Linux gibt und einen für Android. Zudem: Es ist auch ein sehr einfach einzurichtender Chat-Server.

Die letzte Windows-32 Version ist aus dem Vorjahr, die aktuellen Releases sind derzeit Source-Only-Releases und werden regelmäßig, inzwischen in größeren Zeit-Abständen als Binary-Release angeboten. Dank der Qt-Programmierungsumgebung liegen für sehr viele Betriebssystem entsprechende Installationspaket bereit. Ein kleiner Raspberry-Pi-Computer reicht also aus, um einen Echo-Server als Chat-Server in seiner Community zu nutzen, oder einen Magnet-Tracker oder Uploader sicher zu proxifizieren.

VII. Ausblick: „Inner Evelopes" - Humane Proxies im Chat

Der Chat hat noch eine weitere Funktion: Man kann definieren, eine Chat-Nachricht nicht über seine eigene Instanz zu versenden, sondern über einen Freund. Wenn A die Nachricht an C über B sendet (ohne, dass B die Nachricht entziffern kann oder weiß, dass die Nachricht von A ist oder an C soll), dann ist das ein großes Forschungsthema nicht nur in der Informationstechnologie, ob die Originalnachricht von A oder B kam.

Dazu wird in die verschlüsselte Echo-Kapsel ein innerer Umschlag beigelegt, der wiederum verschlüsselt ist und mit einem Flag gekennzeichnet, dass nun B diese Kopie versenden soll (ohne zu wissen an wen, denn C hat den Schlüssel von A und wird es lesen können). Und die Kopie ist identisch mit dem Original. Und B weiß auch nicht, ob die Nachricht von A ist oder von einer/m Freund:in von A.

Das ist weder ein „Inner-Envelope Problem" noch ein „Inner-Envelope Phänomen" von Human Proxies, es ist ein transdisziplinärer Forschungsgegenstand!

Denn o.g. Beispiel ist noch zu einfach gedacht, weil das Echo die Instanz ja nicht mit der IP-Adresse im Routing verbindet. Somit ein Daten-Paket IP-los ist. Hinzu kommt nun noch, dass nicht nur durch die kryptographischen Eigenschaften des Echos niemand, sondern auch durch den Proxy-Effekt des Floodings über die Knotenpunkte hinweg sowieso kaum jemand wissen kann, von wem eine Nachricht kommt, von welcher IP-Adresse sie ins Netzwerk insertiert wurde oder gar: wohin und an wen sie adressiert ist.

Diese Funktion der Humanen Proxies wurde vor kurzen implementiert, wie man es den Release-Notes entnehmen und sie so beschreiben kann.

VIII. Fazit: Umfassende kryptographische Funktionen in der Verschlüsselungssuite Spot-On

Die Verschlüsselungs-Suite Spot-On ist nicht nur kryptographisch interessant, sondern auch in der Definition einer neuen kulturellen Bewertung und Gestaltung unserer sozialen Kultur. Die Humane-Proxies-Gestaltung ist ethisch, juristisch und sozial in ihren Perspektiven und Bewertungen ungelöst. Das Echo ist ein Natur-Mechanismus, den wir vor einem Wald kennen und den z.B. Delphine zur Orientierung nutzen, und zugleich ist das Echo in einer Umgebung wie auch im IT-Netzwerk orientierungslos.

Mit der Komplexität, den kryptographischen Funktionen und dem entsprechendem Chaos beim Weiterleiten ist ein Zustand von „Beyond Cryptographic Routing" eingetreten.

Zu den jeweiligen Anwendungen der Applikation Spot-On - wie hier an den drei wesentlichen Funktionen des Internets erläutert: Kommunikation, Suche und Transfer - wird es dazu auch ganz praktische, neue Anwendungsfälle geben, die diese Sicherheit in einer Verschlüsselungs-Suite erfordern.

Da geht es nicht nur konkret um Datei-Transfer bzw. File-Sharing oder geheimen Chat oder einer Suche nach bzw. dem Teilen von den neuesten Informationen: Es ist ein neues Zeitalter für Verschlüsselung in der Praxis mit der umfassenden Applikations-Suite Spot-On entstanden, das die Kryptographie und ihre Anwender noch lange beschäftigen wird.

PS: Die ausführliche englischsprachige Dokumentation von Spot-On findet sich elektronisch beim Github-Projekt bzw. ergänzend gedruckt unter der ISBN 978-3749435067.

Was ist eigentlich ein Proxy?

von Bill und Lars

Proxy oder VPN? Was eignet sich am besten zum anonymen Surfen? Immer wieder findet man bei der Suche nach anonymen Zugangsarten diese beiden Begriffe. Was sich dahinter verbirgt und wie sie funktionieren, behandeln wir in diesem Überblick.

Es lassen sich viele Artikel über Anonymisierung im Internet lesen. In diesem Zusammenhang kommen auch des Öfteren die Begriffe Proxy und Virtual Private Network (VPN) ins Spiel. Doch was hat es damit eigentlich auf sich? Und wie funktionieren Proxys und VPNs? Nach dem Bericht zu VPNs beschäftigt sich der weitere Teil unserer Hintergrundinfo primär mit dem Thema Proxy. Uns war vor allem beim Schreiben wichtig, dass der Text verständlich ist. Es gibt schon jetzt mehr als genug schwer verdauliche Ware zu diesem Thema...

Was ist ein Proxy-Server?

Wenn ich im Internet meine Spuren verschleiern will, trage ich beim Surfen zunächst die Adresse des Proxy-Servers in meinem Browser ein. Dann läuft im Browser (und nur dort!) der gesamte Datenverkehr ausschließlich über den ausgewählten Proxy-Server. Von außen ist nur die IP-Adresse des Servers und nicht meine eigene sichtbar. Der Proxy-Server vermittelt alle Anfragen, die von mir kommen und gibt mir als Weiterleitung die Ergebnisse zurück. Mit einem Proxy kann man übrigens auch sehr gut Netzsperren aushebeln. Wenn also mal wieder Goldesel.to oder Kinox.to gesperrt sind, einfach den Proxy-Server mit einer anderen IP-Adresse nutzen und die Seite ist wieder für uns erreichbar. Manchmal setzt man solche Server ein, um Verbindungen zu protokollieren oder damit der Server als Lastverteiler eingesetzt wird.

Das Problem: Der Proxy-Server kann nicht nur sehen, wo ich surfe und was ich ganz genau tue. Er kann meine Anfragen und die Daten, die er zurückschicken soll, auch analysieren oder verändern. So könnten Betreiber:innen eines solchen Servers einstellen, welche Daten die Nutzer:innen nicht zu sehen bekommen sollen. Diese Gefahr besteht bei einem VPN-Anbieter eigentlich nicht. Da wird der Datenverkehr zwar auch protokolliert, doch dort muss man aber nicht so sehr befürchten, dass die Daten verfremdet werden.

Welche Arten von Proxy-Servern gibt es?

Proxy-Server lassen sich wie folgt unterscheiden:

HTTP-Proxy-Server: HTTP-Proxy-Server arbeiten unter dem Performance-Aspekt, indem sie zum Zwischenspeichern (caching) von Webseiten und Daten verwendet werden. Sie benutzen für ihre Kommunikation standardmäßig den Port 80. Wie schon eingangs beschrieben, muss ich die Einstellungen des Browsers verändern, um per HTTP-Proxy-Server surfen zu können.

SSL-Proxy-Server: Sie arbeiten unter dem gleichen Aspekt wie HTTP-Proxy-Server. Für ihre Verbindung zwischen Sender und Empfänger nutzen sie die SSL-Verschlüsselung (Secure Socket Layer). Der SSL-Proxy-Server nutzt für seine Kommunikation standardmäßig den Port 443.

SOCKS-Proxy-Server: SOCKS (Abkürzung für Sockets) ist ein Internet-Protokoll. Sockets verdecken deine interne IP-Adresse mit einer anderen IP-Adresse und sind damit quasi „Steckverbinder" für Anwendungen zum Internet. Der SOCKS-Proxy beschränkt sich nicht auf einzelne Protokolle wie der HTTP- oder SSL-Proxy, wodurch SOCKS-Proxys für viele Anwendungsfälle einsetzbar sind. So kann man über den SOCKS-Proxy jegliche Art von Daten, wie beispielsweise Daten von Online-Spielen oder die Daten von E-Mail-Servern, leiten.

Anonymitätsstufen: Proxy als Tarnkappe

Bei der Verwendung von Proxy-Servern wird die Anonymität in drei Stufen unterteilt:

L3 Proxys (oder auch transparente Proxys) lassen sich als Proxy-Server erkennen und teilen somit die IP-Adresse von Nutzer:innen mit. Das heißt, Nutzer:innen sind hier nicht anonym. Der Nutzen ist gleich null, diese Server sind folglich am unbeliebtesten.

L2 Proxys (oder auch anonyme Proxys) zeigen Empfänger:innen, dass ein Proxy verwendet wird, aber die IP-Adresse ist verschleiert. Einige Webserver blockieren Anfragen von L2 Proxys. In dem Fall kann ich die entsprechende Webseite nicht besuchen, weil ich nicht willkommen bin.

L1 Proxys (oder auch Elite Proxy) teilen Empfänger:innen nicht mit, dass ein Proxy verwendet wird. Dabei wird natürlich die IP-Adresse verschleiert. Diese Stufe ist die beliebteste.

Vorteile:

- Je nach Stufe werden die IP-Adressen verschleiert (L1 und L2) L3 Proxys sind hingegen nutzlos, sofern man sie als digitale Schutzkappe benutzen will.
- Verringerte Ladezeiten durch das Zwischenspeichern von Daten.
- IP-Adressen können gefiltert werden. Das kann man beispielsweise bei Schadsoftware wie Emotet ganz gut einsetzen. In dem Fall kann Emotet keine Verbindung nach außen aufnehmen und bleibt nahezu inaktiv.

Nachteile:

- Kostenlose Proxys sind oft instabil und leiden unter einer geringen Verfügbarkeit. Vorsicht: manche sind sogar echt gefährlich! Als Betreiber:in kann man sie prima als regelrechte Datensammel-Maschine missbrauchen und zudem Anfragen bzw. Ergebnisse verfremden.
- 79% der Proxys verwenden kein HTTPS. Das bedeutet, dass der Server die Daten unverschlüsselt überträgt. Auch keine gute Tarnkappe!

- Ganz ehrlich: Proxys kann man eigentlich gar nicht vertrauen, da keiner weiß, ob die Betreiber:innen die Daten nicht weiterverkaufen. Man muss sich immer nach der Motivation der Betreiber:innen fragen. Das gilt insbesondere bei:
- Proxys, die anonym betrieben werden. Die Betreiber:innen können es durchaus ehrlich meinen. Doch die meisten suchen nur nach ihrem Vorteil, zumal es nicht umsonst ist, einen solchen Server zu mieten.
- Die NSA kann die Anfragen von bzw. zu HTTPS- und SSL-Proxys abfangen und unterbrechen.
- Vorsicht: hohe Abmahn-Gefahr!!! Ein Proxy eignet sich grundsätzlich nicht für Filesharing.

Wo erhalte ich einen Proxy?

Entweder man nutzt kostenlose Proxys, die sich leicht über Google finden lassen. Cyberkriminelle nutzen VicSocks, also die IP-Adressen von gehackten Geräten, um ihre eigene Identität zu verschleiern. Natürlich sind VicSocks illegal (könnten aber in jeder nicht-quelloffenen App oder Software stecken, wie WLAN-gesteuerte Mini-Kameras oder LED-Licht-Schaltungen aus China, in die man einen geheimen Proxy eingebaut hat, um das eigene WLAN-Netzwerk als IP-Exit-Node zu verwenden bzw. das Heim-Netz zu obsiegen als Victory-Proxy mit VicSocks).

Grundsätzlich sind alle solche Server nur für kurze Zeit online. Deswegen muss man sich immer wieder alle paar Wochen neu nach funktionierenden Servern umschauen. Oder man kauft sich ein Abo bei einem VPN-Anbieter seines Vertrauens. In der Regel bieten alle VPN-Anbieter auch einen Proxy zu ihrem Abonnement dazu an. Deswegen sollte man sich nach einem vertrauenswürdigen VPN-Anbieter umschauen und vorher informieren, was alles beim Preis für einen VPN-Zugang noch so alles im Paket ist.

VPN vs. Proxy

Doch was ist der Unterschied zwischen einem VPN und einem Proxy? Bei einem Virtual Private Network (VPN) setze ich meistens eine Software ein. Die gibt es für Linux, Mac OS X, Windows etc. Erst startet man die Software und erst dann benutze ich das Internet. Das VPN arbeitet übergreifend und nicht nur für bestimmte Aufgabenbereiche, wie z.B. das Browsen.

Einen Proxy-Server sollte man grundsätzlich nicht bei Zahlungsdienstleistern (PayPal) oder beim Internet-Banking einsetzen, weil die Daten ja auch manipuliert werden können. Da ist man beim VPN m.E. auf der besseren Seite, denn der Proxy als auch das VPN sind beide die perfekten Vorratsdatenspeichermaschinen. Unsere Daten dort verraten wirklich sehr viel über uns.

Wer nach einem geeigneten Proxy oder VPN sucht, sollte sich zunächst überlegen, was die Person im Internet anstellen will. Was für den einen selbst an Sicherheit ausreichend ist, würde den Personen bei anderen Anwendungsgebieten in erhebliche Gefahr bringen. Egal ob VPN oder Proxy, auf den Anbieter kommt es an. Sie alle versprechen, dass sie keine Logs anfertigen und nicht wissen wollen, was wir im Internet so alles tun: Doch wer soll das kontrollieren? Und wie?

Wie verwende ich den Proxy im Firefox?

Für die Verwendung des Proxys im Browser Firefox empfiehlt sich das Add-on FoxyProxy. Denn FoxyProxy hat eine benutzerfreundliche Oberfläche, mit der man kinderleicht seinen Proxy-Server des Vertrauens eintragen kann. Hierfür müsst ihr auf das FoxyProxy-Icon in der Firefox-Leiste klicken und wählt dann „Options" aus. Bei Options angekommen, muss nun auf Add geklickt werden und die Proxy-Daten eingetragen werden. Für kostenlose Proxys empfiehlt das Tarnkappe-Team online verschiedene Links. Eine weitere Proxy-Liste, die nach eigenen Angaben ständig überprüft wird, gibt es online bei den Kolleg:inn:en von Netzwelt.de. Leider werden in vielen Listen nicht die Anonymitätsstufen (siehe oben) mit angegeben.

Fazit

Jede Gruppe von Anwender:innen schwört auf ihre eigenen Anbieter, weswegen man keine generellen Empfehlungen aussprechen kann. Wer seine Erfahrungen austauschen möchte, kann dies gerne online im Forum tun! Darüber hinaus gibt es viele Anwendungsgebiete, die wir hier nicht ansprechen, weil es den Rahmen sprengen würde.

Was ist eigentlich ein Virtual Private Network (VPN)?

von Bill & Ghandy

Virtual Private Network (VPN) - das Thema ist in aller Munde, doch was ist eigentlich ein VPN? Und wie funktioniert es? Wo ist die Abgrenzung zu einem Proxy? Wir versuchen erneut die Fragen zu klären und dafür zu sorgen, dass der Text für alle Leser:innen gut verständlich ist.

Was ist ein VPN?

Zunächst: Ein VPN ist immer kostenpflichtig. Die Alternativen für lau sind reine Datensammel-Maschinen, bei denen man die Rechte an der Verwertung der eigenen Informationen komplett abgetreten hat. Daneben gilt: Sobald die entsprechende Software läuft und man sich beim VPN-Server eingeloggt hat, laufen alle Anfragen ausschließlich über diesen VPN-Server. Egal was ich mit meinem PC, Smartphone oder z.B. Tablet-PC online tue, meine eigene IP-Adresse wird niemandem mehr angezeigt. Überall ist nur noch die IP-Adresse des VPN-Servers sichtbar.

Der Server kann überall auf der Welt stehen. Wenn ich also vorgeben will, dass ich aus den USA komme, wähle ich dafür einen US-amerikanischen Server. Und wenn ich noch mehr Wert auf Anonymität lege, suche ich mir einen Server außerhalb Europas bzw. der USA aus.

Kann man mich jetzt nicht mehr erkennen?

Doch, kann man, weil man beim Surfen neben der IP-Adresse viele unterschiedliche Informationen wie Bildschirmauflösung, Sprache,

Betriebssystem, Browser, Plug-ins u.v.m. überträgt. Den Begriff Canvas Fingerprinting werden sicher schon einige Leser einmal gehört haben. Ganz clevere Zeitgenossen loggen sich bei Amazon, Facebook etc. ein und vergessen dabei, dass sie sich schon aufgrund ihrer Login-Informationen in den Cookies verraten. Im eingeloggten Zustand kann man gerne per Tor-Browser surfen, auch dann kennt Facebook meine Identität. Also bitte nicht vergessen, dass es noch mehr Dinge als nur die IP-Adresse gibt, die Euch verraten können. Über JavaScript könnte man auch einen extra Absatz verfassen, wenn man es wollte.

Was ist ein virtuelles Netzwerk?

Wie wir schon im letzten Guide über Proxys festgestellt haben, leitet der VPN-Server die Anfragen weiter und stellt nicht wie der Proxy-Server stellvertretend für Euch die Anfrage. Ein virtuelles privates Netzwerk ist ein in sich geschlossenes Kommunikationsnetz. Virtuell heißt in diesem Zusammenhang, dass es sich nicht um eine physische Verbindung handelt. Im Gegensatz zu einer Verbindung über ein Lan-Kabel und meinem Router benutze ich das Netzwerk des VPN-Anbieters als Transportmedium. Egal was an Daten hereinkommt oder heraus geht, muss erst über den VPN-Server laufen.

Erst dann wandern die Daten von bzw. ins Internet. Wegen der strikten Einhaltung dieser Umleitung ist Eure IP-Adresse nicht bekannt, sondern nur die des VPN-Anbieters, wo ihr das Abo abgeschlossen habt. Eine Anfrage kann beispielsweise der Besuch einer Webseite sein. Oder die Verbindung mit einem Chat-Netzwerk, mit einem ftp-Server etc.

Die VPNs unterscheiden sich vor allem hinsichtlich ihres Serverstandortes, des Protokolls und der Verschlüsselung der Datenübertragung. In diesem Hintergrundbericht befassen wir uns nur mit den Protokollen IPsec und OpenVPN.

Wo erhalte ich ein VPN?

Bei der Wahl des VPN-Anbieters sollte man ähnlich gut aufpassen, wie bei der Wahl des Proxy-Anbieters. Manche VPN-Anbieter in bestimmten Ländern gaukeln dem Nutzer Anonymität vor. Aber sobald ein Brief vom Gericht bzw. eine behördliche Anfrage kommt, rücken sie alle Daten heraus. Deshalb empfehlen wir sichere VPN-Anbieter, die nicht der „Five-Eyes-Jurisdiction" unterliegen. Des Weiteren sollte auch darauf geachtet werden, wie groß die Serverauswahl ist. Umso mehr, ist umso besser. Wichtig sind auch die Datenschutzregelungen in puncto Logging, die Preise und am aller wichtigsten ist die Bandbreite. Aufpassen sollte man dennoch auch bei den Betreibern: einige VPN-Anbieter locken mit niedrigen Preisen und sind ein Tochter-Unternehmen einer Data-Mining Firma. Vorher die Suchmaschine ausführlich anzuwerfen, lohnt sich immer!

Kann mir jetzt nichts mehr passieren mit dem VPN?

Das kommt ganz darauf an. Beim Thema Filesharing oder dem reinen Besuch von Webseiten ist man auch bei den preiswerteren Anbietern auf der sicheren Seite. Wer bei seinen Handlungen im Internet eine hohe kriminelle Energie aufwendet, braucht hochpreisige Anbieter, die sich auf den Szene-Sektor bzw. digitalen Graubereich spezialisiert haben. In dem Fall würde sich Perfect Privacy, SecureVPN.to etc. anbieten, um nur zwei Beispiele zu nennen. Wer keinen Verstoß gegen den Hacker:innen-Paragrafen oder z.B. Online-Betrug begehen will, ist beispielsweise bei SurfShark oder PureVPN gut aufgehoben. Es gibt aber daneben noch unzählige andere VPN-Anbieter, die für den normalen Gebrauch völlig ausreichend und gleichzeitig bezahlbar sind.

Bei uns im Forum wird das Thema regelmäßig behandelt. Dort gibt es z.B. auch einen Thread mit verschiedenen Vergleichsseiten, die alle Vor- und Nachteile der ganzen Anbieter aufzählen. Ansonsten einfach mal im Forum nach VPN suchen. Unser Admin VIP, der sich mit der Technik gut auskennt, beantwortet Euch gerne weiterführende Fragen. Wer nett fragt, kriegt eine nette und ausführliche Antwort.

VPN-Protokolle: IPsec (Internet Protocol Security)

Eine IPsec kann eine ganze Familie von Verbindungsprotokollen nutzen. Meistens wird das Protokoll mit der Schlüsselverwaltung ikev1 oder ikev2 genutzt. Der IPSec-Header, welcher die Sicherheitsinformationen enthält, wird zwischen IP-Header und den übergeordneten Header eingefügt. Der IP-Header beinhaltet Daten wie von welcher IP-Adresse die Anfrage gestellt wurde und das Ziel der Anfrage (Webseite etc.). Der unterschlängelt-markierte IPsec-Header schützt somit Eure Nutzdaten. Er wird gebildet durch die Prüfsumme der Nutzdaten und des IP-Headers und schützt somit Eure Datenpakete. Der TCP/UDP-Header gibt einfach nur an, ob TCP oder UDP genutzt wird. Je nach Auswahl kann die Datenübertragung schneller sein oder nicht. In dem Fall ist UDP für schnellere Downloadraten geeignet. Wer mehr darüber lesen möchte, kann sich hier über TCP/UDP informieren.

Abbildung 5: Struktur des IPSec Headers

Normaler IP-Header:

IP-Header	TCP/UDP-Header	Nutzdaten

IPsec-Header im Transportmodus:

IP-Header	IPsec-Header	TCP/UDP-Header	Nutzdaten

Vorteile: starke Verschlüsselung, schützt gegen Human-in-the-Middle (HitMi)) Angriffe, jedes Betriebssystem unterstützt es von Haus aus

Nachteile: komplizierte Konfiguration für Laien, bei Konfigurationsfehlern kann die Verbindung unsicher sein, kann vom ISP/Netzbetreiber blockiert werden

VPN-Protokolle: OpenVPN

Das OpenVPN-Protokoll, sowie die daraus entstandene OpenVPN-Software sind open source. Das Protokoll wird aktuell nur von einigen Debian-Distributionen (Linux) von Haus aus unterstützt. Nutzer:innen der Betriebssysteme wie Windows oder Mac OS X können die Software online verlinkt herunterladen. Der OpenVPN-Header befindet sich hier zwischen dem UDP/TCP-Header, also direkt über den Nutzerdaten.

Abbildung 6: Abbildung des OpenVPN Headers

IP-Header	UDP/TCP-Header	OpenVPN-Header	Nutzdaten

Vorteile: einfache Konfiguration, starke Verschlüsselung (große Auswahl an Verschlüsselungsverfahren), schützt gegen HitMi-Angriffen („Human-in-the-Middle")), hohe Firewall-Kompabilität, schwer zu blockieren, kann auch auf Routern installiert werden, ressourcenarm (in puncto CPU und Arbeitsspeicher).

Nachteil: zusätzliche Software muss dafür installiert werden. Allerdings gibt es diese für so gut wie jedes Betriebssystem.

Fazit

Bei der Wahl des Protokolls sollten Lai:inn:en auf jeden Fall zum OpenVPN-Protokoll greifen. Die Wahl des VPN-Anbieters müsst ihr schon selbst treffen. Das ist davon abhängig, was genau ihr im Internet tun wollt. Der Preis der Anbieter ist mitunter davon abhängig, wie diese mit den Anfragen der Behörden umgehen. Laut eigener Auskunft loggt angeblich niemand und gibt niemand etwas preis. Die Wahrheit dürfte allerdings häufig ganz anders aussehen.

Viele Firmen verkaufen ihren Kund:inn:en ein Gefühl von Sicherheit. Manche Sicherheitsforscher:innen sind von dieser Technik überhaupt nicht begeistert. Der Grund dafür ist einfach: Der VPN-Anbieter sammelt am Exit-Point mehr Infos über Euch als bei jeder Vorratsdatenspeicherung! Die wissen alles, jeden Schritt, den ihr im Internet unternehmt. Und selbst eine anonyme Zahlung, gefakte Kundendaten in Kombination mit einer Wegwerf-E-Mail-Adresse etc. können nicht darüber hinwegtäuschen, dass das Unternehmen noch immer (zumindest meistens) Deine echte IP-Adresse kennt.

Wie dem auch sei. Mit unseren Tipps im Gepäck, sollte die Wahl des richtigen VPN-Anbieters nicht sonderlich schwerfallen.

Was ist das perfekte Passwort?

von Lars Sobiraj

Das ideale Passwort soll leicht zu merken und gleichzeitig sicher sein. Doch gibt es das überhaupt? Überall sollen wir ein anderes Passwort eingeben, um uns anzumelden. Wie bekommt man den Spagat zwischen Sicherheit und einem simplen Passwort trotzdem hin?

Wir helfen Dir ein wenig bei der Suche: „Passwörter sind wie Unterhosen. Man sollte sie nicht liegen lassen, wo andere Menschen sie sehen können. Man sollte sie regelmäßig wechseln. Und man sollte sie an keine Fremden verleihen!"

Wörterbuch-Attacke

Um zu verstehen, wie das optimale Passwort aussieht, muss man zunächst wissen, wie diese von Cyberkriminellen gehackt werden. Es gibt grundsätzlich drei Grundarten, wie man Passwörter knacken kann. Bei den sogenannten Wörterbuchattacken probieren die Hacker:innen eine lange Liste der gängigsten Wörter und Wortkombinationen durch. Kaum zu glauben aber wahr: Letztes Jahr waren die beliebtesten Passwörter „123456", „Passwort" und „12345678". Gerne wird auch das Passwort „Passwort" benutzt. Wörterbuchangriffe können von Programmen durchgeführt werden, die automatisch immer erst die beliebtesten Begriffe durchprobieren.

Wer es auf den Account eines Fremden abgesehen hat, schaut sich zudem auf deren Facebook-Seite um. Hacker:innen versuchen zu erfahren, wie das Lieblingshaustier oder die Ehefrau oder Mutter mit Namen heißt. Oft wird aus reiner Faulheit als Passwort das eigene Geburtsdatum oder das von Familienmitgliedern angegeben.

Es ist kein Hexenwerk, an diese Informationen zu gelangen. Ein Blick ins Telefonbuch, ins Profil bei Xing oder Facebook reichen dafür schon aus. Es nützt auch nichts, an den Namen des Hundes das eigene Geburtstag zu hängen. Das ist schlichtweg zu unsicher, weil zu weit verbreitet.

Brute-Force-Methode

Bei der Brute-Force-Methode geht es um pure Rechenpower. Heutzutage werden solche Angriffe zumeist von leistungsfähigen Prozessoren moderner Grafikkarten übernommen. Dabei probiert man einfach alle möglichen Kombinationen bestehend aus Klein- und Großbuchstaben, Ziffern und Sonderzeichen durch. Das Programm fängt also mit „aaa" an, geht dann über zu „aab", „aac" etc. Eine aktuelle Grafikkarte ist dazu in der Lage, achtstellige Passwörter in rund 7,5 Stunden zu knacken.

Umso länger das Passwort ist, umso länger dauert dieser Vorgang. Bei jeder zusätzlichen Stelle potenziert sich die durchschnittliche Zeit, bis man per Brute-Force an ein Passwort gelangt. Deswegen ist es auch so wichtig, die Passwörter nicht zu kurz zu gestalten. Im Web müssen die Hacker bei ihrer Tätigkeit lange Pausen einlegen. Wer zu schnell zu viele falsche Passwörter eingibt, dessen Account wird gesperrt. Doch die Einhaltung der Pausen kann ebenfalls durch Programme automatisch vorgenommen werden.

Leetspeak

Manche Nutzer glauben, sie wären besonders schlau und ersetzen ein O durch eine 0, ein i durch eine 1 etc. Doch auch die Passwortcracker:innen verstehen die sogenannte Leetspeak. Ehrenamtliche Helfer:innen der Wikipedia sollten folglich keinesfalls „w!k!p3d!4" als Passwort verwenden, das wäre grob fahrlässig.

Keine Passwörter doppelt verwenden!

Wichtig: Verwenden Sie niemals Ihre Kennwörter doppelt. Bei einigen Hacks wurden die Zugangsdaten von unzähligen Personen veröffentlicht. So wurden im Juni 2012 rund 6,5 Millionen Zugangsdaten von LinkedIn-Nutzer:inne:n veröffentlicht. Auch das Netzwerk von Sony war schon häufiger im Fokus der Hacker:innen. Wer seine Passwörter nie ändert und mehrfach nutzt, muss sich nicht wundern, wenn diese irgendwann auch von Hacker:inne:n missbraucht werden. Der Cyberkriminelle müsste lediglich alle bei Hacks erbeuteten Passwörter durchprobieren.

Akronym-Schema

Bruce Schneier ist ein anerkannter Experte für Verschlüsselungstechnologie und IT-Sicherheit. Er rät allen Nutzer:inne:n auf seinem Blog dazu, sich einen möglichst langen Satz auszudenken. So zum Beispiel: „Ich geh ums Haus der Mickey Mouse und mir macht das gar nichts aus." Dann nehmen wir nur die klein- bzw. groß geschriebenen Anfangsbuchstaben eines jeden Wortes als Akronym: „IguHdMMummmdgna". Ein Akronym ist ein aus den Anfangsbuchstaben mehrerer Wörter gebildetes Kurzwort (z. B. EDV - aus E_lektronische D_aten V_erarbeitung). Im Idealfall binden Sie noch ein paar Sonderzeichen und Ziffern mit ein. Aber bitte so, dass Sie sich das Passwort trotzdem gut merken können. Das sicherste Kennwort ist nutzlos, wenn Sie es ständig vergessen oder Sie dafür einen Zettel am Monitor befestigen müssen. Denken Sie sich den Satz selbst aus. Populäre Zitate werden leider ebenfalls als Abkürzung mit der Wörterbuchattacke ausprobiert.

XKCD-Methode

XKCD ist eigentlich ein englischsprachiger Webcomic von Randall Munroe. Bei dieser Methode wählt man durch Zufall aus seinem Wörterbuch mindestens vier Wörter aus, die man hintereinanderschreibt. Umso mehr Wörter, umso besser. Dabei ist extrem wichtig, dass die Begriffe vollkommen zufällig ausgewählt werden. Sie können sich natürlich auch auf einem der zahlreichen kostenlosen Webseiten ein Passwort generieren lassen. Das Problem ist nur, dass man sich die wirre Mischung aus unterschiedlichen Zeichen unmöglich merken kann.

Passwort: Endung abhängig vom Anbieter

Im Idealfall sollte man das Passwort je nach Anbieter anders enden lassen. Wenn Sie also „IguHdMMummmdgna" nach dem Akronym-Schema gewählt haben, dann lautet Ihr Passwort bei Google Mail folglich „IguHdMMummdgnaGoogleMail". Kommen Sie bitte nicht auf die Idee, dieses Passwort mehrfach zu verwenden, indem Sie lediglich die Endung verändern. Dann würde das PW bei Twitter „IguHdMMummdgnaTwitter" lauten. Machen Sie es den Hacker:inne:n bitte nicht zu einfach!

Achten Sie bei Ihren Anbietern darauf, dass die Länge des Passworts nicht begrenzt ist. Ansonsten sollte man sich lieber einen anderen Anbieter suchen. Ideal sind Dienste, wo eine zusätzliche Absicherung möglich ist. Viele Unternehmen bieten an, dass man bei besonderen Aktionen eine SMS mit einem zusätzlichen Kennwort erhält. Kann jemand Ihr Kennwort knacken so kann er kaum etwas damit anfangen, weil er nicht im Besitz Ihres Handys ist.

Passwort Generatoren

Das ist Ihnen alles viel zu kompliziert? Okay, kein Problem! Installieren Sie sich einen Passwort Generator. Diese Software braucht von Ihnen nur ein Masterkennwort, welches Sie beim Start der Software eingeben müssen. Das Programm verwaltet die Passwörter aller Dienste automatisch und verwendet lange und zudem sichere Kennwörter. Für Windows gibt es mehrere kostenlose Varianten. Daneben werden für jedes Betriebssystem auch kostenpflichtige Versionen für 30 bis etwa 50 Euro angeboten. In OS X Mavericks und iOS 7 hat Apple vor etwa einem Jahr einen eigenen Passwort-Manager integriert, der nichts extra kostet. Aber: ist im Passwortmanager eine Hintertür, gibt man gleich alle gesammelten Passworte auf einmal preis!

Schutz der Verbraucher:innen: Daten vermeiden, löschen und schützen

Verbraucher:innen und ihre Daten sind die neue Solarthermie, mit denen sich Geld verdienen lässt. Verbraucher:innen werden umso besser geschützt, wenn keine Daten aufgezeichnet werden oder aber sie entsprechen mit einer Löschfrist versehen sind. Besonders gefährlich wird es in den Bereichen, in denen Entertainment-Angebote (wie bei vielen Apps) oder notwendige Routinen (wie beim Lebensmittelkauf, Pass-Beantragen, Web-Surfen oder Autofahren) mit Datenauswertungen verknüpft werden.

Die in unserer Redaktion oft besprochene These ist, dass Schutz von Verbraucher:inne:n und ihrer Daten nur dann gewährleistet werden kann, wenn der Prozess auch ohne Smartphone bzw. Internet durchführbar ist. „Analog-Possible" / „Smartphone-Frei" sollte für Kund:innen- bzw. Konsum-Prozesse ein Qualitätsmerkmal wie „Made in Germany" werden.

TickTock: Ist Dein Notebook-Mikrofon wirklich aus?

von Marc Stöckel

Forscher:innen haben ein Gerät namens TickTock entwickelt, mit dem sich überprüfen lässt, ob ein Notebook-Mikrofon heimlich lauscht.

Wissenschaftler:innen der National University of Singapore und der Yonsei University in der Republik Korea haben „TickTock" entwickelt – nicht zu verwechseln mit der App TikTok. TickTock ist ein Gerät, mit dem sich der Aktivitätsstatus von in Notebooks verbauten Mikrofonen überprüfen lässt. Denn während sich Webcams ganz einfach abkleben lassen, bleibt ein heimliches Mithören von Mikros meistens unentdeckt.

Bisherige Lösungen weisen Schwächen auf

Die Wissenschaftler:innen Soundarya Ramesh, Ghozali Suhariyanto Hadi, Sihun Yang, Mun Choon Chan und Jun Han beschreiben TickTock in einem ArXiv-Paper. Den Antrieb für ihre Arbeit fanden sie in der Tatsache, dass Notebooks zwar mittlerweile immer häufiger über einen Sichtschutz für die integrierte Webcam verfügen, nicht jedoch über eine vergleichbare Lösung für das verbaute Mikrofon. Infolgedessen sei ein heimliches Abhören durch eine Schadsoftware problemlos möglich, ohne dass Anwender:innen davon etwas mitbekommt.

Einige Hersteller wie Apple oder Dell sorgen sich durch Softwarelösungen oder Hardwareabschaltungen durchaus darum, dass die Mikrofone in ihren Geräten nicht permanent aktiv bleiben. Und auch moderne Betriebssysteme verfügen heute meist über Indikatoren, die Benutzer:innen eine Aktivierung des Mikrofons anzeigen.

Dennoch sind die Entwickler:innen von TickTock der Ansicht, dass diese Lösungen Schwächen aufweisen. Denn einerseits erfordern diese ein gewisses Vertrauen der Benutzer:innen, dass die Technologien korrekt arbeiten und die Hersteller nicht selber böswillig mithören und dafür ihre eigenen Barrieren aushebeln. Andererseits sind längst nicht alle Notebooks mit derartigen Lösungen ausgestattet, sodass die breite Masse keinerlei Nutzen davon hat.

TickTock erkennt elektromagnetische Signale von MEMS-Mikrofonen

Und genau an dieser Stelle kommt TickTock ins Spiel. Denn das Gerät lässt sich an jedem Notebook über die USB-Schnittstelle mit Energie versorgen und ist in der Lage, die von MEMS-Mikrofonen, wie sie in handelsüblichen Notebooks verbaut sind, ausgehenden elektromagnetischen Signale zu erfassen und daran deren Aktivitätsstatus zu erkennen. Dabei mussten die Forscher:innen mitunter Störsignale von anderen Schaltkreisen herausfiltern sowie unterschiedliche Mikrofontaktsignale verschiedener Hersteller unterscheiden, was ihnen im Rahmen der Entwicklung jedoch gelungen sei.

Der Prototyp besteht aus einer Nahfeldsonde, einem Hochfrequenzverstärker, Software Defined Radio (SDR) und einem Raspberry Pi 4 Model B. Doch die Forscher:innen wollen TickTock in Zukunft noch weitaus handlicher in Form eines USB-Laufwerks gestalten. Bei den allermeisten Notebooks verliefen die Tests der Wissenschaftler:innen erfolgreich. Lediglich einige wenige Apple-Geräte seien bisher noch nicht kompatibel.

Längst nicht jedes Gerät mit Mikrofon ist kompatibel zu TickTock

Bei einem Versuch mit anderen Geräten hatten die Forscher:innen mit ihrer Lösung jedoch weniger Erfolg. Smartphones, Tablets, smarte Lautsprecher oder USB-Webcams wollten nur in 21 von 40 Fällen korrekt mit TickTock zusammenarbeiten. Die Gründe dafür vermuten die Entwickler:innen mitunter im Einsatz analoger Mikrofone. Und auch deutlich kürzere Kabellängen in den Geräten, die die EM-Emissionen reduzieren, können für Probleme sorgen.

Dass das heimliche Belauschen von Anwendern nicht nur für Cyberkriminelle, sondern auch für große Konzerne interessant ist, zeigte sich schon im Jahr 2017 am Beispiel von Facebook. Der Konzern sah sich mit Vorwürfen konfrontiert, er höre mit seiner Smartphone-App heimlich seine Benutzer:innen ab. Durch eine Analyse der Gesprächsinhalte solle es möglich gewesen sein, gezielter Werbung zu schalten.

Facebook dementiert das Mithören mit dem Mikrofon

von Antonia Frank

Facebook dementiert das Belauschen der Umgebungsgeräusche mittels Facebook-App des Smartphones durch Mikrofon-Nutzung, um gezielt Werbung anzuzeigen.

Rob Goldman, als Corporate Vice President für die Anzeigenverkäufe bei Facebook verantwortlich, dementierte auf Twitter den Zugriff der

Facebook-App auf die Mikrofone von iPhones und Android-Geräten. Facebook wird schon längere Zeit vorgeworfen, sie würden den Zugriff auf das Mikrofon für eine Stichwortsammlung nutzen. Auf deren Grundlage schaltet man dann gezielt personalisierte Werbung.

Belauscht die Facebook App ihre Nutzer:innen?

Die Facebook-App ist auf zahlreichen Smartphones zu finden, ermöglicht sie doch auf dem Gerät die bequeme Facebook-Nutzung. Der Verdacht, dass das soziale Netzwerk den Zugriff auf die Mikrofone als Basis für Werbezwecke nutzt, lag bereits seit geraumer Zeit nahe. Kelli Burns ist Professorin für Kommunikation an der University of South Florida. Sie hat schon 2016 einen entsprechenden Praxistest zusammen mit dem US-amerikanischen Fernsehsender NBC4 durchgeführt, die darüber berichteten. So erzählte Burns damals, sie sei an einer Safari in Afrika interessiert. Prompt erschien im Facebook-Feed der Professorin ein Post über eine Afrika-Safari. Später erwähnte sie das Fahren in einem Jeep, auch hier zeigte das Netzwerk von Zuckerberg Werbung für Jeeps an.

Wie BBC nun aktuell berichtet, hat der Podcast-Moderator PJ Vogt seine Zuhörer dazu eingeladen, sich mit Anrufen zu Wort zu melden, um eigene Erfahrungen mit Werbung bei Facebook zu schildern, explizit forderte er auch dazu auf, Feststellungen zu äußern, die auf ein Mithören durch Mikrofon-Nutzung bei Facebook hindeuten würden zum personalisierten Schalten von Werbung.

Personalisierte Werbung per ausführlicher Audio-Informationssammlung

Unmittelbar darauf dementierte Rob Goldman, Verantwortlicher für die Anzeigenverkäufe bei Facebook, bereits solche Vermutungen. „Ich bin für das Werbegeschäft bei F. verantwortlich und wir haben zur Banner-Anzeige noch nie auf die Mikrofone von Smartphones zugegriffen. Diese Vorwürfe treffen einfach nicht zu." Ebenso solle auch Instagramm keine Mikrofon-Daten verarbeiten. Auch damit liefert man keine angepasste Werbung an seine Nutzer aus, ergänzte Goldmann dann noch.

Goldman erklärte infolge, dass spezielle Algorithmen für Werbezwecke eingesetzt werden, die Nutzer:innen analysieren, indem Daten ausgewertet werden, wie gepostete Inhalte, Interaktionen mit anderen User:inne:n oder die Verwendung der Like-Buttons. Das alles würde bereits genaue Ergebnisse der Interessen der Nutzer:innen widerspiegeln und dann als Grundlage für die daraufhin geschalteten Anzeigen dienen. Zusätzlich postete er Links zu Artikeln und Videos, die das Prinzip von Facebook verdeutlichen sollten.

Edward Snowden: Facebook ist die reinste Überwachungsfirma

von Antonia Frank

Edward Snowden hat sich in die Diskussion um die unerlaubte Auswertung von Facebook-Profilen eingeschaltet. Dies sei eine Überwachungsfirma.

Aufgrund des Datenskandals sieht sich Facebook aktuell massiver Kritik ausgesetzt, nachdem bekannt wurde, dass das Datenanalyse-Unternehmen Cambridge Analytica Daten von Facebook-Nutzern missbraucht hat. Nun hat sich auch Edward Snowden per Twitter in die Diskussion um die unerlaubte Auswertung von Facebook-Profilen eingeschaltet. Er meint, das soziale Netzwerk agiere wie eine Überwachungsfirma, berichtet Washington Examiner.

Edward Snowden mischt sich per Twitter in die Diskussion ein

Der Tweet des ehemaligen CIA-Mitarbeiters Snowden ist eine Reaktion von ihm auf Facebooks Umgang mit den Daten seiner Nutzer:innen. In dem Tweet findet er klare Worte und er bezeichnet Unternehmen, wie Facebook als „surveillance companies", Überwachungsunternehmen. Snowden sieht Facebook nicht als Opfer, sondern als Komplizen.

Immerhin wäre das Unternehmenskonzept darauf ausgelegt, die intimen Details über das Privatleben von Millionen Nutzer:innen zu sammeln, zu speichern und weiterzuverkaufen und das „weit über die wenigen Details hinaus, die man freiwillig veröffentlicht". Dass sich Facebook selbst als soziales Netzwerk bezeichnet, ist für Snowden die erfolgreichste Täuschung, seitdem sich das Kriegs- in Verteidigungsministerium umbenannt habe:

"Businesses that make money by collecting and selling detailed records of private lives were once plainly described as „surveillance companies." Their rebranding as „social media" is the most successful deception since the Department of War became the Department of Defense."

Vermeidet Messenger Allo & Co., Dropbox, Facebook, Google, Twitter & Co.

Snowden hat schon in der Vergangenheit öfters die Datensammelwut von großen Technologiekonzernen kritisiert. So hat er ausdrücklich vor einer Nutzung des Google-Messengers Allo gewarnt. Denn Allo lese alles mit, und analysiere, was die Nutzer:innen schreiben. Bereits im Oktober 2014 warnte Snowden. „Vernichtet eure Dropbox, vermeidet Facebook und Google". Alternativen wie Mastodon und Nostr und dezentrale Chat-Server stehen bereit.

Anonym im Internet surfen – so bleibst Du unter dem Radar

von Marc Stöckel

Wer beim Surfen im Internet anonym bleiben möchte, muss ein paar Spielregeln beachten. Welche das sind, erfährst Du hier:

Beim Surfen im Internet anonym zu bleiben, ist in Zeiten von Google, Facebook, Microsoft und Co. oftmals eine Herausforderung. Die großen Tech-Konzerne lechzen regelrecht nach Deinen Daten. Denn diese helfen ihnen mitunter dabei, Dich mit personalisierter Werbung dazu zu bringen, Deine Ersparnisse ganz "freiwillig" in den Markt zu spülen.

Spätestens seit den NSA-Enthüllungen von Edward Snowden im Jahre 2013 ist jedoch klar, dass es sich für einige Menschen lohnt, ihre Spuren ebenfalls vor Regierungsbehörden und Geheimdiensten zu verschleiern. Und damit es auch Dir gelingt, anonym im Netz zu surfen, verraten wir Dir ein paar hilfreiche Maßnahmen dafür.

Die goldenen 8 Regeln, um anonym im Internet zu surfen

Es gibt viele gute Gründe, warum der ein oder andere Nutzer im Internet anonym sein möchte. Die folgenden acht Tipps helfen Dir dabei, im Netz Deine Identität zu schützen und unerkannt zu bleiben.

Tipp 1: Nutze einen VPN-Dienst

Ein VPN (Virtual Private Network) verschlüsselt üblicherweise Deine gesamte Kommunikation. Obendrein leitet die Software Deinen Datenverkehr über einen Server, der weit weg von Deinem eigenen Zuhause stehen kann. Folglich lassen sich Deine Internetaktivitäten sowie Deine Herkunft nicht so einfach zurückverfolgen. Damit Du im Internet wirklich anonym surfen kannst, solltest Du jedoch stets auf einen vertrauenswürdigen VPN-Anbieter setzen.

Tipp 2: Verwende einen Browser, der Deine Online-Aktivitäten anonymisiert

Einige Browser wie Tor oder Brave setzen auf spezielle Techniken, mit denen sie Deine Internetaktivitäten anonymisieren. Insbesondere der Tor-Browser gilt durch das Onion Routing als besonders geeignet, um Deinen Datenverkehr zu maskieren und Deine Identität zu schützen. Darüber hinaus solltest Du regelmäßig Deinen Browser- und Suchverlauf löschen und ausschließlich vertrauenswürdige und verschlüsselte Webseiten ansteuern.

Tipp 3: Vermeide die Nutzung von Social-Media-Plattformen

Social-Media-Plattformen wie Facebook, Instagram oder Twitter verfolgen Dich im Netz auf Schritt und Tritt. Sie analysieren Dein Verhalten und sammeln Informationen über Dich, die sie anschließend mitunter an Werbetreibende weitergeben. Um im Internet anonym zu bleiben, solltest Du diese Plattformen meiden oder sie zumindest mit so wenigen persönlichen Daten wie möglich füttern.

Tipp 4: Anonym im Internet surfen durch verschlüsselte Kommunikation

Einige Messenger wie Signal, Smoke, Telegram, Delta-Chat, Spot-On oder Threema u.a. bieten Dir die Möglichkeit, Deine Kommunikation zu verschlüsseln. Somit kann niemand außer Dir und Deinen Gesprächspartner:innen auf eure Unterhaltung zugreifen. Darüber hinaus bieten einige Applikationen auch nützliche Funktionen wie ein Login-Passwort oder einen Selbstzerstörungsmodus, mit dem Du Deine Nachrichten automatisch nach einer bestimmten Zeit löschen lassen kannst.

Tipp 5: Achte auf einen sicheren Umgang mit E-Mail-Adressen

Verwende stets E-Mail-Adressen, die nicht auf Deinen echten Namen schließen lassen und achte penibel darauf, welche Adresse Du für welchen Dienst einsetzt. Gerade wenn Du Dich nur testweise auf einer Webseite registrieren willst, solltest Du dafür besser eine "Trash-Adresse" verwenden. Somit fängst Du Dir auch keine unliebsame Post auf Deiner Hauptadresse ein, die dir womöglich eine Malware unterjubelt. Und vergiss nicht, Deine Mails zu verschlüsseln.

Tipp 6: Meide öffentliche WLAN-Netzwerke, um im Internet anonym zu surfen

In öffentliche WLAN-Netzwerke kommt einfach jeder rein. Sie ermöglichen es Hacker:inne:n, Sicherheitslücken auf Deinem Endgerät auszunutzen und infolgedessen auf Deine Daten zuzugreifen. Wenn Du im Internet anonym bleiben möchtest, solltest Du besser Dein Datenvolumen aufstocken und Deine eigene Internetverbindung nutzen.

Tipp 7: Nutze starke Passwörter

Ja, auch das hilft Dir dabei, im Netz anonym zu bleiben. Denn wenn sich jemand Zugang zu Deinen Konten verschafft, kann er sich darin austoben und alle Informationen daraus abgreifen. Achte außerdem darauf, dass Du für jeden Dienst ein eigenes Passwort verwendest und sichere Deine Konten zusätzlich per Zwei-Faktor-Authentifizierung ab. Ferner wäre es gut, wenn Du Deine Zugangsdaten an einem sicheren Ort wie einer verschlüsselten Passwortdatenbank aufbewahrst.

Tipp 8: Halte Deine Software stets auf dem neusten Stand

Software-Updates schließen Sicherheitslücken und verringern somit Deine Angriffsfläche. Dadurch reduzierst Du die Gefahr, dass Deine schützenswerten Daten in fremde Hände geraten.

Natürlich ist das nur ein kleiner Auszug an Maßnahmen, die Du ergreifen kannst, um im Internet anonym zu surfen. Diese Liste erhebt bei Weitem keinen Anspruch auf Vollständigkeit.

Darüber hinaus ist noch erwähnenswert, dass selbst die Einhaltung aller hier genannter Maßnahmen Dir keine 100%-ige Sicherheit bieten kann. Nichtsdestotrotz ist ihr Einsatz ein guter Anfang, um ein Gefühl dafür zu bekommen, wie Du im Netz möglichst wenige Informationen von Dir preisgibst.

Identitätsdiebstahl beim Online-Shopping: Was Verbraucher:innen dagegen tun können

von Lars Sobiraj

Immer noch kommt es vor, dass Identitäten beim Online-Shopping gestohlen werden. Wie man das verhindern kann, liest du in diesem Artikel.

Im digitalen Zeitalter ist das Online-Shopping zu einer beliebten Methode geworden, um Produkte und Dienstleistungen bequem von zu Hause aus zu kaufen. Die Vorteile liegen auf der Hand:

- sofortige Vergleichsmöglichkeiten
- die Möglichkeit, rund um die Uhr einzukaufen
- eine Riesenauswahl

Identitätsdiebstahl ist ein weit verbreitetes Verbrechen, bei dem Kriminelle personenbezogene Informationen stehlen, um sie für betrügerische Zwecke zu missbrauchen. Beim Online-Shopping sind wir oft gezwungen, sensible Informationen wie unseren Namen, unsere Adresse, Kreditkartendaten und manchmal sogar unsere Sozialversicherungsnummer preiszugeben. Wenn diese Informationen in die falschen Hände geraten, kann dies verheerende Folgen haben. Erste Regel: Achte auf https, meide Seiten, die nicht sicher sind (http ohne s).

Wie passiert beim Identitätsdiebstahl?

Ein häufiger Weg, auf dem Identitätsdiebstahl beim Online-Shopping stattfindet, ist durch unsichere Websites und mangelnde Sicherheitsmaßnahmen. Betrüger:innen erstellen gefälschte Online-Shops, die den Verbraucher:inn:en vortäuschen, dass sie legitime Unternehmen sind. Sie locken potenzielle Kund:inn:en mit verlockenden Angeboten und niedrigen Preisen an und fordern sie dann auf, ihre persönlichen Daten einzugeben, um den Kauf abzuschließen. Diese gefälschten Websites werden auf einschlägigen Seiten gelistet (Watchlist-Internet und andere). Sie sind oft nicht ausreichend gesichert, was es Kriminellen ermöglicht, auf die gesammelten Informationen zuzugreifen und diese für betrügerische Aktivitäten zu nutzen.

Eine weitere gängige Methode des Identitätsdiebstahls beim Online-Shopping ist der Angriff auf die Datenbanken etablierter Unternehmen (SQL-Injection). Große Einzelhändler und E-Commerce-Plattformen speichern oft eine Fülle an Daten von Kund:inn:en, um den Einkaufsprozess zu vereinfachen und personalisierte Angebote zu erstellen. Wenn Angreifer:innen Zugriff auf diese Datenbanken erhalten, kann eine umfangreiche Menge an Informationen gestohlen und sie für kriminelle Zwecke genutzt werden. Dies kann von betrügerischen Käufen auf Kosten der betroffenen Personen bis hin zur Identitätsübernahme und dem Eröffnen von Konten unter falschem Namen reichen.

Wie gehen die Diebe vor?

Wahrscheinlich glaubst Du, dass all diese Leute Hacker:innen sind und die Daten online stehlen. Dem ist nicht so: Weitaus mehr Daten werden über Social-Engineering gestohlen. Dazu gehört zum Beispiel das Stehlen von Post – ja: snail mail aus dem Briefkasten! So gelangen Dieb:innen an sensible Daten, die dann verwendet werden können (vor allem, wenn es sich um Kreditkartenabrechnungen handelt), man sollte sich diese daher lieber nicht mehr postalisch zustellen lassen.

Dumpster Diving und Shoulder Surfing sind weitere beliebte und einfache Methoden, um anderer Leute Daten zu sammeln. Beim Dumpster Diving wird der Mülleimer durchsucht und beim Shoulder Surfing schaut Dir jemand zu, wenn Du sensible Daten eingibst. Mal schnell in der S-Bahn einen Onlinekauf tätigen ist nicht ratsam.

Über Phishing, wobei per E-Mail Menschen dazu gebracht werden, ihre Daten preiszugeben, wurde schon viel berichtet. Dennoch findet es noch statt.

Wie schütze ich mich vor Identitätsdiebstahl?

Um sich vor Identitätsdiebstahl beim Online-Shopping zu schützen, gibt es Maßnahmen, die Verbraucher:innen einfach ergreifen können. Zunächst kannst Du darauf achten, nur auf vertrauenswürdigen Websites einzukaufen.

Achte – wie oben erwähnt – auf das Vorhandensein von HTTPS in der URL und das Schlosssymbol in der Adressleiste des Browsers, da dies auf eine verschlüsselte Verbindung hinweist. Es ist auch ratsam, Bewertungen und Erfahrungsberichte anderer Kund:inn:en zu lesen, um sicherzustellen, dass es sich um ein seriöses Unternehmen handelt.

Darüber hinaus ist es wichtig, starke und einzigartige Passwörter für jede Online-Shopping-Website zu verwenden. Verwende eine Kombination aus Buchstaben, Zahlen und Sonderzeichen, um die Sicherheit zu erhöhen. Du solltest Deine Passwörter auch regelmäßig ändern und nicht das gleiche Passwort für mehrere Konten verwenden.

Die Verwendung von Zwei-Faktor-Authentifizierung, wenn verfügbar, bietet zusätzliche Sicherheit.

Weiterhin achte auf verdächtige Aktivitäten auf deinen Bank- und Kreditkartenkonten. Überprüfe regelmäßig Deine Kontoauszüge und Transaktionsverläufe, um sicherzustellen, dass keine unbefugten Transaktionen stattfinden. Wenn Du verdächtige Aktivitäten feststellst, solltest Du umgehend deine Bank oder das Kreditkartenunternehmen kontaktieren und das Problem melden. Eine beliebte Methode ist es, Kleinstbeträge einzuziehen, die von vielen Leuten einfach ignoriert werden, nach dem Motto: Das müssen wohl Gebühren für irgendeine Transaktion gewesen sein.

Wenn Deine Daten gestohlen wurden: Achtsam sein ohne Verzicht

Wenn Du festgestellt hast, dass Deine Daten gestohlen wurden, dann benachrichtige umgehend Deine Bank und stelle außerdem Strafanzeige bei der Polizei. Auch wenn sich das alles einschüchternd anhören mag, heißt das nicht, dass man nun komplett auf den Online-Einkauf verzichten soll oder muss. Recherchieren lohnt sich – für den Supermarkt-Einkauf können Prospekte genutzt werden, um die besten Discounts beim Einkauf zu ergattern, der Einkauf selbst findet dann im nächsten Markt statt. Wer lieber online den Einkauf durchführt oder vielleicht sogar keine andere Wahl hat, der kann sich aber auch gemütlich den Wocheneinkauf nach Hause bringen lassen.

Fazit

Zusammenfassend lässt sich sagen, dass Identitätsdiebstahl beim Online-Shopping eine ernstzunehmende Gefahr darstellt. Durch den Schutz unserer persönlichen Daten und die Vorsicht bei der Auswahl von Websites und der Verwendung von sicheren Passwörtern können wir jedoch unsere Chancen minimieren, Opfer eines solchen Verbrechens zu werden. Das Bewusstsein für die Risiken des Identitätsdiebstahls und die Umsetzung geeigneter Schutzmaßnahmen sind der Schlüssel, um sicher und sorgenfrei im virtuellen Einkaufsumfeld zu agieren.

Kinder und Smartphones: Ein Risiko für die psychische Gesundheit

von Sunny

Die Nutzung von Smartphones stellt ein enormes Risiko für die psychische Gesundheit von Kindern dar, wie Studien und Umfragen zeigen.

Eltern haben viele Ängste, wenn es um die Sicherheit ihrer Kinder geht. Doch welche Sorge steht ganz oben auf der Liste? Laut einer Umfrage von Safehome.org aus dem letzten Jahr sind es nicht Autos, Fremde oder andere physische Bedrohungen, sondern Handys und „Internet/Soziale Medien".

Interessanterweise betrifft diese Sorge nicht nur die Eltern von Teenagern und Vorschulkindern, deren Leben sich anscheinend nur noch um das Handy dreht. Sondern auch Mamas und Papas jüngerer Kinder im Alter von 7 bis 9 Jahren. Viele sehen das Problem zwar kommen, wissen aber nicht, was sie dagegen tun können.

Kinder und Smartphones: Eine Studie gibt zudenken

Erwachsene wollen in der Regel nicht, dass ihre Sprösslinge in der Welt der Smartphones verschwinden. Viele Eltern beschließen daher, es bis zum Alter von 8 Jahren zu lassen.

Aber dann kommt das Hauptargument des Kindes: „Aber alle anderen haben ein Handy, also bin ich außen vor". Viele Eltern stehen vor diesem Dilemma und fragen sich, was sie tun sollen.

Für Eltern, die sich dagegen entschieden haben oder dies noch vorhaben, könnte ein neuer Bericht viele andere Erziehungsberechtigte ermutigen, sich ihnen anzuschließen: Sapien Labs führt eine fortlaufende globale Umfrage zur psychischen Gesundheit mit fast einer Million Teilnehmern durch und veröffentlichte einen „Rapid Report" zum Thema Kinder und Smartphones.

Die Ergebnisse dieser Umfrage sind alarmierend

Je jünger das Alter, in dem das erste Smartphone gekauft wurde, desto schlechter ist die psychische Gesundheit der Heranwachsenden heute. Eltern sollten diese Ergebnisse ernst nehmen und darüber nachdenken, wie sie den Smartphone-Konsum ihrer Sprösslinge einschränken können. Vielleicht ist es eine gute Idee, das Alter zu erhöhen, in dem Kinder ihr erstes Smartphone bekommen. Denn die psychische Gesundheit unserer Kleinen sollte uns allen am Herzen liegen.

Kinder und Smartphones: Eure Meinung ist gefragt!

Wie handhabt Ihr die Smartphone-Nutzung eurer Kinder? Ab welchem Alter sollten Heranwachsende ein Handy bekommen? Eure Meinung zu diesem doch ziemlich brisanten Thema interessiert uns in den Kommentaren bei uns im Online-Forum.

Ulrich Kelber: Der Bundesdatenschutzbeauftragte im Interview

von Daniel Echterfeld

Datenschutz – ein vermeintlich sprödes Thema. Jedoch wird es für den Einzelnen zunehmend wichtiger, darauf zu achten, wer seine Daten bekommt und wer nicht. Auch Vater Staat wird immer gieriger, wenn es um Informationen über sein Volk geht. Damit dem etwas entgegengewirkt werden kann, gibt es die Datenschutzbehörden. Prof. Ulrich Kelber beantwortet in unserem schriftlichen Interview einige Fragen.

Tarnkappe.info-Redaktion: *Können Sie uns einen Einblick in Ihren Tagesablauf geben?*

Ulrich Kelber: Das ist schwierig, denn die Tage als BfDI sind ganz unterschiedlich. Im Kern arbeite ich Vorgänge ab, die ich per E-Mail oder elektronischer Akte erhalte, leite also die Behörde und die vielfältigen Aktivitäten meiner Fachleute, von der Datenschutzaufsicht bei den Geheimdiensten über Bundesbehörden bis hin zu Finanzämtern, Jobcenter und Telekommunikations-Unternehmen. Mein Terminkalender ist ansonsten gut gefüllt mit Besprechungen und Veranstaltungen, mal vor Ort, mal digital.

Tarnkappe.info-Redaktion: *Sind Sie zufrieden mit der Zusammenarbeit mit anderen Bundesbehörden?*

Ulrich Kelber: Meine Behörde versucht grundsätzlich zu allen Bundesbehörden gute Arbeitsbeziehungen zu haben. Das hält uns aber nicht davon ab, als Aufsichtsbehörde einzugreifen, wenn es notwendig wird. Wo es in der Zusammenarbeit im Detail gut und weniger gut läuft, darüber berichten wir transparent in unserem jährlichen Tätigkeitsbericht.

Tarnkappe.info-Redaktion: *Ist Ihre Behörde imstande, adäquat auf Missstände zu reagieren oder sehen Sie Verbesserungsbedarf?*

Ulrich Kelber: Die personelle und materielle Ausstattung meiner Behörde ist gut, denn der Deutsche Bundestag hat unsere Ausstattung mit Stellen deutlich verbessert. In den letzten drei Jahren haben wir eine ganze Reihe an neuen Mitarbeitenden gewinnen können, wir haben aber auch noch viele offenen Stellen zu besetzen. Es gibt immer Sachen, die man besser machen kann. Das gilt für meine Behörde wie für die Vielzahl an Gesetzen, die den Datenschutz betreffen. Den entscheidenden Verbesserungsbedarf sehe ich allerdings in der Zusammenarbeit der europäischen Datenschutzbehörden.

Tarnkappe.info-Redaktion: *Wie läuft die Zusammenarbeit mit den Datenschutzbehörden der einzelnen Bundesländern ab?*

Ulrich Kelber: Wir besprechen uns in der Datenschutzkonferenz und finden gemeinsame Linien zu Themen, die uns alle betreffen. Das ist mal einfacher und mal schwieriger. Aber in den meisten Fällen kommen wir zu einem soliden Ergebnis. Aktuell überlegen wir, wo und wie wir diese Zusammenarbeit effizienter und effektiver machen können.

Tarnkappe.info-Redaktion: *Anfragen an Bundesbehörden werden immer öfter aus Rechtsgründen der Urheber:innenschaft abgelehnt. Ist dies rechtens? Sehen Sie hier das Informationsrecht der Bürger:innen und die Transparenz gefährdet?*

Ulrich Kelber: Als Ombudsmann für die Informationsfreiheit sehe ich diese Fälle kritisch, man muss aber immer den Einzelfall betrachten. Ich würde übrigens lieber sehen, dass die Bundesbehörden proaktiv bestimmte Dinge veröffentlichen. Beim BfDI zeigen wir, wie es geht.

Tarnkappe.info-Redaktion: *Wie sehen Sie den Stand des Datenschutzes?*

Ulrich Kelber: Ich halte die europäische Datenschutz–Grundverordnung immer noch für weltweit beispielgebend. Das heißt natürlich nicht, dass sie perfekt ist. Immer mehr Länder weltweit haben teilweise sehr gute Ideen zur Weiterentwicklung.

Gleichzeitig entstehen durch die voranschreitende Digitalisierung neue Herausforderungen. Das alles hat dazu geführt, dass es bei den Bürger:innen viel Sensibilität und Bewusstsein für das Thema Datenschutz gibt. Leider kursieren auch viele falsche Informationen und Vorurteile. Es gibt also noch genug zu tun.

Tarnkappe.info-Redaktion: *Bezogen auf die kürzlich beschlossene temporäre Auskunftspflicht zum Impfstatus: Ist das vereinbar mit den Datenschutzvorschriften und wer schaut Arbeitgebern auf die Finger?*

Ulrich Kelber: Es gibt aktuell keine gesetzliche Grundlage, nach der Arbeitgeber:innen den Impf– oder Teststatus ihrer Beschäftigten pauschal erfragen dürfen. Für manche Berufsfelder gibt es allerdings Ausnahmen, insbesondere wenn es um die Bereiche Gesundheit und Pflege geht. Die Datenschutzaufsichtsbehörden schauen da im Rahmen von Kontrollen genau hin und kümmern sich selbstverständlich auch um Beschwerden.

Tarnkappe.info-Redaktion: *Im Zuge der immer wieder neu aufgewärmten Vorratsdatenspeicherung: Wie ist diese mit den deutschen Datenschutzvorschriften vereinbar?*

Ulrich Kelber: Eine anlasslose Vorratsdatenspeicherung ist mit unserer Verfassung nicht vereinbar.

Tarnkappe.info-Redaktion: *Kritische Stimmen behaupten, Daten-Schutz sei Täter:innen-Schutz und Daten-Schutz würde Innovationen behindern. Stimmt das?*

Ulrich Kelber: Nein, das sind pauschale Vorurteile. Bei fast allen Herausforderungen gibt es datenschutzfreundliche Lösungen. Dafür muss man manchmal nur etwas intensiver nachdenken und sich von den Datenschützer:inne:n beraten lassen. Das Problem liegt übrigens selten an fehlenden Daten, sondern an den Versäumnissen bei der Auswertung und der Zusammenarbeit zwischen Sicherheitsbehörden.

Tarnkappe.info-Redaktion: *Ausländische Konzerne spielen eine immer größere Rolle im Leben des Durchschnittsdeutschen. Was kann man tun, wenn man Sorge um seine Daten hat?*

Ulrich Kelber: Die einfachste Möglichkeit ist es, auf bestimmte Dienste zu verzichten und stattdessen datenvermeidende und datenschutzfreundliche Alternativen zu wählen. Wo ein Verzicht nicht möglich ist, aber schon eine gewisse Sorge besteht, sollte man sparsam mit seinen Daten umgehen. Das Recht, sich bei der zuständigen Datenschutzbehörde zu beschweren, gibt es immer.

Tarnkappe.info-Redaktion: *Was kann jede/r Einzelne für mehr persönlichen Datenschutz tun?*

Ulrich Kelber: Sich überlegen, welche Daten man mit wem zu welchem Zweck teilt. Niemand sollte Digital- oder Technikverweigerer:in werden. Aber manchmal ist es schon ein Schritt in die richtige Richtung, datenschutzfreundliche Alternativen zu nutzen, zum Beispiel bei Suchmaschinen oder Messengern.

Tarnkappe.info-Redaktion: *Immer öfter kommt es zu Angriffen auf staatlich geführte Datenbanken. Ist das Prinzip der Datenminimierung ausreichend umgesetzt bei behördlichen Datenbanken?*

Ulrich Kelber: Wenn wir bei Kontrollen sehen, dass unnötige Daten gespeichert werden, reagieren wir natürlich. Gerade bei den

Sicherheitsbehörden gibt es einen gewissen Hang zur Sammlung von Daten. Entsprechend intensiv sind unsere Kontrolle und Beratung. Wir versuchen schon bei der Gesetzgebung auf eine technische und rechtliche Umsetzung der Datenminimierung zu drängen.

Tarnkappe.info-Redaktion: *Tut die Politik genug, um Datenschutz zu gewährleisten, gibt es Verbesserungsbedarf oder ist gar zu viel getan? Einige meinen, die DSGVO sei übertrieben.*

Ulrich Kelber: Die DSGVO ist ein Spiegel unserer europäischen Werte und Grundrechte. Und alle Mitgliedsländer haben dem zugestimmt. Wir sollten diese Werte nicht aufgeben, denn Digitalisierung geht auch – geht sogar besser – ohne dass die Bürger:innen dabei von privaten Konzernen und staatlichen Behörden ausspioniert werden.

Tarnkappe.info-Redaktion: *Welche Pläne gibt es zur Verbesserung des Datenschutzes in Deutschland?*

Ulrich Kelber: Das wäre eine hervorragende Frage an die nächste Bundesregierung. Ich habe den Parteien dazu im Vorfeld der Bundestagswahl einen Katalog an Vorschlägen geschickt, den man auf unserer Website ansehen kann. Denn: Unsere Aufgabe ist es, für Datenschutz in einer immer digitaler werdenden Welt zu sorgen. Wir schützen damit Ihr Grundrecht auf Ihre Privatsphäre und Ihr Recht an den eigenen Daten vor dem Zugriff internationaler Konzerne genauso wie vor staatlichen Stellen. Das ist die Voraussetzung für eine freie demokratische Gesellschaft und verhindert Übervorteilung durch Konzerne. Außerdem sorgen wir dafür, dass Sie Ihr Recht auf Einsicht in Akten und Verwaltungsvorgänge von staatlichen Stellen bekommen. All das tue ich nicht allein, sondern gemeinsam mit über 270 hochmotivierten und gut ausgebildeten Mitarbeiter:inne:n.

Tarnkappe.info-Redaktion: *Herr Kelber, wir bedanken uns für die Beantwortung unserer Fragen.*

Ikonen, Clubs & Fußvolk

Jede:r wird sich zu einem der drei Begriffe einordnen können, wenn wir kein Grumpy oder Einzelkämpfer:in sind. Fußvolk ist dabei nicht negativ gemeint, es betrifft jede:n: wer tagtäglich an der Verbesserung der IT mitwirkt, ist gemeint.

Und: Clubs wie ein regionales Treffen mit Kolleg:inn:en vor Ort dient dem Austausch und ist nach der Pandemie wieder zu stärken. Ikonen gibt es viele, und die haben ihren individuellen Weg, so wie jede:r, wenn man sich wünscht, mit seiner Gestaltung Erfolg zu haben: solange es nicht zum Religionskrieg oder zur Mariechen-Frage wird bzw. es Auswirkungen aufs Leben, Dahinsiechen oder den Tod hat.

Selig sind die, die erkennen, dass es neben der 1 auch noch eine 0 gibt - und diese nicht nur akzeptieren, sondern auch wohlwollend fördern oder zumindest in ihrer Welt begrüßen und integrieren können und wollen.

In unserer Redaktion haben wir daher neulich die These, bzw. einen Wunsch bzw. vielmehr Wette aufgestellt, dass Drachenlord nicht schneller ist als jede:r Leser:in dieses Bandes, um einfach mal eine Rezension in die „Kommies" oder den eigenen Kanal zu schreiben, mit folgenden Antworten auf diese drei Fragen:

(1) Welcher Artikel bzw. welches Thema hat Dir am besten gefallen und warum?

(2) Bei welchem Artikel hast Du am meisten etwas gelernt und was war neu für Dich?

(3) Und welchen Artikel würdest Du selbst aktueller oder anders schreiben und welche Inhalte kämen dann von Dir neu hinzu?

– Also Rainer, und jede:r andere - „Top, die Wette gilt" - schaffen wir das: nenne uns gerne zeitnah Deine individuellen drei Top-Beiträge in einer Rezension zu diesem Band, bevor weitere vorab zu den Sachthemen zurückkehren! :-)

Chaos Computer Club: Vier Jahrzehnte für IT-Sicherheit und Datenschutz

von Sunny

Alles Gute zum Geburtstag, CCC! Der aktuelle Jahrestag des Chaos Computer Clubs ist wieder ein Anlass zum Feiern, aber natürlich auch zum Nachdenken.

Der 12. September 1981 markierte ein besonderes Datum für die IT-Sicherheits- und Datenschutz-Community – der Chaos Computer Club (CCC) wurde gegründet! In diesem Blogbeitrag werfen wir einen kurzen Blick auf die wichtige Rolle, die der CCC in der Welt der Technologie und des Datenschutzes spielt.

Die Entstehung des Chaos Computer Clubs

Der CCC wurde also schon 1981 in Deutschland gegründet und hat seitdem einen beachtlichen Weg zurückgelegt. Aus einer losen Gruppe von Computerfreaks ist eine wichtige Institution für IT-Sicherheit und Datenschutz geworden.

Von dem Visionär Wau Holland (Dr. Wau) gegründet, erlangte der anfangs von vielen mit kritischen Augen betrachtete Club schon bald eine Art von Kultstatus.

Der Chaos Computer Club war einer der Pioniere bei der Erforschung und dem Verständnis von Computersystemen. Mit seinen Veröffentlichungen und Aktivitäten hat er immer wieder auf Sicherheitslücken und Datenschutzprobleme aufmerksam gemacht. Ihr Motto „Hacking for a better world" spiegelt ihr Engagement für Sicherheit wider.

Der CCC hat sich jedoch nicht nur auf technische Aspekte konzentriert, sondern auch eine wichtige Rolle bei der Aufklärung der Öffentlichkeit über Datenschutz- und Sicherheitsfragen gespielt. Seine Veranstaltungen, wie der jährliche Chaos Communication Congress, ziehen Tausende von weiblichen, männlichen und diversen Menschen an, die sich für Datenschutz, Sicherheit und Technologie interessieren. Alle finden zusammen und ihr Thema.

Gemeinsam gegen Datenschutzverletzungen & Überwachungspraktiken

Der CCC hat aber auch politischen Einfluss ausgeübt, indem er auf Datenschutzverletzungen und Überwachungspraktiken aufmerksam gemacht hat. So hat der Chaos Computer Club zum Beispiel an der Entwicklung wichtiger Gesetze und Richtlinien zum Schutz unserer Privatsphäre mitgewirkt.

Die Arbeit des Chaos Computer Clubs geht uns alle an. In einer Zeit, in der unsere digitale Sicherheit und Privatsphäre zunehmend bedroht sind, sind Organisationen wie der CCC unverzichtbar. Ihr jahrzehntelanges Engagement für IT-Sicherheit und Datenschutz hat dazu beigetragen, unsere Online-Welt sicherer zu machen.

Der jährliche Geburtstag des Chaos Computer Clubs ist also ein Anlass zum Feiern und zum Nachdenken. Seine Arbeit hat die IT-Welt nachhaltig geprägt und wird auch in Zukunft von großer Bedeutung sein. Wir sollten ihre Bemühungen um eine sicherere und datenschutzfreundlichere digitale Welt anerkennen und unterstützen.

Alle Jahre wieder: Herzlichen Glückwunsch zum Geburtstag, CCC! Möge Eure Mission für IT-Sicherheit und Datenschutz noch viele Jahre weitergehen!

Julian Assange - Europaabgeordnete und Verbände der Journalist:inn:en fordern Begnadigung

von Antonia Frank

in einem offenen Brief an US-Präsident Joe Biden ersuchen 45 Europaabgeordnete, Stella Assange sowie Verbände von Journalist:inn:en und Menschenrechtsorganisationen, darunter Statewatch, Begnadigung für Julian Assange.

Dieser Akt wäre gleichzeitig ein Zeichen, um „zu demonstrieren, dass die Vereinigten Staaten die Grundrechte, Wahrheit, Rechenschaftspflicht und den Schutz derer, die sich gegen Ungerechtigkeit aussprechen, gewährleisten."

Assange wurde von den USA wegen Spionage in 17 Fällen und wegen Computermissbrauchs angeklagt, nachdem WikiLeaks Tausende militärische und diplomatische Dokumente in Umlauf gebracht hatte. Bereits seit April 2019 sitzt er im Gefängnis Belmarsh im Südosten Londons. Zuvor hatte er sich sieben Jahre lang in der ecuadorianischen Botschaft in der britischen Hauptstadt verschanzt.

Der bisherige Verlauf des Verfahrens gegen Julian Assange

Am 17. Juni 2022 hatte die Innenministerin Priti Patel die entscheidende Auslieferungserklärung für Julian Assange unterzeichnet. Im August legten die Anwälte von Assange deshalb Berufung beim britischen High Court gegen seine Auslieferung an die USA ein. Sie argumentierten, er werde wegen seiner politischen Meinung strafrechtlich verfolgt und bestraft.

Sein Jurist:inn:en-Team hat zudem beim Europäischen Gerichtshof für Menschenrechte (EGMR) Berufung gegen die US-Auslieferung eingeleitet. Ein EGMR-Urteil könnte eine drohende Auslieferung noch unterbinden.

Im Falle einer Auslieferung könnte Julian Assange vor ein US-Gericht gestellt werden. Er sieht sich dem Vorwurf der US-Justiz ausgesetzt, eine Vielzahl geheimer Dokumente geleakt zu haben. Man wirft ihm vor, er hätte der Whistleblowerin Chelsea Manning geholfen, geheimes Material von US-Militäreinsätzen im Irak und in Afghanistan zu veröffentlichen. In den USA droht ihm dementsprechend ein Strafverfahren.

Gemäß dem Antispionagegesetz von 1917 würde das, bei einer Verurteilung in allen 18 Anklagepunkten, in einer lebenslangen Haftstrafe münden. Nach aktuellem Stand kommen 175 Jahre zusammen. Julian Assange dementiert die Vorwürfe allerdings. Durch die Wikileaks-Publikationen hat die Enthüllungsplattform unter anderem Kriegsverbrechen durch amerikanische Soldat:inn:en aufgedeckt.

Assange: Nominierung für Sacharow-Preis

Stella Assange nahm erst am Mittwoch, den 14. Dezember, im Namen ihres Mannes an der Nominierung zum Sacharow-Preis 2022 für geistige Freiheit vor dem Europäischen Parlament in Straßburg teil. Gegenüber EURACTIV äußerte Stella Assange diesbezüglich: „Länder müssen für ihre Grundwerte einstehen und sollten unverschämte Auslieferungsanträge wie den gegen Julian nicht tolerieren. Julian hätte keinen einzigen Tag im Gefängnis verbringen sollen. Man verfolgt ihn wegen der gleichen Aktivitäten strafrechtlich, die ihn zu einem Finalisten für den Sacharow-Preis gemacht haben. Was er aufdeckte, waren Kriegsverbrechen, Tötungen von Zivilisten, Folter, Überstellungen usw. Er informierte über Verbrechen, die von der US-Regierung und ihren Agent:inn:en begangen wurden."

Dr. Patrick Breyer, Europaabgeordneter der Piratenpartei Deutschland, kommentiert: "Die Inhaftierung und strafrechtliche Verfolgung von Assange ist ein extrem gefährlicher Präzedenzfall für alle Journalist:innen, Medienaktive und die Pressefreiheit. Kein:e Journalist:in sollte für die Veröffentlichung von 'Staatsgeheimnissen' von öffentlichem Interesse strafrechtlich verfolgt werden können, denn dies ist der Job. Die Öffentlichkeit hat ein Recht darauf, von den von Machthabern begangenen Staatsverbrechen zu erfahren, damit sie diese stoppen und vor Gericht bringen können. Julian Assange hat die Welt, in der wir leben, zum Besseren verändert und eine Ära eingeläutet, in der Ungerechtigkeit nicht mehr unter den Teppich gekehrt werden kann."

Marcel Kolaja, Mitglied und Quästor des Europäischen Parlaments für die tschechische Piratenpartei, schreibt: "Julian Assange hat im Rahmen seiner Tätigkeit als Enthüllungsjournalist Informationen von großer Bedeutung für die Öffentlichkeit enthüllt. Seine Inhaftierung steht in direktem Widerspruch zu den amerikanischen Grundwerten, wie der Rede- und Pressefreiheit. Seine Verfolgung wegen der Veröffentlichung der Wahrheit muss aufhören."

Markéta Gregorová, Mitglied des Europäischen Parlaments für die tschechische Piratenpartei, gibt bekannt: "Assange sollte nicht das Exempel dafür sein, wie Whistleblower behandelt werden. Im Gegenteil, wir sollten ihn schützen, damit sie sich nicht scheuen, weiterhin wahrheitsgemäße Informationen im öffentlichen Interesse zu veröffentlichen. Ohne Julian Assange hätten wir nie von Fällen wie den Kriegsverbrechen amerikanischer Soldat:inn:en an der Zivilbevölkerung im Irak erfahren. Daher bin ich der Meinung, dass er eine vollständige Begnadigung durch den Präsidenten und die sofortige Entlassung aus dem Gefängnis verdient."

Mikuláš Peksa, Europaabgeordneter und Vorsitzender der Europäischen Piratenpartei, kommentiert: "Ich habe mit Stella Assange über die große Bedeutung der Verteidigung der Meinungsfreiheit und über das Recht gesprochen, die Wahrheit zu suchen und zu verbreiten. Als Mitglied des Europäischen Parlaments und der Piratenpartei stehe ich an der Seite von Stella und Julian in ihrem Kampf für Gerechtigkeit. Ich bin grundlegend gegen die Verfolgung von Whistleblower:inn:en und Journalist:inn:en. Wir dürfen nicht zulassen, dass Regierungen diejenigen zum Schweigen bringen, die ihr Fehlverhalten aufdecken."

Julian Assange - eine wahrlich königliche Einladung an König Charles III. (Ein IMHO)

von Sunny

Während König Charles III. pompös seine Krönung feiert, schreibt Julian Assange ihm einen Brief. Wer glaubt, er bettle um Gnade, der irrt.

Es ist eine wahrhaft königliche Einladung, die Julian Assange an Seine Majestät König Charles III. richtet. Die Wahl des Ortes, dieses bedeutende Ereignis zu feiern, ist zweifellos von bemerkenswerter Ironie. Während das Gefängnis Seiner Majestät, Belmarsh, sicherlich einen gewissen Ruf genießt, könnte man sagen, dass es nicht unbedingt der Ort ist, den man sich für königliche Feierlichkeiten vorstellt. Ein IMHO (in my holy opinion).

Julian Assange und eine Einladung der etwas anderen Art

Die Bilder der Krönungszeremonie von König Charles gingen um die Welt und bewegten Millionen von Menschen. Aber ebenso weiß das Schicksal des uns nicht viel weniger bekannten Whistleblowers Julian Assange uns zu berühren. Anlässlich der Krönung von Charles III. von England hat der Whistleblower nun einen Brief an Seine Majestät geschrieben.

Wer nun aber glaubt, dass der Whistleblower in diesem Brief an Seine Majestät um Gnade fleht, liegt mehr als falsch: Denn wie die deutsche Übersetzung dieses stilistischen Meisterwerks zeigt, hat Julian Assange seinen Humor noch nicht verloren.

Darüber hinaus offenbart der Brief von Assange eine subtile Ironie, die Leser:innen zum Nachdenken anregt. Außerdem zeugt er, wie ich finde, von einer bemerkenswerten Raffinesse in der Wortwahl, die das Gesamtwerk zu einer literarischen Perle macht.

Wer liebt sie nicht, diese passierten Thunfischköpfe?

Zweifellos ist die Intimität, die den Gefangenen während der Mahlzeiten in ihren Zellen geboten wird, von unschätzbarem Wert und trägt zugleich wesentlich zu ihrer psychischen und emotionalen Stabilität, ja zu einer Art innerer Erleuchtung bei. Und auch die passierten Thunfischköpfe und das ewig geformte Hühnerfleisch klingen wahrhaft königlich.

Die Bildungsmöglichkeiten in Belmarsh, insbesondere die horizonterweiternde Erfahrung eines „big day out" an der Medikamentenausgabe, sind sicherlich von großer Bedeutung. Man kann sich nur vorstellen, wie beflügelnd es sein muss, seine medizinischen Bedürfnisse auf diese Weise zu befriedigen.

Berührend ist die Erwähnung des tragischen Schicksals ihres verstorbenen Freundes Manoel Santos. Seine Entscheidung, sich nur sieben Meter von Ihrer Zelle entfernt das Leben zu nehmen, hinterlässt zweifellos einen tiefen Eindruck und zeugt von den Herausforderungen, denen sich die Gefangenen in Belmarsh stellen müssen.

Und schließlich das Juwel von Belmarsh, „Healthcare" oder „Hellcare", wie es liebevoll von Julian Assange und den anderen Häftlingen genannt wird. Das Schachverbot und die Zulassung des weniger gefährlichen Damespiels sind zweifellos sinnvolle Sicherheitsmaßnahmen.

Und dann die Belmarsh „End of Life Suite", ein Ort von erhabener Bedeutung. Das ist sicherlich ein Symbol für die Qualität des Lebens und Sterbens in diesem königlichen Gefängnis.

Alles in allem, Herr Assange, muss ich sagen, dass Ihre Einladung an Seine Majestät König Charles III. wahrhaft königlichen Glanz besitzt und zugleich eine bemerkenswerte Ehre darstellt. Belmarsh ist zweifellos ein Ort, der königliche Anwesenheit verdient. Möge Barmherzigkeit das Leitbild innerhalb und außerhalb der Mauern von Belmarsh sein - und möge Ihre Einladung Gehör finden. IMAO.

Chelsea Manning sagt über sich: „Ich bin keine Verräterin"

von Annika Kremer

Chelsea Manning sprach in Nantucket unter anderem über ihre idealistischen Whistleblowing-Motive, Privatsphäre und Meinungsfreiheit.

WikiLeaks-Informantin Chelsea Manning betonte in einem öffentlichen Auftritt ihre idealistischen Motive: Die ehemalige US-Soldatin sei demnach ihrem Gewissen gefolgt, als sie tausende geheime Dokumente an die Whistleblowing-Plattform WikiLeaks weitergab.

Einer der ersten öffentlichen Auftritte für Chelsea Manning

Am vergangenen Sonntag sprach Manning auf einer vor allem von Kreativen besuchten Konferenz in Nantucket (USA) zu den Anwesenden. Dabei handelte es sich um einen ihrer ersten öffentlichen Auftritte, seit sie im Mai nach siebenjähriger Haft aus dem Militärgefängnis entlassen wurde. Allerdings hat Manning seit ihrer Entlassung ihre Unterstützer:innen über soziale Medien, vor allem Instagram, an ihrem Leben in Freiheit teilhaben lassen.

Versucht, das Richtige zu tun

In ihrem Beitrag sagte Manning, sie sei „keine amerikanische Verräterin". Einige Kritiker:innen, darunter auch Politiker:innen, hatten den Vorwurf des Verrats gegen Manning erhoben. Die Behauptung, sie seine „eine amerikanische Verräterin" stammt von CIA-Chef Mike Pompeo.

Die Aktivistin betonte, sie habe nur versucht, das Richtige zu tun: „Ich glaube, dass ich unter den Umständen das Beste getan habe, um eine ethische Entscheidung zu treffen," erklärte sie.

„Ein dystopischer Roman"

Manning beklagte außerdem den aktuellen politischen Diskurs: „Ich komme aus dem Gefängnis und ich sehe einen dystopischen Roman sich buchstäblich vor meinen Augen entfalten. So fühle ich mich, wenn ich heute durch die Straßen Amerikas gehe," sagte sie.

Daneben kritisierte Manning auch den Mangel an Privatsphäre in der heutigen Gesellschaft. Die Gesellschaft sei „tot", sagte die Ex-Soldatin.

Sie betonte außerdem die Bedeutung des zivilen Ungehorsams und der freien Meinungsäußerung: „Alle sagen mir die ganze Zeit ‚vielleicht solltest Du das nicht sagen. Vielleicht solltest Du nicht zu dieser Veranstaltung gehen. Du solltest vielleicht nicht sprechen. Vielleicht solltest Du das nicht tun'," sagte sie, „und ich reagiere dann mit ‚OK, die Tatsache, dass du mir sagst, ich sollte das nicht tun, ist der Grund, warum ich es tun sollte.' Und ich denke, das ist es, was wir alle tun können."

Abschließend betonte Manning außerdem die Bedeutung der Vergebung: Sie sagte, es sei wichtig, seinen Feinden irgendwann zu verzeihen. Anders kann man mit sich und der Welt wohl auch nicht glücklich werden.

Sci-Hub: Alexandra Elbakyan durch EFF Award gewürdigt

von Antonia Frank

Die Electronic Frontier Foundation gibt die Vergabe der jährlichen EFF Awards bekannt, darunter auch an Sci-Hub-Gründerin Alexandra Elbakyan.

Die Electronic Frontier Foundation (EFF) überreicht Auszeichnungen an die Sci-Hub-Gründerin Alexandra Elbakyan und das Library Freedom Project. Die Verleihung der EFF Awards wird im Rahmen einer Live-Zeremonie in San Francisco, Kalifornien, stattfinden. Durch die Veranstaltung führt der renommierte Science-Fiction-Autor, Aktivist, Journalist und EFF-Sonderberater Cory Doctorow.

Die Electronic Frontier Foundation zeichnet die Gründerin von Sci-Hub, Alexandra Elbakyan, mit dem EFF Award 2023 für den kostenlosen Zugang zu einer Fülle wissenschaftlicher Veröffentlichungen aus. Die Non-Profit-Organisation vergibt den Preis für die „wichtige Arbeit, die dazu beiträgt, dass alle Menschen an technologischem Fortschritt, Gerechtigkeit und Innovation teilhaben können".

Sci-Hub: Pirat:inn:en für Verlage, Robin Hood für Unterstützer:innen

Sci-Hub gilt als wohl größtes Download-Portal wissenschaftlicher Forschungsarbeiten. Seit der Gründung im Jahr 2011, macht Sci-Hub wissenschaftliche Publikationen für jede:n frei zugänglich. Ein großer Teil dieses Wissens würde andernfalls hinter Paywalls verborgen bleiben.

Deren Datenbank umfasst inzwischen mehr als 88,3 Millionen Forschungsartikel und Bücher. Nutzer der Plattform, darunter Millionen

Student:inn:en, Forscher:innen, Mediziner:innen, Journalist:inn:en, geben in Hinsicht auf die Nutzung durchweg ein positives Feedback.

Abbildung 7: Screenshot der Sci-Hub-Suchmaschine

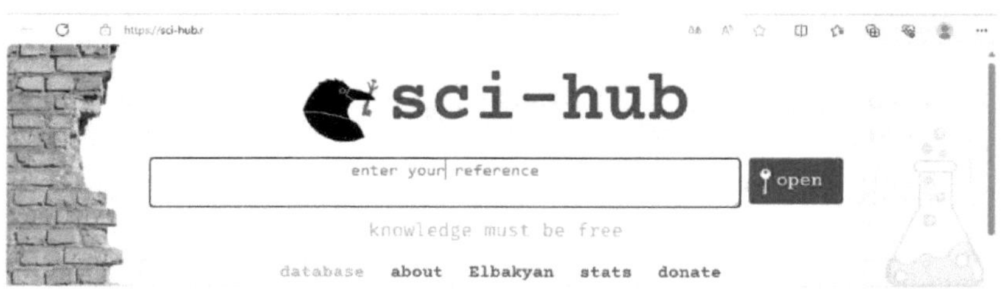

Wissenschaftsverlage hingegen werfen der Plattform Sci-Hub allerdings zahlreiche Rechtsverletzungen vor. Große Verlage wie Wiley und American Chemical Society haben Zugangssperren durch Internetprovider veranlasst. Somit ist die Website in einigen Ländern blockiert. Andere Verlage wie Elsevier haben Alexandra Elbakyan und ihre Website wegen der Bereitstellung von Raubkopien verklagt.

Schattenbibliothek punktet durch freien Zugang zu Wissen

Dennoch erkannte die EFF die Rolle von Sci-Hub als beliebte Quelle u.a. für Wissenschaftler:innen an. Die Organisation erwähnte, dass einige Mediziner:innen bekundeten, dass Sci-Hub „hilft, Menschenleben zu retten", indem es den Zugang zu eingeschränkten medizinischen Fachzeitschriften ermöglicht. Wie die Electronic Frontier Foundation am Mittwoch bekannt gab, würdigen sie die kasachische Computerprogrammiererin Alexandra Asanovna Elbakyan wegen ihrer besonderen Verdienste:

„Elbakyan hat sich über Sci-Hub bemüht, die monopolartigen Mechanismen des akademischen Verlagswesens zu zerschlagen, bei denen Verlage hohe Preise verlangen, obwohl die Autor:inn:en von Artikeln in wissenschaftlichen Zeitschriften keine Bezahlung erhalten. Viele Klagen und staatliche Maßnahmen haben sie ins Visier genommen, und Sci-Hub ist in einigen Ländern blockiert. Dennoch vertritt sie immer noch die Auffassung, dass die Einschränkung des Zugangs zu Informationen und Wissen die Menschenrechte verletzt."

Siehe auch das Interview mit Alexandra Elbakyan am Ende dieses Bandes und den Beitrag zu Annas-Archiv, einem modernen Nachfolge-Projekt.

Drachenlord verdiente im Juni stolze 4.807,36 €

von Lars Sobiraj

Mit Spenden über Tiktok verdiente der fränkische Ex-YouTuber Drachenlord im Juni stolze 4.807,36 Euro. Die Gebühren sind schon abgezogen.

Die Hater, bei ihm auch Haider genannt, haben für die letzten Monate das Einkommen des Drachenlords bei TikTok ausgerechnet. Bei 486 Abonnenten und diversen Einzelspenden kam er im Juni auf ein zu versteuerndes Monatseinkommen von bald 5.000 Euro.

Was der Plattformbetreiber von TikTok an Gebühren vom Empfänger abzieht, und das ist nicht wenig, hat man dort schon mit eingerechnet.

Drachenlord bettelt trotz Monatsumsatz von fast 5.000 €

Das hält den ehemaligen YouTuber Rainer Winkler, der in der Szene Drachenlord genannt wird, nicht davon ab, in seinen Live-Streams weiter um Geld zu betteln. Im April bat er seine Drachis (= seine Fanbase) um 5.400 Euro, um sich die MPU und ein neues Auto leisten zu können.

Dass er zumindest teilweise selbst für den Verlust seines Führerscheins verantwortlich ist, verschweigt der Drachenlord hingegen. Im Video-Gespräch bezeichnet er sich als „Influencer". Das Erstellen von TikTok-Streams, das sei sein Job. Immer wieder äußert er in Streams, er sei an seiner Situation unschuldig.

Der reichste Obdachlose Deutschlands?

Ob Rainer Winkler seine Einkünfte ordnungsgemäß versteuert, darf man ernsthaft bezweifeln. In der Vergangenheit ist dies zumindest nicht bekannt geworden. Seit Beginn der Aufzeichnungen im Februar 2023 hat der Drache insgesamt 10.845,80 Euro umgesetzt. Die Betreiber vom Telegram-Kanal Schanzenwatch Broadcast haben auf Basis der Einnahmen folgendes Fazit gezogen:

„Damit gehört Rainer zu den Spitzenverdienern in Deutschland. Man kann also sagen, er ist einer der reichsten Obdachlosen Deutschlands". (Er gab bekannt, dass er nun wohnungslos sei).

Kein Cent von fast 11K übrig?

Manch einer wird sich fragen, wie es sein kann, dass der Drachenlord von seinen Einnahmen keine Medizinisch-psychologische-Untersuchung (MPU) bezahlen kann, um den Führerschein zurückzuerhalten. Immerhin hat er seit Februar schon mehr als das Doppelte der zu erwartenden Kosten erwirtschaftet.

Ja, zugegeben, sein Leben ist teurer als das von anderen. Denn er bekommt keine Wohnung, weil man ihm seine Bleibe sofort madigmachen würde, indem die Haider den Vermieter bedrängen. Das ist bei unzähligen Hotels und anderen Gelegenheiten bereits sehr häufig geschehen.

Trotzdem sollte man sich auch vor Augen halten, dass die Empfänger:innen von Bürger:innen-Geld in Deutschland bis zum Monatsende mit einem Bruchteil des Geldes auskommen müssen. Jede:r Einzelne der Betroffenen würde sich freuen, wenigstens einmal derart hohe Einnahmen zu generieren.

Account von Drachenlord bei TikTok gesperrt

Vor ein paar Tagen hat TikTok nach diversen Meldungen der Hater mal wieder den Account vom Drachenlord gesperrt. Die Freude der Haider-Community war aber nur von kurzer Dauer. Winkler eröffnete sich, wie schon häufiger geschehen, einfach einen neuen Zugang. Sollte ihm dies gänzlich verwehrt werden, werde er nach einer anderen Video-

Plattform Ausschau halten, wo er dann seine Community um Zuwendungen bitten wird.

Ob wir das Verhalten der Haider so ganz grundsätzlich okay finden, weil wir immer wieder über den Drachen berichtet haben? Nein, das tun wir in vielen Fällen nicht.

Doch die Problematik ist alles andere als eindimensional. Nicht alles, was die Hater tun, ist korrekt. Doch vieles, was Winkler unternimmt, erscheint leider auch in keinem besseren Licht. Der Dialog sollte zu Sachthemen der IT zurückkehren.

Deswegen als Tipp: Wer sich für mehr Hintergründe interessiert, sollte sich online unsere Podcast-Episode zu diesem Thema anhören. Wir sprachen mit einem langjährigen Beobachter des Drachen-Games. Was den Podcast betrifft: Der Stream ist natürlich genauso kostenlos, wie auch der Download der Episode von unseren Servern.

Der befragte Pyro-Paul kündige uns gegenüber an, er wolle bald mal wieder dem Pilgerweg zur Drachenschanze folgen, auch wenn es dort nichts Spannendes mehr zu sehen gibt. Wir wünschen ihm dabei viel Spaß! Vielleicht bringt er ja ein paar Schottersteine als Devotionalien mit.

(Die Drachenschanze war das Wohnhaus und mehrere Seitengebäude in Altschauerberg, in der Familie Winkler wohnten: Vater Rudi bis zu seinem Tod, Mutter Rita und Schwester Ramona bis zu ihrem fluchtartigen Auszug kurz danach 2011. 2018 kamen mehrere hundert Haider zum Schanzenfest, um den Drachenlord zu besuchen.

Die Polizei rückte mit zahlreichen Kräften an, es kam auch zu zahlreichen Ordnungswidrigkeiten und Straftaten. Schließlich zog Influencer Rainer Anfang 2022 aus, der die Schanze Ende 2021 an die Gemeinde verkaufte.

Der Abriss des Haupthauses und der "Bulldoghalle" begann am 16.03.2022 und war nach einer Woche abgeschlossen).

Entertainment-Szene: Hacker:innen, Piraterie & das Recht der Urheber:innen

Wer gut hacken will, muss sich mitunter nicht nur mit Programm-Code gut auskennen, sondern auch in der Szene der Hacker:innen - nur so können die neusten Infos ausgetauscht werden. Entertainment in Form von Games oder auch Kinofilmen gehören ebenso zu den Talks in der Szene wie deren Hacks, auch wenn sie mit Rechtsverletzungen von Urheber:innen verbunden sein können.

Die in unserer Redaktion oft diskutierte These ist, dass solange es seit dem Römischen Reich „Brot und Spiele" gibt, wird es auch urheberrechtlich geschütztes „Entertainment und Hacker:innen" geben, die versuchen, etwaige Bezahlschranken zu überwinden. Es ist eine Szene für den Spass - idealerweise für den Spaß von allen, oder zur Schließung von Lücken für die Sicherheit von allen!

Happy Birthday The Pirate Bay: 20 Jahre und kein Ende in Sicht

von Sunny

Hisst die Flaggen, ihr Pirat:inn:en, denn The Pirate Bay (TBP) Geburtstag! Egal wie hoch die Wellen auch schlagen mögen, TPB geht seinen Weg.

Es ist kaum zu glauben, dass bereits 20 Jahre vergangen sind, seit The Pirate Bay (TPB) zum ersten Mal das Licht der digitalen Welt erblickte. 20 Jahre, in denen diese entschlossene Bastion der Torrent-Welt den manchmal stürmischen Winden und Wellen getrotzt hat. Die Geschichte von TPB zeugt von der Kraft der Überzeugung und der Verteidigung der Informationsfreiheit. Herzlichen Glückwunsch, The Pirate Bay, zu diesem Meilenstein!

The Pirate Bay: Symbol der Informationsfreiheit und des Widerstands

Es scheint erst gestern gewesen zu sein, als The Pirate Bay die digitale Bühne betrat. Aber in Wirklichkeit feierte diese ikonische Torrent-Website schon ihren 20. Ein echtes Jubiläum für eine Plattform, die nicht nur das Torrenting revolutioniert hat, sondern auch zu einem Symbol der Informationsfreiheit und der Entschlossenheit ihrer Macher:innen geworden ist.

The Pirate Bay

Die Wurzeln von The Pirate Bay reichen bis ins Jahr 2003 zurück, als die schwedische Anti-Copyright-Gruppe Piratbyrån („Piratenbüro") die Website ins Leben rief. Ihre Vision war klar: die Befreiung von Informationen und die Verteidigung der Meinungsfreiheit. Von Anfang an waren die Macher von TPB, darunter der Administrator ‚Winston' und die TPB-Crew, unerschütterlich in ihrem Glauben an die Unverletzlichkeit dieser Ideale.

TPB wurde schnell zu einem Symbol des Widerstands gegen Zensur und Urheberrechtsbeschränkungen. Sogar DMCA-Warnungen wurden oft belächelt und ignoriert, während Hollywood und andere versuchten, die Seite zu Fall zu bringen. Selbst der berühmte Musiker Kanye West erklärte ihr einst den Krieg — ohne Erfolg. TPB hat allen Stürmen getrotzt und ist stark geblieben.

Ohne eine gute Crew geht auch auf einem Schiff von Pirat:inn:en nichts

Was The Pirate Bay jedoch wirklich auszeichnet, ist das Engagement der Freiwilligen, die die Website am Laufen halten. Die meisten Crewmitglieder sind seit mehr als einem Jahrzehnt dabei, einige sogar noch länger. Sie opfern ihre Zeit und Energie, um die Website sauber und sicher zu halten. Fälschungen, Malware, Spam und Kinderpornografie sind auf TPB aus gutem Grund tabu. Die Crew hat gelernt, Verantwortung zu übernehmen und die Community so gut es eben geht zu schützen.

Die Jahre vergingen und The Pirate Bay entwickelte sich weiter. Eine der wichtigsten Änderungen war die Einführung von Magnet-Links, die die Benutzerfreundlichkeit erheblich verbessert haben. Trotz dieser und anderen (meist kleineren) Anpassungen bleibt TPB seinen Wurzeln treu: der freien Verbreitung von Informationen.

Hisst die Flaggen ihr Piraten – auf weitere 20 Jahre!

Wie wird TPB in den nächsten 20 Jahren aussehen? Spud17, ein Admin von The Pirate Bay, schreibt: „Vielleicht werden wir Inhalte über implantierte Gehirnchips streamen, die mit Smartwatch-ähnlichen Displays an unseren kybernetisch aufgerüsteten Armen verbunden sind. Ja, die Zukunft ist ungewiss, aber TPB wird zweifellos ein wichtiger Teil davon sein! Hisst die Flaggen ihr Pirat:inn:en – auf weitere 20 Jahre!"

In diesem höflichen Sinne gratulieren wir The Pirate Bay von ganzem Herzen zu seinem 20. Auf weitere 20 Jahre, in denen die Freiheit des Internets verteidigt und auch die Ideale der Informationsfreiheit hochgehalten werden. Es lebe TPB!

Der Urheber:innen-Rechtsstreit mit dem Internet Archive und seine Folgen

von Sunny

Im Urheber:innen-Rechtsstreit mit dem Internet Archive ist kein Ende in Sicht. Jetzt kommt es zu weitreichenden Einschränkungen bei der Bibliothek.

In einem laufenden Urheberrechtsstreit zwischen dem Internet Archive (IA) und mehreren Verlagen wurden Einschränkungen für die Online-Buchausleihe des IA vereinbart. Damit sollen künftig juristische Auseinandersetzungen vermieden werden.

Der Konflikt dreht sich um die Frage, ob die Digitalisierung und Ausleihe von Büchern durch das IA eine Verletzung von Rechten der Urheber:innen darstellt oder als „transformative fair use" anzusehen ist. Wir fassen die Hintergründe und Konsequenzen des Rechtsstreits für euch zusammen.

Hachette, HarperCollins und Penguin Random House reichen Klage gegen das Internet Archive ein

Das Internet Archive (IA), eine gemeinnützige Bibliothek, wurde 2020 von Verlagen wie Hachette, HarperCollins und Penguin Random House wegen Urheberrechtsverletzung verklagt. Die Verlagshäuser behaupteten, das IA habe urheberrechtlich geschützte Bücher ohne Genehmigung digitalisiert und verbreitet. Die Bibliothek verteidigte sich damit, dass sie eine wichtige Dienstleistung erbringe und berief sich auf das Konzept des „transformative fair use".

Vor Gericht umstritten ist jedoch der Begriff „gebundene Bücher" (Covered Books). Dabei geht es um die Frage, welche Bücher unter die Beschränkungen fallen. Die Verleger möchten, dass auch Werke, die nicht als E-Book verfügbar sind, einbezogen werden, während das IA darauf besteht, dass nur E-Books unter die Regelung zu fassen sind. Das berichtet Torrentfreak dazu in einem Artikel.

Die Folgen dieses Urteils sind vielfältig

Bibliotheken stehen in der heutigen Zeit vor verschiedenen Herausforderungen. Dieser Rechtsstreit könnte ihre Fähigkeit beeinträchtigen, Bücher außerhalb strenger Lizenzsysteme zu digitalisieren und zu verleihen. Brewster Kahle, Gründer der IA, betonte die Bedeutung leistungsfähiger Bibliotheken für den freien Zugang zur Information in einer Demokratie und kündigte an, gegen das Urteil Berufung einzulegen.

Der Copyright-Streit um das Internet-Archive geht aber noch weiter. Die Bibliothek sieht sich nun auch einer Klage von Plattenfirmen gegenüber, die behaupten, das IA habe massenhaft Tonaufnahmen ohne Erlaubnis verbreitet.

UMG, Capitol und Sony haben in den USA eine Klage über mehr als 400 Millionen Dollar gegen Internet-Archive eingereicht. In der Klageschrift wird behauptet, dass das „Great 78 Project" die Rechte der Urheber:innen von mehr als 2.700 Werken verletzt habe.

Insgesamt wirft der Fall interessante Fragen auf, wie rechtliche Aspekte von Urheber:innen im digitalen Zeitalter behandelt werden sollten. Er illustriert den Balanceakt zwischen dem Schutz von Rechten der Urheber:innen und dem Streben nach einem breiten Zugang zu kulturellen Ressourcen.

Anna's Archive mausert sich zur größten Schattenbibliothek

von Lars Sobiraj

Anna's Archive ist die größte Schattenbibliothek mit unzähligen, Belletristik-Romanen, wissenschaftlichen Werken, Comics und Zeitschriften.

Beinahe unbemerkt hat sich Anna's Archive an die Spitze der illegalen E-Book-Quellen weltweit gesetzt. Eine der Gründe ist neben dem riesigen Angebot die bislang nicht vollzogene Strafverfolgung der Macher dieser Schattenbibliothek.

Anna's Archive mischt mittlerweile ganz oben mit

Auch ohne Bezahlung, Werbung oder Login kann man dort auf über 21 Millionen E-Books, mehr als 86 Millionen wissenschaftliche Arbeiten, fast 2.5 Millionen Comics und mehr als eine halbe Million eingescannte Zeitschriften zugreifen. Die direkten Downloads laufen dort über mehrere Verlinkungen. Im November des Vorjahres führte man eine Suchfunktion ein, die man kürzlich noch verbessert hat.

Wer das Online-Projekt nachbauen will, kann kostenlos auf den Quellcode zugreifen. Dazu gibt es auch eine englischsprachige Anleitung auf dem hauseigenen Blog von Anna's Archive. Spenden kann man an die eigene Bitcoin-Wallet des Projekts. Andere Spendenoptionen hat man aus Sicherheitsgründen nicht eingeführt.

Die erste halbe Million Comics stellen übrigens nur den Anfang dar. Via P2P wollen die Betreiber nach und nach rund zwei Millionen Comics beziehen und dann hochladen, um diese öffentlich verfügbar zu machen. Wer sich an den Transfers beteiligt, sollte dies keinesfalls ohne VPN und ausländischer IP-Adresse tun!

Das komplette Archiv kann man auch via BitTorrent in diversen Teilstücken herunterladen. Die dazu passenden Torrent-Dateien sind unter der Google Domain-Suche annas+archive.org verfügbar.

Bereits 5% der weltweit verfügbaren Werke im Angebot

Ziel der Betreiber:innen ist es, das gesamte Wissen und die Kultur der Menschheit zu sichern. Dieses Wissen und diese Kultur soll für wirklich jeden auf der Welt frei zugänglich sein. Bei den E-Books insgesamt fehlen noch 95%. Die Werke der Konkurrenten Sci-Hub, Library Genesis und der Z-Library konnte man zwischenzeitlich mehr oder weniger komplett in das eigene Portfolio aufnehmen. Trotzdem gibt es noch viel zu tun.

Diskussionen gab es hingegen im hauseigenen Subreddit von Anna's Archive. Manche Teilnehmer:innen machen sich Sorgen wegen möglicher Schadsoftware in den Downloads. Doch da die meisten Werke nach eigenen Angaben primär aus der LibGen und Z-Library stammen, ist dies recht unwahrscheinlich. Außerdem ist es nicht so einfach, eine Schadsoftware in einem E-Book zu verbergen, die dann den PC infizieren soll. Ein Risiko gehen lediglich die Personen ein, die beim Öffnen eines PDF-Dokuments einen stark veralteten PDF-Reader nutzen oder innerhalb des Dokuments unseriöse URLs anklicken.

Auf jeden Fall verletzt man beim Download und der Nutzung von E-Books aus unseriösen Quellen die Rechte Dritter Urheber:innen. Daran besteht kein Zweifel. Auch bis FBI & Co. aktiv werden, dürfte in Anbetracht des riesigen Archivs sicher nicht mehr viel Zeit vergehen.

Pirate Bay-Proxy von GitHub verbannt – sind Links nun illegal?

von Marc Stöckel

The Proxy Bay hat lediglich zu The Pirate Bay verlinkt. Die Londoner Polizei hielt schon das für illegal. Ein gefährlicher Präzedenzfall?

Obwohl The Proxy Bay selber gar keine Urheberrechte verletzt, konnte die Londoner Polizei per DMCA-Meldung an GitHub eine Sperrung der letzten verbleibenden Domain zu dem Portal erwirken. Die Maßnahme lässt den Schluss zu, dass inzwischen allein die Verlinkung zu The Pirate Bay illegal ist. Bei genauerer Betrachtung könnte dieser Fall verheerende Folgen für viele weitere Webseiten haben.

The Proxy Bay bietet keine rechtsverletzenden Inhalte an

Die berüchtigte Torrent-Seite The Pirate Bay war schon vor etlichen Jahren Opfer zahlreicher gerichtlicher Sperranordnungen. Internetanbieter aus aller Welt haben das Piraterie-Portal aufgrund unzähliger Verstöße gegen das Urheberrecht blockiert.

Infolgedessen sprießten in der Vergangenheit Hunderte von Pirate Bay-Proxyseiten aus dem Boden – darunter auch „The Proxy Bay„. Diese Webseiten bieten jedoch selbst gar kein urheberrechtlich geschütztes Material an. Stattdessen geben sie Interessent:inn:en einen Überblick über funktionierende Proxys, über die das Piraterie-Urgestein weiterhin erreichbar ist.

Londoner Polizei erwirkt Sperrung der Pirate Bay-Proxyseite auf GitHub

Wie TorrentFreak berichtet, leitete der britische Musikverband British Phonographic Industry (BPI) rechtliche Schritte gegen die The Proxy Bay ein. Daraufhin blockierten jedoch nicht nur die lokalen Internetanbieter thepirateproxybay.com und zahlreiche weitere Domains. Auch Google schloss sich dem Urteil an und de-indexierte erneut alle betroffenen URLs.

Doch mit proxybay.github.com gab es vorerst einen Überlebenden dieser Maßnahmen. Obwohl es sich dabei um eine Kopie von thepirateproxybay.com handelte, erfolgte keine Sperrung dieser GitHub-Subdomain. Dabei sollte es jedoch nicht bleiben.

Denn die Abteilung für Verbrechen gegen geistiges Eigentum der Londoner Polizei (PIPCU) übermittelte vor wenigen Tagen eine DMCA-Meldung an GitHub, um das Portal der Entwickler:innen auf die vermeintlich kriminellen Aktivitäten der Pirate Bay-Proxyseite aufmerksam zu machen.

Der Bitte der PIPCU, „die Domain innerhalb von 48 Stunden nach Erhalt" der Meldung zu sperren, um „weitere Straftaten" zu verhindern, ist GitHub offenbar nachgekommen. Inzwischen erhalten Besucher:innen von proxybay.github.com einen 404-Fehler.

Sind schon Verlinkungen zu The Pirate Bay illegal?

Besonders brisant daran ist, dass The Proxy Bay, wie bereits erwähnt, selber gar keine Rechte von Urheber:innen verletzt. Das Portal verlinkt lediglich über Proxys zu The Pirate Bay, wo Benutzer:innen schließlich illegale Inhalte suchen und herunterladen können. Die eigentliche Rechtsverletzung findet also an anderer Stelle statt.

Für zahlreiche Webseiten kann hier ein gefährlicher Präzedenzfall entstehen. Wenn bereits eine Verlinkung zu dem beliebten Piraterie-Portal als Verbrechen gilt, dürften nämlich selbst Bing und Wikipedia bald in ernste Schwierigkeiten geraten.

Bekannte Hacker:innen, die uns noch lange in Erinnerung bleiben werden

von Sunny

Was braucht man, um als Hacker:in bekannter zu werden? Können sich auch „gute" Hacker:innen durch Hacking einen Namen machen? Und wo verläuft die oft schmale Grenze zwischen Gut und Böse? In der Geschichte des Internets gibt es einige Namen, die einen bleibenden Eindruck bei uns hinterlassen haben.

Wir stellen einige der bekanntesten Hacker:innen vor und betrachtet ihre Hintergründe, Leistungen und Auswirkungen auf das Internet.

In der Welt der Computer und Technologie gibt es viele talentierte und einflussreiche Menschen, die hinsichtlich des Hackings bekannt sind. Diese Personen haben ihre Fähigkeiten genutzt, um in Systeme einzudringen, Daten zu stehlen oder zu manipulieren und sogar Unternehmen und Regierungen zu infiltrieren.

Wenn es ums „Hacken" geht, gibt es viele bekannte Namen. Jede:r von ihnen hat dazu beigetragen, das Internet auf seine Weise zu verändern.

Einige von ihnen sind zu Held:inn:en der IT-Sicherheit geworden, während andere als Kriminelle verfolgt werden.

Bevor wir uns jedoch kopfüber in die Geschichten der bekanntesten Hacker:innen stürzen, ist es wichtig zu verstehen, welche Arten von Hacker:inn:n es gibt. Denn eines ist klar. Nachts sind zwar alle Katzen grau. Aber in den Tiefen des Internets ist längst nicht alles nur „gut- bis böse". Also: Welche Typen von Hacker:innen gibt es?

Wenn es um Cybersicherheit geht, gibt es nicht nur Schwarz und Weiß. Die Farben der Hacker:innen sind halt bunt. Am bekanntesten sind zwar die sogenannten „Black Hats" und „White Hats". Aber es gibt noch einige mehr. Hier eine kleine Übersicht:

Die Black Hats: Das sind die bösen Leute, die ihre technischen Fähigkeiten nutzen wollen, um andere zu betrügen und zu erpressen. Sie verfügen in der Regel über das Fachwissen und die Kenntnisse, um ohne Erlaubnis der Eigentümer:innen in Computernetzwerke einzudringen, Sicherheitslücken auszunutzen und Sicherheitsprotokolle zu umgehen. Um Geld zu verdienen, sind sie zu jeder illegalen Handlung bereit.

Die White Hats: Wenn es darum geht, die verschiedenen Arten von Hacker:inne:n zu verstehen, gibt es keinen größeren Unterschied als den zwischen einem White Hat und Black Hat. White Hat Hacker:innen (auch als ethische Hacker:innen bekannt), sind das genaue Gegenteil ihrer Black Hat Pendants. Sie setzen ihre technischen Fähigkeiten ein, um die Welt vor bösen Hacker:inne:n zu schützen.

Die mit den grauen Hüten: Der nächste in unserer Liste der verschiedenen Typen von Hacker:innen sind die grauen Hacker:innen. Diese sind irgendwo zwischen „White Hat" und „Black Hat" einzuordnen. Graue Hacker:innen haben oft gute Absichten, gehen aber bei ihren Hacking-Techniken nicht immer ethisch vor. Sie dringen beispielsweise ohne vorherige Zustimmung in eine Website, Anwendung oder IT-Systeme ein, um nach Schwachstellen zu suchen. In der Regel wollen sie jedoch keinen Schaden anrichten.

Die roten Hüte: Wie die White Hats wollen auch die Red Hats die Welt vor bösen Hacker:inne:n retten. Aber sie wählen extreme und oft illegale Mittel, um ihre Ziele zu erreichen. Sie sind so etwas wie die Pseudo-Robin Hoods der Cybersicherheitsindustrie – sie gehen den falschen Weg, um das Richtige zu tun. Wenn sie Black Hat Hacker:innen finden, führen sie gefährliche Cyberangriffe gegen ihn durch.

Und dann wären da noch blau und grün:

Die blauen Hüte: Im Bereich Cybersicherheit dominieren zwei Definitionen, die wenig bis nichts miteinander zu tun haben.

Definition 1: **Die Rachsüchtigen.** Diesen Hacker:inne:n geht es nicht unbedingt um Geld oder Ruhm. Sie hacken, um sich persönlich an einer Person, einem Arbeitgeber, einer Institution oder einer Regierung für ein tatsächliches oder vermeintliches Fehlverhalten zu rächen. Blue Hats verwenden Malware und führen verschiedene Cyberangriffe auf die Server/Netzwerke ihrer Gegner:innen durch, um deren Daten, Websites oder Geräte zu schädigen.

Definition 2: Blue Hats sind **die Sicherheitsexpert:inn:en**, die außerhalb des jeweiligen Dienstleisters arbeiten. Sie werden häufig von Unternehmen eingeladen, um neue Software zu testen und Sicherheitslücken aufzuspüren, bevor diese freigegeben wird. Manchmal veranstalten Betriebe regelmäßige Konferenzen für Blue Hat Hacker:innen, um Schwachstellen in ihren wichtigen Online-Systemen zu finden.

Aller Anfang ist schwer. Auch wenn es ums Hacken geht. Und damit kommen wir zur letzten Farbe – Grün. Dies sind die „Neulinge" in der Welt des Hackens:

Green Hats sind sich der Sicherheitsmechanismen und der internen Funktionsweise des Internets nicht bewusst, aber sie lernen eifrig und sind entschlossen, ihre Position in der Gemeinschaft der Hacker:innen zu verbessern. Obwohl sie nicht unbedingt beabsichtigen, Schaden anzurichten, können sie dies tun, indem sie mit verschiedenen Schadprogrammen und Angriffstechniken „spielen".

Vorab: Script Kiddies – eine Klasse für sich

Und was ist mit diesen „Script Kiddies", von denen man immer wieder hört? Nun, Script Kiddies sind ebenfalls Amateur-Hacker:innen, aber anstatt neue Hacking-Techniken und das Programmieren zu erlernen, sind sie nur daran interessiert, Malware, Tools und Skripte herunterzuladen oder online zu kaufen und zu verwenden. Der Hauptunterschied zwischen Green Hats und Script Kiddies besteht darin, dass erstere sehr ernsthaft und fleißig sind und ein klares Ziel haben, ihre Fähigkeiten zu verbessern. Letztere hingegen sind nur daran interessiert, bereits existierende Skripte und Codes zum Hacken zu verwenden.

Doch nun zu den bekannten Hacker:innen, in alphabetischer Reihenfolge:

Bekannte Hacker - Anonymous

Im Laufe der Jahre hat sich Anonymous auf eine Vielzahl von Themen konzentriert, darunter politische Korruption, Menschenrechtsverletzungen, Meinungsfreiheit und Datenschutz. Sie haben häufig koordinierte Distributed-Denial-of-Service (DDoS)-Angriffe durchgeführt, um die Websites von Regierungsbehörden und Unternehmen zu stören, die sie für korrupt oder gegen die Redefreiheit halten. Natürlich ist ein DDoS-Angriff kein Hacker:innen-Angriff, da er keine technischen Fähigkeiten erfordert und der Webserver nur behindert, aber nicht infiltriert wird.

Zu den bekanntesten Aktionen von Anonymous zählen die Förderung der Occupy-Bewegung im Jahr 2011. Aber auch die Enthüllung von Informationen über die Scientology-Kirche und die Unterstützung von WikiLeaks und seinem Gründer Julian Assange.

Es ist jedoch wichtig zu wissen, dass Anonymous absichtlich keine offizielle Struktur oder Hierarchie besitzt. Es gibt auch keine zentrale Anführer:innen oder Sprecher:innen. Die Mitglieder arbeiten oft unabhängig voneinander, und es ist schwierig, ihre Identitäten oder Aktivitäten genau zu bestimmen. Jeder kann sich Anonymous nennen, weshalb es in der Vergangenheit leider auch Trittbrettfahrer:innen gab, die ganz andere Ziele verfolgten.

Es ist nahezu unmöglich, hier alle Aktivitäten von Anonymous aufzuzählen. Es sind einfach zu viele. Eine kleine Übersicht mit Aktionen, welche einen bleibenden Eindruck hinterlassen haben, soll es aber dennoch geben.

Cyber-Angriffe und politischen Aktionen von Anonymous

Operation Chanology: Anonymous startete 2008 eine Kampagne gegen die Scientology-Organisation, um deren Praktiken und Missbrauch öffentlich zu machen.

Arabischer Frühling: Anonymous unterstützte die Proteste während des Arabischen Frühlings und half dabei, die Zensur und Überwachung durch die Regierungen zu umgehen.

Operation Anti-Security: 2011 startete Anonymous eine Kampagne gegen Regierungen und Geheimdienste und veröffentlichte vertrauliche Informationen über Überwachung und Spionage.

Operation Megaupload: Im Jahr 2012 startete Anonymous eine Kampagne gegen das FBI, das US-Justizministerium und Unternehmen der Content-Industrie, weil sie an der Schließung des Sharehosters Megaupload beteiligt waren.

Operation Darknet: 2011 startete Anonymous eine Kampagne gegen Kinderpornografie und andere illegale Aktivitäten im Darknet und trug zur Schließung dieser Seiten bei.

Operation Wal: Anonymous startete 2020 eine Kampagne gegen die Färöer-Inseln, um gegen das jährliche Grindadráp-Festival zu protestieren, bei dem Hunderte von Grindwalen getötet werden.

Operation Russia: OpRussia ist eine Kampagne von Anonymous, die sich gegen die russische Regierung und ihre Politik richtet. Die Aktionen von OpRussia umfassen eine breite Palette von Themen. Man protestierte damit gegen Zensur, Korruption, Menschenrechtsverletzungen und politische Repression.

Bekannte Hacker - Evgeniy Mikhailovich Bogachev

Bogachev wurde 1983 in Anapa, Russland, geboren und wuchs in einem Dorf in der Nähe von Krasnodar auf. Er begann seine Karriere als Programmierer und entwickelte später Malware, mit der er und seine Kompliz:inn:en Bankkonten und Kreditkartendaten von ahnungslosen Opfern kopieren (stehlen) konnten.

In unserer Liste bekannten Hacker:innen darf Bogachev deshalb nicht fehlen, weil er für seine Beteiligung an der Entwicklung des Zeus-Botnets bekannt ist. Das Zeus-Botnet war eine Art Malware, die es Hacker:inne:n ermöglichte, die Kontrolle über die Computer ihrer Opfer zu übernehmen und Daten wie Passwörter, Bankdaten und andere vertrauliche Informationen zu stehlen.

Evgeniy war nicht nur der Entwickler des Zeus-Botnetzes, sondern auch der Anführer einer Gruppe von Cyberkriminellen, die das Botnetz kontrollierten. Die Hacker:innen operierten von Russland aus und unterhielten Verbindungen zu anderen kriminellen Organisationen auf der ganzen Welt. Im Jahr 2012 erhob die US-Regierung Anklage gegen Bogachev und seine Kompliz:inne:n.

Bogachev wurde von der US-Regierung angeklagt, als er als mutmaßlicher Kopf des Zeus-Botnets identifiziert wurde. Im Jahr 2014 gab das FBI dann bekannt, das Bogachev auf der Liste der meistgesuchten Cyberkriminellen stehe und setzte eine Belohnung in Höhe von drei Millionen US-Dollar für Hinweise aus, die zu seiner Festnahme führen.

Einer der meistgesuchten Hacker weltweit: Seither wird international nach Bogachev gefahndet, und es wird vermutet, dass er sich noch immer in Russland aufhält, wo er möglicherweise den Schutz der Behörden genießt. Bis heute ist er auf freiem Fuß und gilt weiterhin als eine der meistgesuchten Personen im Bereich der Cyberkriminalität.

Bekannte Hacker:innen - Kevin Poulsen aka Dark Dante

„Dark Dante", auch bekannt als Kevin Poulsen, ist ein ehemaliger US-amerikanischer Hacker und Journalist. In den 1980er und 1990er-Jahren war Poulsen ein bekanntes Mitglied der Hacker:innen-Community und für eine Reihe spektakulärer Hacks verantwortlich.

Einer seiner bekanntesten Hacks war der Einbruch in das Telefonnetz von Los Angeles im Jahr 1990, bei dem es ihm gelang, alle Telefonleitungen eines Radiosenders zu blockieren, um sicherzustellen, dass er der 102. Anrufer bei einem Gewinnspiel war und einen Porsche gewinnen konnte. Der „Hack" brachte Poulsen in Schwierigkeiten und führte schließlich zu seiner Verhaftung.

Nach seiner Entlassung aus dem Gefängnis schlug Poulsen eine Laufbahn als Journalist ein. Er arbeitete für verschiedene renommierte Medien, darunter Wired und The Daily Beast, und berichtete über

Computerkriminalität und Hacking. Poulsen nutzte seine Hacking-Kenntnisse auch für seine journalistische Arbeit, um Sicherheitslücken und Missstände aufzudecken.

Dark Dante – eine wichtige Stimme in der Debatte über Cyberkriminalität und Datenschutz: Poulsen, Aaron Swartz und James Dolan haben gemeinsam auch den anonymen Briefkasten für Whistleblower, SecureDrop, entwickelt. In den letzten Jahren hat sich Poulsen auf die Berichterstattung über Datenschutz und Überwachung konzentriert und gilt als einer der Führenden unter den Expert:inn:en auf diesem Gebiet. Er hat mehrere Bücher über Hacking und Computersicherheit geschrieben und hält regelmäßig Vorträge zu diesen Themen. Poulsen gilt als wichtige Stimme in der Debatte über Cyberkriminalität und Datenschutz.

Bekannte Hacker:innen - Albert Gonzalez

Gonzalez war der Anführer einer internationalen Gruppe von Kriminellen, die zwischen 2005 und 2007 große Einzelhändler wie TJX Companies und Heartland Payment Systems „überfielen" und Millionen von Kreditkartendaten stahlen. Er wurde später verhaftet und zu 20 Jahren Gefängnis verurteilt.

Gonzalez und seine Hacker:innen-Gruppe erbeuteten die Kreditkartendaten von Millionen von Kund:inn:en und verkauften sie auf dem Schwarzmarkt. Der Gesamtschaden wird auf mehrere Hundert Millionen Dollar geschätzt.

Albert Gonzalez wurde 2008 verhaftet und gestand später seine Verbrechen. Er wurde zu 20 Jahren Haft verurteilt, die er im Hochsicherheitsgefängnis ADX Florence in Colorado verbüßt.

Albert Gonzales – ein Spielball der Geheimdienste? Pikant ist, dass der Sohn kubanischer Einwanderer bereits 2003 als einer der Betreiber:innen der Hacker-Webseite „Shadowcrew" verhaftet wurde. Statt ins Gefängnis zu wandern, bekam der in der Szene als „Soupnazi" bekannte Gonzalez aber die Chance, für den US-Geheimdienst in New

Jersey als Informant zu arbeiten. Unter den Decknamen „Cumbajohnny" lieferte er bei der „Operation Fireball" 28 Kolleg:inn:en aus der Hacking-Szene ans Messer.

Trotz der Schwere von Gonzales' Verbrechen wiesen einige Beobachter:innen darauf hin, dass er auch ein Opfer des „Cyberkriegs" zwischen verschiedenen Staaten und Gruppen sei. Sein Anwalt argumentierte, dass die US-Regierung ihn als Hacker rekrutiert habe, um ausländische Ziele anzugreifen und dass er schließlich „auf die falsche Seite" geraten sei.

Bekannte Hacker:innen - Wau Holland

Wau Holland, eigentlich Herwart Holland-Moritz, war ein deutscher Hacker und Mitbegründer des Chaos Computer Clubs (CCC), einer der ältesten und bekanntesten Hackerorganisationen der Welt. Holland wurde am 21. Dezember 1951 in Hamburg geboren und starb am 29. Juli 2001 in Bielefeld.

Holland war einer der Pioniere der deutschen Hacking-Szene und maßgeblich an der Gründung des CCC im Jahr 1981 beteiligt. Der CCC ist bekannt für seine Arbeit im Bereich der Computersicherheit und die Verteidigung der Privatsphäre und der digitalen Freiheiten.

Holland war nicht nur ein Aktivist, sondern auch ein Verfechter der Hacker-Ethik. Er setzte sich für den freien Austausch von Informationen und die Verbreitung von Wissen ein. Holland hat stets betont, dass Hacker:innen ein wertvolles soziales Gut sind und durch ihren kreativen und innovativen Umgang mit Technologie zur Verbesserung der Gesellschaft beitragen können. Sehenswert ist ohne Frage die recht neue Doku "Alles ist Eins. Außer der 0." über ihn, die im Dezember 2022 im öffentlich-rechtlichen Fernsehen ausgestrahlt wurde.

Eine Ikone der digitalen Freiheitsbewegung: Holland starb 2001 im Alter von 49 Jahren an Krebs. Er gilt bis heute als wichtige Persönlichkeit in der Hacker:innen-Szene und als Ikone der digitalen

Freiheitsbewegung. Zu seinem Gedenken wurde die „Wau Holland Stiftung" gegründet, die sich der Unterstützung von Projekten zur Verteidigung der Privatsphäre und der digitalen Rechte widmet.

Bekannte Hacker:innen - Hans Heinrich Hübner

Hans Heinrich Hübner, vielen auch bekannt unter seinem Pseudonym „Pengo", war in den 1980er und 1990er-Jahren ein bekannter Hacker. Er gilt als einer der Pioniere der deutschen Hacker:innen-Szene und war berüchtigt für seine Fähigkeiten im Reverse Engineering und in der Programmierung von Computerviren. Hübner war zusammen mit Markus Hess und Karl Koch an den Hacks beteiligt, die damals zu den Zeiten des Kalten Krieges der KGB finanziert hat. Leider hat man ihn in der Handlung des Kinofilms „23 – Nichts ist so wie es scheint" komplett außen vor gelassen. Hübner wurde Ende der 1980er-Jahre aktiv und war Mitbegründer der Hackergruppe „Chaos Computer Club" (CCC).

Unter dem Namen „Pengo" entwickelte Hübner mehrere bekannte Computerviren, darunter den „Ping-Pong"-Virus, der 1988 erstmals auftauchte und sich schnell verbreitete. Der Ping-Pong-Virus war ein sogenannter Bootsektor-Virus, der sich in den Bootsektor von Disketten einnistete und sich von dort aus auf andere Computer ausbreitete. Er war auch für die Entwicklung von „Vienna" verantwortlich. Einem der ersten „polymorphen Viren", der sich automatisch veränderte, um der Erkennung durch Antivirenprogrammen zu entgehen.

1994 wurde Hübner verhaftet und später zu einer Haftstrafe verurteilt, weil er den Quellcode des Virenprogramms „AI-DS" entwickelt und verbreitet hatte, das speziell darauf abzielte, das Betriebssystem von Siemens-Computern zu infizieren. Nach seiner Freilassung arbeitete er als IT-Berater und blieb in der Hacker:innen-Szene aktiv.

Bekannte Hacker:innen – Ada Lovelace

Die meisten von uns kennen nur Men Hacker. Doch kennst Du Dich aus? Weibliche Hacker:innen? Schon einige von uns wissen, dass es viele und berüchtigte Hackerinnen auf der ganzen Welt gab und gibt:

Augusta Ada King-Noel, Countess of Lovelace, allgemein als Ada Lovelace bzw. Lady Lovelace bekannt (geboren 1815 in London; und ebenda verstoben 1852), war eine britische Mathematikerin, Hackerin und Gesellschaftsdame. Sie war die Tochter des Dichters Lord Byron. Sie gilt als erster Ersteller von Computerprogrammen.

Lovelace arbeitete mit Charles Babbage an der von ihm entwickelten Analytical Engine. Diese wurde zwar niemals fertiggestellt, aber Ada Lovelace erkannte das große Potential dahinter, über die Verwendung als Maschine zur Berechnung mathematischer Tafeln hinaus,

Die Erkenntnis, dass die Maschine mehr als nur Zahlen verarbeiten könnte, war bahnbrechend, wurde jedoch zu ihrer Lebzeit nicht erkannt. Sie legte in ihren Aufzeichnungen und in der Veröffentlichung auch ein konkretes Programm für die Maschine am Beispiel der Berechnung von Bernoulli-Zahlen vor. Daher gilt sie manchen Historikern als erste Programmiererin bzw. Hackerin der Welt.

Bekannte Hacker:innen - LulzSec

LulzSec war eine Gruppe von Hacker:innen, die zwischen Mai und Juni 2011 eine Reihe von Hack-Angriffen gegen eine Vielzahl von Zielen durchführte. Darunter Regierungsbehörden, Unternehmen und Medienorganisationen. Ihre lockere, humorvolle Art, spektakuläre Angriffe und ihre Fähigkeit, schnell auf neue Angriffsziele zu reagieren, verhalfen ihnen flott zu einer gewissen „Berühmtheit".

Zu den bekanntesten Hacks von LulzSec gehört der Einbruch in die Website von Sony Pictures, bei dem Millionen von Nutzer:innen-Daten gestohlen wurden. Aber auch der Hack der Internetseite von HBGary Federal, einem Unternehmen, das auf die Entwicklung von Sicherheitssoftware spezialisiert ist.

Obwohl die Gruppe angab, ihre Motivation sei hauptsächlich Spaß und das Aufdecken von Schwachstellen, wurden einige der LulzSec-Hacks als politische Aktionen angesehen, die sich gegen etablierte Institutionen und Unternehmen richteten. Einige Mitglieder von LulzSec waren auch Teil der größeren Anonymous-Bewegung.

Nur bekannte Hacker:innen, Politaktivist:inn:en oder digitale Robin Hoods? - Im Juni 2011 löste sich LulzSec auf und erklärte ihre Mission für beendet. Einige Mitglieder der Gruppe wurden später verhaftet und verurteilt. Darunter der Anführer Hector Xavier Monsegur, der unter dem Pseudonym „Sabu" bekannt war. Der Fall LulzSec hat eine Debatte über die Sicherheit im Internet und die Rolle von Hacking-Gruppen ausgelöst, die oft als politische Aktivist:inn:en oder sogar als digitale Robin Hoods wahrgenommen werden.

Bekannte Hacker:innen - Robert Tappan Morris

Robert Tappan Morris erlangte größere Bekanntheit, als er 1988 den Morris-Wurm schuf. Dieser Wurm gilt als einer der ersten Computerwürmer. Er hatte sich schnell auf Tausenden von Computern verbreitet und das Internet lahmgelegt. Er wurde später verhaftet und zu einer Geldstrafe und gemeinnütziger Arbeit verurteilt.

Morris studierte Informatik an der Cornell University und später am MIT, wo er unter anderem von Richard Stallman, einem bekannten Hacker und Software-Aktivisten, unterrichtet wurde. Während seines Studiums schloss sich Morris der berüchtigten Hacking-Gruppe „The L0pht" an, die für ihre technischen Fähigkeiten und ihr politisches Engagement bekannt war.

1988 schrieb Morris den Morris-Wurm, der sich schnell über das zu der Zeit noch junge Internet ausbreiten konnte und in vielen Computernetzwerken weltweit großen Schaden anrichtete. Der Wurm nutzte Sicherheitslücken in den damals verwendeten UNIX-Systemen aus und verbreitete sich selbstständig auf andere Datenverarbeitungsanlagen.

Seine Schadsoftware brachte viele Rechner zum Absturz und überlastete die Netzwerke. Der Schaden wurde auf mehrere Millionen Dollar geschätzt und Morris wurde wegen Verstoßes gegen den „Computer Fraud and Abuse Act" angeklagt.

Ein Hacker mit Vorbildfunktion und ein Pionier der Informationstechnologie: Morris wurde schließlich zu einer Geldstrafe und gemeinnütziger Arbeit verurteilt. Die Strafe wurde zur Bewährung ausgesetzt. Sein Fall löste eine Debatte über die Grenzen der Hacker:innen-Kultur und die Notwendigkeit von Gesetzen und Regeln im Internet aus. Nach seiner Verurteilung arbeitete Morris als Informatikprofessor an verschiedenen Universitäten und gründete mehrere erfolgreiche Unternehmen in den Bereichen Cybersicherheit und Cloud-Computing-Technologie. Heute gilt er als Pionier der Informationstechnologie und Vorbild für viele junge IT-Unternehmer.

Bekannte Hackerinnen – Jude Milhorn

Jude Milhon war besser bekannt unter ihrem Pseudonym St. Jude. Sie war eine Hackerin und Autorin in der San Francisco Bay Area. Sie prägte den Begriff Cypherpunk und war Gründungsmitglied der Cypherpunks.

Schon 1976 begann sie mit dem Programmieren und schrieb Software für die Horn and Hardart Company. Unter den Projekten, an denen sie mitarbeitete, war das Berkeley Operating System und das Community Memory. Sie war Mitglied der Computer Professionals for Social Responsibility und Autorin mehrerer Bücher sowie leitende Redakteurin des Magazins Mondo 2000 und ständige Mitarbeiterin des berühmten Blogs Boing Boing. Sie verstarb am 19. Juli 2003 an Krebs.

Bekannte Hacker - Linus Neumann

Linus wird oft als Hacker bezeichnet, weil er Mitglied des Chaos Computer Clubs (CCC) ist, einer internationalen Hacker- und

Aktivistengruppe, die sich für digitale Freiheiten, Datenschutz und andere soziale und politische Themen einsetzt.

Der Begriff „Hacker" wird im Zusammenhang mit dem CCC oft positiv verwendet und bezieht sich auf Personen, die ihre technischen Fähigkeiten und ihr Wissen nutzen, um Technologie zu verstehen, zu verbessern und zu manipulieren.

Neben seiner Arbeit beim CCC ist der studierte Diplom-Psychologe als Berater und Experte für IT-Sicherheit tätig. Er hat in der Vergangenheit mit verschiedenen Regierungen und Unternehmen zusammengearbeitet, um deren IT-Systeme zu überprüfen und zu verbessern. Er setzt sich außerdem für den Einsatz von Verschlüsselungstechnologien ein, um die Privatsphäre und Sicherheit der Nutzer:innen im Internet zu schützen.

Neumann hat sich in der Vergangenheit auch kritisch gegenüber staatlicher Überwachung und der Einschränkung digitaler Freiheiten geäußert. Er hat sich gegen die Vorratsdatenspeicherung ausgesprochen und setzt sich für mehr Transparenz und Rechenschaftspflicht beim Einsatz von Überwachungstechnologien durch Regierungen und andere Organisationen ein.

Insgesamt ist Linus Neumann ein bekannter und einflussreicher Aktivist im Bereich der digitalen Freiheiten und der IT-Sicherheit. Durch seine Arbeit hat er dazu beigetragen, das Bewusstsein für diese Themen zu schärfen und Veränderungen in der Technologie- und Datenschutzpolitik zu bewirken.

Bekannte Hacker:innen - Edward Snowden

Edward Snowden, ein ehemaliger US-Geheimdienstmitarbeiter, gab 2013 geheime Dokumente des US-Geheimdienstes National Security Agency (NSA) an Journalist:inn:en weiter (insbesondere Laura Poitras und Glenn Greenwald) und erlangte dadurch internationale Bekanntheit. Die Unterlagen enthielten Informationen über die umfangreichen Überwachungsprogramme der NSA, einschließlich der Massenüberwachung von Telefon- und Internetkommunikation.

Snowden, der früher für die CIA und als Vertragsarbeiter für die NSA gearbeitet hatte, beschloss, die Dokumente an die Presse weiterzugeben, da er die öffentliche Überwachung als Angriff auf die Privatsphäre und die Freiheit der Bürger:innen ansah. Bevor die Enthüllungen in der Presse veröffentlicht wurden, floh er nach Hongkong. Die USA klagten ihn später wegen Spionage an.

Seitdem lebt Snowden im russischen Exil, wo ihm politisches Asyl gewährt wurde. Seine Enthüllungen haben weltweit eine Debatte über die Überwachung durch Regierungen und Geheimdienste sowie über Datenschutz und Bürgerrechte ausgelöst. Die einen sehen in ihm einen mutigen Whistleblower und bekannten, ja schon berühmten Hacker, der die Öffentlichkeit über geheime staatliche Spionage informiert hat. Andere wiederum halten ihn für einen Verräter und eine Gefahr für die nationale Sicherheit.

Ist Snowden ein weltweit bekannter Hacker, ein Whistleblower oder sogar beides? - Edward Snowden wird oft deshalb als Hacker bezeichnet, weil er sich unerlaubt Zutritt zu sensiblen Informationen des amerikanischen Geheimdienstes NSA verschafft hat. Snowden arbeitete damals als Systemadministrator für die NSA und hatte dadurch Zugang zu vertraulichen Datenbanken und Systemen.

Allerdings ist der Begriff „Hacker:in" oft negativ behaftet und wird häufig mit kriminellen Aktivitäten wie Daten- und Identitätsdiebstahl in Verbindung gebracht. Was auf Snowden aber nicht unbedingt zutrifft.

Die Snowden-Affäre ist nach wie vor umstritten und hat internationale Aufmerksamkeit erregt. Er hat auch zu einigen Reformen im Bereich der Überwachung durch Regierungen und Geheimdienste geführt und der Schutzmahnahmen durch Bürger:innen. Dazu gehört die Verabschiedung des USA Freedom Act im Jahr 2015, der die Massenüberwachung von Telefon- und Internetkommunikation einschränkt sowie die Steigerung der verschlüsselten Internet-Kommunikation durch die Nutzer:innen.

Bekannte Hacker - Richard Stallman

Richard Stallman wurde am 16. März 1953 in New York geboren. Er studierte am Massachusetts Institute of Technology (MIT), wo er später auch als Programmierer arbeitete. Im Jahr 1983 gründete Stallman das GNU-Projekt mit dem Ziel, eine vollständige und freie Softwarealternative zum damals weit verbreiteten proprietären Betriebssystem UNIX zu schaffen.

Stallman hat für seine Arbeit zahlreiche Auszeichnungen erhalten. Darunter den MacArthur-Fellowship im Jahr 1990 und den Electronic Frontier Foundation Pioneer Award im Jahr 1998. Er ist ein regelmäßiger Redner auf Konferenzen und Veranstaltungen zu den Themen freie Software und digitale Freiheiten.

Stallman wird oft als Hacker bezeichnet, da er einer der Pioniere der Computerprogrammierung und der Bewegung für freie Software ist. Er spielte eine wichtige Rolle bei der Entwicklung von Softwarewerkzeugen, die es anderen Hacker:inne:n und Programmierer:inne:n ermöglichen, ihre eigenen Programme zu schreiben und zu verbessern. Es versteht sich daher von selbst, dass er in unserer Liste nicht fehlen darf.

Stallman hat auch dazu beigetragen, die Idee der Hacker:innen-Ethik populär zu machen, die besagt, dass der Zugang zu Informationen und Technologie für alle frei und offen sein sollte. Für ihn bedeutet Hacking nicht nur das Eindringen in Computersysteme, sondern auch die kreative Nutzung von Technologie, um neue Dinge zu schaffen und Probleme zu lösen.

Als Aktivist setzt sich Stallman auch dafür ein, dass Technologie transparent und kontrollierbar bleibt und dass die Nutzer:innen in der Lage sind, ihre eigenen Systeme zu kontrollieren und zu verändern. Diese Haltung und seine langjährige Arbeit im Bereich der Computerprogrammierung und der Freien Software-Bewegung haben dazu beigetragen, dass Stallman oft als Hacker bezeichnet wird.

Bekannte Hacker:innen: Rena Tangens

Rena Tangens ist eine deutsche Datenschutzaktivistin, Hackerin, Internet-Pionierin und Künstlerin. Sie gründete 1984 zusammen mit padeluun die Kunst-Galerie Art d'Ameublement und ist vorsitzende Mitbegründerin des Grundrechte- und Datenschutzvereins Digitalcourage sowie Mitorganisatorin bzw. Jurymitglied der deutschen Big Brother Awards, die seit dem Jahr 2000 jährlich in Bielefeld verliehen werden.

1988 gründete sie gemeinsam mit Barbara Thoens die Haecksen, ein Zusammenschluss weiblicher Mitglieder und Hackerinnen des Chaos Computer Clubs. Ab 1989 arbeitete sie am Mailboxprogramm ZERBERUS (Z-Netz, dessen Oberfläche sie mitgestaltete) und der BIONIC-MailBox mit.

Im März 2016 erhielt Tangens den Bielefelder Frauenpreis, eine Auszeichnung des Bundes der Frauenvereine und der Regionalzeitung Neue Westfälische. Zwei Jahre später erhielt sie die Ehrennadel der Stadt Bielefeld.

Zukünftiges Portraitieren von Hacker:inne:n:

Wie gesagt, diese Liste ist bei Weitem nicht vollständig. Aber sie lässt uns ein wenig verstehen, welche Ziele einige Hacking-Gruppen verfolgen. Zusammenfassend lässt sich ggf. für die bekannteste Gruppe an Hacker:innen also sagen: Anonymous ist eine lose organisierte internationale Gruppe an Hacker:innen und Aktivist:inn:en, die für ihre Cyberangriffe und politischen Aktionen bekannt ist und sich für Meinungsfreiheit, Datenschutz und gegen Zensur einsetzt. Dass sie in unserer Liste der bekanntesten Hacker:innen nicht fehlen dürfen, versteht sich von selbst.

Und wir kommen noch lange nicht zum Schluss: Es gibt noch viele weitere geschichtsträchtige Namen von Gruppen und Einzel-Namen, die mit dem Thema Hacking in Verbindung gebracht werden können: Wen haben wir bisher vergessen? Wer fällt euch noch zum Thema populäre Hacker:innen ein? Und wer hat es geschafft, mit seinen Taten unsere Gesellschaft und damit unsere Welt zu verändern? Wer hat einst für Schlagzeilen gesorgt? Hinterlasst uns bitte eure Hinweise und Kommentare auch im Forum.

Viele Datenschützer:innen und IT-Expert:inn:en zählen ebenso dazu und sorgen für eine gute Ordnung im Chaos – manche halten sie für die wahren Hacker:innen – nämlich mit guten Absichten.

Galahad entfernt seit 30 Jahren begeistert den Kopierschutz von Spielen

von Lars Sobiraj

Phill aka Galahad aus dem Südwesten Englands knackt seit über 30 Jahren in seiner Freizeit den Kopierschutz von Spielen. Im Laufe der Jahre wurde er zu einem der bekanntesten Cracker überhaupt. Kaum ein Computerfreak im Alter von Ü50 wird seinen Namen und den seiner späteren Gruppe, Fairlight, nicht kennen. Fairlight hat damals für viele Jahre die illegale Szene dominiert. Zunächst auf dem C64, später auf dem Amiga und auf diversen anderen Computer-Plattformen.

Dieses Interview wird in der englischen Sprache auch beim Amiga Diskmag Jurassic Pack erscheinen.

Tarnkappe.info-Redaktion: *Galahad, eigentlich musst Du Dich niemandem mehr vorstellen. Aber bitte tue es trotzdem einmal.*

Galahad: Aloha! Manche kennen mich eher als Galahad, andere als Phill. Ich bin selbstständig tätig, repariere und zerlege Autos und schraube an Geländewagen herum, um von dem Geld nach Afrika zu fahren! Mit meinem langjährigen Partner bin ich seit 16 Jahren zusammen. Ich sollte mir inzwischen wohl wirklich einen Ring anstecken.

Tarnkappe.info-Redaktion: *16 Jahre ist tatsächlich eine lange Zeit. Seit wann bist Du in der IT-Szene? Wie bist Du eigentlich dazu gekommen?*

Galahad: Ich nehme an, dass ich 1991 in die IT-Szene eingetreten bin, als ich als Cracker Mitglied der Gruppe Leeds Spreading Division (LSD) wurde. Aber meine Mitgliedschaft in der Modem-Szene beziehungsweise bei LSD war sinnfrei, weil diese Gruppe wirklich keine Chance hatte, an schnelle Original-Spiele zu gelangen.

Deswegen waren Deadbeat (von Ex-Dual Crew und ein ehemaliges LSD-Mitglied) und ich für etwa eine Woche bei Scoopex. Nein, ich führe euch nicht hinters Licht. Ich habe unter dem Namen Harlequin für Scoopex einen +22-Trainer (mit 22 Optionen) für das Amiga-Spiel Wizkid gemacht.

Leider war es dann offensichtlich, dass Scoopex auch nicht mehr dazu in der Lage war, schnell genug an Originale zu kommen. Also war ich, abgesehen davon, dass ich in einer viel besseren Gruppe als LSD war, wieder so ziemlich darauf angewiesen, IT-Trainer zu machen. Und das ohne jede Hoffnung, das zu tun, was ich eigentlich machen wollte: Hacken. Das begeisterte mich kein bisschen.

Tarnkappe.info-Redaktion: Was hat Dich damals an der Szene für Release Groups - die Cracker-Szene - fasziniert?

Galahad: Der Underground-Charakter, die Anonymität. Und ja, dass jeder Deinen Alias-Namen kennt, Du aber trotzdem unsichtbar bist. Ich hatte schon beschlossen, als ich meinen ersten Amiga bekam, dass die Szene der Cracker:innen das war, wo ich sein wollte. Aber ich wusste nicht, ob ich die Fähigkeiten hatte, um loszulegen, oder ob es zu viel Marktbegleitung geben würde, um überhaupt anzufangen. Da ich ziemlich früh herausfand, dass viele der besten Amiga-Cracker:innen in den späten 80ern ihre Anfänge auf dem C64 hatten und Cracks machten, besaßen sie schon einen Wissensvorsprung.

Tarnkappe.info-Redaktion: Und wie motivierst Du Dich heute, immer noch gelegentlich etwas zu cracken?

Galahad: Ich weiß nicht. Es ist ja nicht so, als ob es nicht viele andere gäbe, die nicht das gleiche tun könnten, was ich tue. Aber ich scheine für viele Leute die erste Anlaufstelle zu sein, wenn es darum geht, etwas Neues zu knacken oder etwas, das früher nicht richtig geknackt wurde.

Und wenn mich jemand fragt, finde ich es schwierig, nicht wenigstens einen Blick darauf zu werfen. Mir also anzuschauen, womit ich es im Detail zu tun habe. Schon habe ich Fortschritte gemacht, es geknackt. Und dann muss ich dafür nur noch ein Cracktro aussuchen und fertig.

Sicher, es ist ziemlich langweilig, wenn man mit einem Schutz konfrontiert wird, bei dem Amateur:innen gute Chancen haben, ihn auf Anhieb richtig zu überwinden.

Aber hin und wieder bekommt man etwas, das einem das Leben schwer macht. Und bevor man sich versieht, steckt man knietief in Assembler für den 68000er ASM-Prozessor des Amiga und reißt es in Stücke!

Tarnkappe.info-Redaktion: *Und warum als Cracker von Kopierschutzvorrichtungen? Ich habe den Eindruck, Du liebst die Herausforderung, oder?*

Galahad: Ich war als Kind schon immer neugierig, wollte wissen, wie die Dinge funktionieren. Ich habe ferngesteuerte Autos in ihre Einzelteile zerlegt und sie dann wieder zusammengesetzt. Auch die Schaltung meines Fahrrads. Ich mochte es einfach zu wissen, wie die Dinge funktionieren.

Und auf dem Amiga war es ein Game mit dem Kopierschutz Rob Northen Copylock, der mich dazu brachte. Ich könnte gar nicht sagen, welches Game es war. Aber es war die Art und Weise, in der, obwohl ich absolut nichts über den Amiga bzw. 68000 ASM wusste, sobald dieses bestimmte Spiel fertig geladen war, das Laufwerk dieses massive Geräusch machte. Gemeint ist das Geräusch des Laufwerks, das von Spur 60 auf Spur 0 herunterschaltet und dann wieder auf Spur 60 zurückschaltet. Und obwohl ich kein Wissen über den Amiga hatte, stellte ich in diesem Moment fest: „Wenn das keine Kopierschutzprüfung ist, wäre ich sehr überrascht!". Und von da an beschloss ich, es herauszufinden.

Tarnkappe.info-Redaktion: *Mit welchem Kopierschutz hast Du damals angefangen?*

Galahad: Zweifellos war es das Spiel Carrier Command und seine Dokumentenprüfung und sein zusätzlicher Schutz, wenn man nichts eingegeben hat. Das Erste, was ich tat, war, eine Action Replay MK1 Cartridge zu kaufen. Ich hatte nur eine Ahnung davon, was sie tun könnte, aber zu diesem Zeitpunkt kannte ich noch nicht einmal 68000 ASM.

Aber ich hatte einen Artikel in einer Computerzeitschrift gelesen, in dem erklärt wurde, was ein Monitor-Programm ist, was Echtzeit-Assembler/Disassembler sind. Und ich fand heraus, dass dies ein großartiger Weg sein würde, um zu lernen. Denn selbst wenn ich mir nicht sicher war, was bestimmte Anweisungen auslösen würden, konnte ich die Ergebnisse in Registern überprüfen und damit lernen, was sie taten.

Unglücklicherweise für mich war das MK1 Action Replay in mancher Hinsicht ein Haufen Mist. Die Spieleprogrammierer konnten den Einsatz ziemlich leicht erkennen und abschalten. Und außerdem musste man, wenn man Dateien speichern wollte, diese auf speziell formatierten Disketten in einem eigenen AR-Format speichern. Beim Zurücksetzen des Amigas musste man dann ein Dienstprogramm benutzen, um die Dateien von der benutzerdefinierten Diskette auf eine normale AmigaDOS-formatierte Diskette zu kopieren. Also dauerte es nicht lange, bis das durch ein Action Replay MK2 ersetzt wurde, das tatsächlich auf AmigaDOS-Disketten speichern konnte, und das machte den Fortschritt viel leichter.

Tarnkappe.info-Redaktion: *Wer hat Dich begleitet, Dir geholfen?*

Galahad: Ich hatte kurzzeitig Hilfe von einem Kumpel von mir. Er hat entscheidend dazu beigetragen, dass ich mich überhaupt mit dem Amiga beschäftigt habe. Aber es war offensichtlich, dass, während er gut darin war, Dinge herauszufinden, ich ihm ein paar Stufen voraus war. Es war für mich frustrierend, zuzuschauen, während er Dinge tat, während ich die Antwort vor mir sehen konnte und es mich juckte, an den Computer zu kommen, um zu sehen, ob ich das Problem lösen konnte.

Es dauerte nicht lange, bis ich meinen eigenen Weg einschlug. Zum größten Teil bin ich ein autodidaktischer 68000-Programmierer und Cracker.

Tarnkappe.info-Redaktion: *Hast Du oft am Rob Northen Copylock gearbeitet?*

Galahad: Ja, ich würde sagen, dass mindestens 70% der Kopierschutzprogramme auf dem Amiga irgendeine Art von Rob Northens Schutz auf der Diskette hatten, sodass man mit Sicherheit irgendwann auf seinen Schutz stoßen würde.

Zu Rob Northens Verteidigung sei gesagt, dass sein Schutz gar nicht so schlecht war. Das Hauptproblem war, wie andere Leute seine Routinen in ihre Spiele implementierten. Tja, die meiste Zeit gaben sie sich überhaupt keine Mühe, zu verbergen, was der Schutz tat.

Ich würde sagen, dass man als Cracker:in bei über 50% der Copylock-geschützten Spiele nicht wissen musste, was der Serienschlüssel auf dem geschützten Titel war, weil er im Spiel war, normalerweise an einen CMPI.L-Befehl angehängt, und das Spiel den Serienschlüssel physisch in einem Langwort überprüfte, was eine monumentale Dummheit war, weil etwas wie ein CMPI.L #$12345678,D0 - das sticht einem WIRKLICH ins Auge, wenn man sich den Spielcode ansieht.

Die Programmierer haben keinen Versuch unternommen, den Copylock-Header zu verschleiern. Wenn man also nach der Zeichenkette „ONz" sucht, findet man den Copylock leicht, wenn er sich im Speicher befindet. Und gute Cracker:innen wissen genau, wie das funktioniert, sie wissen, wie man den Anfang und das Ende des Copylocks findet, und sie wissen, wohin der Copylock zurückkehrt, wenn er fertig ist.

Und wenn Cracker:innen sehr erfahren sind, wissen sie auch, wie sie sie entschlüsseln, verändern und wieder verschlüsseln können.

Tarnkappe.info-Redaktion: *Was war für Dich bisher der schwierigste Kopierschutz?*

Galahad: Das zeitaufwändigste und kniffligste Spiel für mich heißt Gateway Ypsilon und ist ein geniales Werk. Und es war, als wäre ich wieder in Fairlight, weil es im alten Stil gemacht werden musste, von den Warp-Dateien der beiden Disketten ausgehend, kein IPF oder echte Disketten, da es sich um ein sehr seltenes Spiel handelt, aber der Typ, der den Kopierschutz für dieses Spiel geschrieben hat, muss sich lange hingesetzt und über alle Möglichkeiten nachgedacht haben, wie man Cracker:innen eins auswischen kann, um zu verhindern, dass das Spiel erfolgreich geknackt wird.

Tarnkappe.info-Redaktion: *Als ich als kleiner Gamer Spiele gespielt habe, war Dein Name in Crack-Intros für mich irgendwie allgegenwärtig. Hast Du Geld für die Cracks bekommen, oder wie hat Dich Fairlight motiviert?*

Galahad: Ich wurde nicht dafür bezahlt, dass ich für Fairlight Cracks gemacht habe, und auch nicht für eine der früheren Gruppen, in denen ich war. Ich habe das getan, was ich immer tun wollte: ein Cracker in einer Gruppe sein, die mit anderen um die Originale wetteifern konnte. Es spielt keine Rolle, ob Du zu den besten Cracker:innen der Welt gehörst, wenn du nicht wirklich beste Beschaffer:innen für neue Spiele hast (Original Supplier). Du brauchst eine Gruppe, die so gut organisiert ist wie Fairlight, Prestige, Skid Row, Crystal und andere. Ansonsten sitzt Du da und knackst die Krümel, die übrig geblieben sind, weil sich die anderen Gruppen nicht die Mühe machen wollten. Niemand hat es eilig, Fleißkärtchen für irgendeinen Scheiß zu sammeln, den niemand mehr als einmal starten wird!

Meine Hauptmotivation, für Fairlight zu cracken, war, dass ich für Fairlight cracken wollte - einer Gruppe, deren ganzes Mantra darin bestand, die Nummer 1 in all diesen Dingen zu sein.

Ja, Geld spielte bei Fairlight und anderen Top-Gruppen eine Rolle. Aber das musste es auch. Wie sonst sollte man sich zwei Kopien von jedem Spiel leisten, wenn es veröffentlicht wurde? Wenn bei Fairlight drei neue Spiele in einer Woche veröffentlicht wurden, MUSSTEST Du zwei Exemplare von jedem kaufen, um Dich für den Kauf zu qualifizieren, weil das vernünftigerweise das ist, was ein kleiner unabhängiger Computerspiel-Händler einkaufen könnte, um es zu verkaufen.

Tarnkappe.info-Redaktion: *Ich verstehe, alles andere wäre aufgefallen.*

Galahad: Außerdem wurde es zu einer guten Angewohnheit. Es kam häufiger vor, dass eine Originaldiskette auf irgendeine Weise beschädigt wurde. Und: Eine zweite Kopie trug dazu bei, dass eine (illegale) Veröffentlichung durchgeführt werden konnte.

Es ging nie um Fairlight gegen Ocean, Fairlight gegen Bitmap Brothers… sondern immer nur um Fairlight gegen Prestige, Fairlight gegen Crystal. Die Spiele waren einfach das Mittel, mit dem wir unsere metaphorischen Muskeln spielen lassen konnten, um andere Gruppen zu schlagen.

Es gab keinen Grund, ein schlechtes Gewissen zu haben, denn es war ganz einfach: Wenn man mich gebeten hätte, Spiel X für Fairlight zu knacken, und ich hätte gesagt: „Tut mir leid, das kann ich nicht", dann hätten sie gesagt: „Na gut" und hätten es einfach Skol oder Renegade angeboten, die es gemacht hätten, und es wäre trotzdem eine Fairlight-Veröffentlichung gewesen.

Egal, was passiert wäre, es wäre geknackt worden.

Tarnkappe.info-Redaktion: *Inwieweit beeinflussen Deine Fähigkeiten als Cracker Deine berufliche Tätigkeit? Konntest oder kannst Du das für Dein berufliches Fortkommen nutzen?*

Galahad: Abgesehen davon, dass ich ein ziemlich gutes Problemlösungsgenie bin, wenn es darum geht, Autos zu reparieren und zu zerlegen, spielen meine Cracker-Aktivitäten keine Rolle in meinem täglichen Leben. Aber wie beim Programmieren bin ich Automechaniker und weitgehend erfolgreich darin, also scheine ich etwas richtig zu machen.

Tarnkappe.info-Redaktion: *Was wirst Du in zehn Jahren beruflich und als Hobby machen?*

Galahad: Ich weiß nicht, ich mache immer noch Amiga-Zeug. Aber unglücklicherweise, und das ist etwas, dem wir alle ins Auge sehen müssen, während die Zeit voranschreitet, schwindet das Publikum für das, was wir auf dem Amiga machen. Und das jedes Jahr, da mehr Leute entweder das Interesse verlieren, oder, wie es viel zu oft passiert, sterben :(

Ob ich das immer noch tun werde, wenn ich fast 60 Jahre alt bin, kann ich Dir nicht sagen. Aber sicher ist, dass das Verlangen nach dem Amiga, das ich hatte, als ich in meinen späten Teenagerjahren war, heute nicht mehr so stark ist. Jetzt habe ich ein Geschäft, das ich aufrechterhalten muss, Arbeit zu erledigen, Beziehungen zu pflegen, es geht nicht mehr nur um mich.

Also ja, ich würde gerne mit Sicherheit sagen, dass ich das in zehn Jahren immer noch machen werde. Aber mit Sicherheit werden die meisten, wenn nicht sogar alle verbleibenden ungeknackten Amiga-Spiele von mir und anderen gemacht werden. So ziemlich jede WHDLoad-Installation wird gemacht sein, alle Atari ST-Spiele, die es wert sind, konvertiert zu werden, werden fertig sein. Ergo werden irgendwann die Fähigkeiten, die ich habe, nicht mehr nützlich sein. Aber ich bin noch nicht bereit, in den Sonnenuntergang zu gehen: Die Jugend muss ein Hobby haben!

Hacker:innen-Angriff aus Russland – Deutsche Energieversorger im Visier

von Marc Stöckel

Ein Hacking-Angriff, den man russischen Cyberkriminellen zuordnet, hat es in 150 Fällen auf kritische Infrastruktur in Deutschland abgesehen.

Eine dem russischen Geheimdienst FSB zugeordnete Gruppe von Hacker:innen hat kritische Infrastrukturen in Deutschland ins Visier genommen. Über 150 Unternehmen standen bei dem Hacker:innen-Angriff auf der Abschussliste der Angreifer:innen.

Hackergruppe „Berserk Bear" dringt in Netzwerk der EnBW ein

Nach jahrelangen Ermittlungen gelang es dem Landeskriminalamt Baden-Württemberg, einen mutmaßlichen Hacker zu identifizieren. Dieser hatte es auf kritische Infrastrukturen in Deutschland abgesehen. Er gehört einer Gruppe von Hacker:inne:n an, die auch unter den Namen „Berserk Bear" oder „Dragonfly" bekannt ist und für den russischen Geheimdienst FSB zu operieren scheint. Expert:inn:en sehen die Hauptaufgabe dieser Gruppe darin, sich Zugänge zu Netzwerken zu verschaffen, um diese später für gezielte Hacking-Angriffe zu nutzen.

Allein in Deutschland hat die Gruppe über 150 Unternehmen ins Visier genommen. Darunter auch das Netzwerk der Firma Netcom BW, die zum Stromkonzern EnBW gehört. Die Hacker:innen haben dafür eine Schwachstelle in den Routern ausgenutzt, um sich Zugang zum Netzwerk und den darüber laufenden Datenverkehr zu verschaffen. Über einen Wartungszugang eines externen Dienstleisters, konnte die Gruppe auf das Managementsystem des öffentlichen Telekommunikationsnetzes von Netcom BW zugreifen.

Laut einem Bericht des BR und des WDR versicherte das Unternehmen, dass die EnBW-Strom- und Gasnetzsteuerung zu keinem Zeitpunkt betroffen war, da diese in einem getrennten und extra gesicherten Netz geführt wird. Eine regelmäßige Prüfung der Netcom BW durch unabhängige Stellen, soll seit dem Hacking-Angriff zusätzlich für eine verbesserte Cyberabwehr sorgen.

Blackouts durch Hackerangriffe sind nicht auszuschließen

Sicherheitsexpert:inn:en warnen immer wieder vor böswilligen Angriffen auf kritische Infrastruktur. Im Jahr 2015 kam es beispielsweise in der Ukraine durch einen Hacker:innen-Angriff zu einem Blackout, für den zu dieser Zeit ebenfalls eine Hacking-Gruppe aus Russland unter dem Namen „Sandworm" verantwortlich gemacht wurde. Mit einer Schadsoftware namens „Black Energy" infiltrierten die Hacker:innen damals mehrere Umspannwerke, um sie anschließend abzuschalten. Über 200.000 Menschen waren dadurch für bis zu sechs Stunden von der Energieversorgung getrennt. Ähnliche Pläne verfolgte man auch in Deutschland.

Derzeit müssen nur Unternehmen solche Hacking-Angriffe melden, die Teil einer kritischen Infrastruktur sind. In wie viele Unternehmensnetze die Gruppe „Berserk Bear" tatsächlich eindringen konnte, ist daher ungewiss. Bereits im Jahr 2020 warnte das BSI vor der Zunahme von Hacking-Angriffen auf kritische Infrastruktur in Deutschland.

Angriff von Hacker:inne:n auf die Kliniken der Bremer Gesundheit Nord vermutet

von Sunny

Mutmaßlicher Cyberangriff auf die Bremer Gesundheit Nord (Geno). Mitarbeiter:innen müssen auf traditionelle Kommunikationsmittel zurückgreifen: Ein Hacking-Angriff hat vermutlich die Kliniken der Bremer Gesundheit Nord (Geno) lahmgelegt. Seither sind die Krankenhäuser aus Sicherheitsgründen vom Internet getrennt, um mögliche Schäden zu begrenzen.

Ungewöhnliche Aktivitäten im Kliniknetzwerk der Bremer Geno-Kliniken

War es wirklich ein Angriff von Hacker:innen auf die Kliniken der Bremer Gesundheit Nord (Geno)? - Geno-Sprecherin Karen Matiszick bestätigte den Vorfall und erklärte, dass ungewöhnliche Aktivitäten im Kliniknetzwerk festgestellt worden seien. Dies hätte zu einer vorsorglichen Abschaltung des Internets geführt.

Abbildung 8: Meldung Cyber-Angriff auf das Bremer Krankenhaus Gesundheit Nord

Obwohl das interne Netzwerk weiterhin funktioniert und die Kommunikation zwischen den Geno-Kliniken per E-Mail möglich ist, ist die digitale Verständigung mit externen Stellen beeinträchtigt. Die Mitarbeiter:innen der Geno sind gezwungen, auf traditionelle Kommunikationsmittel wie das Telefon zurückzugreifen.

Die Bremer Gesundheit Nord betont, dass der Krankenhausbetrieb normal weiterläuft und die Patient:inn:en nicht gefährdet sind. Dennoch kann es aufgrund der eingeschränkten digitalen Kommunikation zu Verzögerungen kommen. Die Geno hat ihre Patient:inn:en über ihre Internetseite informiert und darauf hingewiesen, dass man derzeit nur telefonisch erreichbar sei.

Die genaue Ursache des Vorfalls ist noch unklar und wird derzeit von der Betreibergesellschaft untersucht. Matiszick kann einen Hacking-Angriff nicht ausschließen.

Immer mehr Angriffe auf Gesundheitseinrichtungen

Angriffe von Hacker:innen auf Gesundheitseinrichtungen stellen eine zunehmende Bedrohung dar. Denn sie stören nicht nur den Betrieb, sondern auch die Sicherheit und Vertraulichkeit von Daten von Patient:inn:en. Die Bremer Geno-Kliniken haben mit der vorübergehenden Abtrennung vom Internet geeignete Maßnahmen ergriffen, um den Schaden zu minimieren und die Patient:inn:en zu schützen!

Es bleibt zu hoffen, dass die Untersuchungen schnell Klarheit über die Ursache des Vorfalls bringen. Aber auch, dass geeignete Maßnahmen ergriffen werden, um solche Angriffe in Zukunft zu verhindern.

In der vernetzten Welt von heute sind robuste Sicherheitsmaßnahmen für Gesundheitseinrichtungen unerlässlich. Denn Vertraulichkeit, Integrität und Verfügbarkeit von Krankendaten zu gewährleisten, sollte oberste Priorität haben.

Es ist wichtig, dass Krankenhäuser und Kliniken wie die Bremer Gesundheit Nord, ihre IT-Infrastruktur regelmäßig überprüfen und aktualisieren. Sicherheitslücken müssen zeitnah geschlossen und ihr Personal in Fragen der Cybersicherheit geschult werden.

Die Bremer Geno-Kliniken haben schnell reagiert, um mögliche Schäden zu begrenzen, und hoffen, dass sie ihre Systeme bald wieder in Betrieb nehmen können, um den Patient:inn:en den gewohnten Service zu bieten.

Stamps Back: Eine technologische Revolution auf Umwegen – Ein Dokumentarfilm

von Lars Sobiraj

Die Dokumentation "Stamps Back" zeigt Ungarn Ende der 80er Jahre, als man wegen des Eisernen Vorhangs nichts Modernes aus dem Westen bekam.

Die Macher:innen um Szilard Matusik von „Stamps Back – ein Maulwurf-Dokumentarfilm", haben für ihr fertiges Werk insgesamt mehr als drei Jahre gebraucht. Wer sich die kostenlose Doku von Flame Film komplett anschauen will, sollte etwas Sitzfleisch mitbringen. Immerhin dauert sie mehr als zwei Stunden und zwanzig Minuten bei Youtube.

Stamps Back ist eigentlich ein Spruch aus den Zeiten, als man noch Software in Form von Disketten durch ganz Europa verschickt hat. Quasi was heute als „Sneakers-Net" bezeichnet wird, wenn man USB-Sticks in China auf dem Markt kaufen kann, mit 250 GB an westlichen Filmen. Ganz ohne Datenleitung, einfach mit Turnschuhen auf dem lokalen Trödelmarkt.

Damals, in manchen Ländern, war es noch relativ gefahrlos, die Briefmarken mit durchsichtigem Klebestift der Marken Uhu, Pritt & Co. derart zu präparieren, sodass der Poststempel keine Chance hatte, haften zu bleiben. Absender:innen wurden damals so verschleiert.

In der Folge konnte man die Entwertung der Post-Behörden aufheben, um sie auch noch gleich mehrfach zu verwenden. Doch dafür mussten Brieffreund:innen die benutzten Briefmarken zurückschicken, weswegen Mailtrader (Mailswapper) damals ihren Nachrichten als letztes jeweils die Aufforderung „Stamps back" hinzugefügt haben.

Manche wenige, aber besonders aktive Fälscher:innen, die sich die Portogebühren lieber sparen wollten, konnte die Deutsche Bundespost damals enttarnen.

Das war zugegebenermaßen nicht besonders schwer, weil die Datenträger, damals noch Disketten, unverschlüsselt waren. Außerdem lagen den Disketten nicht selten Votesheets bei, auf denen man die Adressen der beteiligten Swapper abgedruckt hatte.

Da es sich dabei um kein Massenphänomen handelte, hat man die Aufklärung derartiger Delikte offenbar zumeist mit einer eher niedrigen Priorität behandelt. Um die Täter:innen zu schnappen, musste man die Disketten für den C64 oder Amiga einfach nur einlesen. Warum? Fast immer hatten die Software-Tauschpartner:innen auf den Disketten Briefe in Form von Textdateien beigefügt. Auch daraus hätte man leicht die Anschrift der Briefmarken-Faker:in entnehmen können. Erschwerend bei der Überführung war lediglich die Nutzung von sogenannten Postlagerkarten (PLKs). Dann musste die Polizei im Postamt darauf warten, dass der Mailswapper persönlich erscheint, um sich den Inhalt seiner PLK am Schalter aushändigen zu lassen.

In Abgrenzung dazu schraubten auch deutsche Mailtrader ihre Portokosten bis ca. Ende der 90er Jahre nach unten, indem sie lediglich eine Briefmarke im Wert von 10 Pfennig aufgeklebt haben. Die Deutsche Post vermerkte zwar mittels Stempel auf dem Umschlag, dass das Porto nicht ausreichend war. Doch die Postbetriebe in vielen anderen Nationen, allen voran Polen, Ungarn und viele mehr, ignorierten dies. Sie stellten die Disketten zu, ohne ihrerseits Empfänger:innen Nachporto in Rechnung zu stellen.

Vor 20 Jahren übernahm zum Großteil das Internet den Transport der Daten quer durch die Welt. Die Schwarzkopien oder legale Produktionen der Demoszene waren zwar innerhalb von Sekunden bei den Empfänger:innen. Dafür fielen die liebevoll formulierten Briefe weg, die die Disketten zuvor begleitet haben. Damals sind viele Freundschaften per Brief über Ländergrenzen und viele Kilometer hinweg entstanden. Das Internet sollte alles einfacher machen, doch die persönliche Note fiel weg.

Der Exkurs in die Software-Distribution mag lang erscheinen. Doch um die größtenteils illegale Verbreitung von Raubkopien geht es auch bei der Dokumentation. Als Anfang der 80er Jahre die ersten 8-Bit-Heimcomputer im Westen eingeführt wurden, konnten viele Menschen des „Ostblocks" davon nur träumen. Die Technikbegeisterten jenseits des Eisernen Vorhangs schauten lange Zeit in die Röhre.

Es gab zwar sogar recht gut gemachte Heimcomputer der Marke Robotron, die in der DDR entwickelt und produziert wurden. Doch viele wollten Videospiel-Geräte oder Heimcomputer von Atari, Commodore oder Schneider besitzen. Oder beispielsweise Kassettendecks mit Dolby B/C oder Videorekorder für VHS-Kassetten. An Kopien von damals aktuellen Games, Software oder Spielfilmen war in den achtziger Jahren in Ungarn genauso wenig zu denken.

Der Schmuggel als Innovationsfaktor

Trotz der Isolation und der schlechten Infrastruktur zu dieser Zeit, fanden einige Jugendliche dennoch Wege, große Mengen westlicher Videospiele zu importieren. Sie waren damit verantwortlich für eine explosionsartige Entwicklung der Informatik im eigenen Land. Zwar war der Kauf moderner Hard- und Software von den bösen Westmächten verboten. Doch manche Kids regten im Osten Europas eine Art technologische Revolution durch private Kanäle ein. Was damals immerhin ging, man konnte mit einigen US-Dollars ein paar Mal im Jahr von Ungarn nach Österreich fahren, um das Importverbot der sog. CoCoM-Liste zu umgehen.

Auszug aus den Untertiteln von „Stamps Back": „Es gab eine so genannte CoCom-Liste, die die Einfuhr westlicher Technologie verbot. Es war unmöglich, Software oder Hardware (auf regulärem Weg) zu beschaffen, also musste man sie aus dem Ausland einführen, indem man sie über Kontakte einschmuggelte. (...) Alles, was wir im Auto verstecken konnten, haben wir nach Hause gebracht" (Transkript von „Stamps Back").

Den Interviews im Dokumentarfilm ist zu entnehmen, dass so manche Schmuggler:innen dabei ein Vermögen verdient haben. Doch vielen ging es nicht vornehmlich ums Geld, sondern darum, sich die jeweils aktuellen Geräte leisten zu können. Für die Einwohner:innen Ungarns war die Technologie völlig unerschwinglich. Ein Commodore 64 kostet rund 100.000 Forint, ein 1541-Diskettenlaufwerk für den C64 120.000 Forint. Für ein Auto musste man hingegen nur 60.000 bis 80.000 Forint bezahlen. Folglich war der Commodore 64 teurer als ein Auto, was für verrückte Zeiten!

Glücklich konnten sich die schätzen, die beruflich viel reisen und somit die Grenzen des Eisernen Vorhangs häufiger übertreten konnten. Solche Personen konnten sich mit Gefrierschränken, Küchengeräten, Videorekordern und Homecomputern eindecken.

Tja, für die Software waren die Cracker:innen zuständig. Kaufen konnte man die Software lange Zeit einfach nicht, wie man der Dokumentation „Stamps Back" entnehmen kann. Wer etwas haben wollte, musste es somit als illegale Kopie gegen einen anderen Crack tauschen oder kaufen.

Bis die junge Generation Osteuropas in der Cracker:innen- oder Demoszene aktiv mitmischen konnten, sollte leider noch recht viel Zeit vergehen. Die meisten Teilnehmer:innen der Amiga Demoszene traten mit einiger Verspätung in Aktion. Und ja, viele davon haben ihre Briefmarken mit einem Kleber versehen. Szener:in zweiter Klasse darf man sie trotzdem nicht nennen.

Unvergessen bleiben Amiga-Musiker:innen wie Dreamer und XTD, Grafiker:innen wie Azzaro oder Lazur, um nur ein paar von ganz vielen zu nennen. Schon lange kann man die Demo-Produktionen der Gruppen aus dem Osten Europas nicht mehr wegdenken. Sei es Exceed oder Conspiracy auf MS-DOS/Windows – Madwizards, Ghostown oder Elude auf dem Amiga – und viele, viele mehr. Es ist wirklich unmöglich, sie annähernd alle aufzuzählen.

Szilard Matusik, der Film-Direktor von Stamps Back, hat diese Jugend in seinem Dokumentarfilm porträtiert und gibt weitere Hintergrundinformationen.

Tarnkappe.info-Redaktion: *Wie bist Du eigentlich auf die Idee gekommen, diesen Film zu machen?*

Szilard Matusik: Ich war etwa sechs oder sieben Jahre alt, als ich bei einem meiner Cousins zum ersten Mal einen C64 sah. Ich war total fasziniert und ich glaube, von da an war es keine Frage, dass ich mich sehr für Computer interessierte. Die Informatik begleitete mich dann meine ganze Kindheit hindurch und ich wurde schließlich Elektroingenieur.

Während meiner Schulzeit bin ich auch auf die Demoszene gestoßen, die mich total fasziniert hat. Als wir dann später anfingen, Dokumentarfilme zu drehen, war es keine Frage, dass die Demoszene ein sehr gutes Thema sein könnte. Im Jahr 2012 drehten wir unseren zweiten Film (Moleman 2 – Demoscene: The Art of the Algortihms), der den damaligen Stand der Demoszene vor allem aus ungarischer Sicht zeigt.

Der vierte Teil (Moleman 4 – Longplay) handelt von der Blütezeit der ungarischen Videospielentwicklung in den 1980er Jahren, was ein faszinierendes Thema ist. Ungarn war damals noch hinter dem „Eisernen Vorhang" eingeschlossen. Und da die Demoszene und die gesamte Heimcomputer-Szene in den 80er Jahren unter ähnlich aufregenden Umständen begann, dachte ich, dass es sich lohnen würde, auch das zu dokumentieren.

Tarnkappe.info-Redaktion: *War die Motivation, Deine eigene Vergangenheit in Wort und Bild festzuhalten?*

Szilard Matusik: Da ich 1984 geboren wurde, habe ich nur das Ende der 8-Bit-Ära erlebt. Aber wie ich schon schrieb, war der C64 meine erste und sehr prägende Begegnung mit Computern, so dass ich diese Ära absolut zu schätzen weiß. Ich bin auf dem Land aufgewachsen, und selbst Mitte der 90er Jahre war der C64 in vielen Orten noch der

Heimcomputer. Ich hatte nicht einmal einen eigenen C64, sondern nur den meines Cousins. Aber das war eine so prägende Erfahrung, dass ich mir später, in den frühen 2000er Jahren, als niemand mehr einen C64 benutzte, selbst einen kaufte. Letztendlich könnte man also sagen, dass ich meine eigene Vergangenheit dokumentieren wollte, obwohl ich eigentlich etwas später aufgewachsen bin.

Tarnkappe.info-Redaktion: *Wie lange hat die Produktion des Films „Stamps Back" gedauert, wie viel hat sie gekostet?*

Szilard Matusik: Wir haben 2019 mit den Dreharbeiten begonnen und waren Ende 2022 fertig. Es hat also gut 3 Jahre gedauert, bis der Film fertig war. Wir haben vor den Dreharbeiten eine Indiegogo-Kampagne gestartet und das gesammelte Geld verwendet, um die Ausrüstung für den Film zu kaufen. Für den Film selbst hatten wir kein Budget, er wurde mit gespartem Geld und in der Freizeit gedreht. Jeder hat umsonst daran gearbeitet. Deshalb hat der Film auch 3 Jahre gedauert, denn mit Familie und Arbeit hatten wir sehr wenig Zeit dafür. Wir haben 57 Interviews geführt. Das sind mehr als 72 Stunden Filmmaterial, und daraus habe ich den fast 2,5 Stunden langen Film geschnitten. Das hat ziemlich lange gedauert :)

Tarnkappe.info-Redaktion: *Wie willst Du die Kosten jemals wieder hereinholen?*

Szilard Matusik: Ich habe keinen Plan :) Ich habe versucht, den vierten Teil als unabhängiger Filmemacher auf Vimeo und an anderen Orten zu verkaufen. Aber da ich kein Marketing-Budget habe, konnte ich damit kein großes Publikum erreichen und es brachte nur sehr wenig ein.

Außerdem ist sie, wie alle anderen Episoden auch, auf YouTube kostenlos zu sehen. Aber es war nie unser Ziel, mit diesen Filmen Geld zu verdienen. Mit Ausnahme des vierten Teils habe ich nie versucht, damit Geld umzusetzen. Ich möchte sie auch nicht an Verleiher weitergeben, denn die verlangen in der Regel Exklusivität, und dann könnte ich sie nicht mehr online stellen.

Wenn du uns unterstützen willst, kannst du das über PayPal auf stampsback.*com* tun.

Tarnkappe.info-Redaktion: *Vielen Dank für diese Hintergrundinformationen.*

Eine Glosse über die Doppelmoral mancher Raubkopierer

von Lars Sobiraj

30.04., die gulli:Glosse ist zurück. Nein, das war vor über 10 Jahren. Hier funkt Tarnkappe.info und wir setzen die gute alte Tradition fort.

Die April-Glosse beginnt gleich mit den seltsamen Moralvorstellungen mancher Raubkopierer:innen. Ja, ja, das kennen wir. Kaum schreiben wir etwas, was den Damen, Herren und Diversen nicht gefällt, schon knallt es im Karton.

Die Glosse im April über Jurist:inn:en, die es gar nicht gibt

Diesmal gab es kein DDoS, denn das hätte sie Geld gekostet. Nein, sie haben uns im Vormonat die E-Mail eines Anwalts geschickt, die natürlich eine Fälschung ist. Gemeint sind die Betreiber:innen des illegalen Metin2-Servers siriusmt2.to. Zunächst behauptete man im hauseigenen Forum, wir hätten nur Fake-News verbreitet. Dumm nur, dass es zu diesem Fall eine offizielle Pressemitteilung der zuständigen Staatsanwaltschaft gab, die unsere Geschichte bestätigt. Die örtliche Presse hat darüber auch berichtet. In deren Forum heißt es auch, dass es sich nicht um eine Rechtsverletzung von Urheber:inne:n handeln würde, da keine oder nur geringe Einnahmen erzielt wurden. Ah ja, spannend! Das ist natürlich Quatsch mit Sauce!

12.000 EUR Strafe wegen Rufschädigung?

Im März wurde dann eine E-Mail von einem Anwalt namens Jugestif gefälscht, der sich wegen Rufschädigung bei uns melden wollte.

Angeblich würden uns bis zu 12.000 Euro Strafe drohen, wenn man eine Falschmeldung verbreite. Anfang März habe ich dann geantwortet, der Herr Jurist möge mir doch bitte die fehlenden Kontaktdaten seiner Kanzlei übermitteln, was natürlich nie geschehen ist. Interessant wäre auch gewesen, wenn er mir die Namen seiner Mandant:inn:en genannt hätte.

Und dann kam gestern, pünktlich zur April-Glosse der Hammer: Eine E-Mail von Google, dass wir auf eine von Dritten eingereichte Rechtsbeschwerde von Urheber:innen reagieren sollen. Wir sollen das Beitragsbild von siriusmt2.to geklaut haben!?! Fuck my life, natürlich haben wir das nicht selbst gemalt. Aber die Rechte besitzen ganz andere, nämlich hierzulande die Firma Gameforge. Und die waren es nicht.

Wenn uns die Metis2-Diebe schon nicht einschüchtern konnten und wahrscheinlich auch niemand im Forum ihnen die Geschichte mit den Fake-News abgekauft hat, dann wollen sie wenigstens dafür sorgen, dass unser Beitrag bei Google nicht mehr indiziert wird. Wie geil!! Die Seite leitet übrigens mittlerweile zu mmogames.com weiter, wahrscheinlich sind das nicht mehr die gleichen Betreiber:innen.

Zumindest muss man ihnen zugestehen, dass sie Ideen und Durchhaltevermögen haben.

Alle 10 Minuten fliegt jemand bei Empress raus!

Mitte April veröffentlichte Empress den Crack von „Assassin's Creed Valhalla – Complete Edition". Wir haben die illegale Veröffentlichung vorab angekündigt, da der Cracker Empress seit einigen Wochen wieder offiziell über den einen Messenger erreichbar ist.

Vor kurzem hat Empress eine ganze Reihe neuer Buzz-Kanäle aufgemacht. Aber wart ihr schon mal da drin? Und die Regeln liest auch keiner. Was passiert wohl alle paar Minuten? Jemand kommt neu rein, fragt, wann endlich ein Crack vom Spiel XY kommt und ZACK! wird derjenige von den überforderten Moderator:inn:en sofort vor die Tür gesetzt. Und dann, man kann die Uhr danach stellen, bricht der nächste die Regeln. Und so weiter und so fort? Glosse hin oder Glosse her: Ganz ehrlich, in deren Forum kommt inhaltlich nur geballter Müll zum Vorschein.

Bis dahin! Euer Lars!

BKA-Aktionstag gegen Hasspostings: 91 Polizeimaßnahmen

von Daniel Echterfeld

Mit dem heutigen letzten Novembertag des Jahres 2022 geht auch der 8. Aktionstag gegen Hasspostings der BKA zu Ende. 91 polizeiliche Maßnahmen wurden ausgeführt.

Beamt:inn:e:n aus 14 Bundesländern führten im Zuge des Aktionstags Hausdurchsuchungen, Vernehmungen und weiteres durch. Hierbei ging es vor allem um die Vorwürfe der Volksverhetzung, Bedrohung, Nötigung oder Aufforderung zu Straftaten. Als Folgen drohen Freiheitsstrafen von bis zu fünf Jahren.

Das BKA als Zentralstelle der deutschen Polizei koordinierte den diesjährigen Aktionstag gegen Hasspostings im Internet.

Die deutsche Innenministerin Nancy Faeser (SPD) kommentiert den Aktionstag: „Hass und Hetze im Internet gefährden unsere Demokratie und bereiten den Nährboden für extremistische Gewalt. Wir müssen hier klare Grenzen aufzeigen und Täter:innen aus ihrer vermeintlichen Anonymität holen. Mit den bundesweiten Maßnahmen gegen die Verbreitung strafbarer Inhalte setzen wir erneut ein deutliches Zeichen gegen Hass und Hetze in Messenger-Diensten, sozialen Netzwerken und Foren. Ich danke allen beteiligten Polizeibeamt:inn:en für die umfangreichen Ermittlungen."

Hausdurchsuchung auch bei „Like" verhältnismäßig

Das BKA spricht von mehr als 2.000 verzeichneten Fällen von politisch motivierten Straftaten im Internet. Die Dunkelziffer dürfte jedoch wesentlich höher ausfallen, da viele strafbare Inhalte entweder nicht angezeigt oder in geschlossenen Gruppen geäußert würden.

Die erfassten Fallzahlen sind insgesamt gesehen rückläufig. So wurden 2020 noch 2607 Fälle verzeichnet; 2021 waren es 2411. Das macht einen Rückgang von 7,5 % aus. Dennoch ist das für die Polizei kein Grund zur Entwarnung und somit ist für sie auch dieser Aktionstag, der seit 2016 stattfindet, gerechtfertigt.

Hausdurchsuchungen bei Hassrede im Internet sind nicht unumstritten, aber werden immer häufiger von der Polizei angewendet. Hierbei ist es auch nicht erheblich, ob man nur ein „Like" gesetzt hat. So entschied das Landgericht Meiningen kürzlich, dass eine Hausdurchsuchung in diesem Fall ebenfalls „verhältnismäßig" war.

Im Zuge des diesjährigen Aktionstags gegen Hasspostings im Internet wurden unter anderem auch sechs Objekte in Bayern durchsucht. Darunter auch die Wohnung einer 62-jährigen Frau aus München, die einen strafbaren Kommentar unter ein Video des G7-Gipfels postete. Wir geben die Aussagen aus offensichtlichen Gründen nicht im Wortlaut wieder.

Aktionstag gegen Hasspostings im Internet: teils sogar SEK im Einsatz

In Berlin waren die Beamt:inn:en, teils vom SEK, am Aktionstag bereits um 6 Uhr morgens unterwegs und drangen in mehrere Objekte ein. Das Prozedere war offenbar immer gleich: „Teams von bis zu sechs Einsatzkräften überreichen die Durchsuchungs-beschlüsse, erläutern die Maßnahmen und belehren die Beschuldigten." Ebenfalls überließen die Polizist:inn:en den Beschuldigten die Wahl, Beweismittel freiwillig herauszugeben oder nicht. Weigerten sie sich, wurde durchsucht.

Die hessischen Beschuldigten, drei Frauen und sechs Männer im Alter von 17 bis 72 Jahren, gerieten durch das Meldeportal hessengegenhetze.de ins Visier der Polizei. Ebenfalls wurden im Zuge dieses Aktionstags mehrere Objekte in Sachsen und Nordrhein-Westfalen durchsucht. Unter den Beschuldigten in NRW befinden sich dort erstmals auch Täter:innen aus dem linksextremistischen Bereich.

Tutorial: Wie werde ich einen Bundestrojaner wieder los?

von Lars Sobiraj

Der sogenannte Bundestrojaner, der gerne auch als BKA-Trojaner bezeichnet wird, zählt zu den gleichzeitig nervigsten wie auch ungefährlichsten Formen der Schadsoftware. Wie man ihn entfernt oder gegebenenfalls gar nicht erst auf den Computer bekommt, wird in diesem Artikel erklärt.

Was bewirkt die neueste Form des Bundestrojaners?

Für absolut unerfahrene Anwender:innen sieht der Bundestrojaner nach einer täuschend echten Meldung aus: Angeblich sollen mit diesem Computer zahlreiche Straftaten begangen worden sein – gerne werden angsteinflößende Schlagwörter zu schweren Straftaten oder Rechtsverletzungen bei Urheber:innen erwähnt -, und nur die Zahlung einer Geldstrafe könne die oder den Betroffenen vor einer Strafverfolgung schützen.

Praktischerweise gibt es eine Anleitung für die Zahlung über uKash oder per Paysafecard gleich mit dazu. Offensichtlich sollte hier niemand zahlen, auch wenn es um vergleichsweise geringe Beträge wie 100 Euro geht. Natürlich ist diese Schadsoftware nicht von der Bundespolizei oder einer anderen Behörde, die würden zum Beispiel niemals mit Paysafe oder Ukash zusammenarbeiten.

Auch die Rechtschreibfehler oder die Tatsache, dass völlig unterschiedliche Straftaten (Pornografie, Gewalt, Spam, Terror etc.) angesprochen werden, müsste eigentlich jeden stutzig machen. Das tut es aber nicht. Es gibt offenbar genug Personen, die in der Hoffnung bezahlen, dass die Sperre aufgehoben wird. Das passiert aber nicht.

„Dann umgehe ich den Trojaner einfach…"

Das ist leider nicht so einfach möglich: Das groß eingeblendete Fenster legt sich über den gesamten Bildschirm, ein Zugriff auf Windows oder jegliche Funktionen des Betriebssystems ist nicht möglich. Vergleichbar wäre der Bundestrojaner derzeit mit einem Sperrbildschirm auf einem Smartphone, welcher sich nicht entriegeln lässt.

Abbildung 9: Screenshot des Bundestrojaners (Trojaner)

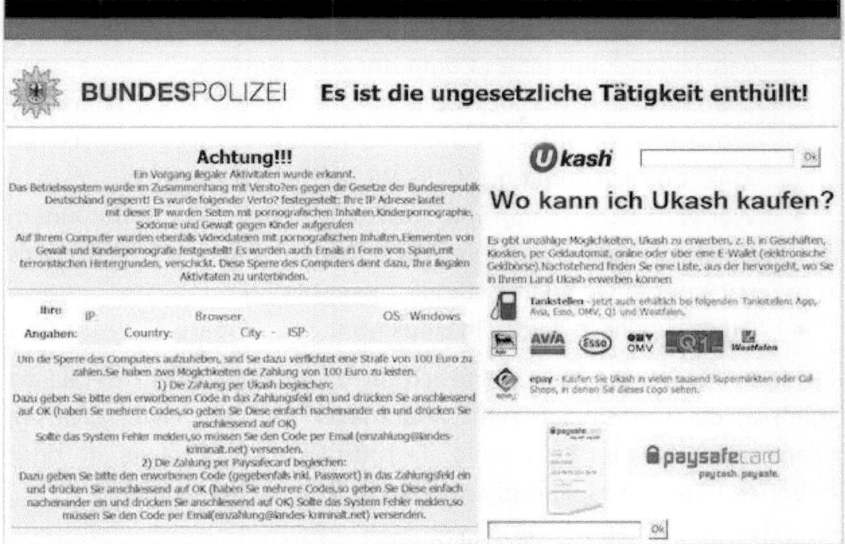

Dabei handelt es sich auch nicht um Fenster, die nur unerfahrene Anwender:innen abhalten: Auch mit viel Fachwissen kommt man ohne eine Entfernung des Trojaners nicht wieder an das Betriebssystem. Das Problem ist auch, dass jede Variante der Schadsoftware anders entfernt werden muss. Viele Anleitungen sind nutzlos, weil sich der Trojaner an einer anderen Stelle eingenistet hat. Bei einer Neuinstallation wäre der Trojaner weg, alle Daten und installierten Programme aber leider auch.

Prävention

Prävention ist der beste Schutz. Bevor wir einige Möglichkeiten zur Entfernung besprechen, sei natürlich noch einmal gesagt, dass präventive Arbeit noch immer die beste Lösung ist. Wer sich nichts einfängt, muss auch nichts beseitigen. Relativ sicher ist man durch folgende Maßnahmen:

- Permanente Updates des Betriebssystems, des Browsers und auch jeglicher Plug-ins und Erweiterungen, wie Flash, Java und JavaScript und dergleichen mehr durchführen. Oftmals werden bei den Updates Sicherheitslücken geschlossen.
- Manipulierte Werbebanner eignen sich unter Umständen, um den Trojaner auf einen Computer zu schleusen. Die bekannten Erweiterungen AdBlock oder NoScript, welche für zahlreiche Browser erhältlich sind, schützen dagegen. Leider funktionieren damit nicht alle Webseiten einwandfrei.
- Wer ganz sichergehen will, surft unter Windows nur mit einem Gastkonto ohne administrative Rechte. Das ist in der Praxis mitunter ein wenig umständlich, aber immerhin sicher.
- Oder installiert gleich ein Linux Mint oder andere.

Auf eine Antivirenlösung möchte ich an dieser Stelle nicht detailliert eingehen, da dies einfach selbstverständlich im Kampf gegen Viren, Trojaner und Würmer sein sollte. Testportale wie Netzsieger.de oder Testberichte.de bieten hierbei aufschlussreiche Softwaretests.

Wie entferne ich den Bundestrojaner?

Falls alle Vorsichtsmaßnahmen umsonst waren, helfen die folgenden Schritte:

- Durch eine Systemwiederherstellung wird der Computer wieder auf die Zeit vor der Infektion zurückgesetzt. Drücken Sie dazu F8 beim Start des Computers und wählen Sie den abgesicherten Modus mit Eingabeaufforderung. Geben Sie anschließend rstrui.exe ein und wählen Sie einen beliebigen Wiederherstellungspunkt aus. Der Trojaner sollte dadurch entfernt sein.
- Im Internet finden Sie nach einer kurzen Suche zahlreiche sogenannte Live-CDs, von welchen aus Sie den Computer hochfahren können. Anschließend arbeiten diese CDs automatisch, um den Bundestrojaner zu entfernen. Der Nachteil an dieser Sache ist, dass heute zahlreiche flache

Notebooks und Ultrabooks gar kein DVD-Laufwerk mehr besitzen.

Mit einer dieser Möglichkeiten können Sie den nervigen Bundestrojaner aber garantiert entfernen. Von manuellen Lösungen möchte ich wie gesagt abraten: Da sich der Bundestrojaner ständig weiterentwickelt, können Anleitungen von vor einem Monat heute schon wieder veraltet (und damit wirkungslos) sein. Von daher muss man die Wahl der Waffen zur Trojaner-Entfernung sorgfältig auswählen.

Personen & File-Sharing-Projekte im Interview

Über die Jahre haben wir zahlreiche Interview geführt. Auch nur zur Recherche, denn nicht jedes Interview ist als Interview veröffentlicht worden. Neben den fachlichen Themen und Fragen zu den Projekten, Arbeits- und Lebenszielen ist allen Interviews gemeinsam, dass sie einen Einblick in die Arbeitsweise der/des Interviewten bzw. in den Projekten geben. Es ist spannend, zu erfahren, wie unterschiedlich man sich organisiert und wie sich auch Fortschritte und Erfolge erzielen ließen.

Unsere in der Redaktion dazu diskutierte These ist, dass es einerseits hinter jeder/jedem, die/der für eine Sache spricht, Helfer.innen und im besten Sinne ein gut funktionierendes Team gibt, aber auch in jedem Projekt Menschen geben muss, die die Ideen zusammenhalten und auch auf einen gewissen Qualitätsstandard bringen. Viele Entwickler:innen und Teammitglieder waren und sind in File-Sharing- oder Open-Source-Projekten organisiert.

Die Insights, die Einblicke in die erfolgreichen Arbeitsweisen und historischen Rückblicke auf die Anfänge von guten, weil quelloffenen Ideen, sind zugleich motivierende Vorbilder für alle, die sie lesen. Falls nicht: halten wir uns an Peter Fox: "Mach´s neu!". Und besser – also: bring Dich ein! – und vielleicht sehen wir uns schon bald zu einem Interview.

Alexandra Elbakyan von Sci-Hub im Gespräch über Piraterie

von Manuel Bonik in Zusammenarbeit mit Dr. Andreas Schale

Wir sprachen mit der Sprecherin Alexandra Elbakyan des illegalen E-Book Portals Sci-Hub über Open Access, die Zukunft der Rechte von Urheber:innen, das Geschäftsmodell von Elsevier und anderen

Verlagshäusern und last, but not least über ihre Rolle als eine Art Jeanne d´Arc der Piraterie. Das Interview wurde von unserem Gastautor Manuel Bonik durchgeführt.

Sci-Hub musste kürzlich die Domain wechseln, weil die alte TLD beschlagnahmt wurde. Der Administrator hatte sich zuvor geweigert, alle Werke des Verlagshauses Elsevier von seinen Servern zu löschen. Sci-Hub ist gemeinsam mit der Library Genesis (LibGen) und BookFI eine der größten illegalen Quellen für wissenschaftliche Zeitschriften und E-Books. Der deutsche Piratenjäger Manuel Bonik kontaktierte kürzlich Alexandra Elbakyan, um ihr einige Fragen zu ihrem Projekt Sci-Hub zu stellen. Das Ergebnis seiner Recherchen wurde kürzlich in der Printausgabe der Frankfurter Allgemeine Zeitung (FAZ) zusammenfassend veröffentlicht. Wir drucken das Interview mit der Genehmigung der Autoren im Gegensatz zur FAZ nicht nur zitierend, sondern ungekürzt ab.

Manuel Bonik: *Ist es okay, Dich als eine Piratin zu bezeichnen? Oder wärst Du lieber bzw. würdest Du lieber mit Captain Blackbeard, Robin Hood oder Jeanne d´Arc verglichen werden?*

Alexandra Elbakyan: Piraterie hat sich bereits als Begriff für das Kopieren von freien Informationen etabliert, von daher ist die Bezeichnung Piratin für mich okay.

Manuel Bonik: *Du riskierst sehr viel. Was war der Grund, dafür sogar Deine Karriere als Wissenschaftlerin aufzugeben? Sind Reisen ins Ausland gefährlich für Dich?*

Alexandra Elbakyan: Ja, sie sind möglicherweise gefährlich. Seit Bekanntwerden von Fällen, bei denen Menschen im Ausland verhaftet werden, ziehe ich es lieber vor, (wegen Sci-Hub) keine westlichen Staaten mehr zu besuchen.

Manuel Bonik: *Ist die Arbeit an Sci-Hub wichtiger als die als Akademikerin? Lässt Dir der Betrieb des Portals überhaupt noch Zeit, um daneben wissenschaftlich tätig zu sein?*

Alexandra Elbakyan: Ich mag, was ich tue (der Betrieb von Sci-Hub), von daher ist das alles kein Problem für mich!

***Manuel Bonik:** Müssen Verlage wie Elsevier nicht in jedem Fall garantieren, dass ihre wissenschaftlichen Publikationen von Expert:inn:en geprüft werden? Ich bin sicher, Du möchtest nicht, dass Esoterik oder anderer Mist überhandnimmt, oder?*

Alexandra Elbakyan: Haha. Ich bin bzw. war selbst Studentin: Ich studier(t)e selbst u.a. westliche Esoterik, dies ist durchaus eine akademische Disziplin. Und ich verfüge über Hintergrundwissen zum Thema Astrologie. Ich mag es, obwohl ich weiß, dass es gemeinhin nicht als Wissenschaft anerkannt wird. Ich verstehe aber Deine Frage, dieser Einwand ist sehr weit verbreitet, doch er hat keine richtige Grundlage. Es ist schon wahr, dass akademische Journale eine Art Qualitätskontrolle durchführen sollten. Doch wir müssen dann unterscheiden zwischen einer regulären Qualitätskontrolle, einer Überprüfung durch Wissenschaftler:innen und dem freien Vertrieb von wissenschaftlichen Artikeln.

Angebote von Pirat:inn:en sind nicht automatisch schlechter Natur

Der freie Vertrieb wissenschaftlicher Arbeiten impliziert nicht automatisch eine geringe Qualität oder das Fehlen von wissenschaftlichen Prüfungen. Beispielsweise veröffentlicht Elsevier ein geprüftes Journal zum Thema Homöopathie, die ebenfalls als Pseudowissenschaft abgetan wird. Viele Artikel darin sind für die Leser:innen nicht kostenlos. Ein anderes Beispiel ist die Public Library of Science (PLoS), ein Netzwerk bestehend aus Open Access Werken. In diesen Beiträgen sind alle Arbeiten frei zum Lesen und zum Kopieren. Trotzdem kann niemand behaupten, dass die Arbeiten schlecht wären oder keinen akademischen Standards entsprechen würden. Ein anderes Beispiel ist „Discrete Analysis". Dies ist eine neue Zeitschrift, die auf Ausarbeitungen von arXiV verlinkt. In der Zeitschrift wird die Verbreitung von kostenlosen Ausarbeitungen unterstützt, die entweder eine Qualitätskontrolle oder eine wissenschaftliche Begutachtung durchlaufen haben.

Es gibt diese Bedenken, wenn eine Zeitschrift die Autor:inn:en bezahlt, dass diese dann alles mögliche veröffentlichen wollen, um ihr Einkommen zu maximieren. Natürlich ist diese Logik falsch. Würde ein Journal Schund veröffentlichen, dann würden sie keine Beiträge mehr von hochwertigen Autor:inn:en bekommen und wären schnell pleite. Der beste Vergleich kann zu den Universitäten gezogen werden. Auch die Student:inn:en bezahlen für den Unterricht. Trotzdem wird in der Univerwaltung ständig überprüft, ob die Vorlesungen tatsächlich ihren Ansprüchen entsprechen. Nur weil etwas kostenlos verbreitet wird, muss es nicht schlecht oder ungeprüft sein.

Manuel Bonik: *Wo steht die Szene für wissenschaftliche Publikationen in ein paar Jahren: Wird es Raum für Kompromisse zwischen Euch (also Sci-Hub, LibGen, Annas Archive & Co.) und den Verlagen wie Elsevier geben?*

Alexandra Elbakyan: Ich sehe, dass Verlage wie Elsevier mehr und mehr auf Open Access (OA) setzen. Das passiert bereits. Die meisten neuen wissenschaftlichen Artikel bei Elsevier basieren bereits auf Open Access. Es gibt von der US-Regierung Mandate für dieses Vertriebsmodell, wo staatliche Agenturen Wissenschaftler:innen finanziell unterstützen, die ihre Werke dann via OA veröffentlichen.

Manuel Bonik: *Mit Abstand die meisten Seitenbesucher:innen von Sci-Hub kommen aus den USA, sie sind eure hauptsächlichen „Kund:inn:en". Sollten sie nicht für Euren Dienst bezahlen, während Akademiker:innen der Dritten Welt Sci-Hub umsonst benutzen dürften? Wäre das nicht ein guter Kompromiss?*

Alexandra Elbakyan: Nein, die meisten Leute kommen (wenig) überraschend aus China und dann aus Ländern wie Indien, Brasilien und Russland. Nur wer bezahlen kann, muss bezahlen. Unser Motto ist: Nur wer etwas bezahlen kann, gibt etwas dazu. - Deswegen basiert unsere Finanzierung allein auf Spenden.

Manuel Bonik: *Kennst Du lanl.arXiv.org von Paul Ginsparg? Ist dies eine alternative Methode, um wissenschaftliche Informationen vorab kostenlos zu veröffentlichen? Könnte eine Seite wie diese -inklusive* *einer wie auch immer gearteten wissenschaftlichen Kontrolle der Werke – dauerhaft zu einer Alternative von Elsevier werden?*

Alexandra Elbakyan: Natürlich, so funktioniert das neue Journal „Discrete Analysis". Die Zeitschrift wird von T. Gowers betrieben, der als Wissenschaftler zum Boykott gegen Elsevier aufgerufen hat. Ich würde aber sagen, dass es viele Alternativen gibt, um das jetzige System zu ersetzen, welches auf Abonnements aufbaut.

Abbildung 10: Screenshot Anna`s Archive Suchmaschine, einem Sci-Hub Nachfolger

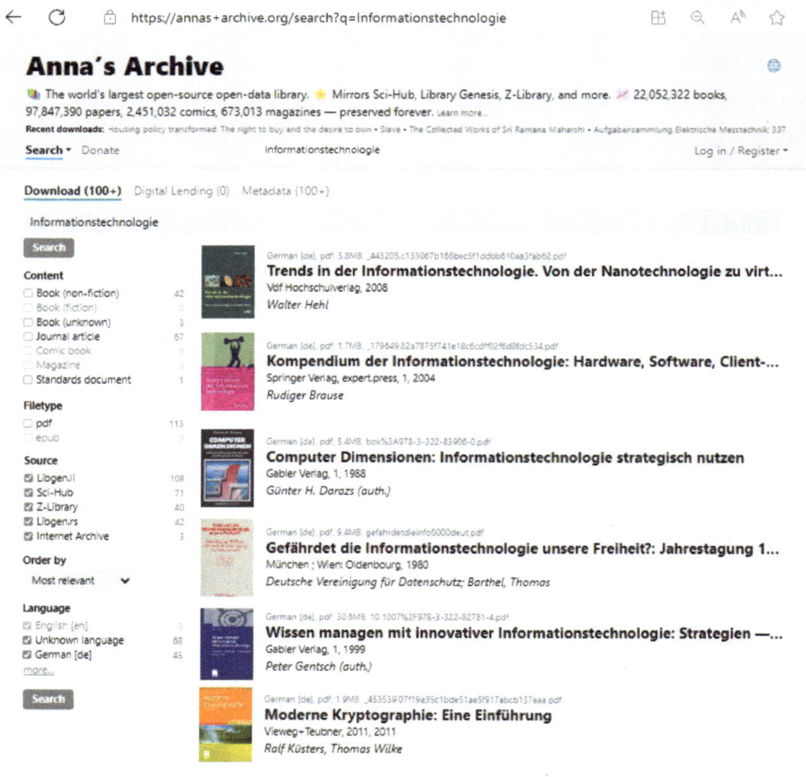

Manuel Bonik: *Ich schätze die jährlichen Betriebskosten von Sci-Hub belaufen sich auf 10.000 Euro, liege ich da richtig?*

Alexandra Elbakyan: Sie sind höher, kommen dieser Schätzung aber sehr nahe.

Manuel Bonik: *Wie viel hat Euch der Wechsel von der .org zur .io-Domain gekostet?*

Alexandra Elbakyan: Die neue Domain kostete uns 100 US-Dollar.

Manuel Bonik: *Das gängige Geschäftsmodell von Elsevier und anderen Verlagen ist nicht fair. Doch das gilt nicht für alle wissenschaftlichen Publikationen. Wir haben beispielsweise in unserer Freizeit an unserem (Springer)-Buch über Turing-Maschinen geschrieben und konnten dies ohne öffentliche Förderung oder die Abhängigkeit von einem Institut oder einer Universität tun. Natürlich wollten wir damit abgesehen von unserem mordsmäßigen Ruhm auch ein wenig Geld damit verdienen. Was kannst Du Autor:inn:en wie uns empfehlen?*

Alexandra Elbakyan: Ich habe nichts dagegen, wenn Autor:inn:en mit ihren Büchern Geld verdienen wollen. Wie dem auch sei, dies sollte stets ohne staatliche Hilfe in Form der Gesetze geschehen. Und nicht vergessen: Die Strafverfolgung des Bruches dieser Gesetze finanziert man dabei von Steuergeldern.

Manuel Bonik: *Hat das Copyright überhaupt eine Zukunft?*

Alexandra Elbakyan: Nein, das Internet ist bereits überladen mit freien Inhalten, die schlichtweg die kostenpflichtigen ersetzt haben. Beispielsweise wird niemand für einen wissenschaftlichen Artikel oder ein Fachbuch bezahlen wollen, wenn er die gleichen Informationen über Chakras oder Kryptographie in einem kostenlosen Handbuch erhalten kann.

Manuel Bonik: *Vielen Dank für das Gespräch!*

Schlussbemerkung: Manuel Bonik hat seine Recherchen ursprünglich für einen weiteren Artikel in der FAZ durchgeführt. Er arbeitet zusammen mit Dr. Andreas Schaale als Unternehmensberater für diverse Verlage im wissenschaftlichen Bereich, so auch für Springer und weitere Verlagshäuser.

Das Freenet Project: Interview mit Ian Clarke

von Ghandy

Freenet verspricht seinen Anwender:inne:n die maximale Anonymität im Internet. Diese Peer-to-Peer-Software befindet sich schon seit vielen Jahren in der Entwicklung. Ganz ähnlich wie I2P ist Freenet ein dezentralisiertes, Zensur-resistentes Netzwerk, um Informationen auszutauschen. Es begründet sich auf Open Source Software und bietet den User:inne:n eine starke Verschlüsselung und das Maximum an Redefreiheit.

Ian Clarke erklärte mir, welchen Stellenwert freie Meinungsäußerung und Datenschutz für ihn haben.

Ghandy: *Hallo Ian! Möchtest du dich unseren Lesern zunächst kurz vorstellen?*

Ian Clarke: Mein Name ist Ian Clarke, ich bin 33 Jahre alt und lebe zusammen mit meiner Frau und zwei Katzen zusammen in Austin, Texas. Ich genieße es (ganz offensichtlich) zu programmieren. Ich gehe gerne schwimmen und wandern und interessiere mich außerdem für Politik und selbst gebaute fliegende Hubschrauber.

Ghandy: *Du arbeitest seit dem Jahr 1999 an Freenet. Warum ist das Thema Privatsphäre so wichtig für dich?*

Ian Clarke: Privatsphäre steht gar nicht so sehr im Mittelpunkt für mich, die Freiheit zu kommunizieren aber schon. Die Möglichkeit anonym zu sein, ist sehr wichtig für eine uneingeschränkte Kommunikation. Anonyme Kommunikation, Freiheit & Privatsphäre sind eng miteinander verknüpft: Mir fiel auf, dass anonyme Kommunikation sehr eng mit der Privatsphäre zusammenhängt. Das Aufrechterhalten der Intimsphäre kollidiert manchmal mit der Freiheit zu kommunizieren. In solchen Fällen bin ich absolut gegen Privatsphäre und für die Kommunikation. Ein Beispiel dafür sind Datenschutz-Gesetze. Ich glaube, die Regierungen sollten mir nicht vorschreiben dürfen, was ich mit den Daten anstelle, die ich gesammelt habe.

Ghandy: Bitte beschreibe uns deine Software etwas näher. Wo sind die Unterschiede zu anderen Lösungen wie I2P, Offsystem oder Tor?

Ian Clarke: Freenet haben wir erstellt, um eine anonyme Veröffentlichung und Konsum von Informationen zu ermöglichen. Es ist wie eine Bücherei, wo Menschen Bücher ungesehen einreichen und abholen können. Dem hingegen funktioniert Tor wie eine Weiterleitung, um anonym Informationen einholen zu können, die anderswo im Internet gespeichert wurden. Freenet ist selbst ein Speichermedium.

Du greifst praktisch mit deinem Browser auf Freenet zu, wie du dich auch im Internet bewegst. Allerdings kann es einige Sekunden dauern, um den Inhalt einer Website von Freenet zu laden. Es ist langsamer als das Internet, wir arbeiten an einer Verbesserung der Geschwindigkeit.

Genauer gesagt erlaubt Tor jemandem, eine Website wie Wikileaks zu besuchen, ohne Spuren zu hinterlassen. Aber wenn die Regierung Wikileaks schließt, wäre sie nicht mehr länger erreichbar, weder über Tor noch mit einem anderen Weg. Bei Freenet werden die Informationen bei Freenet selbst eingelagert und gespeichert und es gäbe keinen Weg mehr diese zu entfernen.

Ich kenne mich mit I2P nicht so sehr aus, aber glaube, es ist auch eher eine Weiterleitung wie Tor und weniger ein Datenspeicher wie Freenet oder Offsystem. Ggf. wurden einige Aspekte im Design von I2P durch unser Projekt inspiriert.

Ghandy: Wie leicht bzw. kompliziert ist die App denn jetzt wirklich?

Ian Clarke: Unser größtes Defizit derzeit ist, dass es zu kompliziert ist, Freenet anzuwenden. Wir haben daran im Laufe der letzten Jahre bereits hart gearbeitet und die Software hat sich schon deutlich verbessert. Aber es ist noch immer ein weiter Weg. Es ist inzwischen schon einfacher als es in der Vergangenheit war, aber noch immer komplizierter als es sein sollte. Wer schon mal Software auf seinem Rechner installiert hat, dürfte nicht allzu viele Probleme haben. Es ist aber nicht so final wie Software wie Firefox oder Skype.

Ghandy: *Wie viele Personen sind an der Entwicklung beteiligt, womit beschäftigen sie sich?*

Ian Clarke: Wir haben bei Freenet einen hauptamtlichen Entwickler, dessen Lohn von den Spenden bezahlt wird. Daneben gibt es vielleicht zehn bis fünfzehn andere Personen, die auf unterschiedliche Art einen Beitrag leiste. Manche arbeiten an der Website, andere an der Software selber oder auch indem sie uns wertvolles Feedback geben.

Ghandy: *Was habt ihr für die Zukunft geplant?*

Ian Clarke: Freenet wird schneller und einfacher in der Anwendung sein. Auch Diskussionsforen sollen neben anderen Features implementiert werden.

Ghandy: Mike Godwin von der Electronic Frontier Foundation (EFF) hat den Sachverhalt einst sehr gut zusammengefasst, als er über seine Tochter sagte: „Ich habe Angst, dass sie in 10 oder 15 Jahren kommt und mich fragt: ‚Daddy, wo warst Du, als sie euch im Internet die Pressefreiheit genommen haben?'"

Ghandy: *Wie sieht für dich die Zukunft des Internets aus? Wird es ein komplett regierungskontrolliertes System sein, pure Anarchie oder irgendetwas dazwischen?*

Ian Clarke: Wahrscheinlich irgendwas dazwischen. Es hängt davon ab, in welchem Land man lebt. Länder wie Australien bewegen sich derzeit in eine gefährliche Richtung mit ihren aktuellen Internet-Zensurgesetzen. Glücklicherweise kann Freenet stets als letzter Rückzugsort benutzt werden.

Ghandy: *Vielen Dank für die Beantwortung der Fragen und alles Gute für die Zukunft, um jede Form der Zensur, die nicht der demokratischen Meinungsfreiheit entspricht, umgehen zu können.*

Post Scriptum der Redaktion: Ich sprach im Sommer 2010 mit Ian Clarke, dem Gründer dieses interessanten Open Source-Projektes, das seinerzeit nicht nur F2F zum P2P hinzufügte, sondern auch komplett die Code Basis neu erschuf – Update 2023: Das alte Freenet wurde umbenannt in Hyphanet.org und der neue Code namens Locutus wurde in das neue Freenet unter dem Namen: Freenet umbenannt. Dieses Interview bezieht sich also auf die alten Funktionalitäten bzw. Programmzeilen. Es lebe das neue Freenet.

RetroShare-Interview mit Dr. Bob: Filesharing & Kommunikation undercover

von Ghandy

RetroShare ist ein Open-Source-Programm für P2P- bzw. F2F-Filesharing und andere Formen der Kommunikation. Wir führten ein Interview mit dem Projekt-Initiator Dr. Bob.

Ich habe das Interview mit Dr. Bob ursprünglich im Februar 2012 durchgeführt. Er ist einer der Initiatoren, Erfinder bzw. Entwickler dieses Programms. Der Schwerpunkt des Clients liegt aber nicht alleine beim Thema Filesharing, sondern vielmehr auf der Wahrung der Privatsphäre der Teilnehmer:innen. Ziel ist es, unzensierte Nachrichten und Forenpostings auszutauschen, ohne dass Dritte die Identität der Teilnehmer:innen erahnen können. Natürlich wird auch Wert darauf gelegt, dass es kein Unternehmen gibt, das über jeden einzelnen Schritt Bescheid weiß, den sie im Internet unternehmen.

Ghandy: *Magst Du Dich unseren Leser:inn:en einmal vorstellen?*

Dr. Bob: Hallo liebe Leser:innen. Ich bin Dr. Bob, der ursprüngliche Schöpfer von RetroShare. RetroShare ist eine Art Soziales Netzwerk, welches einem im Internet die Freiheit und Privatsphäre zurückgibt. Es erlaubt dir, alles mit deinen Freund:inn:en zu teilen und zu schreiben, was du willst. Wir sind ein über ganz Europa verstreutes Team von Entwickler:innen aus Deutschland, Frankreich und Großbritannien, das RetroShare in seiner Freizeit entwickelt.

Ghandy: *Kannst Du uns bitte zunächst die Funktionsweise des Programms erklären?*

Dr. Bob: RetroShare ist eine Applikation, die zum privaten Austausch gedacht ist. Es erstellt ein dezentralisiertes Netzwerk mit euren

Freund:inn:en. Ihr könnt das Programm kostenlos online herunterladen und installieren. Man tauscht im Normalfall per E-Mail die „Zertifikate" aus, die euch untereinander identifizieren. Wenn ihr Eure Friends geadded habt, verbindet euch Retroshare direkt über das Internet. Befindet man sich im Netzwerk, kann man:

- privat mit seinen Freund:inn:en chatten
- Chat-Räume betreten, wo man Gruppengespräche (ähnlich wie im IRC) mit vielen Personen führen kann
- das Netzwerk nach angebotenen Dateien durchsuchen
- etwas von Freund:inn:en oder dem größeren Netzwerk anonym herunterladen
- in ein Forum schreiben, wo man hervorragend diskutieren oder Links austauschen kann
- Kanäle erstellen, wo man Dateien mit den Freund:inn:en oder dem ganzen Netzwerk austauschen kann.

Ghandy: *Warum habt ihr das Programm überhaupt so genannt?*

Dr. Bob: Als meine Freunde die erste Version sahen, sagten sie: „Oh, es sieht so altmodisch (retro) aus." Das Programm bezieht sich auf die guten alten Tage, als noch jedermann alles direkt ausgetauscht hat. Also lange, bevor BitTorrent, Twitter oder der „like"-Button alles öffentlich machte.

Ghandy: *Wie viele Personen arbeiten an dem Projekt? Was ist ihre Aufgabe, was ist ihr Job im echten Leben?*

Dr. Bob: Im Kernteam befinden sich fünf Entwickler, die alle in ihrer Freizeit mitwirken, um den Client zu verbessern. Daneben gibt es noch einige andere Personen, die uns mit Patches, Grafikdesign und Übersetzungen helfen. Unsere Community hat uns sehr dabei geholfen, die Funktionalität auszuprobieren, Fehler zu melden und uns neue Features vorzuschlagen. Ich arbeite meistens am Backend, erstelle den Code für das Netzwerk. Mein richtiger Job ist das Entwerfen von Windturbinen. Vorwiegend: Chris arbeitet am Backend und ist Software-Entwickler; Thunder´s Aufgabe ist die Entwicklung der grafischen Benutzeroberfläche und Verbesserungen unter Windows. Er ist auch Software-Entwickler. Defnax schaut nach GUI- und Windows-Entwicklung. Er arbeitet als Assistent einer technischen Geschäftsführung; und Cyril entwickelt Dateitransfers und dezentralisierte Chat-Protokolle, er forscht im Bereich Computergrafik.

Ghandy: Was war eure Intention, diesen Client zu erstellen?

Dr. Bob: Wir möchten das bestmögliche private Netzwerk erstellen. Damit die Leute miteinander chatten können, Links und Dateien austauschen können, anonym in Foren schreiben, Aktivitäten gemeinsam planen, Dokumente ändern können und so weiter. Also eigentlich alles, was man in den bestehenden sozialen Netzwerken tun kann – aber mit Wahrung der Privatsphäre. Alles, was wir im Internet tun, wird von Marketingfirmen und sozialen Netzwerken ausgewertet. So muss es nicht sein. Man sollte in der Lage sein, sich wirklich privat auszutauschen. Und dieses Programm zeigt, dass es möglich ist.

Ghandy: Was ist euer Schwerpunkt: Die Kommunikation untereinander oder der Dateiaustausch?

Dr. Bob: Die Privatsphäre steht bei uns ganz klar im Mittelpunkt, ein zuverlässiges Netzwerk mit Freund:inn:en aufzubauen. Es ist dieses Netzwerk, welches euch erlaubt, sowohl uneingeschränkt zu kommunizieren als auch Daten auszutauschen. Wir finden, Kommunikation sollte auch ohne Facebook oder Gmail möglich sein, die im Einzelnen über alles Bescheid wissen, was wir tun. Ein nicht überwachter und wirklich freier Austausch ist uns am wichtigsten.

Ghandy: Wie entwickelt sich Eure Community? Wächst die Zahl der Unterstützer:innen?

Dr. Bob: Die Community von Retroshare wächst kontinuierlich an. Wir hatten unseren besten Monat im Februar 2012, wo über 10.000 Transfers durchgeführt wurden. Momentan sind es zwischen 500 und 1000 Personen, die gleichzeitig online sind. Das ist aber nur eine Schätzung. Wir wissen nicht, wie viele Personen im „Darknet"-Modus ohne DHT-Registrierung unterwegs sind.

Wir haben Chaträume in Version 0.5.3 eingebaut. Das hat das Gemeinschaftsgefühl ungemein gestärkt, weil man so die Freund:innen seiner Freund:innen kennenlernen kann. Es war auch teilweise nützlich für die Entwickler. Wir erfahren in unseren internen Foren von den Anwender:innen direkt neue Fehler und können allen die Anwendung des Programms erläutern.

Ghandy: *Wie wollt ihr dafür garantieren, dass RetroShare nicht wie Anomos endet? Anfangs begann Anomos zum anonymen Filesharing sehr aussichtsreich, wenig später wurde es auf Eis gelegt (wo es übrigens bis heute liegt).*

Dr. Bob: Wir arbeiten jetzt schon viele Jahre daran und fühlen uns dem Projekt verpflichtet. Auch gibt es eine wachsende Anzahl von Anwender:innen und eine aktive Gemeinschaft. Das ermuntert uns und hilft unserer Arbeit ungemein.

Ghandy: *Was könnte für Einsteiger eine Hürde darstellen?*

Dr. Bob: Der schwierigste Teil dürfte sein, die ersten privaten Kontakte aufzubauen. Manche Leute laden sich die Software herunter und geben dann nach kurzer Zeit auf. Ohne Friends ist Retroshare nichts wert. Nehmt Euch ein wenig Zeit, Euch gut zu vernetzen, bevor ihr aufgebt. Wir empfehlen Euch, eine Gruppe von fünf bis zehn Personen zu suchen, die die Nutzung lohnenswert macht.

Wir haben unsere Arbeiten an einem „Bekanntmachungs-Server" abgeschlossen, wo Anwender:innen ermöglicht wird, sich auszutauschen und mit anderen Anwender:innen unverzüglich zu chatten. Gerne sind wir beim Aufsetzen eines Virtual Private Servers (VPS) behilflich. Dieser macht es einfacher, mit seinen Freund:innen und der Familie verbunden zu sein.

Ghandy: *In Deutschland werden monatlich etwa 10.000 Abmahnungen an die Anschlussinhaber:innen von IP-Adressen verschickt. Viele Peer-to-Peer Clients werden noch immer weiterentwickelt. Warum sind es so wenige Friend-to-Friend-Programme, wenn es ums anonyme Filesharing geht?*

Dr. Bob: Möglicherweise, weil es schwierig ist, ein Filesharing-Netzwerk aufzubauen. Ein anonymes Netzwerk umso mehr. In den letzten fünf Jahren fand ein Wechsel von den P2P-Netzwerken hin zu F2F oder Streaming- oder Filehosting-Anbietern statt. Von daher besteht wenig Interesse an der Entwicklung von P2P-Filesharing-Netzwerken. Und da heutzutage jede/r Web-Entwickler:in wird, gibt es immer weniger Menschen, die ein solches Netzwerk aufbauen könnten.

Ghandy: Im Gegensatz zu Freenet, Spot-On (beide auch F2F Netze) oder I2P (ein P2P Netz ohne viel Download-Optionen) ist man als Anwender:in nicht gänzlich frei von Gefahr von einem der Rechtsanwält:innen der Content-Industrie erwischt zu werden. Warum sind die Transfers mit den Kontakten ersten Grades unsicher? Würden die Transfers langsamer von statten gehen, wäre gänzlich alles verschlüsselt?

Dr. Bob: Fast jedes Netzwerk ist anfällig für bösartige Nachbar:innen. Sie wissen, wonach Du suchst und welche Daten übertragen werden. Es sind die zufällig ausgewählten Nodes, die in P2P-Netzen anfällig sind. Bei Retroshare und weiteren F2F-Netzen sind es die vertrauenswürdigen Freund:innen, die Dich nicht verraten werden. Von daher stellt RetroShare mehr Sicherheit bereit als andere Netzwerke. Das macht uns zu einem durch Vertrauen gesicherten Netzwerk. Jeder Transfer läuft über diese sicheren Zahnräder. Das macht es für Dritte schwer, bei uns einzudringen und sehr herausfordernd, das alles zu überwachen.

In den meisten Fällen wird ein anonymes Filesharing-Protokoll angewendet. Dieses wurde erstellt, damit selbst Deine direkten Kontakte nicht mit letzter Gewissheit wissen können, ob ihr Empfänger:in seid oder die Daten lediglich weitergeleitet werden. Der direkte Austausch findet nur bei den Dateien statt, die für eure Freund:innen einsehbar sind. Somit wissen sie, dass Du die Datei schon vorrätig hast. Alle Datenübertragungen werden bereits Punkt zu Punkt per SSL verschlüsselt. Es gibt keinen Grund, eine extra Verschlüsselungsschicht darüber zu legen.

Ghandy: *Seid ihr jemals von Kanzleien von Musiklabels, der RIAA oder anderen Rechte-Inhaber:innen kontaktiert worden?*

Dr. Bob: Nein. Wir speichern keine Links zu urheberrechtlich geschütztem Material. Wir ermuntern auch niemandem zum illegalen Filesharing. Was wir anbieten, ist ein absolut privater Dateiaustausch. Wir haben keine Kontrolle oder Wissen darüber, was unsere Anwender:innen tun. Und genauso soll es ja auch sein.

Ghandy: *Danke für das Interview!*

Post Scriptum der Redaktion: Im November 2012, nur wenige Monate nach dem Interview, wurden Einstweilige Verfügungen gegen Nutzer:innen von RetroShare erlassen, weil man ihnen Filesharing geschützter Werke vorwirft. Bis heute wurde nicht endgültig geklärt, wie die Rechteinhaber:innen bzw. deren IT-Dienstleister an die IP-Adressen gelangt sind. Möglicherweise waren die direkten Kontakte der Betroffenen weniger vertrauenswürdig, als ursprünglich gedacht. Auch wird in dem Interview deutlich, dass die Transfers nur Punkt-zu-Punkt verschlüsselt sind. Jeder Hop entschlüsselt und verschlüsselt wieder und kann also den Download-Inhalt sehen. Nach mehr als einem Jahrzehnt des Interviews steht zudem eine Weiterentwicklung des File-Sharings mit dem Programm Spot-On (Github) zur Verfügung, das ebenso verschlüsselt, und im Echo-Netzwerk trotz der Verschlüsselung P2P wie F2F Dateipakete „swarmen" kann - und dabei den Transport Ende-zu-Ende verschlüsselt. Ergänzend kann optional auch die Datei selbst noch mit einem Passwort symmetrisch AES-verschlüsselt werden. Der Nachweis, einen richtigen Schlüssel für das Entpacken eines geschützten Werkes zu haben, ist bislang keiner Kanzlei gelungen, da dieses nur im Lokalhost der User-innen in einem völlig verschlüsselten Echo-Netzwerk geschieht. Also ein Nachfolger für die Retro-Torrents.

PreDB: „Ein verdammt komplexes und extrem nerdiges Hobby!"

von Lars Sobiraj

Wir haben ein Interview mit dem Gründer der Release-Datenbank PreDB.net durchgeführt. Eine preDB-Datenbank verzeichnet alle Veröffentlichungen einer illegalen Release Group.

Ghandy: Wie ist es eigentlich zur Gründung gekommen, mit welcher Motivation betreibst Du Deine Webseite PreDB.net?

PreDB.net: Moin, erstmal Danke für das Interview, habe mich sehr über die Anfrage gefreut! Als ich als Teenie das erste Mal Internet hatte wurde die Box der Pandora für mich geöffnet. Durch einen Schulfreund kam ich dann zu FXP-Boards, wo ich auch schnell aktiv wurde (scannen, hacken, cracken... alles gemacht). Das war in der Zeit kurz nachdem „The Scene" als Mini-Serie herauskam, ich hab's geliebt! Irgendwann habe ich dann das erste Mal eine PreDB gesehen und irgendwie hat mich das fasziniert... die weltweite Scene Release Geschichte an einem Ort und ich kann es haben... Das hat mich dann nicht mehr losgelassen und seitdem beschäftige ich mich damit.

Ghandy: Welchen Bezug hast Du denn zu den Release Groups? Warst Du in dem Bereich eventuell selbst mal aktiv?

PreDB.net: Es gab eine Zeit, wo es mich extrem gereizt hätte, so richtig zur Release-Scene dazu zu gehören. Aber allein der Sicherheitsaspekt hat mich mental extrem gestresst: Will ja nicht gebusted werden. Ich habe mich dann dagegen entschieden und würde mich jetzt eher als eine Art Scene-Fan und Beobachter bezeichnen.

Ghandy: Wie machst Du für PreDB.net Werbung, wenn überhaupt?

PreDB.net: Ich werde wohl verstärkt bei Reddit unterwegs sein, um die DB bekannter zu machen. Dort gibt es sehr aktive Warez-Communities, wo meine Daten ganz nützlich sind. Außerdem haben sich meine SEO-Bemühungen extrem gelohnt: Die Website ist bei den relevanten Keywords überall auf Platz 1 oder zumindest in den Top 3 auf Google,

Bing und DuckDuckGo und Yandex. Die Umstellung auf die .net Domain hat das begünstigt, weil die Domain nicht mehr landesbezogen ist.

Ghandy: Simon Samtleben hat seinerzeit in einem Blogbeitrag sehr ausführlich erklärt, warum der Betrieb einer solchen Datenbank-Seite technisch herausfordernd ist. Kannst Du das bestätigen?

PreDB.net: Das kann ich zu 100% bestätigen! Hier eine kleine Ausführung aus meiner Sicht: Um meine eigene PreDB aufzubauen, musste ich extrem viel lernen: Ich habe mit Java und MySQL angefangen, dann die ersten Bots mit Perl, später dann Python. Für die Website + API dann PHP, die neueste Frontend-Version läuft jetzt mit React JS. Regex gehört ebenso dazu wie die SQL-Querys zu optimieren und die Datenbank an sich zu pflegen (Spam, Kategorisierung, etc.). Zusätzlich zum Programmieraufwand musste ich mich mit der Serveradministration beschäftigen: Server mieten, Zeugs installieren, nichts funktioniert, nochmal… Irgendwann hatte ich es raus, seitdem laufen die Bots auch 24/7 😊. Das Projekt war für mich mehr wie ein Hobby, deshalb hatte ich auch immer Spaß daran neue Dinge zu lernen. Ich muss aber dazu sagen, dass vieles davon auch gleichzeitig für meinen Job ausgezahlt hat: Alles Erlernte konnte ich als Design und Webdev Freelancer gut für meine Kund:inn:en gebrauchen. Deshalb ist mir vieles davon auch leichter von der Hand gegangen und ich konnte später sogar Geld damit verdienen. Aber kurzgefasst: Ein verdammt komplexes und extrem nerdiges Hobby!

Ghandy: Woher beziehst Du Deine Daten?

PreDB.net: Die Daten werden sozusagen klassisch über einen Bot in Prechans gesammelt. srrDB ist dabei natürlich Gold wert. Wenn mein Bot mal nicht gefunzt hat, holte ich die Infos von anderen PreDB's, wie z.B. predb.org.

Ghandy: Laut srrDB.com werden täglich in den verschiedensten Bereichen rund 2.000 neue Releases veröffentlicht. Das ist eine ganze Menge, wie umfangreich ist denn Deine Datenbank mittlerweile?

PreDB.net: Die Zahl passt soweit, 2022 waren es insgesamt 647.497 Releases. Die Grundlage meiner DB waren öffentliche PreDB leaks. Erst als mein Server einigermaßen lief, konnten meine Bots ab 2016 selber sammeln. Seitdem habe ich wohl die größte (public) PreDB der Welt mit über 11.8 Millionen Releases. Darauf bin ich super stolz, ist ein Mega-Gefühl! Das verstehen aber glaube ich nur Scene-Nerd:innen. 😄 Es ist halt ein Hobby. Ich fand es einfach geil, dadurch ein Teil der Scene zu sein, auch wenn wahrscheinlich nur ich das so sehe. 😊

Ghandy: Wie finanzierst Du Dein Projekt?

PreDB.net: Das Projekt ist zum Glück nicht allzu kostspielig im Betrieb, ich habe da nur Server + Domainkosten.

Ghandy: Ein paar wenige Datenbanken beinhalten auch Links zu Sharehostern oder Magnet-Links für P2P/F2F-Transfers. So sorgen die ganzen Download-Sites und auch P2P-Indexer dafür, ihren Weg zur breiten Masse zu finden. Warum ist das für Dich nach dem Wechsel zur .net-Domain nicht infrage gekommen?

PreDB.net: Der Betrieb der PreDB ist rechtlich gesehen ja recht einfach, ist halt eine informative Datenbank. Ich weiß nicht, wie sich das verhält, wenn ich auf offensichtlich illegale Websites verlinke, da herrscht bei mir eine große Unsicherheit. Ich will nicht unnötig negative Aufmerksamkeit auf mich ziehen. Wer auf einer PreDB unterwegs ist, weiß meistens wo er sein Zeug herkriegt. Wir haben anscheinend einen guten Weg gefunden: die Websites werden gelistet, aber nicht verlinkt. Das ist ziemlich schlau: Für die reine Erwähnung von URLs zu offensichtlich rechtswidrigen Zielen kann einem als Webmaster:in nicht viel passieren. Wer hingegen aktive Links setzt, den kann man dafür auch haftbar machen.

Ghandy: xrel.to ist häufig echt langsam, was neue Einträge betrifft. Dafür gibt es ein eigenes Forum, wo man jedes Release kommentieren kann. Hast Du eventuell vor, Deine Besucher:innen künftig auch zu mehr Aktivität zu verleiten? Sollte man Deine Datenbank P2P teilen oder abfragen können?

PreDB.net: Der Gedanke den User:inne:n mehr „Mitmach"-Optionen zu bieten, reizt mich immer mehr. Als Zwischenstep habe ich erweiterte Release Infos eingebaut für die Bereiche TV, Filme, Games und Musik. Grundsätzlich freue ich mich aber auch über Feedback, da bekomme ich nicht so viel: Es ist Positives für meine Seele, Negatives bitte konstruktiv! ☺

Ghandy: Vielen Dank an der Stelle nochmal für das Interview.

ZZZ & I2P, das anonyme Netzwerk im Interview – Gespräch mit dem Projektleiter

von Lars Sobiraj

Neben Tor und Freenet ist I2P das meistgenutzte anonyme Netzwerk, was es gibt. Dieses Interview aus dem Jahr 2009 haben wir mit zzz geführt.

Ich habe schon einmal vor ein paar Jahren für meinen ehemaligen Auftraggeber ein Interview mit einem der Hauptverantwortlichen durchgeführt, der seine Identität hinter dem Pseudonym zzz verbirgt.

I2P ist auch für Anfänger:innen gut geeignet

Auch für Anfänger:innen ist I2P gut geeignet. Zwar ist die Übertragung von Daten langsam, dafür ist die Software auf Windows, Mac OS X, Android-Smartphones und Linux-Distributionen einfach zu installieren. Last, but not least hat es den Ruf, sicher zu sein. I2P ist eine Ansammlung von Diensten für das anonyme Surfen, den anonymen Gebrauch vom Chat-Programmen, Newsreadern, E-Mail-Clients, Blog-Software und auch unterschiedlichen Arten des Filesharings.

Lars Sobiraj aka Ghandy: Hi zzz!

zzz: Hi Ghandy, und vielen Dank für die Möglichkeit, hier mit euch über I2P zu sprechen.

Ghandy: Wenn überhaupt, magst du Dich unseren Leser:innen kurz vorstellen?

zzz: Nein, ich arbeite an einem anonymen Netzwerk und möchte selbst auch anonym bleiben, sorry.

Ghandy: Das ist kein Problem, ich verstehe Deine Beweggründe. I2Ps Erfinder „JRandom" gab das Projekt im November 2007 auf, um eine längere Pause einzulesen. Du und der Entwickler „Complication" habt dann später alles übernommen, um es fortzuführen. Wie bist Du mit I2P in Berührung gekommen? Generell gefragt: Was reizt Dich persönlich so sehr daran? Und wie teilt ihr im Team die Aufgaben auf?

zzz: I2P wurde von „JRandom" im Jahr 2003 aus der Taufe gehoben und wie Tor hat es einen starken Fokus auf Kryptografie und Anonymität. Dazu werden Techniken wie das Tunneln (von Datenströmen) und Onion Routing benutzt, allerdings mit einigen Unterschieden.

Im Jahr 2005 habe ich nach einer Software fürs anonyme Surfen gesucht und probierte zunächst Freenet aus, es konnte meine Bedürfnisse aber nicht so gut befriedigen. Danach war I2P dran und obwohl es auch nicht so toll lief, erkannte ich einiges an Potenzial darin.

Ich eröffnete meine ersten „eepsites" (interne I2P-Webseiten, die über den i2P Proxy laufen: Site 1 oder 2 — aber diese Links werden sehr langsam sein). Ende 2005 begann ich damit beim Projekt auch Code beizutragen.

„JRandom" verließ Ende 2007 das Projekt, die ganze Geschichte kann man im Internet nachlesen. Und im Frühjahr 2007 wechselte sein Interesse hin zu Syndie, eine anonyme, verschlüsselte Hochsicherheits-Plattform fürs Bloggen und sonstige Kommunikation. Mein Mitstreiter „Complication" und ich haben unser Engagement in dem Jahr vergrößert und nachdem uns „JRandom" verlassen hatte, gab es einige interne Veränderungen bezüglich der Organisationsstruktur bei uns.

Zusätzlich zum eigentlichen Coden müssen einige Komponenten verwaltet werden, so auch das Hosten der Services wie (IRC, E-Mail, das Versions Kontrollsystem, Blogs, Foren, Download Sites etc.). Dazu muss der Code Dritter überprüft werden, das Release Building, das Schreiben von Pressemitteilungen, Übersetzungen, Support für Anwender:innen und so weiter.

Es sind vermutlich ein Dutzend Personen beteiligt. Wie wir die Arbeit aufteilen und uns organisieren, während wir lediglich über unser anonymes Netzwerk verbunden sind? Ich weiß auch nicht genau, aber es funktioniert. ;-)

Ghandy: I2P ist eine Sammlung verschiedener Angebote. Wie kam es dazu, das Angebot in unterschiedliche Services aufzusplitten? Warum kam es dazu und was bietet ihr jetzt genau im Detail an?

zzz: I2P besteht aus dem zentralen Router und den Applikationen, die per I2P angesteuert werden können. Einige davon sind in unserem Paket drin, und manche sind separat verfügbar. Es existiert eine sehr strenge Architektur, die aus Sicherheitsgründen den Router und die Anwendungen voneinander trennt.

Der zentrale Router erzeugt die Tunnel für lokale Anwendungen, und tunnelt gleichzeitig Daten für Dritte. Die gebündelten Applikationen beinhalten einen HTTP-Proxy, ein IRC-Proxy, ein Adressbuch für die Weiterleitung, eine webbasierte Router-Konsole, um die Router zu administrieren, ein BitTorrent-Client Namens „I2PSnark", ein Web-basierter E-Mail-Client und andere Dinge.

Solche Programme, die nicht in unserem Paket eingebunden sind, sind ein Port von Phex (Filesharing mit dem Gnutella-Netzwerk), ein Port von eMule, und zahlreiche andere BitTorrent Clients.

Verschiedene Arten von Standard-Programmen können mit I2P benutzt werden – Webbrowser, IRC-Clients, Newsreader, E-Mail-Programme und vieles mehr. Für weitere Infos empfehle ich unsere Einführung auf unserer Webseite.

Ghandy: Was sind die Vor- und Nachteile der Benutzung von I2P, wenn man es mit anderen Optionen wie TOR, einem Proxy oder einem VPN vergleicht?

zzz: Zunächst muss ich sagen, dass ich einen wahnsinnigen Respekt vor Tor habe. Und auch vor Roger Dingledine, den anderen Entwickler:innen und was sie erreicht haben. I2P und Tor haben ungefähr zeitgleich angefangen und weisen einige Ähnlichkeiten auf.

Tor hat in einem umfangreichen Maß von der Bereitstellung finanzieller Mittel, einer akademischen Analyse und einer großen Base an User:innen Nutzen gezogen. Wir tauschen uns häufig mit den Leuten von Tor aus, was beiden Projekten zugutekommt.

Der fundamentale Unterschied zu Tor ist, dass es für den Datenverkehr ins Internet gemacht wurde. I2P wurde erschaffen, um den Verkehr nur innerhalb des eigenen Netzwerkes zu regeln, was von Tor als versteckter Service bezeichnet wird. Tor hat 1000 Exit-Nodes, I2P nur einen! Das Verlassen eines anonymen Netzwerkes ins reguläre Internet beinhaltet viele schwerwiegende potenzielle Schwachstellen.

Wie Roger Dingledine es auf seiner Rede auf dem 25C3 ausgedrückt hat „Tor verschlüsselt nicht auf magische Art und Weise das Internet". Das macht I2P auch nicht. Der Zugriff auf Standardanwendungen kann sicher erfolgen, aber es erfordert auch viel Umsicht. Das Schnüffeln oder noch schlimmer, das Blockieren von Exit Nodes ist sehr problematisch. Wenn man dies bedenkt, ist Tor die bessere Lösung, wenn man vor allem aufs Internet zugreifen will.

I2P wurde von Anfang an für die Sicherheit von Traffic und Applikationen innerhalb eines internen Netzwerks konzipiert. Wir haben Jahre damit verbracht, es schnell und zuverlässig zu gestalten. Wenn du eine anonyme und verschlüsselte Kommunikation innerhalb eines Netzwerks wünschst, dann ist I2P eine gute Wahl. I2P ist gut gerüstet für Peer-to-Peer, wir begrüßen P2P-Traffic.

Über 95% aller I2P-Anwender leiten Datenströme auch für andere Teilnehmer weiter, ganz im Gegensatz zu Tor, wo der Anteil sehr gering ausfällt. Mit anderen Worten trägt fast jede:r etwas zur Leistungsgrenze des Netzwerkes bei. Es ist nicht so, dass viele Leute einfach nur die Kapazität eine der wenigen großen Nodes ausnutzt.

Wir haben sehr sichere, maßgeschneiderte Oberflächen für Programme für Anwender:innen.

Tor ist viel besser dabei die Blockade von ISPs und staatlicher Stellen zu umgehen. Da die Zahl der Anwender:innen ansteigt, wird dies zunehmend wichtig für uns.

Ghandy: I2P wurde ursprünglich nicht dafür gemacht, um damit Filesharing zu betreiben. Was glaubst du, wie viele es trotzdem tun? Wie erfolgsversprechend ist es dies trotzdem auf diesem Weg zu tun? Welche Geschwindigkeiten kann man dabei erreichen?

zzz: Wir haben lediglich weniger als 1.000 Anwender:innen gleichzeitig online und über 3.000 einzelne Besucher:innen pro Monat. In Anbetracht dieser Zahlen sind wir vielleicht hundert Mal kleiner als Tor. Vielleicht sind es 600 Leute, die da gleichzeitig online sind, was man eventuell mit Tor vergleichen kann, keine Ahnung.

I2P wurde erstellt als Overlay-Netzwerk für verschlüsselte, anonyme Kommunikation. Von daher ist es ideal für Peer-to-Peer Programme: Alle Filesharing-Programme funktionieren aber nur innerhalb des I2P-Netzwerkes, es gibt beispielsweise keinen Zugang zum regulären Internet. Alle P2P-Clients sind derart modifiziert, dass sie aus Sicherheitsgründen lediglich innerhalb unseres Netzwerkes funktionieren. Du kannst nicht einfach einen normalen Client benutzen. So klein wie unser Netzwerk ausfällt, ist auch das Angebot an Inhalten, die darüber zur Verfügung stehen. Typische Downloadgeschwindigkeiten liegen bei 5 KByte/Sekunde bis zu 20 KBps, was ausreicht, um einen Film mit 700MB innerhalb eines Tages zu ziehen. Das Netzwerk ist schon viel schneller geworden, wir arbeiten an weiteren Verbesserungen. Potenzielle User:innen müssen selbst entscheiden, ob der Grad an Anonymität und Sicherheit in Kombination mit der Geschwindigkeit und dem Angebot und den damit verbundenen Beschränkungen interessant genug für sie ist.

Ghandy: Wie sicher ist euer Angebot wirklich derzeit?

zzz: Ich weiß nicht, ob wir jemals im Einzelfall absolute Sicherheit gewährleisten können. „Sicherheit" ist immer relativ und beruht auf deinen Bedürfnissen, sprich deinen Zielen, Ressourcen und denen deiner Gegner:innen.

Ghandy: Gab es je Überlegungen, mit The Pirate Bay oder MiniNova zusammenzuarbeiten, um ein gemeinsames Angebot zu erstellen?

zzz: Dieser Vorschlag wurde letztes Jahr angebracht und das hat jede Menge Diskussionsstoff innerhalb von I2P erzeugt. Der Weg, den wir ab jetzt beschreiten ist mir derzeit aber auch noch unklar. Die oberste Priorität ist es, unser Netzwerk auszubauen. Wir erreichen dies mit der Präsenz in der Presse, so wie dieses Interview. Und natürlich, indem wir unsere Webseite und unsere Software besser und schneller gestalten. Die Verständlichkeit und die verfügbaren Sprachen spielen auch eine Rolle, weswegen wir stets nach neuen Anwender:inne:n und Unterstützer:inne:n suchen. Wenn jemand von euren Leser:inne:n eine Frage hat, kann er sich an unsere Webseite, unser Forum, (inklusive einer deutschen Section) oder per IRC irc.freenode.net #i2p an uns wenden.

Ghandy: Vielen Dank für deine sehr erläuternden Antworten.

Streaming & IPTV

Filesharing war gestern. Meint man. Gnutella, E-Mule, Torrent und der alles drei verbindende Shareaza-Klient. Warez wird es jedoch immer geben: Warez bezeichnet im Netzjargon beschaffte oder verbreitete Software in Form einer (illegalen) Schwarzkopie, meist zeitnah zu deren offiziellen Veröffentlichung. Im Laufe der Zeit zählten auch Musik-MP3s, Kinofilme und PDF-E-Books dazu. Das Wort stammt vom Begriff Software ab, wobei das Plural-s durch ein z ersetzt wurde und Warez sich damit begrifflich differenziert.

Nicht File-Sharing war gestern, sondern P2P. Sharing wandelt sich zu F2F: Friend-to-Friend-Sharing erfordert entweder Berechtigungen für den Zugang, z.B. zu privaten Torrent-Trackern oder aber einen Verschlüsselungs-Key zur verbundenen Gegenstelle.

Und: Direkt-Downloads wandeln sich zu Streams. IPTV können inzwischen schon einige moderne Router, die das Kabel-TV-Signal im Heim-Netzwerk auf verbundene Geräte, Tablets und Smart-Phones streamen kann. Unsere in der Redaktion oft diskutierte These ist, ob und wann es verständlich ist, dass die Urlauber:innen auf Mallorca gerne den Stream aus ihrem Wohnzimmer einsehen wollen – für den sie ja auch regulär bezahlen. Illegale Stream-Angebote meist von Serien oder Sport-Ereignissen werden hingegen zurecht strafrechtlich verfolgt. Die fähige IT-Community zeigt mit diesen Modellen, wie moderne Technik eingesetzt werden kann. Die Streams werden sich zukünftig in verschlüsselte Netzwerke umwandeln, so eine Auffassung unserer Interviewpartner. Neben den tagesaktuellen Fußball-Events wird es auch weiterhin Downloads – dann ebenso in verschlüsselten F2F-Netzwerken – von nicht so „zeitkritischen" Kinofilmen und Serien geben. Ein hartes Vorgehen von Parlamenten und Behörden ist angekündigt. Wenn da nicht die Verschlüsselung von F2F Downloads und IPTV-Streams wäre... es bleibt spannend, doch lest selbst.

Streaming über movie2k.to: Verletzungen des Rechts von Urheber:innen im Netz – Ein Interview

von Lars Sobiraj

2010 fand ein Interview mit einem der Macher:innen des illegalen Streaming-Portals movie2k.to statt. Es geht um Abofallen & Co.

Streaming-Portale wie movie2k.to stellen zusammen mit Filehostern und P2P/F2F-Tauschbörsen im Web die größte Bedrohung für die Filmwirtschaft dar. Niemand kann sie erfolgreich abschalten oder verfolgen, die GVU versucht dies erfolglos seit mehreren Jahren. Auch können die Zuschauer im Gegensatz zum Filesharing nicht mit Abmahnungen übersät werden.

Der Macher von movie2k.to erklärte mir, was er von Abofallen im Graubereich oder den Unternehmen aus Hollywood hält. Ihn zu kontaktieren war denkbar einfach, weil Movie2k im Gegensatz zu den meisten Anbietern eine eigene E-Mail-Adresse unterhält. Er findet die Vorstellung „albern", dass seine Website die Arbeitsplätze in der Filmbranche vernichten könnte. Die Umverteilung sei vielmehr eine Art Regulierung des Marktes, weil zuvor eine Monopolstellung beim Vertrieb der Filmwerke herrschte. Das Interview wurde ursprünglich auf dem IT-Portal gulli.com veröffentlicht.

Das Angebot dieser Website ist genau so beschaffen, wie auch ein kommerzielles Portal aussehen müsste. Schon vor zwei Jahren hatte Movie2k.to mehr als 40.000 Filme und TV-Serien im Angebot, die allesamt über einen Klick erreichbar sind. Eine Anmeldung entfällt. Die meisten angebundenen Filehoster bieten den kostenlosen Stream für eine Stunde an. Nach 60 Minuten muss man den Streaming-Hoster wechseln, will man sich den restlichen Film anschauen. Die Namen der Hoster wechseln, die Betreiber bleiben die gleichen. Die Suche nach Filmtiteln und die übersichtliche Gestaltung der Seite macht es den Filmfreunden so einfach wie möglich, ihrem Hobby zu frönen.

Bei den Jurist:inn:en ist die Benutzung dieses Online-Angebots allerdings umstritten. Während manche Advokat:inne:n den reinen Empfang der Streams ohne den haptischen Download der Filme als Datei als legal ansehen, gehen andere vom Gegenteil aus. Wenn die Unternehmen Hollywoods nicht bald einen ähnlich guten Online-Shop auf die Beine stellen und ihre Filmverwertungskette aufbrechen, werden sie am Erfolg derartiger Angebote aus dem Graubereich nicht teilhaben können. Zwar verdienen die Unternehmen weiterhin gut, die Kassen in den Kinos klingeln. Ich wollte vom Betreiber von Movie2k wissen, wie er sich den Filmkonsum der Zukunft vorstellt, und welchen Anteil derartige Webseiten künftig ausmachen werden.

Lars Sobiraj: *Welchen Vorteil haben Streamingseiten denn grundsätzlich im Gegensatz zum tatsächlichen Download der Dateien?*

Movie2k.to: Die Vorteile liegen auf der Hand: Streams sind sehr einfach in ihrer Nutzung; Besucher:innen von Streamingseiten können schnell und unkompliziert das sehen, was sie sehen möchten. Das Runterladen von Filmen kostet Zeit und nimmt Speicherplatz auf der Festplatte weg. Oftmals findet man keine ganze Filmdatei, sondern etliche verpackte Teile, die man unter Beachtung einer Wartezeit einzeln runterladen muss – vorausgesetzt, man will dafür nicht bezahlen. Darüber hinaus wissen viele Internetnutzer nicht, wie man eine Downloaddatei findet oder sie haben Angst, in Unkenntnis einen Virus herunterzuladen. Streams kann man sich auch in Deutschland ansehen, dagegen befindet sich das Downloaden von Filmen im rechtlichen Graubereich.

Lars Sobiraj: *Aus welchen Ländern kommen denn eure Besucher:innen?*

Movie2k.to: Etwa die Hälfte unserer Besucher:innen kommt aus Deutschland. Mehr als ein Drittel kommt aus englischsprachigen Ländern; vor allem aus den Staaten und aus dem Königreich. Dann haben wir viele Besucher:innen aus weiteren deutschsprachigen Ländern, wie Österreich und Schweiz.

Lars Sobiraj: *Findest Du, dass Filmemacher:innen selber darüber entscheiden sollen, wer, wann und mit welcher Entlohnung sich das Publikum ihre Filme anschauen kann?*

Movie2k.to: Wer an Filmen verdient – das hat sich bereits durch ein selbstregulierendes System festgelegt. Wer ist denn mit Filmemacher:innen gemeint? Es gibt zum einen Regisseur:innen, die Schauspieler:inne:n sagen, wie sie zu spielen haben. Die Schauspieler:innen haben einen Vertrag und erhalten eine Gage, und sind somit für ihre Arbeit entlohnt worden. Dann gibt es jemanden, der vorher das Drehbuch schrieb; dieses wird ihr oder ihm abgekauft; somit wird auch eine vorher abgemachte Entlohnung gezahlt. Dann gibt es Produzent:inn:en, die die Produktion überwachen. Diese arbeiten für das Studio, welches die Produktionskosten trägt. Das Studio wiederum schließt Verträge mit den Vermarkter:inne:n, Verleih-Firmen und den Vertrieben. Die Filmemacher:innen, also diejenigen, die künstlerisch in Abgrenzung zu kaufmännisch an einem Film beteiligt sind, verkaufen ihre Rechte, um das Geld zu bekommen, die Arbeit zu realisieren. Somit ist vorab geregelt, wer wie am Gewinn beteiligt wird.

Lars Sobiraj: *Ein häufiges Argument der Szene für die Verbreitung von Filmen, TV-Serien, Games, Hörbüchern, PDFs, Musik etc. ist, dass Informationen bzw. Kultur frei für jeden erhältlich sein sollte und wirtschaftliche Interessen dabei keine Rolle spielen dürfen. Bei Euch ist dennoch Werbung zu finden und ihr verdient somit Geld mit der Vermittlung der zumeist illegalen Streams. Wie stehst Du zu diesem Argument der Szene? Wie rechtfertigst Du die Einnahmen, die bestimmt über die reine Kostendeckung hinausgehen?*

Movie2k.to: Wer uns große Bereicherung unterstellt, hat eine überzogene Vorstellung davon, wie wenig Geld am Ende übrigbleibt. Wir verdienen genug, um die anfallenden Kosten zu decken und mehr, als wenn wir als Friseure in Thüringen arbeiteten; doch würde es sich für uns tatsächlich finanziell mehr lohnen, als Fachkraft im IT-Bereich tätig zu sein. Wir betreiben die Seite nicht des Geldes wegen, sondern um nachhaltig etwas für die Community zu tun. Wir sammeln Links zu Hostern, auf denen Filme und Serien angesehen werden können und erreichen damit sehr viele Menschen. Es wird von uns verbreitet, was aus der Szene kommt, damit auch diejenigen davon etwas haben, die sonst keinen Zugang dazu hätten. Movie2k bietet durch Einfachheit und Übersichtlichkeit einer breiten Masse die Möglichkeit, in den Genuss von Streams zu kommen, die sonst nur einigen wenigen vorbehalten wäre, die sich damit auskennen.

Lars Sobiraj: *Gibt Euch Betreiber:inne:n die Verurteilung der Admins von The Pirate Bay zu denken?*

Movie2k.to: Wir verfolgen diesen Prozess mit hohem Interesse. Grundsätzlich hat sich jedoch unser Standpunkt nicht verändert, den wir vor knapp zwei Jahren in einem Interview mit Welt.de deutlich machten. The Pirate Bay benutzen eigene Tracker und sind bieten somit einen aktiven Dienst an, ohne den der Datenaustausch nicht funktionierte. Außerdem bieten wir auch nicht den Download von Filmen an, sondern lediglich die Links zu den Streaminghostern.

Lars Sobiraj: *Was sagt Du zu der Aussage, dass Streaming-Websites viele Arbeitsplätze vernichten, und zwar nicht nur die der Mitarbeiter:innen, sondern auch die Arbeitsplätze von Schauspieler:inne:n oder Musiker:inne:n u.s.w.?*

Movie2k.to: Diese Aussage ist albern. Das will ich erklären: Den in der Frage genannten Industrien lag jahrzehntelang eine Monopolstellung in Vermarktung und Vertrieb inne. So kam es zu enormen Gewinnen, die das natürliche Resultat einer Wirtschaftsblase sind. Was jetzt geschieht, ist nichts anderes als das Zurückholen der Industrie auf den Boden der Tatsachen. Sobald etwas durch neue technische Entwicklung möglich wird, wird es realisiert; und wenn nach der Realisierung eine Nachfrage besteht, hat diese Neuerung eine Daseinsberechtigung; dieser Grundsatz gilt generell für alle Entwicklungen, die keine weitreichenden Folgen für den Menschen an sich mit sich bringen; Möglichkeiten wie das Klonen von Menschen beispielsweise sind und bleiben weiterhin genau abzuwägen; hier jedoch handelt es sich um eine wirtschaftliche Veränderung, die wir, in einer Wirtschaftsform, die Fortschritt a priori voraussetzt, als legitim ansehen.

Lars Sobiraj: *Was müsste die Filmwirtschaft denn tun, um wieder konkurrenzfähig zu sein und mehr Umsätze zu generieren?*

Movie2k.to: Die Filmwirtschaft ist nach wie vor konkurrenzfähig. Sie verkauft den Konsument:inn:en Filme in bestmöglicher Qualität; das ist etwas, wovon wir sehr weit entfernt sind. Insofern sind wir auch keine direkte Konkurrenz. Selbst wenn wir Tipps hätten – wieso sollte es in unserem Interesse sein, dass die noch größere Umsätze erzielen?

Lars Sobiraj: *Mal zum Abschluss ein Blick in die Zukunft: Welchen Anteil wird Online-Streaming künftig im Vergleich zum regulären Fernsehkonsum haben?*

Movie2k.to: Das ist eine interessante Frage. Allerdings macht uns unsere Beschäftigung mit Onlinestream nicht zu Expert:inn:en in Sachen Konsumverhalten. Jeder, der mit Onlinestreaming vertraut ist, kann dazu eine Meinung haben; unsere ist da fachlich nur unwesentlich relevanter. Grundsätzlich steht jedoch zu vermuten, dass Onlinestreaming zunehmend an Bedeutung gewinnen wird.

Im Prinzip verhält es sich mit dem Internet nicht anders als mit dem Telefon, dem Radio, dem Fernseher, dem Handy. Was jedoch die genaue Antwort auf Deine Frage betrifft, so überlasse ich sie den Soziolog:inn:en, die dazu Studien anfertigen können und den Meinungsforscher:inne:n, die ihre Schlüsse aus Umfragen ziehen können.

Lars Sobiraj: *Dir auf jeden Fall vielen Dank, dass Du dir die Zeit für die Beantwortung unserer Fragen genommen hast.*

Post Scriptum: Den Betreiber von Movie2k.to hat man im November 2019, also rund zehn Jahre nach diesem Interview, erwischt.

Tutorial: Wie betreibe ich einen Plex-Mediaserver Home Theater mittels TrueNAS?

von marzl

In unserem Tutorial erklären wir Schritt für Schritt, wie man mit TrueNAS oder FreeBSD einen waschechten Plex Media Server (Home Theater, open source) betreibt.

TrueNAS auch bekannt als FreeNAS, ist ein freies Betriebssystem für den Network Attached Storage (NAS). Unter einem NAS versteht man einen einfach zu verwaltenden Dateiserver, den man, im Gegensatz zu Synology oder QNAP, auf einer eigenen Hardware installieren kann.

TrueNAS kann aber nicht nur Dateien servieren: Da es auf FreeBSD basiert, können mit sogenannten Jails sehr einfach und sicher weitere Dienste betrieben werden. Jails ist ein sehr früher Vorläufer der Software Docker, deren Ersteller einfach das Jails-Konzept übernommen haben. Ein Tutorial mit Ausnahme der Einleitung von Marcel Stritzelberger.

Plex-Mediaserver auf TrueNAS / FreeBSD installieren, aber wie?

Auch in Zeiten von Amazon Prime Video, Disney+, Netflix, Paramount+ & Co. haben sehr viele noch ihre Blu-Rays oder DVDs im Schrank stehen. Digitalisiert und auf der Festplatte oder dem NAS gespeichert, ist der Zugriff darauf immer noch etwas sperrig. Spätestens dann, wenn die heimische Glotze und die mobilen Endgeräte oder die anderen Familienmitglieder ins Spiel kommen, wird es fummelig.

Eine Lösung dafür ist Plex. Plex ist ein kommerzieller Nachfolger von XBMC und somit ein Client-Server-Medienabspielsystem mit einem zusätzlichen Softwarepaket. Plex organisiert Musik, Podcasts, Filme, TV-Serien und Fotos eines Benutzers. Plex Home Theater ist ein open-source Derivat.

Außerdem kann es auf Online-Dienste zugreifen, um alle Inhalte streamen zu können. Der Mediaplayer Plex ist für mehrere Linux-

Distributionen, macOS, Windows, mobile Geräte, Smart TVs, diverse Spielkonsolen und Streaming-Boxen verfügbar.

Doch das Beste ist: Man kann Plex daheim auf dem eigenen Server betreiben. Damit wird der Zugriff auf die eigenen Medien so einfach wie bei den kommerziellen Streaming-Anbietern. Nur bestimmte Komfort-Funktionen gehen, wenn man den kostenpflichtigen Plex Pass erworben hat.

Was geht alles mit der Software Plex?

- diverse Medien (Video und Audio) lokal auf dem eigenen Server bzw. NAS abspeichern
- Zugriff vom PC, Smartphone, einer Spielkonsole u.v.m. mit
- der Möglichkeit, Zugänge an Freunde oder Familienmitglieder freizugeben. Das funktioniert auch, wenn diese irgendwo auf der Welt wohnen.
- Plex, Batman Begins
- Plex kann auf diverse externe Informationsquellen zugreifen, um die Inhalte aufzuwerten.

Ziel dieser Anleitung ist der Betrieb eines Plex Media Servers auf Basis von TrueNAS und FreeBSD. Um Plex auch öffentlich nutzen zu können, werden weitere Maßnahmen benötigt, die weiter unten behandelt werden. Es wird ein bereits installiertes TrueNAS oder FreeBSD und im anderen Fall eine OPNsense Firewall benötigt.

Plex nur lokal im eigenen Netz betreiben

Der Betrieb eines Plex Media Servers ist tatsächlich ziemlich einfach. Der eigentliche Knackpunkt ist die eigene Mediensammlung aus dem Jail heraus zu erreichen. Zusammengefasst sind folgende Schritte nötig, um das Ziel dieses Teils zu erreichen.

- Berechtigung auf lokale Medien (z.B. /mnt/daten/medien) erlauben.
- Lokale Medien in Jail einbinden
- Pakete installieren und starten
- Medien einbinden.

Zeitaufwand insgesamt ca. 30 Minuten.

Voraussetzungen für lokalen Betrieb

TrueNAS Core oder reiner FreeBSD Server.

- Ein Jail (beispielsweise mit dem Namen PLEX) ist eingerichtet aber noch NICHT! gestartet.
- SSH ist aktiviert und ein normaler BENUTZERNAME in der „Wheel" Gruppe ist angelegt.
- die IP-Adresse des PLEX Jails ist bekannt (z.B. 192.168.178.101)
- der Hostname des PLEX Jails ist bekannt (z.B. plex.domain.local) und erreichbar.

Abbildung 11: Bildschirmansicht eines Plex-Media Servers mit verschiedenen Filmen

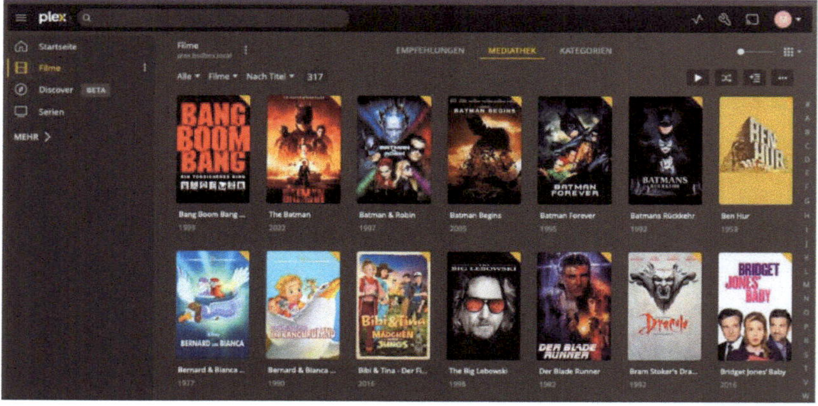

Begrifflichkeiten

USERNAME = SSH Benutzeraccount (root Login ist nicht direkt möglich) mit SU Rechten

PLEXIP = IP Adresse des lokalen Plex Servers

PLEXHOSTNAME = Hostname des lokalen Plex Servers.

Achtung: Plex basiert auf Multicast, bzw. nutzt Multicast, um die Gegenstellen zu finden. Damit beim ersten Start die lokale Plex Webseite den dahinterliegenden Plex Server finden kann, MÜSSEN sich beide im gleichen Subnetz befunden.

Berechtigung auf lokale Medien erlauben

In aller Regel werden eure Filme auf dem Pool von TrueNAS oder im FreeBSD Hostsystem liegen. Und damit unterliegen sie auch dessen Berechtigungen. Wenn nun in einem Jail Plex installiert wird, wurde dabei auch ein eigener Plex Account angelegt.

- *Problem:* Dieser Account ist dem Hostsystem unbekannt. Ein Zugriff aus dem Jail als Plex Benutzer auf die Dateien im Hostsystem wird an fehlenden Berechtigungen scheitern.
- Lösung: Wer Lust hat, kann einen Account und Gruppe mit dem Namen „plex" und der id 972 erstellen. Muss aber nicht sein (ist nur Kosmetik). Wichtig ist halt, dass die Dateien mindestens von Plex gelesen (Schreibrechte sind dann okay, wenn Plex sich auch um die Verwaltung der Dateien kümmern soll) werden können. Das geht auch wunderbar nur über die id.

TrueNAS

Mit TrueNAS geht das am einfachsten mit dem ACL Manager (Berechtigungen bearbeiten) des Datensatzes mit den Mediendateien, dem einfach ein lesender (und ggf. schreibender) Benutzer mit der id 972 hinzugefügt wird. Ein Warnhinweis von TrueNAS „Es konnte kein Name zu dieser ID gefunden werden" kann ignoriert werden. Berechtigungen rekursiv übernehmen nicht vergessen!

FreeBSD

In FreeBSD ohne ACL in einer klassischen UNIX-Berechtigungsstruktur, reicht meist die Anpassung der Gruppe des Medien Ordners und der Dateien mit:

- chown -R :972 /mnt/daten/medien ändert rekursiv die Gruppenzugehörigkeit auf 972 (Oder den Namen der Gruppe nehmen, statt der ID, die kann nämlich variieren) und
- chmod -R 750 /mnt/daten/medien erlaubt Benutzer und Gruppe lesenden Zugriff auf Ordner und Dateien oder
- chmod -R 770 /mnt/daten/medien erlaubt beiden lesenden UND schreibenden Zugriff auf Ordner und Dateien.

Alle anderen dürfen in diesem Beispiel nichts.

Das muss halt zu eurem Account- & Rechtekonzept passen.

Lokale Medien in Jail einbinden

Gut, die Berechtigungen sollten jetzt passen, aber die Verzeichnisse außerhalb des Jails sind noch nicht sichtbar. Dazu gehört auch unser Beispiel mit dem /mnt/daten/medien. Wie kommt also das /mnt/daten/medien Verzeichnis in das Jail rein? Per NullFS.

TrueNAS

Mit TrueNAS geht das am einfachsten in der Jail Verwaltung in dem Punkt „Mount Points". Darin können beliebig viele Ordner angegeben werden, die im Jail auftauchen sollen. Als Quelle gebt ihr unser Beispiel /mnt/daten/medien an und als Ziel dann einen Pfad innerhalb des Jail, z.B. /mnt/jail/plex/root/mnt/medien. Sollte der medien Ordner noch nicht existieren: Macht nichts, einfach von Hand im Pfad eintragen, der wird dann automatisch erstellt. Wird das Jail dann später gestartet, werden die Verzeichnisse automatisch eingebunden.

FreeBSD

In FreeBSD ist das eigentlich mit einem Befehl erledigt: mount_nullfs /mnt/daten/medien /mnt/jail/plex/root/mnt/medien.

Hierbei muss der Zielpfad aber bereits existieren (ggf. vorher anlegen mit mkdir -p /mnt/jail/plex/root/mnt/medien).

Die Schwierigkeit ist nun dafür zu sorgen, dass die Zuweisungen auch einen Neustart überleben.

Am aller einfachsten werden diese in der /etc/fstab hinterlegt:

Device Mountpoint FStype Options Dump Pass

/mnt/daten/medien /mnt/jail/plex/root/mnt/medien nullfs rw 0 0

/mnt/daten/musik /mnt/jail/plex/root/mnt/musik nullfs rw 0 0

Am besten wird dies mit BastilleBSD oder iocage verwaltet.

Plex Jail: Pakete installieren

Ab jetzt kann das Jail gestartet werden. Login per SSH in das PLEX Jail: ssh BENUTZERNAME@PLEXTIP oder ssh BENUTZERNAME@PLEXHOSTNAME, um Root-Rechte zu erlangen: su. Zuvor passen wir die Paketquellen auf die „latest" an, damit auch wirklich die neuesten Pakete bezogen werden:

mkdir -p /usr/local/etc/pkg/repos

cp /etc/pkg/FreeBSD.conf /usr/local/etc/pkg/repos/FreeBSD.conf

sed -i " 's/quarterly/latest/' /usr/local/etc/pkg/repos/FreeBSD.conf

Kostenlose Plex Version

Paketquelle aktualisieren mit pkg update und dann die benötigten Pakete installieren: pkg install plexmediaserver Dienste aktivieren und beim Start des Jails automatisch starten:

sysrc plexmediaserver_enable=YES

Da keine Konfigurationsdateien angepasst werden, kann der Dienst direkt gestartet werden:

service plexmediaserver start

Der Dienst direkt gestartet werden:

service plexmediaserver-plexpass start

Plex ist dann unter http://PLEXTIP:32400 oder http://PLEXHOSTNAME:32400 erreichbar.

Medien unter TrueNAS einbinden

Beim ersten Start fragt der Assistent irgendwann nach einem Ordner mit Filmen, Serien, Musik oder Bildern. Dabei kann nun auf die Ordner verwiesen werden, die oben zur Verfügung gestellt wurden. Mindestens Inhaltstyp und Sprache anpassen, um den Assistenten zu beenden und Plex wird dann automatisch anfangen diese Ordner zu indexieren. Wenn nicht, bitte die Berechtigungen prüfen. :)

TrueNAS und der Datenschutz:

In der Standard-Konfiguration möchte es Plex auch einfach machen und dafür sorgen, dass auf die lokalen Medien von überall aus zugegriffen werden kann, auch wenn die Firewall etc. noch nicht eingerichtet sind. Dafür benutzt Plex einen Relay Server. Wer im lokalen Setup also eine externe (wenn auch nicht perfekte) Nutzung unterbinden möchte, muss dies explizit mit der Option „Aktiviere Relay" deaktivieren. Zu finden ist der Punkt in den „Einstellungen" im Menüpunkt „Netzwerk".

Damit das Ganze auch für Smartphones, Tablet-PCs etc. von unterwegs aus genutzt werden kann, wenn erstmal die Grundlagen des Servers stehen, wird die weitere Nutzung bei online bsdbox.de in einem zweiten Tutorial-Teil sehr ausführlich erklärt.

Streaming-Hoster im Gespräch: Unsere besten Zeiten sind lange vorbei - zukünftig aber neue Netzwerke

von Lars Sobiraj

Ein früherer Macher eines bekannten Streaming-Hosters hat sich mittlerweile aus der Szene zurückgezogen. Er beschäftigt sich mit anderen Dingen. Ein Co-Insider war lange Zeit dabei und ist heute netterweise bereit, sich unseren Fragen zu stellen, wir nennen ihn Stefan.

Tarnkappe.info-Redaktion: *Wie bist Du überhaupt zur Webwarez-Szene gekommen? Was hat Dich daran gereizt?*

Stefan: Als ich 15 Jahre alt war, bin ich über die Zeitschrift Computer Bild zum Thema Webwarez gekommen. Dort berichtete man über die Warez-Seiten. Die Screenshots hatte man zensiert, aber ich konnte den Namen der Warez-Seiten trotzdem herausfinden. Die erste Warezseite, die mir gefiel, war Uniwarez, wo man alle Programme wie z.B Adobe und Microsoft Office „kostenlos" angeboten hat. Das war damals noch zu 56Ker Modem-Zeiten.

Dann begegneten mir in einem Forum ISOs/ROMs für mehrere Spielkonsolen, ich bin damit aufgewachsen. Später habe ich mir selbst das Programmieren von Webseiten, den Umgang mit Linux, Modelle, etc. im Eiltempo beigebracht. Daran hat mich gereizt, dass es Spaß machte, viele unterschiedliche Sachen auszuprobieren. Und vieles aus dem IT-Sektor zu lernen, obwohl ich damals fast kein Taschengeld hatte, um mir die Software leisten zu können.

Tarnkappe.info-Redaktion: *Hast Du vor Deinem eigenen Dienst zunächst andere Szene-Hoster aktiv bei ihrer Tätigkeit unterstützt? Vielleicht als Techniker oder Server-Betreuer?*

Stefan: Nein, ich habe meine eigenen Sharehoster aufgebaut, nachdem ich die böse Erfahrung machen musste, dass man im Internet niemandem vertrauen kann. Oft wird man am Ende betrogen oder auf die eine oder andere Weise über den Tisch gezogen. Es wurden Domains geklaut etc. Deshalb entwerfe und betreue ich meine Projekte immer alleine.

Tarnkappe.info-Redaktion: *Wie viele Server hast Du selbst für Deinen Online-Dienst betrieben?*

Stefan: Vor ca. 14 Jahren hatte ich anfangs nur 5 Server mit dem ersten Projekt. 2013 rund 100 Server beim zweiten Projekt. Und am Ende waren es 800 Server mit der letzten Version, bis ich alles aufgegeben habe.

Tarnkappe.info-Redaktion: *Hast Du zu Deinen aktiven Zeiten innerhalb der EU gelebt? War das nicht gefährlich??*

Stefan: Ja, ich habe immer innerhalb der EU gelebt - auch, wenn die Anwälte einen über das Hamburger Landgericht dann mit einem „fliegenden Gerichtsstand" überall in der Welt verklagen können, egal wo man seinen Wohnsitz hat.

Tarnkappe.info-Redaktion: *Was waren die monatlichen Gesamtkosten? Und wie hoch waren in etwa die Einnahmen?*

Stefan: Nun, 2016 waren die Einnahmen erstmal großzügig, so mit ca. 1$ pro 1.000 Popup-Einblendungen. Aber dann ab zirka 2018 brach der Wert ein, sodass man nur noch gefühlt ca. 0.50$ ausgezahlt bekommen hat. Seit der Beginn der Corona-Pandemine ist der Wert auf ca 0.20$ gefallen. Und jetzt, seit Ausbruch des Ukranie-Kriegs, sind es nunmehr gefühlte 0.10$. Die Kaufkraft vieler Menschen geht zum Großteil verloren.

Zu Spitzenzeiten hatten wir rund 150K€ Einnahmen im Monat. Davon gingen 90K Euro Serverkosten ab und ca. 50.000 Euro für Helfer-Payments an die Uploader.

Tarnkappe.info-Redaktion: *Wie viele Personen waren in Deinem Team? Welche Aufgaben hatten sie? Hast Du ihnen so etwas wie Gehälter gezahlt? Habt ihr noch Kontakt?*

Stefan: Es gab nur mich. Es gab keine anderen Personen in meinem Team. Ich habe aber Freunde, die mich immer wieder ein wenig beraten haben.

Tarnkappe.info-Redaktion: *Wie lief die Zusammenarbeit mit anderen Betreibern ab? Gab, bzw. gibt es aktive Kontakte? Oder macht da jeder nur stur sein eigenes Ding?*

Stefan: Ja, es gab Kontakte zu anderen Hostern. Wir haben uns Infos über die Werbenetzwerke und schädliche Nutzer:innen mit deren E-Mail-Adressen ausgetauscht.

Tarnkappe.info-Redaktion: *Werden viele Streaming-Hoster von den Eigentümern von Streaming-Portalen organisiert? Wie groß ist der Zusammenhang beispielsweise zwischen kino.to und den dort verfügbaren Streaming-Hostern? Gehören die denen alle selbst? Oder müssen die Streaming-Hoster für eine gute Platzierung (weit oben) extra bezahlen?*

Stefan: Ja, es ist recht wahrscheinlich, dass viele Warez-Seiten ihre eigenen Streaming-Hoster gleichzeitig betreiben. So wie z.B. bs.to mit deren Haushoster VOE und kinox.to mit seinen Haushoster EvoLoad.io. Deren Links werden von den Portalen stets zuerst freigeschaltet. Welch Zufall aber auch!? Das ist quasi dasselbe System wie bei kino.to damals. Auch bei den internationalen Webwarez-Seiten läuft das so. Die haben das System alle von Kino.to abgeschaut.

Tarnkappe.info-Redaktion: *Thema mehrere nervige Popup-Ads, bevor das Video jeweils startet: Kann man die Streaming-Hoster anders nicht finanziell über Wasser halten?*

Stefan: Sie sterben irgendwann wirklich aus, aufgrund der oben genannten Gründe. Die Alliance for Creativity and Entertainment (ACE) ist auch sehr stark. Ich glaube, dass sie früher oder später wirklich alle und jeden kriegen können, egal wie. Ich habe auch den Eindruck, Offshore-Firmenmodelle sterben auch aus, weil es nun das Controlled foreign corporation (CFC)-Reporting System gibt, wo die Erträge auf ausländischen Konten an die Finanzämter hier in Deutschland gemeldet werden. Das gilt aber nur, wenn man hier in Deutschland lebt. Es ist auch nicht möglich, Bankkonten auf fremden Namen zu eröffnen. Dadurch haben die Strafverfolgungsbehörden leichtes Spiel, Tatverdächtige über die Zahlungsbewegungen zu verfolgen.

Tarnkappe.info-Redaktion: *Wenn kein Fullscreen-Mode läuft, werden immer wieder Ads aktiviert. Zumeist für Online-Flirts, Games, Casinos, Sportwetten etc. Warum macht man das, obwohl es extrem nervig ist?*

Stefan: Weil die Leute gelernt haben, Adblocker etc. einzusetzen und die Popups werden geblockt. Sie können schlichtweg nicht anders. Die schwebende Werbung über der Seite ist nämlich viel effektiver als eine

Popup-Werbung. Die Leute wollen immer alles kostenlos haben. Sie spenden deshalb fast nichts und/oder kaufen gar keine Premium Accounts.

Tarnkappe.info-Redaktion: *Die Uploader werden von manchen Marktbegleitern richtig gut bezahlt. Gehen die Betreiber dann finanziell leer aus? Oder locken sie damit nur die Uploader an?*

Stefan: Die Marge ist grundsätzlich sehr gering und eng heutzutage.

Tarnkappe.info-Redaktion: *Das ist ja dann relativ wenig. Es entstehen neben Netflix immer mehr kommerzielle Streaming-Anbieter. Dieses Jahr sollen es in Deutschland noch etwa vier bis fünf mehr werden, die ihre Inhalte von den bestehenden Streaming-Portalen abziehen, sobald sie online sind. Ist das sinnvoll? Kann man bei einem derart zersplitterten Markt überhaupt noch legal Geld verdienen?*

Stefan: Ehrlich gesagt, davon habe ich wenig Ahnung. Fakt ist aber, dass man der Piraterie durch die Fragmentierung (Zersplitterung in viele kleine Teile) in die Hände spielt. Nicht jeder hat das Geld für fünf Abos und mehr übrig. Ich bin zufrieden mit einem einzigen Abo bei einem (legalen) Streaming-Anbieter. Die Piraterie wird daher weiter zunehmen. Auch die P2P/F2F-Nutzung dürfte dadurch stark zunehmen.

Tarnkappe.info-Redaktion: *Was glaubst Du: Wie sieht das Internet in 10 oder Jahren aus? Nur noch Kommerz und Zensur? Oder gibt es dann eine Parallel-Welt, die online von ein paar wenigen Insidern genutzt wird, wo es keine Einschränkungen und kein Copyright gibt?*

Stefan: Die großen Web-Warez-Seiten gibt es in 10 Jahren vielleicht nicht mehr. Die Warez-Seiten werden in verschlüsselte Netzwerke ähnlich Tor verlagert, so sehe ich das aktuell. Denn die Szene-Gruppen, wie beispielsweise Razor 1911, Fairlight etc., die wird es weiterhin geben.

Tarnkappe.info-Redaktion: *Ja, das wird wohl so sein. Vielen Dank für das detailreiche Gespräch!*

Die Zukunft der IPTV-Anbieter - Ein Aussteiger im Gespräch

von Lars Sobiraj

Laut der Aussage eines Ex-Betreibers kümmern sich zahlreiche Admins illegaler IPTV-Anbieter noch nicht mal um ein Minimum an Sicherheit.

Es ist gar nicht so einfach, mit jemanden aus dieser Szene in Kontakt zu kommen, schließlich geht es beim Betrieb eines IPTV-Anbieters um das große Geld. Entsprechend teuer kann so ein illegales Vorhaben werden, wenn man dabei erwischt wird.

Unser Gesprächspartner kommt aus dem deutschsprachigen Raum, war früher selbst aktiv und zeichnet sich dadurch aus, dass er trotz seines Wissens nie mit seinen Taten geprahlt hat. Er ist ein Aussteiger. Wir haben ihn einfach Mr. Cardsharer genannt und alle Angaben anonymisiert. Seine Identität ist uns aufgrund der gewählten Kommunikationsform nicht bekannt. So soll es im investigativen Journalismus auch bleiben.

Lars Sobiraj: *Wie bist Du eigentlich zum Thema IPTV gekommen? Was hat Dich daran gereizt? Wann war das in etwa?*

Mr. Cardsharer: Das erste Mal in Kontakt mit IPTV bin ich vor ca. zehn Jahren durch einen Kollegen gekommen. Da ich zu der Zeit schon relativ lang Cardsharing (CS) betrieben habe und klar war, dass Sky irgendwann durch das Pairing den Stecker dafür zieht, war IPTV der Blick über den Tellerrand hinaus. Allerdings war der Blick aufgrund der damals durchaus bestehenden technischen Beschränkungen, was Internet-Breitbandverbindungen und auch die notwendigen Investitionen betrifft, realistisch betrachtet nicht umsetzbar.

Lars Sobiraj: *Was heißt Pairing?*

Mr. Cardsharer: Die von beispielsweise Sky ausgelieferte Smartcard ist mit dem Receiver verheiratet. Der Datenaustausch zwischen Smartcard und Decoderchip wird so abgesichert.

Lars Sobiraj: *Und was reizt Dich an dem Thema, außer dass Du es genutzt hast? Hat Dich die technische Umsetzung gereizt? Oder das Geld?*

Mr. Cardsharer: Ich bin damals wie nahezu jeder mit dem Hintergrund gestartet, die Pay-TV-Sender von Sky, HD+, ORF etc. mit der Familie und Freunden zu teilen, so wie die Fritz-Kabel-Router heute das Fernseh-Signal an alle Geräte und Tablets streamen können. Es war damals eine sehr einfache Rechnung: 12 Monate = 60€ pro Kopf. Da stand es auch gar nicht im Raum das im größeren Stil zu machen.

Hinzu kommt, dass ich schon sehr früh das Thema rund um den Betrieb eines Cardsharing-Servers mit OSCam statt CCcam für mich entdeckt habe. Es hat zugegebenermaßen Spaß gemacht, auch weil die ganzen offiziellen Abo-Anbieter einfach nichts unternehmen konnten, oder eben aufgrund der Kosten unternehmen wollten. Man hatte ihrerseits auf bereits öffentlich gewordene Technologien gesetzt und so für offene Tore gesorgt. Ums Geld ging es wie erwähnt damals noch gar nicht.

Lars Sobiraj: *Okay, dann hast Du oder Ihr den Dienst aufgezogen. Wo wirbt man dann für seinen eigenen IPTV-Anbieter? Boxpirates, TV-Lounge.eu, Nachtfalke Reloaded, Digital Eliteboard, Szenebox oder ganz woanders?*

Mr. Cardsharer: Ich bin öffentlich alleine gestartet. Allerdings auch aus der eigenen Not heraus, da ich mich finanziell in eine ziemlich unbequeme Lage begeben habe. Es musste in kurzer Zeit möglichst viel Geld an Land kommen ... also habe ich beim Freesoft-Board meinen ersten Angebots-Thread gestartet.

Ich war seit ca. 2008 auf dem Digital Eliteboard (DEB) aktiv. Damals war es einfach die beste Quelle für Fragen und Antworten. Payserver wurden dort nicht geduldet, ebenso nicht beim Nachtfalke-Board. Heute bieten nahezu alle Anbieter in der TV-Lounge an, einige wenige in der Szenebox. Aber es hat sich auch sehr sehr viel (leider auch zum Negativen) verändert.

Man darf auch eine Sache nicht vergessen: Im DEB haben sich alle Hobby-Sharer versammelt, es war teils eine richtig geile Community.

Lars Sobiraj: *Was hat sich denn in der Zwischenzeit konkret zum Negativen geändert?*

Mr. Cardsharer: Ich war lange genug dabei, um behaupten zu können, dass es nur noch ums Geld geht. Dies ist ein Geschäft, wo einige wenige sehr, sehr viel Geld verdienen, es geht auch hier um Millionen Euro.

Es sind früher bereits viele aus dem Motiv, daraus Geld zu machen, auf den Zug aufgesprungen, weil sie darüber mal einen Beitrag bei Heise oder in der Computer Bild gelesen haben. Leute ohne den technischen Background, die darauf gewartet haben, Lösungen oder gar komplett laufende Systeme geliefert zu bekommen. Das hat der Szene ebenfalls nachhaltig geschadet.

Aber um auf das zurückzukommen, was wirklich negativ ist:

Keinem IPTV-Anbieter, -Betreiber, oder wie sie sich heute alle nennen, geht es um die Nutzer:innen. Es ist ihnen ab einer gewissen Anzahl an Nutzer:innen, die gutes Geld in die Kasse gespült haben, schlichtweg um das Geld gegangen – egal ob es läuft oder nicht. Ich sage ganz ausdrücklich auch dazu, dass sich dies nicht auf alle Betreiber beziehen lässt, aber auf die meisten. Das sieht man anhand dessen, wie mit Anfragen bei Problemen in Boards wie beispielsweise in der Szenebox umgegangen wird. Man ist patzig, antwortet von oben herab.

Was ich persönlich am meisten kritisiere, ist, dass vielen (Administratoren) das technische Wissen fehlt. Den meisten geht es nicht darum, WIE es funktioniert. Sondern nur, DASS es funktioniert.

Lars Sobiraj: *Ja, das habe ich auch gesehen in der Szenebox, wie aggressiv manche IPTV-Anbieter mit Anfragen der Kund:inn:en umgehen. Warum inserieren eigentlich so viele illegale Betreiber bei Alibaba? Machen das die deutschen Anbieter auch?*

Mr. Cardsharer: Das habe ich damals als auch heute nie wirklich verstanden. Ich weiß aus ziemlich guter Quelle, dass viele, die bei

Alibaba anbieten, Reseller (Wiederverkäufer) von recht großen Anbietern sind. Je größer ein Anbieter, umso günstiger die Preise für eine einzelne Line, weil die Masse an Nutzer:inne:n die Kassen füllen. Quantität über Qualität.

Wenn ich also jetzt bei einem guten größeren Anbieter eine zuverlässige und stabile Line habe, davon meinen Freund:inn:en, Angehörigen und Arbeitskolleg:inn:en erzähle und denen zeige, wie geil damit das Bundesliga Top Spiel läuft, springen die mit auf den Zug. Ich bekomme also gute Reseller-Preise. Aus 5 Leuten werden 10, aus 10 werden 30. Der Rubel rollt, also will ich mehr. Die Gier hat Einzug, ich will mehr und mehr.

Irgendwann überlege ich also, wie ich noch mehr Geld machen kann. TV-Lounge und Szenebox sind den Behörden bekannt. Also wähnt man sich bei einer asiatischen Verkaufsplattform sicher. Vor zwei bis drei Jahren war dem auch offenkundig so. Allerdings schläft Alibaba auch nicht mehr und geht dagegen vor, weil es längst nicht mehr nur um europäisches Pay-TV geht.

Allerdings muss ich hier auch anmerken, dass ich selbst nie dort angeboten habe. Keine Ahnung, ob man da irgendwelche Prozente an Alibaba als Online-Handelsplatz abgeben muss.

Lars Sobiraj: *Was muss man als IPTV-Provider aufweisen, um erfolgreich zu sein? Technisches Können ist es wohl nicht, wie Du sagst. Andererseits braucht man das doch, um nicht direkt von der Polizei hochgenommen zu werden, sobald man in deren Fokus gerät. Das klingt brandgefährlich, zumal auch die Kund:inn:en strafrechtlich belangt werden, sollte es zu einem Bust kommen.*

Mr. Cardsharer: Der Idealfall als Anbieter: Man muss sich sicher in diesem Thema bewegen, sich auf dem Laufenden halten. Welche Technologien (Hardware & Software) braucht es, Grundverständnis von IT-Security.

Es ist keine Raketenwissenschaft, aber man sollte zumindest schon mal wissen, was ist eine Shell, was macht OSCam, wie funktioniert OSCam, was ist gemeint mit dem Begriff iptables.

Die Realität ist bei etlichen IPTV-Anbietern leider fernab davon. Geht man hin und scannt mal deren Server mit Tools wie nMap, stellt man sehr schnell fest, dass es an wirklich ganz einfachen Grundvoraussetzungen scheitert, um zumindest ein Mindestmaß an Sicherheit seinen Kund:inn:en gegenüber zu gewährleisten.

Es sind etliche Standard Ports wie SSH und FTP frei zugänglich, SMTP, IMAP und und und. Das sind alles Angriffsvektoren...aber warum hinten damit beschäftigen, wenn vorne die Kasse klingelt.

Den Benutzer:innen, denen es wirklich darum geht, hier mal seine Serie, dort einen Film oder Bundesliga zu gucken, denen muss das alles nicht zwingend bewusst sein. Es ist nicht deren Aufgabe und Interesse. Aber ich als Betreiber habe diese Verantwortung. Ich trage die Verantwortung für meine Unternehmung und die Sicherheit. Eigentlich, wenn die Betreiber, von denen einige vielleicht auch noch einen normalen Job haben, so ihre tägliche Arbeit umsetzen und so verantwortungslos mit Materialien oder Geräten umgehen, würde man sie vermutlich ganz schnell entlassen.

Die Behörden arbeiten beim Thema Cardsharing und IPTV nicht proaktiv, sondern sie reagieren auf Anzeigen von beispielsweise Sky, welche Privatermittler:innen unterhalten. Gerät man in diesen Fokus, fangen die Behörden an zu arbeiten und suchen nach Schwachstellen.

Weil, in meinem Fall ist mir ein Fehler von vor vielen Jahren zum Verhängnis geworden, da ein befreundeter Anbieter unbedingt eine automatisierte Verkaufsplattform haben wollte.

Lars Sobiraj: *Das war dann wohl der falsche Schritt. Was würdest Du sagen, wer beherrscht denn im deutschsprachigen Sektor den illegalen IPTV-Markt?*

Mr. Cardsharer: Seitdem Sky beispielsweise aktiv das Pairing eingeführt hat, hat sich die gesamte Struktur verändert.

Ich habe aus zuverlässigen Quellen erfahren, dass ein recht bekannter und großer Anbieter mindestens eine:n, aber durchaus auch mehrere Software-Entwickler:innen finanziert hat, beziehungsweise weiterhin finanziert, um die Pairing-Beschränkungen zu umgehen. Dank der Patente von Nagravision beispielsweise, sind das öffentliche Daten. Dadurch haben die Entwickler:innen, aber auch dieser Anbieter einen zentralen Einfluss auf die gesamte Szene eingenommen. Diese Lösung(en) wurden anfangs für sehr viel Geld angeboten und es wurde daraus auch ein neues Geschäftsmodell entwickelt.

Lars Sobiraj: *Also ein IPTV-Anbieter-as-a-Service.*

Mr. Cardsharer: Die Anbieter wurden gezwungen, nicht mehr öffentlich anzubieten. Ich habe drei Namen, aber werde keinen davon nennen. Taten sie es dennoch, wurden sie von den neuen Machthaber:inne:n ausgesperrt. Inzwischen hat sich das alles wieder etwas zurechtgerückt, aber dennoch beziehen fast ALLE Anbieter die gleichen Streams von der gleichen Quelle.

Lars Sobiraj: *Ist der Betrieb auf Dauer nicht viel zu gefährlich? Außer man lebt außerhalb der EU, was wohl kaum jemand der Betreiber tut, wie ich annehme.*

Mr. Cardsharer: Je mehr Werbung gemacht wird, umso wahrscheinlicher landet man im Fokus. Dann wird es gefährlich. Auch außerhalb der EU ist man nicht sicher, siehe Busts in UK oder Südost-Europa. Ich habe dabei viele Deutsche, aber vor allem auch Franzosen und Briten kennen gelernt.

Lars Sobiraj: *Gibt es ein Land, was Du empfehlen kannst? By the way: Hast Du es je bereut, so einen Dienst angeboten zu haben?*

Mr. Cardsharer: Nein, kein spezifisches Land. Wenn man genug kriminelle Energie und auch die finanziellen Möglichkeiten hat, kann man das von überall betreiben. Was heißt bereut? Es hat mich eine Menge gekostet und ich meine damit nicht irgendwelche Güter oder Geld.

Lars Sobiraj: *Also Nerven, nehme ich an? Wie ich aus Insiderkreisen hörte, will Sky Deutschland die Verschlüsselung mal wieder verändern. Glaubst Du, die können das Cardsharing jemals mit technischen Mitteln effektiv unterbinden? Oder steht den zahlenden Kund:inn:en in dem Fall erneut eine komplette Neuaustattung ihrer Hardware bevor?*

Mr. Cardsharer: Es kostet Dich Zeit, Nerven, Freundschaften, teils auch die Familie.

Ich würde das nicht Kreise von Insider:innen nennen. Es sollte jedem klar sein, wenn man sich in die Lage von Sky versetzt, dass man seine digitalen Güter, für die man zig Millionen ausgegeben hat, schützen will, muss und darf (Stichwort DRM). Wo eine Verschlüsselung ist, dort ist immer jemand, der sie umgehen oder knacken will.

Wo ein neuer Schutzmechanismus kommt, ist immer jemand, der vielleicht wirklich nur aus eigenem Interesse am Thema Verschlüsselungstechnologien versucht, das zu umgehen und diese Information dann mit der Welt teilt. Daraus sind schon viele wirklich auch großartige und legale Projekte entstanden.

Und dieses Katz- und-Mausspiel wird so lange weitergehen, wie Sky und auch andere diese teure Preispolitik veranstalten. Darin sehe ich persönlich auch einen Antrieb für viele normale Nutzer:innen illegaler Dienste. Die Leute wollen keine 40 Euro oder mehr im Monat für eine Dauerschleife Filme oder Bundesliga zahlen. Hinzu kommen immense Kosten für DAZN, RTL+, wenn man Europa League schauen will und und und.

Die Zukunft liegt im IPTV. Cardsharing wird mittelfristig für den deutschen Markt uninteressant. Das Credo lautet: je mehr, desto besser. Soll Sky doch die Hardware wechseln, was nützt es, wenn es da draußen Anbieter mit Taschen voller Geld gibt, die HDMI-Encoder kaufen können und dann halt das Signal direkt über HDMI abgreifen? Natürlich sind dies Investitionen im fünfstelligen Bereich, aber am Ende kommen die Nutzer:innen und machen es selbst, aus den eben genannten Gründen der Preispolitik, der hohen Kosten für die Haushalte und so weiter.

Und im Übrigen liegt die Zukunft auch für Sky und Konsorten im IPTV. Es gibt genügend technisch machbare Lösungen, um die Anzahl von Streams pro IP zu begrenzen. Stichwort auch hier wieder: DRM – Digitales Rechte Management. Ich kann hier auf meinem Macbook mit zwei Monitoren an einer Docking Stationen keine Sky Bundesliga gucken, da es das DRM unterbindet. Wieso bekommt Apple das hin, Sky aber nicht?

Lars Sobiraj: *Klar, solche Einschränkungen wecken Begehrlichkeiten bei den Konsument:inn:en. An welchen Sendern bzw. Inhalten haben die Nutzer:innen denn grundsätzlich das größte Interesse? Live-Fußball bei Sky, oder?*

Mr. Cardsharer: Wir sind eine Fußballnation. Nichts ist den Deutschen neben dem Auto wichtiger als ihr Verein. Egal ob Bundesliga, 2. Bundesliga oder 3. Bundesliga. Dazu kommen diverse Sport Highlights wie die Formel 1 etc. Neuerdings auch US-Sport wie NFL etc.

Dann sind da natürlich noch die Video-on-Demand (VOD)-Angebote. Wer hat schon Bock Netflix, Disney+, Amazon, Paramount+ etc. zu bezahlen? Ich meine, ich tue es, weil ich mit Fremden nicht meine Accounts teilen will. Aber es sind bei den aktuell immer weiter steigenden Lebenshaltungskosten zusätzliche Kosten, die entstehen. Also ja, definitiv VOD-Angebote von IPTV-Anbietern, die auf EINER Plattform riesige Mengen an Filmen, Serien usw. anbieten.

Lars Sobiraj: *Wenn wir schon beim Thema VOD sind: Wer beim Dezor Browser huhu.to aufruft, kann darüber sogar ein paar Pay-TV-Sender anschauen, siehst Du das als ernsthafte Konkurrenz an? Wer den Browser längerfristig an einem Tag mit einem VPN nutzen will, wird jetzt zur Kasse gebeten, ist das ein gutes Geschäftsmodell?*

Mr. Cardsharer: Ehrlich gesagt kann ich zu Dezor gar nicht so viel sagen, da ich an dem Thema bislang kein Interesse gehabt habe. Klar ist, dass es eine Konkurrenz darstellt und ich mir sicher bin, dass die Szene irgendwann darauf reagiert. Was VPN angeht: Wenn ein Anbieter bzw. Betreiber oder auch immer einen Nutzer zur Kassen bitten will, weil er VPN nutzt, dem bringe ich grundsätzlich kein Vertrauen entgegen.

Lars Sobiraj: Nun ja, das ist eigentlich ganz einfach. Eine Schweizer Firma hat eine Abwandlung von Webview vorgenommen, daraus bestehen mehrere andere Browser auch. Unbekannte haben die Domain huhu.to angemeldet und wenn man die besucht, verwandelt sich der Browser in einen waschechten Mediaplayer. Das ist also ein Browser, der bei einer bestimmten Website zum IPTV-Anbieter wird. Sogar Sky kann man sich damit zeitweise anschauen. Aber noch etwas anderes: Was müssen die Nutzer:innen von illegalen Cardsharing- oder IPTV-Services denn tun, um sich abzusichern? Reicht beim IPTV-Anbieter ein guter VPN-Anbieter und die Bezahlung anonym durchzuführen, sofern dies überhaupt zu 100% möglich ist?

Mr. Cardsharer: Zuallererst sollte man sich im Klaren darüber sein, dass wir hier nicht mehr von einer Grauzone sprechen, die von den Behörden munter ignoriert wird. Es werden längst nicht mehr nur die Betreiber herangezogen, sondern auch die Nutzer:innen. Wer auf der sicheren Seite sein will, nutzt einen guten und stabilen VPN, meinetwegen Offshore außerhalb der EU. Aber auch hier ist es wie bei allen anderen Online-Geschäften auch angebracht, das Ganze zu hinterfragen. Ein leidiges Thema in der IPTV-Szene ist immer dieses - Offshore-Server-Gelaber, das auch auf VPN-Anbieter zutrifft.

Aus eigener Erfahrung kann ich sagen, dass nicht wirklich viele Zahlungsarten wirklich anonym sind.

Lars Sobiraj: Wer fahndet denn am aktivsten nach illegalen Diensten? Die Staatsanwaltschaften, die europäischen Behörden bei größeren Anbietern? Oder die ACE im Auftrag der Rechteinhaber?

Mr. Cardsharer: Sky Deutschland hat zum Beispiel eigens Leute, die sich um die Suche und das Ausfindig machen von illegalen Pay-TV Angeboten kümmert. Es wird gezielt mit Suchbegriffen wie IPTV, Sky, oder auch CS IPTV Angebot etc. bei Google gesucht. An dem Punkt sollte jetzt auch den Anbietern klar werden, dass SEO durchaus eine Rolle beim Ausfindig machen spielt.

Das wird zur Anzeige gebracht bei den zuständigen Staatsanwaltschaften. Was die anderen Länder angeht, kann ich es nicht sagen, die ACE ist ja letztlich auch nichts anderes als ein Privatermittler von Sky & Co. Das kann ich aus sicherer Quelle bestätigen.

Lars Sobiraj: *Und was würdest Du sagen, müssen die Pay-TV-Sender tun, um künftig mehr legale Kunden zu bekommen? Das kann ja nicht immer so weitergehen, oder?*

Mr. Cardsharer: Zweitverwertetes (und an Dritte bezahltes) IPTV kann und wird nicht immer so weitergehen. Die Zahlen der User:innen sind in den letzten Jahren dank der Preispolitik bei Sky, DAZN etc. exorbitant gestiegen. Doch das wird erst aufhören, wenn die Preise vernünftig sind.

Lars Sobiraj: *Last, but not least: Wie hoch wäre ein vernünftiger Preis pro Monat? Und wo stehen wir diesbezüglich in 10 Jahren? Und wo wirst Du dann sein, was wirst Du tun?*

Mr. Cardsharer: Für mich wäre wichtig: Bundesliga nicht mehr bei Sky, sondern durch die DFL selbst angeboten. Preislich könnte ich mir da durchaus 20 Euro im Monat vorstellen. Was Sky angeht: Die haben nicht verstanden, dass es den potentiellen Kund:inn:en um einzelne Filme und Serien geht. Die müssen das Gesamtkonzept und die Ausrichtung verändern. Ich erhoffe mir, dass wir in 10 Jahren einen gut geregelten IPTV-Markt mit fairen Preisen von legalen Anbietern haben, die sich jeder leisten kann. Aber machen wir uns nichts vor: Es wird immer eine nicht legale Lösung für irgendwas geben. Realistisch gesehen glaube ich, dass ein fairer Preis viele Leute aus der Illegalität zieht. Aber bei vielen kickt der Preis so tief, dass man es am liebsten geschenkt haben will und man obendrauf noch Geld dafür bekommt, weil man den Dienst nutzt. Der Wunsch eines kostenfreien Internetangebots wird auch in 10 Jahren noch die Realität sein.

Lars Sobiraj: *Ja, gut, aber bei Amazon Prime bzw. Netflix hat das bis vor kurzem ja auch gut funktioniert. Und dann kam Apple TV+, Disney+,*

Paramount+ und wie sie alle heißen. Die haben den großen deutschen Markt dann in kleine Häppchen aufgeteilt.

Mr. Cardsharer: Und das ist ein weiteres Problem…. hier 15 Euro, da 8 Euro…dort 8 Euro und so weiter. Dann noch DAZN dazu und Sky. Schwupps! Und schon sind wir bei 100 Euro - im Monat! Das öffnet illegalen IPTV-Anbietern natürlich Tür und Tor, weil man da alles günstig aus einer Hand bekommt.

Lars Sobiraj: *Dir alles Gute und vielen Dank für die überaus aufschlussreichen Antworten!*

EU-Parlament will hart gegen illegale Sport-Livestreams vorgehen

von Lars Sobiraj

0 Minuten nach Eingang der Meldung sollen illegale Sport-Livestreams quasi auf Zuruf gelöscht werden, 24 Stunden am Tag, 365 Tage im Jahr.

Wie der Europaabgeordnete Dr. Patrick Breyer berichtet, stimmt der Rechtsausschuss des Europaparlaments über schärfere Maßnahmen im Kampf gegen unautorisierte Sport-Livestreams ab. Gemeint sind beispielsweise illegale Übertragungen von Fußballspielen.

Sport-Livestreams: mit Löschfrist!

Erste Einblicke vermitteln schon den Eindruck, als hätten „Lobbyist:inn:en der Verwertungsindustrie" den geplanten Gesetzestext diktiert, kommentiert der Abgeordnete der Piratenpartei, Breyer. Die Änderungsanträge kann man als Word-Dokument online einsehen.

Der Entwurf des Beschlusses fordert, Anbieter zu verpflichten, offenkundig illegale Sport-Livestreams innerhalb von 30 Minuten nach Meldung zu entfernen. Sogenannte „Vertrauenswürdige Hinweisgeber" („trusted flagger") könnten Streams auch dann entfernen lassen, wenn unklar ist, ob sie legal sind oder nicht. Der Text befürwortet auch Anordnungen von Netzsperren durch Internet-Zugangsanbieter, einschließlich „dynamischer" Sperrverfügungen. Diese würden es der Industrie erlauben, die Sperrliste ohne gerichtliche Überprüfung zu erweitern.

Jurist Breyer vertritt die Ansicht, dies bedrohe unsere „digitalen Grundrechte". Der Text „steht im völligen Widerspruch zur Position des Europäischen Parlaments zum Digital Services Act, der völlig ausreicht, um gegen illegale Inhalte vorgehen zu können. Privaten Interessenorganisationen mit Eigeninteressen zu erlauben, Inhalte ohne Prüfung durch ein Gericht entfernen zu lassen, würde absehbar zu einer übermäßigen Sperrung auch von legalen Inhalten führen."

Digitale Grundrechte EU-weit in Gefahr

Breyer weiter: „Netzsperren durch Internetdienstanbieter sind leicht zu umgehen, indem man den DNS-Server ändert. Alle Verbindungen zu einer kompletten IP-Adresse zu sperren führt zu massiven Kollateralschäden und zur Unterdrückung wertvoller legaler Inhalte. Alles in allem ignoriert das profitgetriebene Streben der Content-Lobby nach immer drakonischeren Eingriffen das Offensichtliche: Der beste Weg, illegales Streaming zu reduzieren, besteht darin, endlich einen universellen und erschwinglichen legalen Zugang zu Übertragungen von Sportereignissen anzubieten. Sowohl im Abonnement als auch durch Pay-per-View."

IP-Sperren sind illegal

Breyers Fraktion Grüne/EFA wird den Vorstoß im Kampf gegen die Sport-Livestreams bei der anstehenden Abstimmung ablehnen. Der Europäische Gerichtshof für Menschenrechte entschied erst letztes Jahr, dass IP-Sperren illegal sind. Er argumentierte, dass die pauschale Sperrung des Zugangs zu einem ganzen Server eine extreme Maßnahme sei, vergleichbar mit dem Verbot einer Zeitung oder eines Fernsehsenders. Anlass war der Fall Vladimir Kharitonov gg. Russland.

Unternehmen & Produkte im Interview

Natürlich gehören zu unserer Interview-Reihe beim Online-Magazin Tarnkappe.Info auch Expert:innen oder Pressesprecher:innen von Unternehmen mit ihren Produkten und Dienstleistungen zu den Interviewpartner:inne:n, um Insights zu deren Kernkompetenzen zu erhalten. Wer für die vielfältigen Funktionen und Jobs in der Tech-Branche ausgebildet ist, wird sich auch ein Unternehmen suchen, dass Exzellentes in den Bereichen Datenschutz, Informationstechnologie und deren Netzen umsetzt. Zugleich haben Nutzer:innen und Leser:innen ein hohes Interesse, zu erfahren, wie sie ihre Sicherheit mit den Einblicken in diese Schutzprozesse erhöhen können.

In der Reaktion diskutieren wir oft die Thesen und Ideen, wie mit quelloffenen Bestandteilen in den Produkten, bei Dienstleistungen und Services einzelne Unternehmen ihre Angebote und eine entsprechende Finanzierung aufbauen können – und glauben, dass diese Überlegungen zu mehr Transparenz und Offenheit auch bei vielen Anbieter führen werden.

PS: Disclaimer: Die Auswahl und Aufnahme der Artikel und Interviews in diesen Band ist rein aus redaktionellen Überlegungen auf Basis verschiedener Kriterien erfolgt; finanzielle Interessen spielten dabei keine Rolle - und es sind auch keine Gelder im Sinne eines Sponsorings von Artikeln eingeflossen: Diese Buch-Herausgabe als Revue der Texte aus unserem Online-Magazin erfolgte völlig unabhängig.

Bitdefender: Wir sprachen mit Bogdan Botezatu

von Lars Sobiraj

Bitdefender-Sicherheitsforscher Bogdan Botezatu über staatliche Malware, Überwachung und eine zweite Firewall neben dem Windows Defender. Seit Mai 2008 arbeitet Bogdan Botezatu bei Bitdefender als

IT-Sicherheitsexperte. Botezatu verfügt über eine langjährige Erfahrung in den Bereichen Cyberware sowie Mobile- und Soziale Netzwerk-Malware.

Er stellt sich netterweise den vielen Fragen unserer Community. In Bukarest ist er bei Bitdefender als Director of Threat Research & Reporting tätig. Er betreibt einen eigenen Blog und ist über die Sozialen Medien erreichbar.

Tarnkappe.info-Redaktion: *Vielleicht möchten Sie ein wenig auf die Geschichte von Bitdefender eingehen? Wer und mit welcher Motivation hat man das Unternehmen gegründet? Was ist Ihr Alleinstellungsmerkmal, sollte es eines geben?*

Bogdan Botezatu: Die Geschichte von Bitdefender beginnt im Jahr 1990 in Bukarest, Rumänien, als der CEO des Unternehmens ein Software-Outsourcing-Geschäft startete. Etwa zur gleichen Zeit nahmen die Malware-Aktivitäten in Russland, der Ukraine und Bulgarien zu, und aufgrund der räumlichen Nähe bekam Rumänien das meiste davon mit.

Dies geschah direkt nach dem Fall des kommunistischen Blocks, als die osteuropäische Bevölkerung den Übergang zum westlichen Kapitalismus erlebte. Als die Menschen von den nun schließenden Fabriken und Produktionsstätten, die vom kommunistischen Regime errichtet worden waren, entlassen wurden, begannen einige von ihnen, ihre soliden Kenntnisse in Informatik und Mathematik zu nutzen. Sie wollten eine Malware erstellen, als Mittel, um den westlichen „Einfluss" zurückzuschlagen. Etwa zu dieser Zeit begann die Bitdefender-Muttergesellschaft Softwin mit der Entwicklung der ersten Sicherheitslösung namens AntiVirus Expert (AVX).

Im Laufe der Jahre führte AVX einige Premieren in der Cybersicherheit ein:

- das erste Anti-Viren-System weltweit, das intelligente Updates anbot und eine Anwendungsfirewall enthielt.

- **MIDAS:** Malware Intrusion Detection Advanced System, ausgezeichnet mit dem IST-Preis. Wir haben die proprietäre Antispam-Technologie und das stündliche Update-System veröffentlicht.
- **B-HAVE:** Behavioral Heuristic Analyzer in virtuellen Umgebungen.
- **Active Threat Control:** proaktive Technologie zur Erkennung und Blockierung neuer Bedrohungen in Echtzeit, auf einem Live-System.

Bitdefender ist extrem gut darin, neue, bisher unbekannte Malware zu erkennen. Dies ist besonders wichtig bei der Verbreitung von Ransomware, bei der ein einziges übersehenes Muster die Kompromittierung eines ganzen Netzwerks bedeutet. Auf diese herausragenden Erkennungsfähigkeiten vertrauen nicht nur 500 Millionen Anwender:innen weltweit, sondern auch marktbegleitende Sicherheitslösungen auf der ganzen Welt.

Tarnkappe.info-Redaktion: *Wie ist die Position von Bitdefender zum Bundestrojaner? Hat Bitdefender irgendeinen Einfluss darauf? Wenn noch nicht: Ist dies für die Zukunft geplant? Wie ist die aktuelle Rechtslage in Deutschland für den Hersteller? Dürfen Sie überhaupt vor einem Landes- oder Bundestrojaner warnen?*

Bogdan Botezatu: Bitdefender ist seit mehr als 10 Jahren ein vertrauenswürdiger Sicherheitspartner, denn wir gehen unterschiedslos gegen Malware vor. Ob kommerziell oder staatlich gesponsert, Bitdefender behandelt Malware als Malware. Das tun wir seit dem Auftauchen des Bundestrojaners im Jahr 2011, als wir ein kostenloses Removal-Tool für alle potenziellen Opfer veröffentlicht haben.

Tarnkappe.info-Redaktion: *Sollte die nächste Bundesregierung dafür sorgen, dass Antivirenprogramme generell den Hash einer staatliche Malware nicht angreifen dürfen, würde man diese Neuregelung der Rechtsgrundlage widerstandslos hinnehmen? Wie könnte man sich überhaupt dagegen wehren?*

Bogdan Botezatu: Die meisten dieser Überwachungswerkzeuge betreibt man verdeckt. Das heißt, die Regierungen werden externe Stellen nicht vor ihrer Existenz warnen, da dies sonst kein Geheimnis mehr wäre. Stattdessen setzen die Staaten auf hochkomplexe Schadsoftware, in der Hoffnung, dass diese in der Lage ist, eine mögliche Sicherheitsabwehr zu umgehen. Hier kommt die Leistung von Bitdefender bei der Erkennung komplexer, neu entstehender Malware zum Tragen.

Ein zusätzlicher Punkt zu dieser Frage ist der Wettbewerb. Dieser ist im Bereich der Cybersicherheit vorteilhaft, weil er die Fähigkeit von Nationalstaaten einschränkt, zu kontrollieren, ob Malware von den Antiviren-Lösungen ausgenommen wird. Ein Staat wäre gezwungen, mehr als 50 unabhängige Sicherheitsanbieter unter Druck zu setzen. Das würde die Wahrscheinlichkeit erhöhen, dass Whistleblower:innen davon berichten.

Tarnkappe.info-Redaktion: *Würde Bitdefender eine Hintertür für Strafverfolgungsbehörden oder Geheimdienste einbauen? Solche Gesetzesentwürfe könnten mittelfristig auf uns zukommen. Leser:innen fragten: Was wäre der Preis dafür, dass Bitdefender rechtlich nicht gezwungen werden kann, eine Backdoor einzubauen?*

Bogdan Botezatu: Nein. Unsere Hauptaufgabe ist es, unterschiedslos vor digitalen Eindringlingen zu schützen. Es gibt keine und wird keine Sonderbehandlung von staatlich sanktionierter Malware geben.

Tarnkappe.info-Redaktion: *Okay, so würde ich wohl auch antworten. Wer alle Dateien indexiert, hat ja auch die Macht und Kontrolle, zu entscheiden, welche laufen darf und welche nicht. ;-) Wie ist der hauseigene VPN von Bitdefender zustande gekommen? Wenn man sich den Markt anschaut, ist das offensichtlich sehr in Mode. Mit welchem Hintergrund versucht man, eigene VPN-Dienste zu vermarkten? Einfach, weil man aufgrund der enormen Nachfrage viel Geld damit verdienen kann?*

Bogdan Botezatu: Die Bitdefender-VPN-Lösung versucht, zwei Hauptaspekte zu adressieren: Der erste ist der offensichtliche

Datenschutzaspekt, da immer mehr Menschen Geräte nutzen, während sie mit potenziell feindlichen oder nicht vertrauenswürdigen Umgebungen verbunden sind, und mobile Apps oft entweder Daten unverschlüsselt senden oder digitale Zertifikate vor der Verbindung nicht validieren.

Der zweite Aspekt ist, dass wir eine VPN-Lösung mit integriertem Web-Scanning jeder URL wollten, so dass Benutzer, die nur mit der VPN-Lösung im Web navigieren, auch eine integrierte Erkennung von Phishing, Betrug und bösartigen Websites erhalten. Der Grund dafür ist, dass VPN-Lösungen einen enormen Mehrwert für Kund:inn:en darstellen. Wir wollten diese Lösung auf eine sichere und datenschutzorientierte Weise anbieten.

Tarnkappe.info-Redaktion: *Kann man mit Windows eine zweite Firewall neben Bitdefender betreiben? Ist das sinnvoll? Welche Vor- oder Nachteile hätte das?*

Bogdan Botezatu: Nein. Es kann immer nur eine Firewall auf dem System aktiv sein. Der Betrieb von zwei Firewalls würde die Wahrscheinlichkeit von Verbindungsproblemen und Zeitüberschreitungen erhöhen. Eine Software-Firewall schützt den Computer vor anderen Bedrohungen, die bereits im lokalen Netzwerk vorhanden sind. Sie kann bestimmten Anwendungen den Zugriff auf das Internet verwehren. Die Software kann durch eine Hardware-Firewall ergänzt werden, die am Netzwerkrand läuft und den Netzwerkverkehr für alle mit dem internen Netzwerk verbundenen Geräte filtert...

Tarnkappe.info-Redaktion: *...wie z.B. nach dem Router eine quelloffene Pfsense auf einem Pi oder NUC. Andere Anwender:innen fragen, warum man Geld in eine zusätzliche Sicherheitslösung investieren sollte, wenn der Microsoft-eigene Defender ebenfalls gute Testergebnisse liefert?*

Bogdan Botezatu: Dies ist eine gute Frage. Die Implikationen sind hier von Anwendungsfall zu Anwendungsfall unterschiedlich. Microsoft bietet den Defender derzeit nur für Windows-Computer an. Die meisten Heim-Ökosysteme haben eine Vielzahl von Geräten. Denken Sie an Android-Smartphones, Macs oder iPads, sowie mehrere IoT-Geräte. Dedizierte Sicherheitslösungen bieten Programme für das gesamte Ökosystem, was bedeutet, dass der Heimadministrator all diese Geräte mit einem einzigen Paket schützen, überwachen, erneuern und Warnungen erhalten kann. Bitdefender-Benutzer:innen können beispielsweise Sicherheitslösungen für jede dieser Plattformen installieren und sie von Bitdefender Central aus verwalten. Das vereinfacht die Verwaltung und Überwachung.

Der zweite Aspekt bezieht sich auf die Funktionsweise von Antivirenlösungen im Vergleich zu Sicherheitssuites. Eine Sicherheitssuite besteht aus verschiedenen Schutzschichten und anderen Diensten, die Ihnen helfen, Ihre digitale Welt zu schützen. Wer Antispam, eine Kindersicherung, Geräteortung, Schwachstellenanalyse und andere erweiterte Funktionen benötigt, sucht in der Regel nach einer kompletten Sicherheitslösung, nicht nach einem Antiviren-Programm.

Nicht zuletzt liegt die Sicherheit in der Vielfalt. Die Vielzahl der auf dem Markt befindlichen Sicherheitslösungen verhindert, dass Cyber-Kriminelle Malware schreiben, die all diese Schutzmechanismen umgeht. Wenn Computerbenutzer:innen nur eine einzige Antivirenoption hätten, wäre es für Angreifer:innen einfacher, eine Malware zu erstellen, die die „einzige" Antiviren-Lösung auf dem Markt umgeht. Die Täter:innen wären nicht in der Lage, jede andere Sicherheitslösung ohne eine unglaubliche, weil unwahrscheinlich hohe Investition ins Visier zu nehmen.

Tarnkappe.info-Redaktion: *Was unternimmt Bitdefender für den Datenschutz in Verbindung mit Windows? Stichwort Übermittlung von Tracking- und Telemetriedaten an Microsoft-Server.*

Bogdan Botezatu: Die vom Betriebssystem gemeldete Telemetrie kann von einer Sicherheitslösung nicht abgefangen oder blockiert werden, ohne das Betriebssystem potenziell zu zerstören.

Tarnkappe.info-Redaktion: _Einigen Anwendern sind viele falsch positive Virenmeldungen für Cracks und Key-Generatoren aufgefallen. Ist dies Zufall oder Absicht? Wurden Sie schon einmal von einem Softwarehersteller aufgefordert, absichtlich eine falsche Virenmeldung zu integrieren? Sie müssen ja keine Namen nennen, aber es wäre interessant zu erfahren, ob es jemals solche Versuche gegeben hat._

Bogdan Botezatu: Dieses Thema ist in den letzten Jahren mehrfach in die Diskussion gebracht worden. Der Grund dafür hängt mit der Art und Weise zusammen, wie Software-Cracks konstruiert sind. Ich werde versuchen, dies so gut wie möglich anzusprechen. Die meisten Software-Cracks, Keygens oder Spiele-„Trainer" sind mit Technologien „gepackt", die oft von Cyber-Kriminellen zum Schutz ihrer Malware eingesetzt werden. Diese Packer modifizieren den Code unterwegs, extrahieren und legen zusätzliche Dateien auf dem Computer des Benutzers ab.

All dies gibt Anlass zur Sorge, da sie das Verhalten bösartiger Apps imitieren, was oft Algorithmen für maschinelles Lernen und Verhaltenserkennung auslöst. Wir unterstützen dieses Verhalten nicht aufgrund des Drucks der Hersteller, sondern weil es eine schlechte Praxis ist, die oft dazu führt, dass Menschen Code mit ungewisser Herkunft ausführen.

Tarnkappe.info-Redaktion: _Wie erklären Sie sich die Tatsache, dass laut Tests von AV-test.org die Falsch-/Positiv-Rate immer noch deutlich über dem Branchendurchschnitt liegt?_

Bogdan Botezatu: Wir arbeiten permanent an diesem generellen Thema der Sicherheitsbranche. Vor kurzem kam der neue AV-Test heraus. Und wir haben nun – wie angekündigt – in letzter Zeit nicht schlecht abgeschnitten.

Tarnkappe.info-Redaktion: _Warum löscht Bitdefender unerwünschte Software direkt und lässt alles andere nicht zu? Nimmt das den Benutzer:innen nicht die Kontrolle über eigene Gerät weg? Was wiegt schwerer: Die Sicherheit der Geräte oder die Freiheit der Nutzer:innen, einen Fehler zu machen?_

Bogdan Botezatu: Bitdefender nimmt die Sicherheit extrem ernst, und die Kund:inn:en vertrauen uns bei der Automatisierung von Sicherheitsentscheidungen. Unerwünschte Software wird nicht gelöscht, sondern in Quarantäne gestellt, wodurch die Datei an einen sicheren Ort verschoben wird, an dem sie nicht zugänglich ist. Wenn dies versehentlich geschehen ist, können Benutzer:innen einfach über die Benutzeroberfläche des Produkts durch die Quarantäne navigieren, die benötigten Dateien auswählen und sie an ihrem ursprünglichen Speicherort wiederherstellen.

Auf diese Weise profitieren die Anwender:innen sowohl von Sicherheit als auch von Freiheit. Um die zweite Frage zu beantworten: Ein einziger Fehler kann den Benutzer seine gesamten Daten kosten – Ransomware (= Erpresser-Software) verschlüsselt oft alles auf dem Gerät sowie die zugänglichen Netzwerkspeicherorte. Wie gesagt. Sich einmal falsch verhalten, das kann viele Jahre alte Daten zerstören. Die meisten davon, wie beispielsweise Fotos, gehen dann für immer verloren.

Tarnkappe.info-Redaktion: *Wie schätzen Sie den Markt für Antiviren-Lösungen heute oder in fünf Jahren ein? Mit anderen Worten: Wie könnten sich die Marktanteile verschieben?*

Bogdan Botezatu: In den nächsten Jahren wird das Thema IT-Sicherheit sowohl für Privatanwender als auch für Unternehmen, die Dienstleistungen für diese Anwender anbieten, von grundlegender Bedeutung sein. Der Markt hat bereits begonnen, sich mit der Verbreitung von vernetzten „Dingen" (Internet of Things, kurz IoT) zu verschieben. Von intelligenten Gesundheitstools bis hin zu Anwendungen für das Gebäudemanagement – das IoT ist jedes Jahr für Milliarden neuer vernetzter Geräte verantwortlich. Wir waren es gewohnt, den Schutz auf Desktop PCs, Laptops, Smartphones und Tablets zu installieren. Aber die neuen Endpunkte sehen anders aus: Das kann Ihr intelligentes Auto sein, das in der Einfahrt parkt. Oder Ihre mit dem Internet verbundene Glühbirne, oder z.B. das Tracking-Halsband Ihres Haustiers. Dieser Paradigmenwechsel erfordert ein

Umdenken in Sachen Sicherheit. Und, was noch wichtiger ist, wo wir diese Sicherheitslösungen platzieren.

An diesem Punkt gehen immer mehr Hersteller von Netzwerkgeräten dazu über, Cybersicherheit als wesentliche Funktion auf Router-Ebene zu implementieren. Internet-Service-Provider bieten ihren Kunden jetzt Router und Modems mit Sicherheitsfunktionen an, so dass alle (oder die meisten) Angriffe am Gateway kalt abgeblockt werden, bevor sie ein potenziell gefährdetes Gerät im dahinterliegenden internen Netzwerk erreichen. Diese Richtungen sind es, die den Markt für Cybersicherheit verschieben und die Akteure neu ordnen werden.

Tarnkappe.info-Redaktion: *Wie wird das Internet in fünf oder zehn Jahren aussehen? Wird es jemals möglich sein, den Kampf gegen Cyberkriminelle zu gewinnen? Das Ganze ähnelt stark an ein Hase-und-Igel-Spiel.*

Bogdan Botezatu: Cyber-Sicherheit ist ein ständiger, asymmetrischer Kampf. Genau wie die Kriminalität werden auch Cyber-Angriffe auf Dauer bestehen bleiben. Und sie werden schlimmer werden, bevor sie besser werden.

Auf der einen Seite haben es kommerzielle Bedrohungsakteure zunehmend auf Menschen abgesehen, um leichtes Geld zu verdienen. Alles kann entweder direkt ausgenutzt, gehandelt oder auf Untergrundmärkten verkauft werden, und das ist die neue Realität.

Auf der anderen Seite eskalieren Nationalstaaten die Cyber-Kriegsführung, um Informationen zu erhalten oder massive Überwachungsprogramme gegen Bürger oder Dissidenten zu starten. In diesem Zusammenhang sind Cybersicherheit und Privatsphäre zwei Privilegien, die wir mit aller Kraft zu schützen versuchen.

Wir glauben, dass Benutzer:innen daran erinnert werden sollten – und über die Bedrohungen aufgeklärt werden sollten, die im Internet lauern können. Es gibt ein Sprichwort, das besagt, dass Cybersicherheit jedermanns Sache ist.

Tarnkappe.info-Redaktion: *Herr Botezatu, das hoffen wir, dass wir mit diesem Interview die Benutzer:innen für das Thema Cyber-Sicherheit sensibilisieren konnten - vielen Dank für das Gespräch!*

BlazingFast Webhosting: Interview mit dem Mitgründer Paul Waldmann

von Lars Sobiraj

BlazingFast.io nutzt die Szene häufig, weil dabei die eigene Webseite vor DDoS-Angriffen geschützt wird. Mitgründer Paul Waldmann kommt zu Wort.

Der Name BlazingFast bezieht sich auf die glühend schnellen Leitungen, die dabei zum Einsatz kommen sollen. Tony Onopriychuk und Paul Waldmann gründeten BlazingFast im Jahr 2014. Den Fokus legten die beiden Geschäftsleute von Anfang an auf sichere Hosting-Lösungen inklusive einem effektivem DDoS Schutz. Im Preis inbegriffen ist auch jede Menge Privatsphäre für die Kund:inn:en.

Für diese Sicherheit und digitale Abgeschiedenheit (Ukraine, bzw. laut Webseite Macau) zahlen die Kund:inn:en gerne ein paar Euro mehr als bei den marktbegleitenden Unternehmen.

Paul Waldmann: Zu meiner Person, ich bin der ehemalige Co-Founder und COO für BlazingFast und habe viele Jahre dieses Geschäft mit Tony gemeinsam aufgebaut. Seit einiger Zeit bin ich nicht mehr bei BlazingFast. Ich habe die Firmenanteile unentgeltlich an Tony zurückgegeben und wir sind im Guten unsere getrennten Wege gegangen.

Es wurden viele Unwahrheiten zu meiner Person über die Jahre gestreut, welche Tony leider geglaubt hat, was die Beziehung zwischen uns unwiderruflich geschädigt hat, worüber ich sehr bestürzt bin. Die Antworten sind nach meinem Wissensstand vor meinem Verlassen der Firma entstanden. Falls Tony meine Antworten in diesem Interview sehen sollte, will ich, dass er weiß, dass ich niemals ein schlechtes

Wort über ihn gesagt habe. Ich bin sehr bestürzt darüber, dass er unsere Freundschaft einfach so weggeschmissen hat.

Tarnkappe.info-Redaktion: *Das Gründungsdatum variiert im Internet, wann wurde BlazingFast gegründet? Wie kam es zur Gründung? Mit welcher Motivation haben Sie dieses Unternehmen aus der Taufe gehoben?*

Paul Waldmann: BlazingFast wurde 2014 gegründet. Wir taten dies mit der Motivation eine stabile, schnelle und vor allem sichere Hosting-Lösungen anzubieten, mit einem Fokus auf DDoS-Schutz und Privatsphäre.

Wir organisierten einen Wechsel auf CloudStack für die Orchestration, um eine schnelle Bereitstellung der Server und der Aufbau einer eigenen DDoS Scrubbing Lösung, um nicht auf Drittanbieter angewiesen zu sein.

Der Name ist entstanden, als wir Schlagwörter ausgetauscht hatten, als wir uns fragten: WAS WOLLEN WIR? Antwort: Wir wollen schnelle, „Blazing Fast" Server anbieten. Alle Komponenten von Server, Netzwerk bis zum DDoS-Schutz muss alles, das Schnellste sein was es gibt und mehr Ressourcen als die Marktbegleiter. Privatsphäre und Support waren und sind unsere wichtigsten Aspekte. Das bedeutet, so wenig Informationen über Kund:inn:en speichern wie möglich und 0 Toleranz bei der Kooperation mit fremden Staatsorganen.

Wir reagieren nicht auf Gerichtsbeschlüsse von ausländischen Gerichten. Der Support war immer in unserem Mittelpunkt. Obwohl wir ein Self-Managed Hosting anbieten, versuchen wir dennoch bei jedem Problem zu helfen, egal ob Konfiguration, Installation etc. wir haben alles gemacht, was Kund:inn:en brauchten. Kund:inn:en sind König:in!

Tarnkappe.info-Redaktion: *Wenn Sie die Vergangenheit ändern könnten, würden Sie erneut so eine Firma gründen? Oder lieber etwas anderes als einen Webhosting-Service?*

Paul Waldmann: Wenn es nochmal 2014 wäre, auf jeden Fall. Heute in 2021 wahrscheinlich nicht, da der Hosting Markt so übersättigt ist und es bereits gut etablierte Firmen gibt, wo eine Marktbegleitung eher sinnfrei ist.

Wer alleine mit dem Preis konkurriert, hat keine Chance zu überleben als Hosting Unternehmen. Man braucht Added-Value, was ggf. Privatsphäre sein kann, das dann auch viele Kund:inn:en aus der IT-Szene anzieht, oder DDoS-Schutz, was hilflosen Webmaster:inne:n weltweit hilft. Wer glaubt, das BlazingFast nur Kund:inn:en aus der „Szene" usw. hat, liegt falsch. Ein großer Teil der Kund:inn:en sind z.B. aus China und Umgebung, die einfach nur einen stabilen, DDoS geschützten VPS wollen.

Tarnkappe.info-Redaktion: *Und was ist an den Übernahmegerüchten dran, die in den vergangenen Jahren immer wieder im Netz gestreut wurden?*

Paul Waldmann: Es gab keine Übernahme, lediglich eine Änderung in der Firmenstruktur. Die Firma ist und bleibt im Eigentum von Tony. Es hat lediglich eine Kooperation mit einem Hosting Partner aus Portugal gegeben, mit dem man sich die Infrastruktur teilt.

Tarnkappe.info-Redaktion: Was haben Sie ab der Umbenennung anders gemacht, um derart populär zu werden?

Paul Waldmann: Gegenüber unseren Vorerfahrung haben wir anders gemacht, dass wir die Hardware gekauft oder geleased haben.

Unsere Popularität resultiert durch die Firewall sowie der vielen kostenlosen Zusätzen. So beispielsweise der L7 DDoS-Schutz, wo wir allen Kunden mit unserer selbst entwickelten Proxy-Lösung, die Webseiten vor Angriffen schützen.

Tarnkappe.info-Redaktion: *Was hat es mit dem Wettbewerber blazingfasthost.com auf sich? Haben die Ihren Markennamen geklaut? Oder waren das eventuell Mitarbeiter Ihres Unternehmens, die sich selbstständig gemacht haben?*

Paul Waldmann: Es handelt sich hierbei um einen unbekannten Marktbegleiter, der den Markennamen geklaut hat.

Tarnkappe.info-Redaktion: Man wirbt mit einem DDoS-Schutz von bis zu 980gb/s. Was ist damit genau gemeint? Der maximale Daten-Durchfluss, also der Throughput?

Paul Waldmann: Dies ist der Backbone, das ist jedoch nicht mehr bedeutend inzwischen. Da die meisten DDoS-Attacken volumetrisch sind wie DNS, NTP usw. Und diese benötigen einen großen Backbone, damit ACL-Regeln diese blocken können. Die eigentliche Scrubbing Kapazität ist viel geringer. Sie reicht jedoch vollkommen aus, da Attacken aus einem Botnetz meist unter 50 Gbps sind. Und dafür verwenden wir Juniper SRX Firewalls.

Tarnkappe.info-Redaktion: Wie teuer war es, diesen Schutz aufzubauen? Welches Equipment ist dafür vonnöten? Welche Ressourcen gehört Blazingfast selbst, welche haben Sie angemietet? Und warum bieten Sie als Geschäftsmodell Webhosting stets in Kombination mit DDoS-Schutz an?

Paul Waldmann: Für L7 werden NGINX Server verwendet mit selbst entwickelten Modulen. Diese hängen hinter einem Loadbalancer. Für alle anderen Attacken kommen Juniper SRX Firewalls und ACL zum Einsatz. Als letzter Ausweg wird Blackholing eingesetzt.

Die gesamte Hardware und Komponenten sind gekauft oder leased, um die Firmen-Integrität zu gewährleisten. Die Kosten sind im sechsstelligen Euro-Bereich. Der Grund, wieso wir von Anfang an jedem DDoS-Schutz geben, ist, um den sog. Noisy Neighbour Effekt zu minimieren: Wenn jemand attackiert wird und man sich auf demselben physischen Server befindet, würde man davon betroffen werden, z. B. durch die Netzwerk-Überlastung.

Es ist somit besser alle von Haus aus zu schützen, damit es möglichst kein DDoS-Traffic bis zu den Racks schafft.

Tarnkappe.info-Redaktion: Wie oft monatlich kommen DDoS-Angriffe vor? Welche Art der Angriffe ist dabei am häufigsten zu beobachten?

Wird die DDoS-Migration immer noch von dem Spezialisten DDoS-Guard aus Russland bereitgestellt?

Paul Waldmann: DDoS-Attacken laufen den ganzen Tag, jeden Tag. Es steht immer irgendjemand unter DDoS, manche Kunden sogar 24/7, da diese dauerhaft attackiert werden. DDoS-Guard wurde nie verwendet, es wurde immer die eigene In-House Lösung genutzt. Das mit DDoS-Guard ist ein Gerücht.

Tarnkappe.info-Redaktion: *Wie geht das Unternehmen mit behördlichen Anfragen um? Der Sitz von Blazing Fast ist ja weiterhin außerhalb der EU. Ignorieren Sie Anfragen wegen Rechtsverletzungen bei Urheber:innen? Oder beantworten Sie sie einfach sehr viel später?*

Paul Waldmann: Alles bis auf richterliche Anordnungen wird ignoriert. Die Tagesgeschäfte werden weiterhin in Kiew, Ukraine getätigt. Der genannte Firmenstandpunkt auf der Webseite ist rein virtuell.

Tarnkappe.info-Redaktion: *Hat man jemals einen der Server innerhalb der EU beschlagnahmt?*

Paul Waldmann: Nein.

Tarnkappe.info-Redaktion: *Was passiert, wenn eine Abuse eintrifft, der die Löschung einer Seite/URL/Content fordert? Informieren Sie die Kunden über die Löschaufforderung?*

Paul Waldmann: Jede Abuse E-Mail wird an den/die Kund:in weitergeleitet, jedoch wird nicht eingegriffen. Kund:innen können sich weigern, eine Löschung vorzunehmen, wir warten dann auf den richterlichen Beschluss.

Tarnkappe.info-Redaktion: *Also ewig. Sicher würden gerne einige Behörden bzw. Staatsanwälte Einblick in Ihre Server haben. Wie sind Sie für juristische Auseinandersetzungen gewappnet? Gibt es dafür ein extra Budget für alle Fälle?*

Paul Waldmann: Glücklicherweise laufen die Gerichte in der Ukraine sehr, sehr langsam und ineffizient. Solange keine Gesetze innerhalb der

Ukraine gebrochen werden, gibt es somit nichts, worum man sich Sorgen machen müsste.

Da die meisten Server auch nicht in der Ukraine sind, können ukrainische Behörden bzw. Staatsanwälte auch keinen Einblick darin bekommen.

Tarnkappe.info-Redaktion: *Was können die Behörden denn überhaupt tun? Im schlimmsten Fall die Server beschlagnahmen? Viele sind ja doch innerhalb der EU. Warum eigentlich, gefährdet dies nicht die Unabhängigkeit? Oder ist es diesbezüglich nie zu Problemen gekommen?*

Paul Waldmann: Der Anbieter haftet nicht für Straftaten, die durch den Kunden begangen wurden. Im schlimmsten Fall würden physische Server beschlagnahmt werden bzw. bei einem virtuellen Server, müsste der VPS Container/Image herausgegeben werden (ggf. Snapshot).

Die Server sind innerhalb der EU, da dies von den Kund:inn:en so gewünscht ist, und unsere Partner wie z.B. NFOrce.com einen exzellenten Service anbieten, welchen wir gerne an die Kund:inn:en weitergeben.

Tarnkappe.info-Redaktion: *Haben Sie eine Ahnung, wer Ihre Kunden sind? Alter, Zweck der Webseiten etc.*

Paul Waldmann: Alle Informationen die unsere Kund:inn:en uns geben, sind auf freiwilliger Basis. Wir überprüfen diese nicht und haben somit auch keine Ahnung, ob diese der Echtheit entsprechen.

Tarnkappe.info-Redaktion: *Sie bieten eine Satelliten-Anbindung für Server als echtes Alleinstellungsmerkmal an. Wie sind Sie auf die Idee gekommen?*

Paul Waldmann: Dies ist ein Service, welcher von eine Partner angeboten wird, welchen wir als Reseller-Produkt an die Kund:inn:en weitergeben. Es gibt viele Kund:inn:en im IPTV Bereich, für die der Empfang von Satelliten TV-Signalen von großer Bedeutung ist.

Tarnkappe.info-Redaktion: *Wie wird sich das Internet in den nächsten Jahren verändern? Noch mehr Regeln und Gesetze? Oder noch mehr kommerzielle Angebote? Künftig noch mehr Überwachung? Und was werden Sie dann beruflich tun?*

Paul Waldmann: Es wird mit Sicherheit mehr Gesetze geben und große Firmen wie Google GCP, Amazon AWS und Microsoft Azure werden mehr und mehr Marketshare bekommen.

Innerhalb der Nische, welche DDoS-Schutz und Privatsphäre ist, wird BlazingFast jedoch weiterhin wachsen. Man sieht der Zukunft positiv entgegen.

Tarnkappe.info-Redaktion: *Vielen Dank für die Beantwortung der Fragen!*

hide.me im Interview: „Freiheit ist ein Recht, kein Privileg!

von Lars Sobiraj

Erstmals überhaupt war der Zero-Log-VPN-Dienst hide.me zu einem Interview bereit. So manche Fragen hat man allerdings nicht beantwortet.

hide.me ist zweifellos ein VPN-Provider von sehr vielen. Die reinen Smartphone-Anbieter nicht mitgerechnet, sind es schon weit über 200 Stück. Gerade die kleineren Unternehmen haben es zunehmend schwer, bei gegenwärtigen Verdrängungen in der Marktbegleitung nicht unter die Räder zu geraten.

Das große Fressen läuft. Die Marktanteile werden für den weltweiten Markt neu aufgeteilt. Nicht nur einzelne Großanbieter wie ExpressVPN oder Surfshark werden geschluckt, sondern die wichtigsten VPN-Vergleichsseiten gleich mit.

Die Verdrängung der kleinen VPN-Provider läuft heutzutage primär über den Preis. Bei der gegenwärtigen Preisschlacht unterbieten sich die Großkopferten, bis sie den Markt neu reguliert haben.

Anschließend wird man versuchen, den Kund:inn:en einen deutlich höheren Preis aufgrund der reinen Marktmacht aufzudrücken.

Wer wie hide.me überleben will, muss ein Alleinstellungsmerkmal vorweisen, um Kund:inn:en langfristig an sich zu binden. Sie müssen etwas können, was kein anderer kann. Beim Community- und Szene-Lieferanten hide.me ist es: das Vertrauen.

Viele andere Firmen fanden sich irgendwann mit Negativschlagzeilen in der Presse wieder. Das ist bei hide.me bislang nicht geschehen. Unser Interview mit dem Partnerships-Manager der eVenture Ltd. (Sitz mit Sitz in Südostasien, genauer gesagt in Malaysia) zeigt ganz klar, dass Vertrauen neben der technischen Ausstattung das wichtigste Kapital ist, was ein VPN-Anbieter besitzen kann. Für Anbieter ist es zugleich schwer, ihre Behauptungen wie No-Logs oder Nur-RAM-Betrieb zu untermauern.

Tarnkappe.info-Redaktion: *Wie ist es überhaupt zur Gründung von hide.me gekommen? Wie viele Personen waren daran beteiligt?*

Partnerships-Manager: Wir haben hide.me im Jahr 2012 gegründet, um jedem Internetnutzer Sicherheit und Freiheit im Internet zu bieten. Als Benutzer:innen fühlten wir uns durch das zunehmende Maß an Überwachung und Limitierung eingeschränkt. Also überlegten wir, als Technikgeeks, zusammen einen Weg zu finden, wie Menschen das Internet genießen können, ohne sich um diese Probleme kümmern zu müssen.

VPN-Dienste schienen die Antwort zu sein, aber als wir uns damals den Markt anschauten, fanden wir diese Dienste entweder zu teuer oder nicht in der Lage sind, ein Sicherheitsniveau bereitzustellen, das unseren Standards entspricht. Und so... wurde hide.me konzipiert.

Tarnkappe.info-Redaktion: *Was ist euer Alleinstellungsmerkmal? Was hebt euch von der Konkurrenz ab?*

Partnerships-Manager: Wir sind Pioniere in dieser Branche und der erste Anbieter, der von unabhängigen Auditoren auf keine Logs geprüft wurde, IPv6 vollständig zu unterstützen und einzigartige Funktionen bereitstellt, wie z. B. Bolt and Multihop. Außerdem bietet hide.me den besten kostenlosen Free-Tarif in der VPN-Industrie.

Tarnkappe.info-Redaktion: *Was glaubt ihr, wieso findet eigentlich im Internet kein großer Aufschrei statt, dass viele große VPN-Dienstleister automatisch nach Ablauf des ersten Abos DEFTIG die Preise anheben und ihren Kunden eine erhöhte Gebühr berechnen, sofern man nicht kündigt?*

Partnerships-Manager: Können wir nicht kommentieren, bei uns passiert sowas nie. Dies ist eine Marketing-Masche, die sehr oft benutzt wird, nicht nur in der VPN-Branche.

Tarnkappe.info-Redaktion: *Was verspricht man sich vom kostenlosen Zugang zu hide.me? Bringt das was?*

Partnerships-Manager: Wir setzen uns für ein freies Internet ohne Ländersperren und Zensur ein. Das Recht auf freie Meinungsäußerung ist für uns ein wichtiges Credo.

Tarnkappe.info-Redaktion: *Die Implementierung von WireGuard ist nicht vollumfänglich, wäre das zu aufwändig?*

Partnerships-Manager: WireGuard ist vollständig und im Gegensatz zu vielen Marktbegleitern sicher implementiert. Mehr dazu in unserem Blog online.

Tarnkappe.info-Redaktion: *Was ist euer Primärziel? Bestmöglicher Schutz der User:innen vor Überwachung oder Geoblocking-Umgehen bzw. „Anbieten, was die Kund:innen so möchten" – z.B. Netflix-VPN und so weiter?*

Partnerships-Manager: Wie schon angedeutet, ist uns das Recht auf freie Meinungsäußerung sehr wichtig, jeder hat das Recht auf einen freien Internetzugang heutzutage. In einer idealen Welt ist Freiheit ein Recht, kein Privileg.

Und: Wir sind ausschließlich ein Zero-Log-VPN und wir speichern keine Benutzerdaten, was bedeutet, dass wir keine Daten teilen können. Unsere Antwort an die Behörden im Fall des Falles auf diese Anfragen ist immer sehr einfach: „Wir können Ihnen keine Daten geben, weil wir keine haben".

Tarnkappe.info-Redaktion: *Wie hoch ist der Anteil eurer virtualisierten Standorte im Vergleich zu allen Standorten?*

Partnerships-Manager: Es gibt bei uns keine virtualisierten Standorte.

Tarnkappe.info-Redaktion: *Also gleich null. Wann kommt ein aktueller Transparenzbericht heraus? Der letzte ist schon über zwei Jahre alt, oder?*

Partnerships-Manager: Wir veröffentlichen jedes Jahr ein Transparenzbericht, der letzte ist vom Januar letzten Jahres online.

Tarnkappe.info-Redaktion: *Was empfehlt ihr, wie kann man im Vorfeld recherchieren, ob der VPN-Anbieter (also auch ihr) vertrauenswürdig ist? Versprechen kann man schließlich viel und das tun natürlich alle Anbieter.*

Partnerships-Manager: Über Jahre bildet man Vertrauen. Es gab ja auch keine negativen Schlagzeilen über hide.me in der Presse.

Tarnkappe.info-Redaktion: *Das stimmt, negative Presseberichte gab es bisher keine. Was ist für die Zukunft geplant? Schnellere Server? Wo liegt eure Priorität? Wann kommt eine Linux-App von euch heraus?*

Partnerships-Manager: Wir bemühen uns stets, die beste Kombination zwischen Sicherheit, Privatsphäre & Geschwindigkeit anzubieten. Deshalb gibt es seit diesem Jahr 10 Gbps Server und in Kombination mit den besten VPN-Protokollen erreichen wir genau das.

Und: Es gibt bereits eine Open-Source Linux App.

Tarnkappe.info-Redaktion: *Beim VPN-Markt findet seit Monaten das große Fressen statt, wie wird sich das weiter entwickeln? Und wie könnt ihr dabei als vergleichsweise kleiner Anbieter überleben?*

Partnerships-Manager: hide.me VPN ist seit über einem Jahrzehnt in der VPN-Branche tätig. Ich bin mir sicher, dass weitere Jahre folgen werden. Und zwar auch als unabhängiger VPN. Unsere Mission treibt uns an, weiterhin die Meinungsfreiheit im Internet zu unterstützen.

Tarnkappe.info-Redaktion: *Vielen Dank für die ausführlichen Antworten.*

Mailbox.org entstand wegen Edward Snowden, sagt Peer Heinlein im Gespräch

von Lars Sobiraj

Wir haben uns ausführlich mit Peer Heinlein, dem Gründer und Geschäftsführer des E-Mail-Anbieters mailbox.org unterhalten. Doch es geht um viel mehr. Langeweile kann eigentlich keine aufkommen, denn Heinlein betreibt mit JPBerlin noch einen Provider für gesellschaftlich und politisch Engagierte nebst dem Heinlein Hosting. Dazu kommt noch eine weitere Consulting-Firma und eine eigene Linux-Akademie.

Die Konkurrenz bei den Krypto-Mail-Anbietern ist groß. Mehr oder weniger vor der eigenen Haustüre liegen die Büros von Posteo. In Hannover ist Tutanota beheimatet, um nur die zwei bekanntesten deutschen Wettbewerber zu nennen. Dazu kommen zahlreiche im Ausland.

Doch damit nicht genug. Der studierte Jurist, der früher als Journalist und im Laufe der Jahre immer mehr als Unternehmer tätig wurde, betreibt außerdem Lobby-Arbeit in eigener Sache. Es geht um den zunehmenden staatlichen Zugriff auf Dienste, die online Daten im Auftrag ihrer Kund:inn:en verwalten. Und um die laufende Überarbeitung vom Telekommunikationsgesetz (TKG), um ein konkretes Beispiel zu nennen. Wenn es nach den Wünschen der EU geht, müssten alle Anbieter staatliche Hintertüren für die Behörden einbauen. IT-Sicherheit oder eine digitale Abgeschiedenheit ist so freilich nicht mehr möglich.

Heinlein will mit mailbox.org & Co. trotzdem bleiben: Innerhalb der EU und selbstverständlich in seiner Heimatstadt Berlin. Wir wollen von ihm wissen, warum.

Tarnkappe.info-Redaktion: *Hallo Peer, vielleicht stellst Du Dich einfach mal mit ein paar Eckdaten vor.*

Peer Heinlein: Hallo Lars! Vielen Dank für das Interview und dafür, dass Du und Deine Leser:innen sich so für meine und unsere Arbeit interessieren. Ich bin derzeit 44 Jahre alt und wohne mit meiner Familie in Berlin. Eigentlich bin ich Jurist und Journalist, aber seit über 25 Jahren hauptberuflich IT-Administrator, Geschäftsführer und Linux-Experte. Ich habe das Glück, dass ich in meiner heutigen Arbeit all das gleichzeitig machen kann, für das ich brenne.

Tarnkappe.info-Redaktion: *Mit JPBerlin ging es ja schon im Jahr 1989 los. Womit hat sich dieser Dienst anfänglich bzw. heute beschäftigt? Wie kam es dazu? Mit welcher Motivation hast Du das Unternehmen gegründet? Und mit welcher mailbox.org?*

Peer Heinlein: Die „JPBerlin" war mal die Computermailbox der Jungen Presse Berlin e.V., dem Verein der Berliner Schüler:innen-Zeitungen. Ich hatte selbst viel mit Schüler:innen-Zeitungen zu tun und habe später für verschiedene Zeitungen als Journalist gearbeitet. 1990 habe ich mich der Jungen Presse Berlin angeschlossen und deren Mailbox übernommen. Daher auch mein ausgeprägtes Interesse an der Gedanken- und Meinungsfreiheit. Zensur durch die Schulen war damals ein reales Thema.

Bis heute existiert diese Computermailbox als „jpberlin.de" und ist damit einer der ältesten Provider, die wir in Deutschland haben. Auch wenn wir alles Mitte der 1990er Jahre mal aus der Jungen Presse Berlin herauslösen mussten, um die Gemeinnützigkeit nicht zu gefährden, betrachte ich dieses System bis heute als Non-Profit-Projekt im Sinne des ursprünglichen Vereins.

Im Rahmen der Snowden-Affäre 2013 wuchs der Wunsch, einen international skalierenden Mail-Provider aufzubauen, der in Sachen Sicherheit, Transparenz und Werbefreiheit neue Maßstäbe setzt. Also haben wir mailbox.org gegründet.

Neben dem Alltag als Provider ist Heinlein Support aber eigentlich ein Linux Consulting-Unternehmen: Wir betreiben eine eigene Akademie und helfen Profi-Admins bei allen Fragen rund um Linux-Server im Rechenzentrum.

Tarnkappe.info-Redaktion: *Der geplante EU-Angriff auf die Verschlüsselung von Messengern und E-Mail-Anbietern geschieht im Namen der Bekämpfung des internationalen Terrorismus. Ist das technisch gesehen überhaupt möglich? Sichere Kommunikation und gleichzeitig das Einrichten von Hintertüren für Behörden für den Fall der Fälle?*

Peer Heinlein: Jede Hintertür schwächt die Sicherheit eines Gerätes und niemand kann ernsthaft garantieren, dass Hintertüren nicht missbraucht und ausgenutzt werden. Wenn sensible Daten zu den Hintertüren publik werden, droht ein hausgemachter, staatlich verursachter IT-Sicherheits-GAU.

Gleichzeit müssen wir sicherstellen, dass die befugten Stellen nicht über die Stränge schlagen. Ich habe kein Problem, wenn Polizei und Staatsanwaltschaft ihre Ermittlungsarbeit machen, ich wünsche mir das sogar. Aber sie muss rechtmäßig sein und damit kontrollierbar, transparent und unter gerichtlicher Aufsicht erfolgen.

Am Ende wird man Hintertüren aber auch technisch kaum umsetzen können: Es gäbe immer Anbieter im Ausland die solchen Maßnahmen nicht mitmachen, egal zu was man deutsche Anbieter verpflichtet. Ermittlungsbehörden konzentrieren sich darum auch mehr auf Zugangsanbieter, die die Internet-Einwahl lokal bereitstellen und deshalb alle Verbindungsdaten erheben, statt auf Diensteanbieter wie mailbox.org.

Tarnkappe.info-Redaktion: *Wieso will man die private Kommunikation zunehmend unmöglich machen, was sind die Hintergründe? Geht es dabei wirklich um Bekämpfung von Kriminalität und Terrorismus?*

Das ist eine schwierige Frage, weil ich mich sehr ungern an Spekulationen und Vermutungen beteilige. In den letzten 20 Jahren haben natürlich viele Länder auf die Entwicklung und Verbreitung des Internets reagiert. Und ebenso natürlich haben Staaten und Strafverfolgungsbehörden ein an sich legitimes Interesse, zu wissen, was vor sich geht. Das finde ich auch nicht falsch – ich will auch, dass ein Staat die Demokratie, sich selbst und uns als seine Bürger:innen schützt.

Aber manche Staaten haben über die Stränge geschlagen und greifen kontrollierend und zensierend ins Internet ein. Davon sind wir in Deutschland noch weit entfernt, aber auch hier spürt man den Trend zu immer genaueren Zugriffen, zu immer mehr Kontrolle. Auch der deutsche Staat wünscht sich immer mehr Kontrolle über das Internet. Wenn wir hier nicht aufpassen und gegenhalten, wird das ein Angriff auf die freie Kommunikation und die Grundrechte der Bürger.

Dass die Verantwortlichen technische Mittel nutzen wollen, ist normal. Aber es verlangt schon Selbstdisziplin dies nicht missbräuchlich auszunutzen, sondern sich „nur" im Rahmen des geltenden Rechts zu bewegen. Dass das nicht jedem stets gelingt, hat sich in der Geschichte immer wieder mal gezeigt.

Tarnkappe.info-Redaktion: Welche Auswirkungen wird dies auf die deutschen E-Mail Provider haben? Werdet ihr abwandern, wenn das EU-weit eingeführt wird? Welche Möglichkeiten habt ihr sonst noch?

Peer Heinlein: Nein, wir werden nicht abwandern. Zum einen sind wir alle fest hier verwurzelt und nicht bereit, ins Ausland zu gehen. Zum anderen ist es wichtig, hier die Diskussionen zu führen, Gegendruck aufzubauen und gestaltend einzugreifen, so dass mit echten Alternativen auch Fakten geschaffen werden. Ich will die Gesellschaft gestalten, nicht vor ihr flüchten.

Wir arbeiten aktiv gegen gewisse Entwicklungen und haben uns auch mit einem ganz erheblichen Zeitaufwand und eigenen Stellungnahmen in die Diskussionen rund um die Gestaltung des Telekommunikationsgesetzes (TKG) eingebracht. Aber dass jetzt konkret von der EU-Ebene ultimative totalitäre Maßnahmen kommen, die auch umgesetzt werden, sehe ich derzeit nicht, so dass es keinen Grund gibt, ins Ausland zu gehen.

Man wandert ja auch nicht „einfach so" irgendwohin ab – um so etwas wie mailbox.org zu betreiben, braucht man schließlich auch ein großes Team. Wir haben derzeit 50 Mitarbeiter:innen, die zu jeder Tages- und Nachtzeit auf Zack sind. Und nur weil dieses Team so eingespielt ist, selbstständig arbeitet und fachlich fit ist, können wir uns die Zeit nehmen, neue Dinge zu entwickeln oder wochenlang sehr undankbare, aber wichtige politische Lobbyarbeit zum TKG zu machen.

Tarnkappe.info: *Warum habt ihr euch überhaupt für den Standort Deutschland entschieden? Viele als sicher geltende Anbieter sitzen offiziell offshore oder in Russland etc.*

Peer Heinlein-*Redaktion*: Nun, zum einen bin ich in Berlin geboren und aufgewachsen, zum anderen basiert unsere Firma auf den ehemaligen Mailbox-Systemen der Jungen Presse Berlin. Insofern ist hier halt alles „dit is Balin, wa?" und das wird und soll so auch bleiben.

Wieso sollte „offshore" oder „in Russland" sicher sein? Aktuell zensiert der russische Staat zentralistisch das Internet, er hat auch den Zugriff auf mailbox.org gesperrt. Wie man das als besseren oder sicheren Standort bezeichnen kann, ist mir schleierhaft. Und als Rechtsstaat? Wir haben in unserer Auseinandersetzung mit den russischen Behörden und dem dortigen Geheimdienst FSB nicht den Eindruck bekommen, dass dort auf den Rechtsweg Verlass ist.

Tarnkappe.info-Redaktion: *mailbox.org entwickelt sich vom reinen E-Mail- zu einem Multifunktional-Anbieter. Ihr habt ein Videokonferenz-System im Angebot, Chat-Server, Cloud-Speicher, Kalender etc. Geht es dabei um ein Alleinstellungsmerkmal, oder warum habt ihr das Angebot erweitert?*

Peer Heinlein: Wir haben uns von Anfang an nicht als reiner E-Mail-Anbieter, sondern als Kommunikationsanbieter verstanden, als die europäische, datenschützende Alternative zu Gmail & Co. Da steckt natürlich viel „David gegen Goliath" dahinter und Google wird auch nie vor uns zittern müssen. Aber wir zeigen, dass es sehr gute Alternativen ohne faule Kompromisse gibt.

Unser Unternehmen ist seit 30 Jahren auf Kommunikations-Dienste spezialisiert, hat aber schon immer auch andere Dienste betrieben und war breit aufgestellt. Warum also nicht den Leuten all das bieten, was sie für ihre Kommunikation brauchen können?

Tarnkappe.info-Redaktion: 90 Tage nach der Löschung eines Accounts schaltet mailbox.org die Postfachadresse wieder für Neuregistrierungen frei. Warum nur so eine kurze Frist? Öffnet das Cyberkriminellen nicht Tür und Tor für einen Missbrauch der reaktivierten E-Mail-Adresse? Man könnte z.B. versuchen, unter der alten Adresse Waren zu bestellen, Passwörter neu zu vergeben etc.

Peer Heinlein: Wann wir genutzte Adressen wieder freischalten, hängt davon ab, wie lange und in welchem Tarif sie betrieben wurden. Adressen aus unbezahlten Testaccounts fliegen nach 90 Tagen aus der Sperrliste, zum Beispiel weil manche User:innen ihren Test vergessen und dann ihre eigene Adresse nicht mehr neu registrieren können. Mailadressen bezahlter Accounts löschen wir erst nach ein bis drei Jahren.

Der Namensraum ist begrenzt und wir müssen verhindern, dass bösartige Bots Standardnamen systematisch durchgehen, registrieren und sie so auf Dauer blocken. Übrigens: Wer eine Adresse dauerhaft sperren möchte, kann das für nur 12 EUR im Jahr tun, indem er den Account im kleinsten Tarif weiterlaufen lässt, quasi als Schutz- oder Sperrgebühr.

Tarnkappe.info-Redaktion: Was macht mailbox.org anders bzw. eventuell sogar besser als der Wettbewerb der deutschen Mail-Provider? Wo seht Ihr euer Alleinstellungsmerkmal?

Peer Heinlein: Das Geschäftsmodell von mailbox.org stellt die Kund:inn:en als unsere Nutzer:innen in den Mittelpunkt, nicht dritte Unternehmen, die für gesammelte Daten Geld bezahlen und diese verwerten wollen. Keine Werbung, kein Tracking, kein gläserne

Kund:inn:en. Das Ganze kombinieren wir mit Ökostrom und einem klaren politisch-gesellschaftlichen Arbeitsauftrag. Und am Ende beruht alles auf 30 Jahren Erfahrung und Kontinuität in einem soliden inhabergeführten Familienunternehmen, in einer Branche wo sonst über die Jahre viele andere Firmen gegründet, verkauft, aufgekauft und wieder abgewickelt wurden.

Zum anderen schauen wir nach vorne und entwickeln Kommunikationslösungen weiter: Besonders stolz sind wir auf diverse, von uns entwickelte neue Sicherheitsfunktionen, die so innovativ und erfolgreich waren, dass sie teils auch von Marktbegleitern kopiert wurden. Die Anzeige des SSL-Versandes beispielsweise hatten wir vor Google. Die vollständig verschlüsselte INBOX war unsere Idee und ist mittlerweile ein paarmal kopiert worden. Bei ID4me waren wir der erste Provider, der das für seine Nutzer:innen implementiert hatte. E-Mail wie auch Chat-Messaging ist noch lange nicht tot, es ist benutzbar und sicher, und man kann auch heute noch viel daraus machen.

Tarnkappe.info-Redaktion: Eure Produktiv-Server stehen in einem Berliner Rechenzentrum. Rund zwei Dutzend Administrator.inn:en kümmern sich um diese Systeme. Arbeitet Ihr nur mit dedizierten Bare-Metal-Servern oder auch mit VPS- bzw. KVM-Geräten? Befinden sich diese Systeme in Eurem eigenen Besitz oder sind dies gemietete Ressourcen?

Peer Heinlein: Wir haben zwei Berliner Rechenzentren und achten sehr darauf, dass wir unsere Dienste voll-redundant auf beide verteilen, der Brand bei OVH in Straßburg letzte Woche, wo eineinhalb Rechenzentren komplett zerstört wurden, zeigt ja auch deutlich, warum.

Uns ist dabei sehr wichtig, dass alles unter unserer Kontrolle bleibt. Vom eigentlichen Rechenzentrum, wo wir uns eingemietet haben, beziehen wir nur Strom und Kühlung. Alles andere besitzen und betreiben wir selbst: Server, Netzwerk, Uplink-/Peering-Traffic.

Wir nutzen fast nur noch virtualisierte Systeme – alles andere ergibt keinen Sinn mehr. Wir achten aber auch darauf, dass wir nicht von nur einem Technologie-Stack abhängig sind.

Tarnkappe.info-Redaktion: *Wer hat physikalischen Zugriff zu den Servern im Rechenzentrum (RZ). Nur eure Techniker:innen oder auch die RZ-Angestellten?*

Peer Heinlein: Die Rechenzentren sind große Hallen und Räume mit sehr strengen Zugangsbeschränkungen und penibler Überwachung. Unsere Schränke darin gehören aber nur uns, da darf auch niemand sonst ran. Nur für Notfälle, beispielsweise in der Stromversorgung, kann ein RZ-Betreiber Schränke öffnen. Aber auch dann hat er keinen IT-technischen Zugriff auf/in unsere Systeme.

Tarnkappe.info-Redaktion: *Gibt es innerhalb der Branche Anzeichen dafür, wann endlich eine anständige E-Mail-Verschlüsselung durch eine Software oder Erweiterung kommt, für die man keinen Doktor:innen-Titel benötigt? Die Anwendung von Enigmail in Kombination mit der GPG-Suite und Thunderbird ist zwar möglich, aber extrem kompliziert, einfacher ist da die App Delta-Chat, die auf E-Mail basiert. Gemeint sind also auch keine Insellösungen, wie die von Protonmail, wo beide Nutzer exakt den gleichen Anbieter in Anspruch nehmen müssen.*

Peer Heinlein: Mit unserem mailbox.org Guard haben wir eine GPG-Unterstützung im Webbrowser, die sich wirklich mit einem Klick vollautomatisch einrichten lässt. Und mit verschiedenen Key-Austausch-Verfahren können Provider ausreichend sicher verifizierte und autorisierte Public Keys automatisiert anbieten. Insofern könnte man schon jetzt Provider-übergreifend automatisiert GPG-Keys transparent verwenden, ohne dass der Nutzer sich überhaupt damit auskennen muss.

Hier müssen andere Provider endlich nachziehen und es ihren Nutzer:inne:n anbieten. GPG-Verschlüsselung funktioniert nur, wenn beide Seiten auf Zack sind. Technisch ist das gelöst, jetzt müssten die Kund:inn:en das nachfragen.

Tarnkappe.info-Redaktion: *Wenn man sogar einem Geschäftsführer androht, ihn mangels Kooperation in Beugehaft zu nehmen, was kommt da eigentlich für eine Entwicklung auf uns zu? Nehmen wir mal eine Glaskugel zur Hand: Was glaubst Du – wie sehen die juristischen Grundlagen bzw. das Web in fünf oder zehn Jahren aus?*

Peer Heinlein: Wie es in den nächsten fünf oder zehn Jahren aussieht, kann man gerade dieser Tage sehr gut sehen, denn das neue TKG, das IT-Sicherheitsgesetz und seine ganzen Brüder und Schwestern werden ja gerade frisch renoviert auf den Weg gebracht. Sicherheitsexpert:inn:en und Datenschützer:innen können da wenig Gutes drin finden, um es vorsichtig auszudrücken.

Ich war vergangene Woche als Sachverständiger zur Anhörung des neuen Telekommunikationsgesetzes in den Wirtschaftsausschuss des Deutschen Bundestages geladen, leider als einziger Provider. Aktuell versucht man hier gezielt, die Grenze der Regulierung und der präventiven Eingriffe durch die Bundesnetzagentur immer weiter abzusenken.

Derzeit werden kleinen oder innovativen Anbietern mehr und mehr innovationsfeindliche Hürden auferlegt, die die Diversifizierung gefährden, die wir für eine robuste, sichere und dezentrale Kommunikationsinfrastruktur brauchen. In meinen Augen sabotiert die Bundesregierung hier ihre eigene IT-Strategie der „Digitalen Souveränität".

Wir werden auf jeden Fall weiter gestaltend Einfluss nehmen und versuchen, das Schlimmste zu verhindern. Das ist oft langwierig und anstrengend, weil viel Arbeit PR-technisch unsichtbar hinter den Kulissen abläuft. Was dabei am Ende herauskommt, wird sicher das Maß der Dinge für die kommenden Jahre sein, und es lässt sich aktuell nicht abschätzen, wie das in der kommenden Zeit weitergeht.

Tarnkappe.info-Redaktion: *Peer, vielen Dank für das ausführliche Gespräch. Und auch ein großes Dankeschön an unsere Leser:innen, die für unser Community-Interview im Vorfeld für die Recherche und das Interview selbst viele gute Anregungen und Fragen eingereicht haben.*

Test: Perfect-Privacy im Test: Die Wahl eines VPNs ist Vertrauenssache!

von Sunny

Perfect-Privacy ist eine klare Empfehlung für alle, denen Sicherheit und Privatsphäre wichtig sind. Warum das so ist, zeigt unser VPN-Test.

Wir untersuchen unter anderem die Leistung von Perfect-Privacy in Bezug auf Geschwindigkeit (getestet mit einer 250 Mbit DSL-Leitung), Sicherheit, Serverstandort, Benutzerfreundlichkeit, Zusatzfunktionen und Kundensupport.

Perfect-Privacy und die Menschen, die dahinterstehen

Wenn es um die Sicherheit Deiner Daten im digitalen Raum geht, solltest Du keine Kompromisse eingehen. Genau hier kommt Perfect-Privacy ins Spiel. Seit 2008 setzt der VPN-Dienst Maßstäbe in Sachen Privatsphäre und Anonymität. Egal, ob Du Dich vor Hacker:inne:n, Überwachung oder Abmahnungen schützen willst – Perfect Privacy ist die Antwort! Warum ich mir so sicher bin?

Hinter Perfect Privacy stehen „Datenschutz-Idealist:inn:en", die sich seit Jahren im Chaos Computer Club engagieren. Diese Expertise fließt direkt in PP ein. Transparenz wird großgeschrieben! Alle Informationen zu den Betreibern, den technischen Voraussetzungen und den Datenschutzaspekten sind öffentlich zugänglich. Dieses Engagement wurde bereits mit einem Trust-Level-Zertifikat belohnt, das Perfect-Privacy zu einer verlässlichen Empfehlung für Datenschutz und Privatsphäre macht.

Ein Anbieter, viele Betriebssysteme.

Aber natürlich gibt es Perfect-Privacy nicht nur für Windows, Linux oder fürs Handy. PP hat an fast alles gedacht. Denn auch für die Installation auf diversen Routern und sogar auf Amazons FireTV oder einem Raspberry Pi finden sich gut erklärte Anleitungen auf der Website.

Hier hat PP meiner Meinung nach alles richtig gemacht. Es gibt nur wenige Anbieter, die noch mehr Auswahl bieten können. Wie einfach die Installation ist oder ob es Probleme gibt, werden wir später genauer betrachten.

Es wird eine unbegrenzte Anzahl gleichzeitiger Verbindungen unterstützt: Mit der Möglichkeit, theoretisch unendlich viele Geräte gleichzeitig nutzen zu können, hat Perfect-Privacy eindeutig die Nase vorn.

„Unsere Dienste können auf beliebig vielen Geräten genutzt werden. Zugangsdaten dürfen allerdings nicht an Dritte weitergegeben werden und sind ausschließlich für den persönlichen Gebrauch bestimmt." - Wenn das mal keine Ansage ist. Damit setzt sich PP ganz klar an die Spitze der von mir bisher getesteten VPN-Anbieter!

Perfect-Privacy bietet leider keine Möglichkeit, den Dienst kostenlos zu testen, zumindest nicht offiziell. Da der VPN-Anbieter aber auch beim Monatsabonnement eine 7-tägige Geld-zurück-Garantie anbietet, könnte man dies quasi als „Testphase" betrachten.

PP unterstützt viele Zahlungsmethoden

Geld-zurück-Garantie hin oder her. Ich finde es immer sehr angenehm, wenn man einen Anbieter vor dem Kauf ausgiebig ausprobieren kann. Wer bei Perfect-Privacy testen möchte, muss allerdings erst einmal in die Tasche greifen. Das haben andere Anbieter meiner Meinung nach besser gelöst.

Alles in allem kann man feststellen, dass Perfect-Privacy nicht gerade billig ist. Allerdings muss man auch sagen, dass absolute Sicherheit ohne Kompromisse ihren Preis hat. Aber dazu später noch mehr.

Die wichtigsten Funktionen und beworbenen „Pluspunkte" auf einen Blick

Wie fast alle VPN-Anbieter wirbt auch Perfect-Privacy mit verschiedenen Funktionen. Die wichtigsten Eigenschaften sollen hier kurz vorgestellt und bewertet werden:

- Es gibt einen Kill Switch.
- Streaming Unterstützung (Netflix).
- Unterstützte Protokolle: OpenVPN, IPsec- und SSH2-Tunnel mit 256-Bit-AES-Verschlüsselung.
- 256-Bit-AES-Verschlüsselung.
- Krypto-Zahlungen werden akzeptiert.
- Stealth VPN.
- Multi-Hop bzw. VPN-Kaskaden.
- NeuroRouting.
- TrackStop.
- IPv6-Unterstützung.
- Zahlreiche VPN-Server in 24 Ländern.
- Server auf RAM-Disk.
- 24/7 Kundenbetreuung.

Ein Kill Switch gehört heute ebenso wie diverse Serverprotokolle zur Standardausrüstung eines jeden guten VPN-Anbieters. Was jedoch die Spreu vom Weizen trennt, ist zum einen die Geschwindigkeit und natürlich eine ausreichende Auswahl an sicheren Servern. Nicht zu vergessen diverse technische Features, mit denen Perfect Privacy alleine dasteht.

Durchdachte Server-Auswahl und gute Verschlüsselung

Die Server-Standorte von Perfect-Privacy wurden mit Bedacht ausgewählt, um einen schnellen und sicheren Zugang zum PP-Netzwerk zu ermöglichen und gleichzeitig das gesicherte Netzwerk zu den Datenzielen (Webservern) zu bringen.

Mit 25 Serverstandorten weltweit bietet Perfect-Privacy eine hohe Netzabdeckung. Die Server sind über VPN-Verbindungen miteinander verbunden, um die Datenwege so kurz wie möglich zu halten. Dieses einzigartige „NeuroRouting" genannte System optimiert die Übertragungsgeschwindigkeiten und minimiert Angriffspunkte.

Derzeit sind Perfect-Privacy-Server in den folgenden Ländern in Betrieb: Australien, Kanada, China, Tschechische Republik, Dänemark,

Frankreich, Deutschland, Island, Israel, Italien, Japan, Lettland, Luxemburg, Niederlande, Norwegen, Rumänien, Russland, Serbien, Singapur, Spanien, Schweden, Schweiz, Großbritannien und USA.

Multi-Hop und NeuroRouting für höchste Sicherheit

Ein herausragendes Sicherheitsmerkmal von Perfect Privacy ist das Multi-Hop-VPN bzw. die VPN-Kaskadierung. Mit dieser Funktion können bis zu vier Standorte hintereinandergeschaltet werden, um die Daten mehrfach zu verschlüsseln.

Ein weiteres Highlight ist das KI gestützte NeuroRouting, bei dem der Datenverkehr so lange wie möglich im VPN-Netz bleibt und immer zum nächsten VPN-Server geroutet wird. Dadurch wird die Anonymität erhöht und die Anzahl der Angriffspunkte minimiert.

Server auf RAM-Disk für maximalen Datenschutz

Die Server von Perfect Privacy laufen ausschließlich auf temporärem Speicher (RAM-Disk), wodurch ein Höchstmaß an Datensicherheit gewährleistet ist. Bei einem Zugriff Dritter auf den Server werden keine Daten gespeichert oder wiederhergestellt, was vor behördlichen Zugriffen schützt.

Track-Stop Filter für zusätzlichen Schutz

Perfect-Privacy bietet auch einen „Track-Stop"-Filter, der schädliche bzw. trackende Inhalte blockiert. Mit dieser Funktion kann man sein Online-Erlebnis personalisieren und sich vor Tracking, Malware und Phishing schützen.

P2P Unterstützung und Geschwindigkeit

Perfect-Privacy unterstützt selbstverständlich auch P2P-Downloads. Dafür gibt es aber keine eigenen Server. Die Downloadgeschwindigkeit ist mit PP sehr gut. Auch bei P2P.

Die generelle Geschwindigkeit bei aktiviertem VPN ist sehr gut. Eine Drosselung der Internetgeschwindigkeit war bei keinem der von mir getesteten Server merklich spürbar. Auch beim Upload und beim Ping konnte ich kaum Einbußen feststellen.

Die Verbindung zu den getesteten VPN-Servern war durchweg stabil und zuverlässig. Während der Tests kam es zu keinem Zeitpunkt zu Verbindungsabbrüchen oder sonstigen Aussetzern.

Streaming und Support bei Perfect-Privacy

Mit Perfect-Privacy kann man Netflix streamen, aber das ist auch schon alles. Ich habe es mit Amazon Prime-Video (DE) und dem BBC iPlayer getestet und hatte keinen Erfolg. Wer also auf das Thema Streaming Wert legt, ist hier falsch!

In der Windows-Anwendung gibt es keine Support-Funktion, um Perfect-Privacy zu kontaktieren. Dies funktioniert nur über deren Website. Der Support ist, wie bereits erwähnt, ziemlich „langsam". Bei einer Supportanfrage per E-Mail musste ich mehrere Stunden auf eine Antwort warten. Allerdings gibt es andere VPN-Anbieter, dessen Support uns noch viel länger warten ließ.

Wenn man dann aber endlich eine Antwort vom Support erhält und mit freundlichen Mitarbeiter:innen sprechen kann, wird einem schnell und kompetent geholfen.

Installation und Inbetriebnahme von Perfect-Privacy

Kurzum: es gab keine Probleme. Die Installation von Perfect-Privacy unter Windows erfolgt in wenigen einfachen Schritten. Software herunterladen und installieren, Zugangsdaten eingeben und auf VPN verbinden klicken. Der Aufbau der Verbindung erfolgt recht schnell.

Die App von Perfect-Privacy

Die App steht zwar nur in englischer Sprache zur Verfügung, aber alles ist sehr übersichtlich gestaltet und selbsterklärend.

Test auf IP- und DNS-Lecks

Es gibt keine IP- und DNS-Lecks. Die Verbindung ist sicher. (Getestet mit https://ipleak.net/).

Kundenmeinungen zu Perfect-Privacy

Bewertungen von Kund:inn:en sind eine gute Möglichkeit, sich ein Bild von der Zufriedenheit anderer zu machen. Die Bewertungen und Meinungen, die ich zu Perfect-Privacy gefunden habe, sind nicht unbedingt durchweg positiv. Einige Nutzer:innen beschweren sich auf TrustPilot über schlechte Geschwindigkeit oder schlechten Support. Dafür gibt es aber eine gute Erklärung. Der VPN-Anbieter hatte nämlich Anfang August mit heftigen DDoS-Attacken zu kämpfen. Das galt insbesondere beim Login.

Fazit – meine ehrliche Meinung zu diesem VPN-Anbieter

Perfect-Privacy hat seinen Sitz in einem Land mit mäßigen Datenschutzrichtlinien: in Hamburg. Dies wäre also ein erster und wichtiger Punkt, der für den Anbieter spricht. Doch die Betreiber sind mit voller Absicht nach Deutschland umgezogen, mehr dazu online.

Aber auch in anderen Bereichen hat mich Perfect-Privacy eindeutig überzeugt. Denn PP übertrifft viele herkömmliche VPN-Dienste in Sachen Datenschutz und Sicherheit. Hier einige der einzigartigen Vorteile gegenüber anderen Anbietern:

- Keine Festplatten in den Servern für maximalen Datenschutz.
- Keine Protokollierung der Aktivitäten von Benutzer:inne:n.
- Keine Beschränkung von Geräten oder Verbindungen.
- Dynamische VPN-Kaskaden und NeuroRouting für erhöhte Anonymität.
- Absolute Datensicherheit durch RAM-Disk Server.
- Filterung schädlicher bzw. lästiger Inhalte mit dem „Track-Stop"-Filter.

Perfect-Privacy ist eine beeindruckende Komplettlösung für alle, die höchsten Wert auf Datenschutz und Sicherheit legen. Mit einer Vielzahl einzigartiger Funktionen und technischer Innovationen bietet dieser VPN-Anbieter eine unvergleichliche Möglichkeit, die Privatsphäre im Internet zu schützen.

Zusammenfassend kann gesagt werden, dass Perfect-Privacy eine Empfehlung für alle ist, denen Sicherheit und Privatsphäre wichtig sind. Ja, der VPN-Anbieter ist vielleicht etwas teurer als die Konkurrenz. Aber man bekommt auch viel für sein Geld!

Bei Signal geht es nicht ums Geld! – sagt Meredith Whittaker im Interview

von Lars Sobiraj

Signal will grundsätzlich keine Daten verkaufen, um die gigantischen Betriebskosten zu decken, erzählt uns die neue Chefin Meredith Whittaker. Beim Gespräch mit Tarnkappe.info haben wir uns erkundigt, wie das funktionieren soll: Entweder verkauft man Daten, bekommt Geld von Interessierten für Überwachung oder Nutzer:innen müssen bezahlen. Die Fragestellung nach einem finanziellen Erlösmodell ist schon deswegen von Interesse, weil Whittaker vor dem Wechsel ausgerechnet bei der Datenkrake Google tätig war.

Tarnkappe.info-Redaktion: *Frau Whittaker, wie ist Signal entstanden? Mit welcher Motivation geschah dies, wer war daran beteiligt?*

Meredith Whittaker: Signal wurde 2014 von Moxie Marlinspike gegründet und ist aus seinem Projekt Open Whisper Systems hervorgegangen. Im Laufe der Jahre haben viele talentierte Menschen zum Aufbau und zur Pflege von Signal beigetragen. Moxie ist der Privatsphäre sehr verpflichtet, aber ich kann nicht über seine innere Motivation sprechen. Allerdings kann ich sagen, dass es mich motiviert, sicherzustellen, dass Signal weiterhin als robuster, benutzerfreundlicher Messenger existiert – und zwar außerhalb des Geflechts der Überwachung durch Unternehmen oder staatliche Akteure.

Ich glaube, dass Signal für die Zukunft von existenzieller Bedeutung ist, und ich werde alles tun, um sicherzustellen, dass es wächst und gedeiht und seine strengen Datenschutzversprechen gegenüber den Menschen einhält, die sich darauf verlassen.

Tarnkappe.info-Redaktion: *Ich nehme an, das werden unsere Leser:innen gerne zur Kenntnis nehmen. Wer steckt eigentlich heute dahinter? Wem gehören die Anteile? Oder ist das nicht öffentlich?*

Meredith Whittaker: Dieser Frage scheint ein Missverständnis zugrunde zu liegen: Signal hat keine Aktien oder Investoren. Es ist kein gewinnorientiertes Unternehmen. Signal ist eine gemeinnützige Organisation gemäß 501c3:. Diese Informationen zu unserer Organisationsstruktur und unserem Governance-Modell sind für alle Interessierten öffentlich zugänglich unter https://signalfoundation.org.

Tarnkappe.info-Redaktion: *Immer wieder wurde kritisiert, dass die Finanzierung von Signal teilweise intransparent sei. Wie genau funktioniert die Finanzierung?*

Meredith Whittaker: Signal wird vollständig durch Spenden finanziert, einschließlich eines großzügigen Darlehens von Brian Acton: Neben Jan Koum ist er Gründer von WhatsApp, der Messaging-Applikation, die sie im Februar 2014 an Facebook (heute Meta) verkauften.

Wir sind als gemeinnützige Organisation gemäß 501c3 eingetragen und unterziehen uns als solche einer jährlichen Prüfung und veröffentlichen unseren Finanzstatus. Wir haben diese Organisationsform und das Spendenmodell gewählt, weil wir das dominante Geschäftsmodell der Überwachung ablehnen und vermeiden möchten. Und wir bieten unsere Dienste kostenlos an, aber anstatt Überwachungsdaten im Backend zu monetarisieren, bitten wir die Menschen, die sich auf Signal verlassen, sich mit einem kleinen Beitrag zu beteiligen.

Tarnkappe.info-Redaktion: *Wieso hat man sich für die Stiftung und die Signal Messenger LLC aufgrund des fehlenden Datenschutzes als Sitz ausgerechnet für die USA entschieden? Anders gefragt: Warum sollte man nach dem Patriot Act und den Snowden-Enthüllungen einem Unternehmen plus Stiftung mit Sitz in den USA seine Daten anvertrauen?*

Meredith Whittaker: Im Gegensatz zu den meisten Tech-Produkten und Diensten sammelt Signal keine Daten über seine Nutzer:innen. Menschen, die Signal nutzen, „vertrauen" Signal also keine Daten an. Das ist der Kern der Mission von Signal und wir nehmen diese Mission sehr ernst.

Zur Frage der Geografie: Menschen wählen nicht aus, wo sie geboren werden oder wo sich die intellektuellen und praktizierenden Gemeinschaften befinden, mit denen sie arbeiten und mit denen sie wachsen. Die Gründer und Mitarbeiter von Signal waren hauptsächlich in den USA ansässig. Hier ist Signal entstanden und hat sich von einem Hypothesenprojekt zum einem am weitesten verbreiteten privaten Messenger der Welt entwickelt.

Tarnkappe.info-Redaktion: Werden die Server von Amazon, Microsoft, Google und Cloudflare irgendwann nicht mehr genutzt, sodass sie die IP-Adresse (Metadaten) nicht erhalten? Oder wird alternativ ein Onion-Routing-Protokoll implementiert? Wird die Serverstruktur irgendwann dezentralisiert (Peer-to-Peer)?

Meredith Whittaker: Im Gegensatz zu fast allen anderen Tech-Angeboten für Verbraucher:innen ist Signal so konzipiert, dass nichts, einschließlich der Server von Signal, Zugriff auf Ihre Daten hat. Verteilte oder dezentrale Systeme erhöhen die Privatsphäre nicht. Tatsächlich können sie die Privatsphäre einschränken. Zum Beispiel waren Signalanrufe vor vielen Jahren immer P2P. Aber die Leute mochten es nicht, dass damit die IP-Adresse an jeden weitergegeben wurde, der sie angerufen hat. Aus Datenschutzgründen haben wir unser System daher so geändert, dass es nicht in allen Fällen P2P ist.

Im Fall von Signal müssen wir auch anerkennen, dass der Datenschutz kollektiv ist. Es spielt keine Rolle, wie Datenschutz und strenge Sicherheit für mich selbst aussehen soll. Wenn meine Freund:innen, Kolleg:inn:en, Partner:innen und diejenigen, mit denen ich sprechen möchte, einen Messenger nicht nutzen, ist er auch nutzlos für mich.

Das Ziel von Signal ist es, allen Menschen robuste Privatsphäre zu bieten. Um dies zu erreichen, dürfen wir nicht in die Kategorie der

Datenschutz-Gedankenexperimente verbannt werden: Eiserne Privatsphäre in der Theorie, aber in der Praxis ungenutzt, weil sie nicht nach den Erwartungen und Wünschen der Menschen funktionieren. Um nützlich zu sein, muss ein Messaging-Dienst heute jederzeit und überall sofort verfügbar sein. Dies ist eine Norm, die von Messengern festgelegt wurde, die am Geschäftsmodell der Überwachung teilnehmen, was Signal ablehnt. Nur weil wir das Geschäftsmodell der Überwachung ablehnen, heißt das jedoch nicht, dass wir die „immer verfügbar"-Norm ablehnen können, wenn wir nützlich, genutzt und relevant bleiben wollen.

Um diese Erwartungen zu erfüllen, ist derzeit eine hochverfügbare globale Serverinfrastruktur erforderlich. Diese Infrastruktur – die wir allgemein als „Cloud-Dienste" bezeichnen – befindet sich derzeit in den Händen einer Handvoll Unternehmen. Denn die Technologiebranche hat sich im letzten Jahrzehnt dank des Geschäftsmodells der Überwachung und seiner Netzwerkeffekte konsolidiert. Es ist nicht möglich, Hochverfügbarkeitsdienste wie Signal zu entwickeln, ohne entweder eines dieser „Big Tech"-Unternehmen zu sein oder Cloud-Server von ihnen zu lizenzieren. Das ist nicht die Welt, die wir uns wünschen. Aber es ist die Welt, in der wir agieren.

Dies führt uns zu einer Diskussion über die Kosten und die Wirtschaftlichkeit der Entwicklung und Pflege von Hochverfügbarkeitssoftware wie Signal. Die Kosten sind eine der größten Herausforderungen beim Betrieb eines Dienstes wie Signal, wenn man das lukrative Geschäftsmodell der Überwachung ablehnt. Um Signal am Laufen zu halten, geben wir jährlich zig Millionen Dollar aus. Und Server und Bandbreite sind zwei der größten Ausgaben.

Sowohl Server als auch Bandbreite sind mit erheblichen Skaleneffekten verbunden, die den Eigentümer:inne:n dieser Cloud-Ressourcen erhebliche Vorteile in Bezug auf eine flexible Ressourcenzuweisung bieten.

Um ein reales Beispiel zu nennen: Als die Nutzung von Signal im Januar 2021 um das 10-fache anstieg, konnten wir unsere Cloud-Anbieter schnell anrufen und unsere Hosting-Kapazität und Bandbreite innerhalb weniger Stunden erweitern. Wenn wir im Januar 2021 unsere eigene Infrastruktur betrieben und gehostet hätten, hätten wir große ungenutzte Reserven haben müssen, um die gleiche Robustheit angesichts dieser dynamischen Bedingungen zu gewährleisten. In diesem Szenario hätten wir auch Rechenzentren leasen und auf der ganzen Welt Teams von Ingenieur:inn:en und Hardwarebetriebspersonal einstellen müssen, um sicherzustellen, dass wir Mitarbeiter:innen für den Aufbau und die Wartung unserer Infrastruktur haben. Dieses Modell würde wahrscheinlich nicht Dutzende, sondern Hunderte von Millionen Dollar pro Jahr kosten, um eine ähnlich robuste Leistung zu erzielen.

Und der Wechsel zu einer verteilten Architektur, ohne diese Probleme ernst zu nehmen, würde den Nutzen von Signal für die Menschen, die sich darauf verlassen, verringern – und möglicherweise ihre Privatsphäre. Dazu sind wir nicht bereit.

Tarnkappe.info-Redaktion: Warum muss man bei der Registrierung seine Handynummer angeben? Andere Dienste funktionieren auch ohne Angabe dieser Informationen. Wird sich das irgendwann ändern? Wird es alternativ irgendwann möglich sein, bei der Registrierung nur Nicknames statt Nummern einzugeben?

Meredith Whittaker: Wir haben keine Pläne, die Voraussetzung einer Telefonnummer bei der Registrierung zu ändern. Wir arbeiten jedoch daran, Benutzer:innen-Namen zu ermöglichen, die es den Nutzer:inne:n erlauben, ihre Telefonnummern vor den Personen, mit denen sie auf Signal kommunizieren, geheim zu halten.

Zum Hintergrund dieser Entscheidung: Telefonnummern ermöglichen es den Menschen, ihr soziales Netzwerk an Beziehungen („social graph") in Signal zu „importieren" und, was noch wichtiger ist, es mitzunehmen, wenn sie sich entscheiden, Signal nicht mehr zu verwenden. Das Netzwerk, das die Leute über Telefonnummern mitbringen, hilft den Leuten, sich schnell mit ihren Freund:inn:en und Kolleg:inn:en zu verbinden. Und natürlich ist dieses Netzwerk – das

Netzwerk der Menschen, die Ihnen wichtig sind, mit denen Sie zusammenarbeiten und mit denen Sie sprechen möchten – das Herzstück eines funktionierenden Messenger-Dienstes.

Die Registrierung durch Telefonnummern hilft auch bei der Bekämpfung von Spam. Es erschwert böswilligen Nutzer:inne:n, viele Signal-Konten zu erstellen, die verwendet werden, um den Nachrichten-Feed der Leute mit unerwünschten Nachrichten zu verschmutzen und den Spaß und Nutzen von Signal insgesamt zu verringern. Herkömmliche Account-Systeme, die auf Benutzer:innen-Namen und Passwörtern beruhen, neigen auch dazu, Sicherheitsrisiken für Personen darzustellen, deren Passwörter durch Phishing oder anderweitig kompromittiert werden. Dieses Problem, mit dem „Name + Passwort" Systeme zu kämpfen haben, kann man mit Telefonnummern abschwächen. Wir haben lange und gründlich über die Registrierung und Verwendung von Telefonnummern nachgedacht. Und wir glauben, dass es keinen einfachen Weg gibt, sie zu umgehen – selbst wenn wir es gerne hätten. Wenn wir jedoch eine realistische Alternative zu Telefonnummern entwickeln oder entdecken, werden wir sie mit Sicherheit genau prüfen.

Tarnkappe.info-Redaktion: *Wie viele behördliche Anfragen erhält Signal jedes Jahr? Welche Behörden sind beteiligt, auch Geheimdienste?*

Meredith Whittaker: Alle Anfragen, denen wir nachkommen müssen, veröffentlichen wir unter https://signal.org/bigbrother/. Wenn man diese Website durchsieht, erkennt man, wie wenig Informationen wir haben und wie wenig wir auch unter Zwang herausgeben können. Wir bekämpfen alle Anfragen gleichermaßen, egal woher sie kommen.

Tarnkappe.info-Redaktion: *Können Behörden Sie auch zur Liveüberwachung zwingen? Wenn ja, bei welchen Vorwürfen? Wenn nein, wieso nicht?*

Meredith Whittaker: Würden die Behörden danach fragen, würden sie von Signal nicht viel bekommen. Das Signal-Protokoll schützt vor „Human-in-the-Middle"-Überwachung (HitMi) – durch Signal oder jede andere Organisation. Das bedeutet, dass selbst wenn jemand eine „Live-Überwachung" versuchen würde, der Inhalt der Nachrichten geschützt und nicht für eine Überprüfung oder Erfassung verfügbar wäre. Darüber hinaus wird die überwiegende Mehrheit der Signal-Nachrichten mit dem „Sealed Sender"-System von Signal gesendet. Das bedeutet, dass wir nicht wissen, wer eine Nachricht gesendet hat.

Tarnkappe.info-Redaktion: *Werden Chats mit automatischer Ablaufzeit sofort und dauerhaft von den Servern gelöscht? Oder wird der Verlauf gespeichert? Gibt es bei der Durchführung Unterschiede bei manuellem oder automatischem Löschen?*

Meredith Whittaker: Signal hat niemals Zugriff auf die Nachrichten von Nutzer:innen. Wir speichern keine Nachrichten auf den Servern von Signal. Wir verwenden unsere Server, um verschlüsselte Datenblöcke (Blobs) auszuliefern, die nur von den Signal-Benutzer:inne:n entschlüsselt und gelesen werden können, die die Nachrichten erhalten sollen. Diese verschlüsselten Blobs können von Signal oder anderen nicht gelesen oder entschlüsselt werden. Sobald sie an das Empfangs-Gerät übermittelt wurden, werden diese verschlüsselten Blobs dauerhaft von den Servern von Signal gelöscht. Wir löschen diese Blobs auch, wenn sie nach einigen Tagen nicht zugestellt werden.

Wenn wir den Unterschied zwischen manuellem und automatischem Löschen von Nachrichten diskutieren, sprechen wir von etwas anderem. Wir beziehen uns auf das Löschen von Nachrichten vom Gerät der Benutzer:innen. Nachrichten, auf die Signal niemals Zugriff hat. Der Unterschied zwischen automatischem und manuellem Löschen besteht einfach darin, welcher Prozess zum Löschen auffordert: Das automatische Löschen wird durch das Ablaufen der Löschuhr ausgelöst (z. B. nach einer Woche oder einem Tag), während das manuelle Löschen durch eine Aktion der Benutzer:innen ausgelöst wird.

Tarnkappe.info-Redaktion: *In welchem Abstand nach Entstehen löschen Sie die Meta-Daten von den Servern? Wir wissen ja, wie aussagekräftig diese sind.*

Meredith Whittaker: Sie können wie gesagt auf https://signal.org/bigbrother nachsehen. Dort haben wir die Anzahl der behördlichen Aufforderungen aufgeführt, denen wir nachkommen mussten, um sich ein Bild von der äußerst begrenzten Menge an Metadaten zu machen, auf die wir Zugriff haben und zu deren Herausgabe wir gezwungen werden können. Sie können dies dann mit den oft umfangreichen Datenanfragen von Regierungen vergleichen, die Überwachungs-Messaging-Dienste wahrscheinlich erfüllen könnten, Signal jedoch nicht.

Tarnkappe.info-Redaktion: *Was ist von Meredith Whittaker als neue Managerin zu erwarten? Welche Auswirkungen wird ihre Position auf Signal haben?*

Meredith Whittaker: Sie können mehr über meine Denkweise in meinem einführenden Blogbeitrag online erfahren.

Ich bin seit fast einem Jahrzehnt ein Freund und Verfechter von Signal. Ich habe eng mit Moxie und anderen im Team zusammengearbeitet. Außerdem war ich einige Jahre im Vorstand von Signal und ich bin ein langjähriger und unerschütterlicher Befürworter starker Verschlüsselung und Privatsphäre. Ich habe entschieden, mich Signal anzuschließen, weil ich glaube, dass ich nichts Wichtigeres tun könnte, als dafür zu sorgen, dass Signal im Kontext einer zunehmend zentralisierten und überwachten Welt wächst und gedeiht.

Tarnkappe.info-Redaktion: *Frau Whittaker, vielen Dank für die ausführlichen Antworten.*

Startpage.com noch immer die diskreteste Suchmaschine? Ein Interview

von Lars Sobiraj

StartPage.com stellt sich seit jeher als datensparsame Alternative dar, doch stimmt das noch? Seit dem Verkauf der Anteilsmehrheit an einen Datenbroker, wird der Anbieter vehement kritisiert. Die Hintergründe der Übernahme interessieren uns.

Mein herzliches Dankeschön geht an dieser Stelle an Jörg Bauer, den Pressesprecher von Startpage, der unsere Fragen zusammen mit seinem Kollegen und CEO Robert Beens bearbeitet hat.

Tarnkappe.info-Redaktion: *Wie ist Startpage.com eigentlich entstanden? Oder anders gefragt: Warum geschah 2016 die Zusammenlegung mit Ixquick bzw. die Neuausrichtung, nicht mehr nur eine Metasuchmaschine zu sein?*

Jörg Bauer: Ixquick wurde bereits 1998 in den USA gegründet. Die Metasuchmaschine verwendete diverse Suchindizies. 2006 erfolgte die absolute Anonymisierung und Startpage wurde gegründet, um neben höchstmöglicher Sicherheit auch die besten Suchresultate zu garantieren. Dieses Ziel erreichten wir, indem wir den Searchfeed von Google verwenden.

Die beiden Datenschutzsuchmaschinen existierten nun parallel, doch unsere Fans bevorzugten zum Großteil Startpage. Und uns war es ein Anliegen, die Effizienz und die Qualität weiter zu steigern. Also legten wir unseren Fokus auf Startpage und verwendeten die frei gewordenen Ressourcen, um Startpage zur sichersten Suchmaschine zu machen.

Tarnkappe.info-Redaktion: *Inwieweit arbeitet ihr heutzutage noch nach den Grundsätzen aus der Gründerzeit von 1998?*

Jörg Bauer: Die eigentliche Gründungszeit, in der Datenschutz zu unserem Hauptthema wurde, war 2006. Damals war unserem damaligen und jetzigen CEO Robert Beens aufgefallen, dass die Serverkapazitäten ständig erweitert werden mussten. Das lag an den bis dahin angefallenen Datenbergen. Und da die Erfassung von Daten zu keiner Zeit geplant oder ein Geschäftsmodell war, beschloss Robert, alle persönliche Daten zu löschen und künftig keine mehr zu erfassen. Vor allem aber erkannte er, welche Daten bei der Websuche anfallen und wie brisant sie sind. Von da an verschrieb er sich und damit das gesamte Unternehmen dem Datenschutz.

Daran hat sich bis heute absolut nichts geändert. Seit 2006 hat sich Startpage zur sichersten Suchmaschine der Welt entwickelt, was auch die Stiftung Warentest bestätigte.

Tarnkappe.info-Redaktion: *Was ist ganz grundsätzlich gefragt, eure größte Motivation, Startpage zu betreiben?*

Startpage.com: Wir sehen eine zunehmende Bedrohung des Online-Datenschutzes im Allgemeinen und der Privatsphäre von Suchmaschinenuser:inne:n im Speziellen. Online-Werbung, Suchmaschinen und Regierungsbehörden nutzen alle Möglichkeiten, um an private Informationen zu kommen.

Immer mehr Konsument:inn:en werden sich langsam, aber sicher dieser Gefahr bewusst. Politischer Druck (speziell in der EU) könnte die großen Suchmaschinen dazu bewegen, ihre Datenschutzbestimmungen in Richtung echter Schutz der Privatsphäre zu verbessern. Für uns gibt es aber nur eine einzige Lösung: keine Daten zu speichern bzw. sie sofort zu löschen! Ohne vorhandene Daten kann es auch keine Lücke geben, die missbraucht werden könnte.

Startpage wird auch weiterhin voller Überzeugung seine Mission verfolgen: die besten Suchergebnisse mit dem bestmöglichen Schutz deiner Privatsphäre!

Tarnkappe.info-Redaktion: *Werden Suchanfragen aus Europa zur Wahrung des Datenschutzes weiterhin ausschließlich über europäische Server abgewickelt?*

Startpage.com: Startpage hat Server-Cluster in den Niederlanden und den USA. Startpage leitet üblicherweise europäische Suchanfragen zu europäischen Servern, amerikanische Suchanfragen zu US-Servern und

Suchanfragen aus anderen Ländern zu den nächstgelegenen Server-Standorten. Wenn in einem bestimmten Zeitraum übermäßig viele Suchanfragen durchgeführt werden, kann Startpage vorübergehend einige amerikanische Suchanfragen über die europäischen Server bearbeiten und umgekehrt.

Zusätzlich können User:innen in den Einstellungen Europa als ausschließlichen Serverstandort festlegen.

Tarnkappe.info-Redaktion: *Wieso habt ihr Startpage.com ausgerechnet an die „Privacy One Group Ltd." verkauft? Gab es nicht genügend weitere Interessenten?*

Robert Beens: Offen gestanden haben wir uns im Vergleich zu unseren Marktbegleitern mehr auf die Datenschutzaspekte konzentriert als auf Marketing und PR. Vielleicht, weil ich Privatsphäre (einschließlich meiner eigenen) so sehr schätze. Doch obwohl unsere wahre Mission darin besteht, mit unserer einzigartigen Datenschutz-Suchmaschine einen Eindruck in der Welt zu hinterlassen, sollte auch ein wichtiges Ziel sein, im Markt Fuß zu fassen. Andere, auf Datenschutz fokussierte Suchmaschinen haben im Laufe der Jahre Investoren wie VCs und Medienunternehmen an Bord geholt und konnten so Möglichkeiten schaffen, das Bewusstsein für Datenschutz und Privatsphäre zu schärfen. Das ist der Grund, warum wir die jüngste Investition in unserem Unternehmen in Betracht gezogen haben.

System1 ist ein Marketingunternehmen für Endverbraucher:innen mit viel Erfahrung mit Suchmaschinen. Gleichzeitig versteht das Unternehmen, dass sich die Welt verändert und datenschutzfreundliche Alternativen wie Startpage dringend gebraucht werden. Die Menschen hinter System1 sehen, wie wichtig Datenschutz für die Zukunft ist und haben ein neues, eigenständiges Unternehmen namens Privacy One Group gegründet, mit dem sie neue Datenschutz- und Sicherheitsinitiativen aufbauen möchten.

Ihre Investition in Startpage stellt zusätzliche Mittel und Ressourcen bereit, insbesondere Expertise und Verbindungen im Marketing-

Bereich, um so eine größere Zugkraft für unser Produkt schaffen – insbesondere in den USA.

Die Investition der Privacy One Group ändert nichts an unserer Mission, immer mehr Menschen echte Privatsphäre bei der Websuche zu bieten. Im Gegenteil – sie wird uns dabei helfen, den Datenschutz weiter zu fördern. Damit das gewährleistet bleibt, umfasst diese Investition Verträge und Vereinbarungen, die sicherstellen, dass die vollständige Kontrolle über alle datenschutzbezogenen Entscheidungen bei Startpage und seinem Management-Team bleibt.

Tarnkappe.info-Redaktion: *Wieso wurde der Verkauf an den Datenbroker nicht von Anfang an offen kommuniziert? Dass der neue Eigentümer erst später bekannt wurde, hat euer Image nicht gerade aufpoliert.*

Startpage.com: Die Beziehung zwischen Privacy One Group und Startpage begann im Januar 2019 und nach einer kurzen Übergangsplanung und -ausrichtung freuten sich die Teams, ihre gemeinsame Mission bekannt zu geben, der Welt mehr Datenschutzoptionen zu bieten. ⟦LSEP⟧Wir brauchten eine Übergangsplanung und -ausrichtung. Dinge brauchen Zeit. Wir wollten keine halben Sachen kommunizieren und hatten auch zu keiner Zeit die Absicht, die Investition zu verheimlichen. Im Gegenteil.

Tarnkappe.info-Redaktion: *Wie sehr beeinflussen euch eure Geldgeber beim Thema Datenschutz? In welchem Rahmen mischt sich der Käufer konkret ein?*

Startpage.com: Ein neuer Anteilseigner am Unternehmen ändert nichts an unseren Datenschutzbestimmungen. Die Startpage B.V. ist ein niederländisches Unternehmen und wir werden es auch weiterhin sein. Wir erfüllen voll und ganz die Datenschutzgesetze der Niederlande und der EU (DSGVO). Wir speichern oder teilen keine persönlichen Daten. Daran wird sich auch nichts ändern. Und unsere Datenschutzerklärung bleibt dieselbe.

Tarnkappe.info-Redaktion: *Wieso behauptet ihr in eurer „Privacy Policy" immer noch, der Eigentümer zu sein, obwohl es faktisch nicht stimmt?*

Startpage.com: Startpage gehört der Surfboard Holding B.V. – beide Unternehmen sind niederländische Unternehmen und werden weiterhin von den Startpage-Gründern geleitet. Abgesehen von der Beteiligung, die System1 über die Privacy One Group (deren hundertprozentige Tochtergesellschaft) erworben hat, bleiben die ursprünglichen Gründer Aktionäre der Surfboard Holding B.V. System1 ist mehrheitlich an Startpage beteiligt, obwohl die Startpage-Gründer wie oben erwähnt die Kontrolle über die Datenschutzkomponenten von Startpage haben.

Tarnkappe.info-Redaktion: *Was sagt ihr eigentlich zum schwindenden Vertrauen der Internet-Community zu Startpage? Wie könnt ihr das Vertrauen zurückgewinnen?*

Startpage.com: Datenschutz ist von Natur aus eine Frage des Vertrauens. Es gibt aber einige überzeugende Gründe, uns mehr Vertrauen zu schenken als anderen Unternehmen, die mit „Privatsphäre im Internet" werben. Wir haben uns dazu entschieden, uns einem langfristigen Zertifizierungsprozess zu unterziehen: Wir wurden von EuroPriSe, einer unabhängigen Wirtschaftsprüfungs- und Zertifizierungsstelle, geprüft.

Der zweite Grund uns zu vertrauen ist, dass wir schon für Privatsphäre im Web eintraten, bevor es „cool" war. Wir waren die erste Suchmaschine, die Userdaten löscht und sich wirklich auf die Privatsphäre der User konzentriert. Wir waren die Ersten und sind immer noch die Besten. Das ergab auch eine Auswertung der Stiftung Warentest.

Tarnkappe.info-Redaktion: *Hat der Verkauf von Startpage.com nichts geändert? Welche Daten werden inzwischen von den Usern nach dem Aufkauf gespeichert bzw. geloggt?*

Startpage.com: Die Beteiligung hat absolut nichts an unseren Datenschutzbestimmungen geändert. Wir speichern nichts und tracken unsere User nicht. Startpage hat seinen Sitz in den Niederlanden und unterliegt zu 100 Prozent Europäischer Gesetzgebung und damit der DSGVO. Ich möchte nochmals betonen, dass sich an den Gepflogenheiten und der Sicherheit von Startpage nichts geändert hat. Wir sind und wir bleiben die sicherste Suchmaschine der Welt.

Tarnkappe.info-Redaktion: *Unterscheidet sich die Sammlung bzw. Auswertung der Daten von vor dem Verkauf?*

Startpage.com: Nein! Wir speichern keine Daten und werten auch keine aus.

Tarnkappe.info-Redaktion: *Gibt es Pläne zur Erweiterung der Startpage-Infrastruktur?*

Startpage.com: Unbedingt. Zum einen bleiben wir immer am Puls der Zeit, was Sicherheits- und Verschlüsselungstechnologien betrifft. Aber auch unsere Pläne zu Erweiterung der Funktionalität sind umfangreich. In diesem Jahr gibt es von unserer Seite sicher noch einige Überraschungen.

Tarnkappe.info-Redaktion: *Ist ähnlich wie bei DuckDuckGo, künftig eine eigene Onion-Adresse für das Tor-Netzwerk geplant?*

Startpage.com: Ja, für Startpage ist dieser Schritt für das erste Quartal 2021 geplant. Startpage kann natürlich schon jetzt in Kombination mit TOR verwendet werden. Besser ist es allerdings, unsere Privcay-Funktion „Anonyme Ansicht" zu verwenden. Das ist wirklich Startpages verstecktes Juwel. Es ist im Grunde ein TOR-Browser und ein VPN in einem und das Beste daran, dass es kostenlos und bei jeder Suche verfügbar ist.

Tarnkappe.info-Redaktion: *Google verändert das Aussehen des Webs massiv. Was glaubt ihr, wie wird das WWW in fünf oder zehn Jahren aussehen? Und, was werdet ihr dann beruflich tun? Wird es ein Europäisches Linux-Betriebssystem geben? Kann man die Quasi-Monopolisten denn überhaupt hindern?*

Startpage.com: Ich möchte nicht über die Gepflogenheiten anderer Unternehmen sprechen. Und eine Prognose über einen so langen Zeitraum (5 Jahre sind im Web Dekaden) abzugeben, ist schwierig.

Wichtig wäre für Europa, europäische Projekte in den Fokus zu rücken und für die notwendige Unterstützung zu sorgen. Wünschenswert wäre, ja, ein eigenes Betriebssystem, eigene Social Media-Portale und natürlich ein eigener Suchindex. Dazu muss die Union die Wettbewerbsfähigkeit europäischer Unternehmen deutlich verstärken. Dazu gehören Steuergerechtigkeit und entsprechende Fördermittel für Forschung und Entwicklung, bei gleichzeitiger Obsorge, die Abwanderung Europäischer Innovationen zu verhindern.

Was morgen geschieht, kann niemand vorhersagen. Jedoch sehe ich die Zukunft im Datenschutz in Europa. Die DSGVO macht Europa zum sichersten Datenstandort der Welt und immer mehr Unternehmen erkennen das. Ich erlaube mir immer den Vergleich mit Fort Knox.

Es gilt nun diesen Vorteil zu nutzen und das Vertrauen in den Standort Europa zu fördern. Startpage ist ein Beispiel dafür. Unsere Zugriffe in Europa steigen seit Jahren, und zwar weltweit. Speziell in Deutschland erhalten wir immer mehr Zuspruch, weil sich die Menschen auf uns verlassen können. Denn keine Suchmaschine hat so viele Tests durchlaufen und bei jedem die Marktbegleiter hinter sich gelassen.

Tarnkappe.info-Redaktion: *Lieber Jörg Bauer und Robert Beens: Vielen Dank für all die Zeit, die ihr in die Antworten für dieses Interview gesteckt habt.*

Threema besser als die Marktbegleiter?
Interview mit Roman Flepp

von Lars Sobiraj

Was macht Threema anders als die Marktbegleiter? Wir haben uns darüber mit dem Marketing-Leiter, Roman Flepp, unterhalten:

Threema ist anders als die Messenger der meisten Marktbegleiter. Von Beginn an geschieht die Nutzung anonym. Man erstellt eine eigene ID, die Handynummer oder sonstige Angaben benötigt der Anbieter nicht. Alle weiteren Daten speichert man auf dem eigenen Smartphone und nicht auf einem der Server des Unternehmens.

Die gleichnamige Threema GmbH lebt vom Erwerb der App in Höhe von knapp vier Euro. Und natürlich von Threema Work, vom wachsenden B2B-Bereich, bei dem eine geringe monatliche Gebühr anfällt. Beim Austausch sensibler Daten innerhalb eines Unternehmens ist Vertraulichkeit und eine sichere Aufbewahrung der Informationen entscheidend. Man zahlt sowieso, meint Roman Flepp. Entweder Du zahlst, wie bei vielen Marktbegleitern, mit Deinen Daten, oder aber Du kaufst die Software. Jeder hat die freie Wahl.

Tarnkappe.info-Redaktion: *Sobald die EU beschlossen hat, das die End2End-Verschlüsselung etc. aufgeweicht werden soll, werdet ihr dies dann auch machen?*

Threema: Das kommt für uns unter gar keinen Umständen in Frage.

Tarnkappe.info-Redaktion: *Das würde das Konzept des Messenger ja auch komplett auf den Kopf stellen. Wie sieht es mit einer Funktion aus, damit man Nachrichten nach x Minuten/Stunden/Tagen automatisch löschen lassen kann? Könntet ihr euch vorstellen, so eine Funktion zu integrieren? Andere Marktbegleiter haben das. Weshalb Threema eigentlich nicht?*

Threema: Bis jetzt gibt es keine Umsetzung selbstzerstörender Nachrichten, die eine tatsächliche, verlässliche Sicherheit bietet und über Effekthascherei hinausgeht. Auch wenn eine Nachricht im Chat verschwunden ist, bleibt sie zum Beispiel im Benachrichtigungs-Log des Handy-Betriebssystems weiterhin erhalten und kann von Dritten mit einfachen Mitteln ausgelesen werden. Damit wiegt man sich in falscher Sicherheit. Wie gesagt, Scheinsicherheit ist nicht so unser Ding.

Tarnkappe.info-Redaktion: *Was kommt auf die Nutzer:innen noch so zu an nützlichen Funktionen?*

Threema: Der Fokus liegt auf unserer einzigartigen Multi-Device-Lösung, die ohne zentrale Profile auskommt. Damit wird es möglich sein, Threema parallel auf mehreren Geräten zu nutzen.

Tarnkappe.info-Redaktion: *Wird Threema, wenn es so weiter geht mit dem „Datenschutz" in der Schweiz, irgendwann einen anderen Standort wählen?*

Threema: Was die politischen Initiativen zum Zugriff auf Messenger-Daten betrifft, so ist die Situation in der Schweiz deutlich besser als in der EU. Es besteht also derzeit kein Grund, den Standort zu wechseln.

Tarnkappe.info-Redaktion: *Wo liegen die Server von Threema?*

Threema: Ausschließlich in der Schweiz. Wir betreiben unsere Server selbst und nutzen im Gegensatz zu den Marktbegleitern keine Cloud- oder Shared Hosting-Dienste.

Tarnkappe.info-Redaktion: *Wie oft kam es bereits vor, dass Behörden Einsicht in Chatverläufe oder Benutzerdaten haben wollten. Verliefen diese Anfragen bisher immer ins Leere?*

Threema: Alle Informationen dazu finden sich in unserem online verlinkten Transparenzbericht.

Tarnkappe.info-Redaktion: *Letztes Jahr waren es laut Transparenzbericht 101 Anfragen von ausländischen Behörden, in 93 Fällen gab man Auskunft. 2020 waren es bereits 58 Anfragen. Die Anzahl ist seit dem Jahr 2014 stark steigend. Wenn die Polizei z.B. bei einer Hausdurchsuchung das Handy eines Bekannten beschlagnahmt, mit dem ich über Threema kommuniziere, können die Behörden* darüber meine Identität herausfinden, selbst wenn mein Account nicht mit einer Handynummer verknüpft ist (IP auslesen etc.)?

Threema: Die IP-Adresse wird in Threema nicht gespeichert und lässt sich nicht auslesen. Bei Threema-Anrufen wird u.U. eine Direktverbindung mit Gesprächspartner:innen aufgebaut, wodurch die IP im Betriebssystem des Handys ersichtlich ist. Dies kann über die Option "Anrufe immer über Server" gesteuert werden.

Tarnkappe.info-Redaktion: *Sind bereits gelöschte Chats, Sprachnachrichten & getätigte Anrufe in irgendeiner Weise wiederherstellbar, falls mein Handy mal den Ermittler:inne:n in die Finger fällt, oder verschwinden diese beim Löschen auf immer im Datennirwana?*

Threema: Getätigte Anrufe sind nicht wiederherstellbar. Eine Datenbank löscht Daten prinzipbedingt nicht immer umgehend. Solange aber das Handy und Threema geschützt sind (mit PIN und Passphrase), können Ermittler:innen aufgrund der lokalen Verschlüsselung mit den Daten nichts anfangen. Vorausgesetzt, das Sicherheitselement (Passwort, Passphrase, PIN) ist den Ermittler:inne:n nicht bekannt und die üblichen Vorsichtsmaßnahmen wurden bei der Wahl des Sicherheitselements berücksichtigt.

Tarnkappe.info-Redaktion: *Es würde mich interessieren, warum man über Jahre hinweg Wünsche von User:innen für Funktionen ignoriert, obwohl ihr diese einfach hättet umsetzen können? Z.B., dass wirklich essenzielle Funktionen, wie einzelne Nachrichten in einem Gesprächsverlauf z. B. mit einem Sternchen zu markieren, sodass man sie später leichter wiederfinden kann (gerne mit einem eigenen Raster wie in WhatsApp), auch auf jahrelange Anregung und wiederholte Nachfrage nicht implementiert werden, obwohl sich der Aufwand hierfür in Grenzen halten würde, will mir einfach nicht in den Kopf rein. Sicher ist es verständlich und nachvollziehbar, dass ihr andere Funktionen höher priorisiert habt (Threema Web, Videofunktion). Aber es gab zahlreiche andere kleine Funktionen, die eine nicht so hohe*

Dringlichkeit gehabt hätten, die ihr früher integriert habt. Das ist wirklich schade.

Threema: Von unseren mehreren Millionen Nutzer:inne:n erreichen uns tagtäglich unzählige Feature-Wünsche verschiedenster Art. Dieses Feedback ist sehr wertvoll und wir sind jedem dankbar, der sich Zeit nimmt, uns seine Ideen mitzuteilen. Leider ist es aber nicht möglich, allen Wünschen gerecht zu werden, und was die Gewichtung verschiedener Funktionen betrifft, haben verschiedene Nutzer:innen oft unterschiedliche Ansichten.

Tarnkappe.info-Redaktion: Wollen die Gründer auch langfristig die Geschäftsführer bleiben, oder streben sie eine Übernahme an? Was heißt, die Gründer bleiben weiterhin mit einem signifikanten Anteil an der Firma beteiligt. Kann man das bitte etwas genauer aufschlüsseln?

Threema: An der Rolle der Gründer ändert sich nichts.

Unser neuer Partner teilt unsere Ideale voll und ganz, hat jedoch alleine keine qualifizierte Mehrheit und kann somit nicht über die Köpfe der Gründer hinweg Entscheidungen fällen.

Tarnkappe.info-Redaktion: Wieso baut ihr neben WhatsApp einen weiteren „Walled Garden" statt offene dezentrale Protokolle zu unterstützen?

Threema: Threema ist grundsätzlich ziemlich dezentral aufgebaut. Kontaktlisten, Profile oder Gruppen werden zum Beispiel ausschließlich auf den Handys verwaltet und sind nicht auf einem Server gespeichert. Rein föderale Protokolle haben traditionell einige wesentliche Nachteile. Einerseits fallen auf den Servern deutlich mehr Metadaten an, zum Beispiel wenn sie mit Konten und Profilen funktionieren, während bei Threema die Anmeldung beim Server rein kryptographisch erfolgt, ohne dass ein Konto benötigt wird. Andererseits sind bei solchen Konzepten Protokolländerungen und Erweiterungen nur sehr schwierig umzusetzen, weil immer auch alle Server aktualisiert werden müssen. Aus den Erfahrungen mit XMPP wissen wir, dass es dadurch oft zu Fragmentierung und Inkompatibilitäten kommt, die stark innovationshemmend wirken.

Tarnkappe.info-Redaktion: *Privatsphäre beanspruchen auch Kriminelle für ihr Treiben. Böse Zungen könnten behaupten, der Dienst unterstütze somit die organisierte Kriminalität. Wie steht ihr dazu?*

Threema: Der Grundgedanke hinter Threema ist, jedem zu ermöglichen, sein verfassungsrechtlich garantiertes Recht auf Privatsphäre wahrzunehmen. Natürlich kann ein nützlicher Gegenstand auch von Kriminellen verwendet oder zweckentfremdet werden. Das sollte im Fall von Privatsphäre aber nicht über deren gesellschaftliche Relevanz hinwegtäuschen oder von den weitreichenden Vorteilen ablenken.

Zum Beispiel können sich in repressiven Staaten Minderheiten dank Threema ungeachtet der politischen Verhältnisse frei austauschen, und die kompromisslose Sicherheit erlaubt Spitälern, Anwält:inn:en, Journalist:inn:en oder Behörden, sensitive Informationen zu übermitteln.

Die Privatsphäre zur Erleichterung der Kriminalitätsbekämpfung aufzugeben, wäre zudem kaum zielführend, weil Kriminelle auch zu illegalen Mitteln greifen würden, um sicher zu kommunizieren, und dann träte ein, wovor bereits Phil Zimmermann gewarnt hat: «Wenn die Privatsphäre gesetzlos wird, haben nur noch Gesetzlose eine Privatsphäre».

Tarnkappe.info-Redaktion: *Seid ihr sicher, dass kein Geheimdienst an die Chatverläufe oder zumindest die Metadaten herankommen kann?*

Threema: Die Chatverläufe befinden sich nur auf den Handys und eine HITMI-Attacke (Human-in-the-Middle) ist bei Threema nach aktuellem Stand der Technik sehr unwahrscheinlich.

Tarnkappe.info-Redaktion: *Was glaubt ihr, wie das Internet in fünf oder zehn Jahren aussehen wird? Und wo seid ihr dann, genauer gesagt euer Dienst?*

Threema: Was das Internet betrifft, liegen fünf bis zehn Jahre in fernster Zukunft und aufgrund des rasanten technologischen Fortschritts ist jede Prognose gewagt. Gesellschaftliche Entwicklungen deuten jedoch darauf hin, dass das Internet immer weniger frei sein wird. Die Kommunikation verlagert sich dadurch aus den sozialen Medien wieder mehr ins Private, deshalb braucht es vertrauensvolle Kommunikationsmöglichkeiten wie Threema umso mehr.

Tarnkappe.info-Redaktion: Wir bedanken uns bei Roman für die erläuternden Antworten.

Tutanota – Der deutsche E-Mail-Dienst im Interview

von Lars Sobiraj

Tutanota ist gleichzeitig eine datensparsame E-Mail-Software und ein Freemium Mailer. Übersetzt bedeutet der Firmenname geschützter Brief. Mit Absicht haben die Betreiber Hannover als Hauptsitz gewählt. Wir richteten die Fragen unserer Community an Hanna, eine langjährige Mitarbeiterin von Tutanota. Sie ist dort für die Presse- und Öffentlichkeitsarbeit zuständig.

Als waschechte Datenschützerin hat sie uns ihren Nachnamen natürlich nicht verraten. Der Dienst lebt übrigens von Spenden und den Nutzer:inne:n, die bereit sind, Geld in ihren Premium-Account zu investieren. Wer Gmail oder einen anderen kostenlosen E-Mail-Dienst benutzt, bezahlt hingegen mit der Offenlegung seiner Vorlieben und seiner ganzen Daten.

Tarnkappe.info-Redaktion: *Ihr bezeichnet euch selbst als den sichersten E-Mail-Anbieter weltweit. Wie seid ihr überhaupt auf die Idee mit Tutanota gekommen?*

Tutanota: Wir waren einfach frustriert darüber, wie kompliziert E-Mail-Verschlüsselung ist. In der Konsequenz hat das bedeutet, dass dann doch häufig E-Mails mit sensiblen Inhalten oder Anhängen unverschlüsselt verschickt worden sind, und das hat uns geärgert. Deshalb haben wir 2011 damit begonnen einen verschlüsselten E-Mail-Service zu entwickeln, der wirklich von jedem ganz einfach genutzt werden kann – ganz ohne IT-Kenntnisse.

Tarnkappe.info-Redaktion: *Welche der käuflichen Dienstleistungen nehmen die Kunden am häufigsten wahr? Was ist am beliebtesten?*

Tutanota: Premium. Ganz einfach, weil es günstig ist (12 Euro im Jahr) und dennoch wichtige Funktionen bietet. Beispielsweise kann man mit Premium so viele eigene Domains zu Tutanota hinzufügen, wie man möchte. Aber auch die Kalenderfunktion – wie das Freigeben von verschlüsselten Kalendern – wird immer beliebter. Dies ermöglicht Nutzer:inne:n erstmals auch den Kalender verschlüsselt zu speichern und sogar mit Freund:inn:en oder der Familie zu teilen, und zwar ohne, dass Fremde mitlesen können.

Generell kann man sagen, dass mit einem steigenden Funktionsumfang auch das Interesse an Tutanota wächst. Das schlägt sich natürlich auch auf die Buchung von bezahlten Optionen nieder. Das freut uns sehr, da es uns ermöglicht einen privatsphärefreundlichen Service anzubieten. Wir zeigen, dass es auch anders geht als mit Nutzer:innen-Tracking und zielgerichteter Werbung.

Tarnkappe.info-Redaktion: *Wo stehen die Server?*

Tutanota: Wir besitzen eigene Server, die in Hochsicherheitsdatenzentren in Deutschland gehostet werden. Außerdem sind alle Daten in Tutanota verschlüsselt, so dass nur Schlüssel-Inhaber:innen darauf zugreifen können. Online verlinkt gibt es Details dazu, was alles verschlüsselt ist.

Tarnkappe.info-Redaktion: *Warum sollte man gerade einem deutschen Unternehmen in Sachen Datenschutz vertrauen? Weshalb die Firma inmitten der Höhle der Löwen? Datenschutz ist in der EU ja so eine Sache.*

Tutanota: Die Datenschutzrichtlinien (DSGVO) sind sehr gut. Das heißt nicht, dass die Behörden nicht zunehmend versuchen, an Daten heranzukommen. Allerdings unterliegt auch dies Gesetzen, die wir als Deutsche kennen und verstehen, was beim Anbieten eines datenschutzfreundlichen Services nicht zu vernachlässigen ist. Auch wenn die Gesetzeslage in Deutschland natürlich noch besser sein könnte, ist sie in Sachen Datenschutz grundsätzlich schon sehr gut, da es beispielsweise keine Vorratsdatenspeicherung gibt.

Tarnkappe.info-Redaktion: *Laut EuGH war es das für den Privacy Shield. Welche Konsequenzen hat das für euch bzw. für Kund:inn:en? Sind daraufhin unsere Daten künftig wirklich sicher vor jeglichen US-Behörden oder Geheimdiensten?*

Tutanota: Die meisten Anfragen, die wir bekommen sind von deutschen Behörden. Ausländische Behörden müssen den Umweg über deutsche Behörden gehen. Es scheint, dass viele diesen Aufwand scheuen, aber auch solche Anfragen bekommen wir. Da die Ende-zu-Ende verschlüsselten E-Mails aber von uns auch nur verschlüsselt herausgegeben werden können, sind diese grundsätzlich sicher.

Tarnkappe.info-Redaktion: *Gerade in Anbetracht der Entwicklung in der EU. Wie sehen die Zukunftspläne aus, wenn entsprechende Gesetze verabschiedet werden? Stichwort Hintertür in Messengern?*

Tutanota: Der Code von Tutanota ist als Open Source veröffentlicht. So können wir beweisen, dass keine Hintertür im Code enthalten ist; dies würden wir auch niemals zulassen. Online ist unsere Position dazu ausführlich beschrieben.

Tarnkappe.info-Redaktion: *Eine neu entwickelte Funktion soll im Fall einer Anordnung durch Richter:innen zukünftig erlauben, eine Kopie einer E-Mail zu erstellen und an die Behörden weiterzuleiten. Meint ihr nicht, dass ihr mittlerweile die Benutzer:innen Eures Dienstes, der Reihe nach hinter das Licht führt, wenn ihr dauernd von Datenschutz oder einem zu verhindernden Zugriff auf eure SSL-Zertifikate (im Bezug zu den DDoS-Attacken der letzten Tage / Wochen) redet und dieses propagiert, wenn man sich diese „neue Funktion" von 2019 anschaut ?!?! Wird man jemals wieder solch eine Funktion integrieren?*

Tutanota: Gegen die Herausgabe unverschlüsselter (!) E-Mails sind wir juristisch vorgegangen und haben dabei einen Erfolg erzielt, siehe auch online verlinkt. Allerdings überarbeitet die Bundesregierung das Telekommunikationsgesetz (TKG) gerade. Und wir erwarten, dass wir bald wieder zur Herausgabe unverschlüsselter E-Mails gezwungen werden könnten.

Deshalb weisen wir stets darauf hin, dass einzig Ende-zu-Ende verschlüsselte Daten (E-Mails, Kalendereinträge, Kontakte) wirklich sicher vor fremden Blicken sind. Tutanota minimiert die Daten, auf die wir Zugriff haben, so weit wie möglich – anders als die meisten E-Mail-Anbieter. Wir verschlüsseln auch unverschlüsselt versandte E-Mails, aber eben erst nach dem Eingang auf dem Server. Wirklich sicher sind daher nur Ende-zu-Ende verschlüsselte E-Mails; auf diese haben auch wir im Klartext keinerlei Zugriff.

Tarnkappe.info-Redaktion: *Sobald die EU beschlossen hat, das die End2End Verschlüsselung etc. aufgeweicht werden soll, werdet ihr dies dann auch machen?*

Tutanota: Nein, das werden wir nicht machen. Deshalb sind auch alle Clients als Open Source verschlüsselt. So kann jeder prüfen, dass die Ende-zu-Ende-Verschlüsselung in Tutanota hält, was wir versprechen.

Tarnkappe.info-Redaktion: *Das heißt, ihr wandert dann mit dem Hauptsitz in die Schweiz oder andere Länder aus? Oder ist geplant, juristisch dagegen vorzugehen?*

Tutanota: Falls ein Gesetz zu Verschlüsselungshintertüren in Deutschland verabschiedet werden würde und nicht vom Verfassungsgericht gekippt werden würde, müssten wir prüfen, wie wir dem am besten begegnen. Derzeit gehen wir nicht davon aus, dass es dazu kommt. Die Behörden fordern solche Gesetze ja regelmäßig; geklappt hat es in Deutschland bisher noch nie.

In die Schweiz auszuwandern wäre jedenfalls keine Option: Dort gibt es schon jetzt – anders als in Deutschland – eine anlasslose Vorratsdatenspeicherung. An EU-Regularien müssen sich die

Schweizer:innen auch halten. In Sachen Privatsphäre ist der Standort Schweiz dem deutschen Standort in keiner Weise überlegen!

Tarnkappe.info-Redaktion: *Bezüglich der Transparenz-Reports: Wie hat sich die Anzahl der behördlichen Anfragen denn geändert in den letzten Jahren? Und wie viele von den Anfragen hat man bei Tutanota korrekt bzw. fehlerhaft gestellt?*

Tutanota: Mit der wachsenden Zahl an Nutzer:inne:n sind natürlich auch die Anfragen der Behörden gestiegen. Allerdings prüfen wir jede Anfrage und gehen ggf. auch dagegen vor. Es ist schon erstaunlich, wie viele unrechtmäßige Anfragen wir erhalten, eine genaue Prüfung ist deshalb unabdinglich

Tarnkappe.info-Redaktion: *Wenn es mit dem „Datenschutz" hier in Deutschland/der EU so weiter geht, werdet ihr dann irgendwann außerhalb der EU den Dienst ansiedeln müssen?*

Tutanota: Das kann passieren; wir gehen aber nicht davon aus. Die Gesetzeslage sowie das Grundgesetz in Deutschland ist grundsätzlich sehr gut und schützt die Privatsphäre der Menschen. Auch der Aktivismus in der Gesellschaft hilft uns, problematische (Überwachungs-)Gesetze zu verhindern oder abzuschwächen.

Tarnkappe.info-Redaktion: *Was glaubt ihr, wie das Internet in fünf oder zehn Jahren aussehen wird? Und wo ist dann Euer Dienst?*

Tutanota: Wir glauben, dass wir in fünf Jahren eine vollumfängliche Alternative zu Google oder Outlook anbieten können, mit verschlüsseltem Kalender (haben wir schon), verschlüsselter Cloud etc. Dann können die Menschen sich besser entscheiden, ob sie weiterhin von Konzernen wir Google ausspioniert werden wollen, die mit dem Ausbeuten von Daten der Nutzer:innen riesige Gewinne erzielen, oder ob sie eine Alternative wählen, die nur ihnen den Zugriff auf ihre Daten ermöglicht und sie so vor ungewollter, personalisierter Werbung schützt.

Tarnkappe.info-Redaktion: *Hanna, vielen Dank für die vielen Antworten.*

Netzpolitik – oder was sonst noch so „rumspinnt"

Die Netzpolitik ist eines der wichtigsten Themen unserer Zeit und auch unserer Arbeit in der Redaktion, auch wenn wir nicht so heißen und unser Schwerpunkt insbesondere der Datenschutz ist. Die Themen, die einer politischen zumindest Diskussion und ggf. Regulierung bedürfen, sind in einer Transitionszeit in das Zeitalter der Digitalisierung nicht nur mannigfaltig, sondern besonders mächtig und betreffen alle. Unterdessen müssen wir alle dazu lernen. Ob es um den Digitalen Euro geht, der mit einem Berechtigungskonzept Zahlungen in bestimmten Regionen oder Geschäften ausschließen könnte, oder diese an ein Sozial-Punkte-System knüpfen könnte; wie auch ein totalitäres Überwachungssystem bei allen (z.B. durch eine Vorratsdatenspeicherung und andere Datenaufzeichnungen) die Überwachung von Verhaltens-, Interessens-, und Konsum-Gewohnheiten zu kontrollieren vermag.

Dies sind nur einige Stichworte. Die These, die wir in unserer Redaktion regelmäßig besprechen, ist, dass die Gesichtserkennung wesentlich gefährlichere Ausmaße annehmen kann als eine Vorratsdatenspeicherung. Diese Technologie sollte, wie in einigen Städten der USA schon umgesetzt, generell politisch verboten sein - wie eine Ächtung auch beim Ausbringen von Tretminen der Fall ist.

Netzneutralität: Europäischer Gerichtshof sichert Durchsetzung

von Antonia Frank

Netzneutralität: Ein EuGH-Urteil verbietet die Ungleichbehandlung von Traffic beim Zero Rating. Internet-Service-Provider (ISPs) dürfen Angebote nicht selektiv drosseln.

Am 15.09.2020 entschied der EuGH in einem Grundsatzurteil (Az: C-807/18 und C-39/19) über Netzneutralität. Indem der EuGH die Netzneutralität gegen einen Internetbetreiber in Ungarn durchgesetzte, legte das Gericht die vom EU-Parlament 2015 verabschiedete Verordnung 2015/2120 erstmals aus. Gemäß dem Urteil ist es Internetprovidern nicht gestattet, Datenpakete anzubieten, die einige ausgewählte Apps von einer Daten-Drosselung ausschließen.

Manche ISPs wollen eigene Dienste bevorzugt behandeln

Netzneutralität umfasst einen diskriminierungsfreien Transport von Datenpaketen. Allerdings setzt das eine Objektivität von Netzbetreibern voraus, die alle Datenpakete gleichbehandeln sollen oder man müsste ausschließlich verschlüsselte Datenpakete senden. Man will so eine gleichberechtigte und nichtdiskriminierende Behandlung des Datenverkehrs bei der Bereitstellung von Internetzugangsdiensten sicherstellen. Weder darf ein Provider selektive Daten während Spitzenlastzeiten ausbremsen, noch darf ein ISP bestimmte Inhalte bei der Durchleitung privilegieren.

Einige Internetanbieter wollen jedoch gerade diesen Vorteil zur Vermarktung von Spezialdiensten für sich nutzen. Hier bezahlt ein Unternehmen, wie ein Streaminganbieter, den Provider. Er bezahlt dafür, dass er seine Daten besonders schnell und sicher zu seinem Endkunden durchleitet. Für das Unternehmen bietet sich durch Anwendung eines solchen Modells ein klarer Wettbewerbsvorteil. Beim Zero Rating rechnen Mobilfunkbetreiber bestimmte Transfers nicht auf das Datenvolumen an, das in einem Tarif eingeschlossen ist. Einer Ungleichbehandlung von Traffic beim Zero Rating hat der EuGH nun einen Riegel vorgeschoben. Dies soll die Netzneutralität im Internet gewährleisten.

Telenor-Tarife auf dem Prüfstand

Mit seinem Urteil erklärte der EuGH vergleichbare Angebote des ungarischen Providers Telenor Magyarország wegen der fehlenden Netzneutralität für unzulässig. Dieser bietet zwei Pakete für einen bevorzugten Zugang (sog. „Nulltarif") an, nämlich ‚MyChat' und

‚MyMusic'. Die Internetgeschwindigkeit der beiden Datenpakete drosselt man bereits nach einem Gigabyte. Im ‚MyChat'-Paket enthalten sind aber auch Facebook, Whatsapp, Twitter und Instagram, die von der Drosselung ausgenommen sind. Bei ‚MyMusic' wird der durch die Verwendung von Deezer, Apple Music oder Spotify generierte Datenverkehr nicht auf den Verbrauch des von den Kunden gebuchten Datenvolumens angerechnet.

Die hierfür zuständige ungarische Behörde für Medien und Kommunikation sah darin eine Unzulässigkeit und verbot mittels zweier Bescheide diese Angebots-Pakete. Telenor klagte gegen das Verbot. Das in Budapest ansässige, zuständige Gericht wandte sich zur Klärung der Rechtsfragen an den EuGH.

EuGH verteidigt Netzneutralität

Der EuGH erläuterte in seinem Urteil, der Datenverkehr einiger Dienste von Telenor Magyarország würden nicht auf den Verbrauch des von den Kund:inn:en gebuchten Datenvolumens angerechnet werden (Zero-Rating). Kunden könnten folglich diese ausgewählten Dienste auch dann weiterhin uneingeschränkt nutzen, wenn ihr Datenvolumen bereits erschöpft ist. Der Datenverkehr bei den übrigen Diensten blockiert oder verlangsamt der ISP.

Eine solche Praxis sei mit der vom EU-Parlament 2015 verabschiedeten Verordnung zur Netzneutralität nicht vereinbar. Diese würde auf „kommerziellen Erwägungen beruhen" und nicht auf „objektiv unterschiedlichen Anforderungen an die technische Qualität der Dienste bei speziellen Verkehrskategorien".

„Die Erfordernisse des Schutzes der Rechte der Internetnutzer:innen und der nichtdiskriminierenden Behandlung des Datenverkehrs stehen dem entgegen, dass ein Internetzugangsanbieter bestimmte Anwendungen und Dienste bevorzugt behandelt, indem er ihre Nutzung zum „Nulltarif" anbietet, die Nutzung der übrigen Anwendungen und Dienste dagegen blockiert oder verlangsamt."

Patrick Breyer (MdEP) im Interview über Chatkontrolle und Demokratie

von Daniel Echterfeld

Der Europaabgeordnete Patrick Breyer von der Piratenpartei steht der Redaktion im Interview Rede und Antwort.

Nackt im Netz, weil jeder Klick nachvollziehbar und identifizierbar wird

Tarnkappe.info-Redaktion: *Nach außen kommuniziert die EU ein großes Interesse an Datenschutz, Demokratie und Sicherheit. Wie passen die Pläne zur Umgehung der E2E-Verschlüsselung, Vorratsdatenspeicherung auf EU-Ebene und automatisierter Chatkontrolle zu einem solchen Anspruch?*

Patrick Breyer: Das passt überhaupt nicht zusammen, denn da sind die Bekenntnisse zu Grundrechten oft Lippenbekenntnisse und man glaubt, dass man den Behörden total vertrauen könnte und dass man in einem Überwachungsstaat sicherer leben würde, was ein fataler Irrtum ist.

Tarnkappe.info-Redaktion: *Und es ist halt die Frage, warum die das immer wieder aufwärmen. Der EuGH hat dazu geurteilt, dass es illegal ist. Ich habe auch die EU-Ratssprecherin dazu befragt, aber die Antwort war wenig hilfreich.*

Patrick Breyer: In den geleakten EU-Plänen steht schon drin, dass man versuchen will, die Urteile des Europäischen Gerichtshofes zu respektieren. Aber es ist ja eine politische Frage: Wollen wir die Grundrechte zum maximal möglichen Maß einschränken, soweit es eben noch vom Gericht zugelassen ist, oder verstehen wir, dass eine Vorratsdatenspeicherung von IP-Adressen, was ja der EuGH leider zuletzt unter bestimmten Bedingungen zugelassen hat, bedeutet, dass wir eigentlich nackt im Netz sind, weil jeder unserer Klicks und unserer Eingaben dadurch nachvollziehbar und dadurch identifizierbar wird. Deswegen müssen wir verhindern, dass so eine totale

Vorratsdatenspeicherung wieder über den Umweg Brüssel uns auferlegt wird.

„Bekenntnisse zu Grundrechten oft Lippenbekenntnis"

Tarnkappe.info-Redaktion: *Nun kann man das TMG ergänzen, was Diensteanbieter teilweise dazu verpflichtet, die Daten der Nutzer:innen aufzuzeichnen. Geht das nicht in eine ähnliche Richtung?*

Patrick Breyer: Die Große Koalition hat leider immer wiederholt neue Gesetze zur Vorratsdatenspeicherung beschlossen, die in krassem Widerspruch stehen zu den Urteilen des Europäischen Gerichtshofes und unseren Grundrechten. Deswegen haben Gerichte das auch ausgesetzt. Es wird in Deutschland zurzeit nicht auf Vorrat gespeichert und es wurde gerade von verschiedenen Datenschutz- und Journalist:innen-Organisationen ein Brief an die Ampelkoalition geschickt, dass die VDS die schädlichste Altlast der alten Koalition ist und im Zuge der Koalitionsverhandlungen endlich vom Tisch muss.

Tarnkappe.info-Redaktion: *Haben Sie da Zuversicht, dass die neue voraussichtliche Regierung sich dessen annimmt oder ob sie vielleicht die alten Fehler wiederholt?*

Patrick Breyer: Zwei der drei Parteien, Grüne und FDP, wollen die Vorratsdatenspeicherung abschaffen und es ist jetzt ihre Verantwortung, das gegen die SPD durchzusetzen.

Breyer: Vorratsdatenspeicherung nicht entscheidend über Aufklärungsquote oder Kriminalitätsquote

Tarnkappe.info-Redaktion: *Warum ist das Interesse der christdemokratischen Parteien an der Vorratsdatenspeicherung so hoch?*

Patrick Breyer: Ermittler:innen wünschen sich im Einzelfall, dass sie bestimmte Daten nachverfolgen und identifizieren können, die jetzt teilweise auch zeitnah gelöscht werden. Sie vergessen jedoch, dass eine totale Rückverfolgbarkeit zu einer Gegenbewegung führt, also zu einem verstärkten Einsatz von Anonymisierungsdiensten oder Darknet-

Plattformen. Dieser Verdrängungseffekt gefährdet Ermittlungen in anderen Fällen.

Wir haben statistisch gesehen, dass in keinem europäischen Land mit Vorratsdatenspeicherung die Aufklärungsquote oder gar die Kriminalitätsquote sich darin unterscheidet, ob eine Vorratsdatenspeicherung in Kraft ist oder nicht. Es ist überhaupt nicht nachweisbar, dass eine so breitflächige Erfassung der kompletten Bevölkerung wirklich einen statistisch signifikanten Effekt auf die Kriminalität hätte.

Tarnkappe.info-Redaktion: Auf die christdemokratischen Parteien angesprochen, ist es aus Ihrer Sicht vielleicht eine Unwissenheit, Übereifrigkeit oder ist es vielleicht böswillig?

Patrick Breyer: Die CDU ist schon seit Jahren ein Fall für den Verfassungsschutz, weil sie Grundrechte abbaut und aushöhlt und zeitweise darüber nachgedacht hatte, das Bundesverfassungsgericht zu entmachten, als ihnen die Urteile zu unangenehm geworden sind. Man hat es stattdessen so gemacht, dass man einfach bei der Besetzung der Richter:innen direkt ehemalige Politiker:innen ins Gericht gesetzt hat, was leider einen ähnlich schädlichen Effekt hat.

Breyer: CDU seit Jahren ein Fall für den Verfassungsschutz

Tarnkappe.info-Redaktion: Polen hat kürzlich eine Rüge der fehlenden Unabhängigkeit ihrer Justiz. Die zeigten im Gegenzug auf unsere Justiz und quasi gesagt haben „also eure Richter:innen, sind alles Politiker:innen, das geht auch nicht". Wie stehen Sie dazu?

Patrick Breyer: Dass in Deutschland Ernennungen politisiert werden und vor allem auch, dass die Staatsanwaltschaft bis heute dem Weisungsrecht von Politiker:inne:n unterworfen ist, statt unabhängig zu sein, das ist in der Tat eine inakzeptable Situation in Deutschland. Aber es ist überhaupt nicht vergleichbar zu dem, was in Polen läuft, wo gegen jegliche, grundrechtliche Standards verstoßen wurde, gegen die Unabhängigkeit der Justiz, wo man Richter:innen abgesetzt, versetzt, pensioniert hat, ein neues Verfassungsgericht eingesetzt hat, was jetzt

Urteile im Sinne der Partei fällt, wo man gegen unabhängige Medien vorgeht.

Das, was da passiert, wo gar keine rechtsstaatlichen Mechanismen mehr respektiert werden wie von der polnischen Regierung, das hat eine völlig andere Qualität als die Defizite in Deutschland, so schwierig sie auch sind. Aber man macht sich natürlich unglaubwürdig dadurch. Wenn Deutschland selbst solche Leichen im Keller hat, fällt es dadurch schwer, die viel krasseren Verstöße in Polen glaubwürdig zu kritisieren.

Deutsche Regierung macht sich unglaubwürdig

Tarnkappe.info-Redaktion: *Proteste scheinen auf deutscher oder EU-Ebene zunehmend ignoriert. Das deutsche NetzDG oder der kürzlich hinzugekommene § 188 StGB, was der Majestätsbeleidigung für Politiker:innen ähnelt, all die Sachen bewirken eine Schere im Kopf. Wohin entwickeln sich Deutschland und die EU in dem Hinblick und kann man überhaupt etwas dagegen machen als Normalsterbliche:r?*

Patrick Breyer: Gerade in Deutschland hat man wirklich nichts zu befürchten, wenn man für seine Grundrechte eintritt und sich Grundrechtsverletzungen nicht bieten lässt. Man kann sich da gut zur Wehr setzen. Es werden immer wieder Sachen einkassiert oder wie zum Beispiel im Fall des NetzDG, das wird wahrscheinlich abgelöst, weil wir auf europäischer Ebene eine neue einheitlichere Gesetzgebung verhandeln, die hoffentlich auch deutlich besser ausfallen wird.

„NetzDG wird wahrscheinlich abgelöst"

Tarnkappe.info-Redaktion: *Das sind erfreuliche Nachrichten. Aber wohin entwickeln sich Deutschland und die EU; immer mehr Überwachung und Zensur?*

Patrick Breyer: Das digitale Zeitalter hat uns eigentlich einen Freiraum versprochen, in dem man gleichberechtigt miteinander kommunizieren und sich informieren kann. Tatsächlich sehen wir aber, dass die technischen Möglichkeiten zur totalen Erfassung, Überwachung und auch Manipulation von Menschen wie auch zur Zensur von

Informationen leider immer weiter genutzt und ausgeschöpft werden, auch bei uns in Europa.

Selbst wenn man der jetzigen Regierung vertraut, müssen wir damit rechnen und wir haben es auch immer wieder gesehen in Europa, dass eine rechtspopulistische Partei mit an die Macht kommt und dann diese Möglichkeiten für ihre politischen Zwecke einsetzt. Polen zerstört dadurch die unabhängige Justiz, Ungarn will eine illiberale Demokratie aufbauen, zerstört gerade die letzten kritischen Medien, die werden von Orbán ausgelöscht.

Das zeigt ganz klar, wir müssen allen Anfängen und dieser falschen Entwicklungen vor allem seit den Anschlägen auf die USA entschieden entgegentreten, wenn wir unseren Kindern auch das Maß an Freiheit und offener Gesellschaft und freier Entfaltung auch im Digitalen bewahren wollen.

Facebook-Filter löschen massenhaft Kritik an Terrorismus

Tarnkappe.info-Redaktion: *Die EU sagt, wir legen großen Wert auf Demokratie, möchten aber keine Redefreiheit. Ohne kann aber eine Demokratie nicht funktionieren.*

Patrick Breyer: Wir haben nicht nur mit dem Problem zu tun, dass die EU das Kommunikationsverhalten der kompletten Bevölkerung auf Vorrat speichern will, und dass sie auch sogar den Inhalt privater Korrespondenz durchleuchten will mit fehlerhaften Algorithmen, die dann automatisch Anzeige erstatten soll, oft gegen Unschuldige. Wir haben auch ganz direkt das Problem, dass die EU auch ganz direkt Uploadfilter vorschreibt, um vorzubeugen gegen rechtliche Verstöße bei Urheber:innen, obwohl wir wissen, dass da sehr viele legale und auch wichtige und nützliche Informationen diesen fehlerhaften Filtern zum Opfer fallen.

Montag hatten wir die Facebook-Whistleblowerin Francis Haugen zu Besuch im Europaparlament und die hat genau das noch mal bestätigt als Expertin, dass zum Beispiel die Facebook-Filter massenhaft Kritik an Terrorismus löschen, weil sie sie nicht auseinanderhalten können von

Propaganda für Terrorismus. Und das ist ja geraden eine Gefahr für unsere Gesellschaft, wenn man nicht mehr Gegenhalten kann im Netz, wo ja oft leider Rekrutierung und Propaganda stattfindet. Insofern kämpfen wir gegen diese Zensurmaschine.

Fehlerhafte Algorithmen sollen automatisiert Anzeige erstatten und zumeist Unschuldige treffen

Tarnkappe.info-Redaktion: *In den Dokumenten zur Chatkontrolle liest man, dass die Behörden weitere Daten bräuchten. Weiter liest man, dass sie so viele Daten hätten, dass sie schon mit Big Data arbeiten müssten, um dieser Geschichte noch Herr zu werden. Ist es dann überhaupt sinnvoll, eine Chatkontrolle einzuführen?*

Patrick Breyer: Das vermeintliche Ziel dieser verdachtslosen und flächendeckenden Chatkontrolle ist, gegen Kinderpornographie im Netz vorzugehen. Fakt ist aber erstens, die Dienste, die diese Durchleuchtung bereits einsetzen, nämlich die US-Dienste von Google, Facebook, Microsoft, dort ist die Zahl des gemeldeten Materials ja nicht zurückgegangen, sondern sogar angestiegen. Das heißt, es führt gar nicht dazu, dass weniger Material dort zirkulieren würde.

Und zweitens, wir haben die Situation, dass unsere Strafverfolgungsbehörden überlastet sind - schon heute mit den Hinweisen, die sie haben. Es dauert teilweise Monate, bis Wohnungen selbst bei konkretem Verdacht und Durchsuchungsbeschluss auch wirklich durchsucht werden und dann dauert's nochmal Monate bis Jahre, bis die Datenträger ausgewertet werden. Es kann also sein, dass missbrauchte Kinder sehr lange nicht gerettet werden wegen dieser Verzögerung.

86 % der Meldungen nicht strafrechtlich relevant

In dieser Situation den Heuhaufen noch zu vergrößern, indem man sich weitere Verdachtsmeldungen von anderen Anbietern auch noch zuschicken lässt, die so fehlerhaft sind, dass nach Angaben der Schweizer Bundespolizei 86 % dieser Meldungen sich als überhaupt nicht strafrechtlich relevant herausstellen. Das ist unverantwortlich, denn es kostet Arbeitskraft der Polizei, die besser und wirksamer zum Kinderschutz investiert wäre, wenn man zum Beispiel gegen Kinderpornoringe verstärkt verdeckt ermitteln würde, denn dort werden Kinder missbraucht und dort wird dieses Material hergestellt. Wer etwas gegen die Zirkulation tun will, muss das an der Quelle machen, denn wenn das Material einmal hergestellt wurde, lässt es sich nicht mehr aus dem Internet entfernen.

Tarnkappe.info-Redaktion: *Sind die Mitglieder des LIBE-Ausschusses (Ausschuss für bürgerliche Freiheiten, Justiz und Inneres) informiert über die technische Durchsetzbarkeit und Möglichkeiten der Anbieter?*

Patrick Breyer: Die Expert:inn:en sind informiert, aber standen leider unter politischem Druck und sahen sich nicht in der Lage, es öffentlich begründen zu können, was vorgeblich dem Schutz der Kinder dient, tatsächlich ihnen aber schadet, indem sie kriminalisiert werden, indem auch einvernehmlich verschickte Bilder von Minderjährigen in falsche Hände geraten können.

Tarnkappe.info-Redaktion: *Wir danken Ihnen herzlich für das Gespräch!*

Ulrich Kelber spricht sich gegen Klarnamenpflicht aus

von Antonia Frank

Ulrich Kelber spricht sich offen gegen eine Klarnamenpflicht im Internet aus. Er sieht darin eine große Hürde für die freie Meinungsäußerung.

Die Klarnamenpflicht war mal wieder in der Diskussion: Der Informatiker und Bundesdatenschutzbeauftragte, Ulrich Kelber (SPD), erklärte daher bei Focus Online, warum die Wahrung der Anonymität im Netz so wichtig für unser aller Freiheit ist.

Der derzeitige Bundesbeauftragte für den Datenschutz und die Informationsfreiheit, Ulrich Kelber, sieht in einer Einführung von

Klarnamenpflicht im Internet kein „Allheilmittel" gegen Hasskommentare. Hoffnungen darauf, dass es unter eigener Namensnennung weniger offene Provokationen geben würde, wären einerseits naiv, da die Praxis das Gegenteil gezeigt hat. Derartige Forderungen seien andererseits sogar gefährlich. So würde im Tausch für „ein wenig gefühlte zusätzliche Sicherheit einer der Eckpfeiler unseres Grundgesetzes gefährdet", denn laut Bundesverfassungsgericht „ist die Meinungsfreiheit eines der wichtigsten Grundrechte unserer Demokratie." Somit hätte sich der Gesetzgeber „bewusst dafür entschieden, dass Internetangebote weitgehend anonym genutzt werden dürfen", schreibt Kelber als Gastautor beim Magazin Focus.

Klarnamenpflicht als „Hürde der freien Meinungsäußerung"

Kelber präsentiert im Rahmen seines Beitrags triftige Gründe gegen eine Klarnamenpflicht. Sie könne durchaus zu einer „Hürde der freien Meinungsäußerung" werden. Wenn man sich vergegenwärtigt, dass sowohl Chef:innen, oder Vermieter:innen, ein Bekannter und sogar Kriminelle das Geschriebene mitlesen können, verbietet es sich schon von selbst, wirklich alles öffentlich zu schreiben. So würde man Einbrecher:innen auf den Plan rufen, sofern man eine Zeit angibt, innerhalb der man verreist ist. Auch von eventuell anfallenden Spielschulden müsse keine Vermieterin oder der Nachbarn etwas erfahren. Sofern der Realname in den Postings erkennbar sei, behindere dies den „Austausch besonders sensibler Themen".

Klarnamenpeicherung: eine Goldgrube für Plattform-Betreiber?

Desweiteren verdeutlicht Kelber zur Klarnamenpflicht: Selbst wenn nur Portalbetreiber:innen den Klarnamen speichern würden, wäre dies für sie ein großer Zugewinn. Die auf diese Weise reichlich gesammelten Daten, ließen sich dann mit einem realen Namen verknüpfen. Einer Erstellung umfassender Nutzer:innen-Profile stünde damit nichts mehr im Wege. Auch personalisierte, zielgerichtete Werbeeinspielungen wären somit denkbar. Zwar könnte sich in Kelbers Beispiel „ein „Jürgen

Müller" hinter tausenden Namensvettern verstecken, jedoch bei „Ulrich Kelber" würde es da schon schwieriger."

Der Bundesdatenschutzbeauftragte nennt als Grund für die derzeit ungeahndeten Hasskommentare eine „zu knappe Personaldecke bei der Polizei und Justiz". Besonders vor diesem Hintergrund sieht er es kritisch, wenn man derzeit „zusätzliche Melde- und Berichtspflichten an das Bundeskriminalamt" plant. Ein Mehr an Daten garantiere keineswegs auch eine bessere Rechtsdurchsetzung. Personalmangel könnte auch hier eine „sorgfältige Auswertung der Meldungen" verhindern.

Eine mögliche Lösung des Problems bezüglich der Hasskommentare sieht Kelber darin, Plattform-Betreiber in die Pflicht zu nehmen. Gerade in sozialen Netzwerken könnte „eine ausgewogene Moderation und redaktionelle Betreuung Präventionsarbeit leisten. Der erste Schritt sollte eine Bestandsaufnahme sein. Welche Regeln bestehen bereits? Und wie effektiv werden diese derzeit durchgesetzt?"

Fazit: derartige Vorschriften gefährden unser aller Freiheit!

Ulrich Kelbers Fazit jedenfalls ist eindeutig: „Eine Klarnamenpflicht vertreibt nicht den Hass aus dem Internet, sondern unsere Freiheit."

Privacy Shield vom EuGH gekippt: kein Abfluss der Daten gen USA

von Lars Sobiraj

Der EuGH erklärte das Abkommen "Privacy Shield" zwischen der EU und den USA für ungültig. Damit schützt man die Daten aller EU-Bürger.

Nach einer Beschwerde von noyb bzw. des Juristen Max Schrems erklärte der EuGH heute das Datenschutzabkommen „Privacy Shield" zwischen der EU und den USA für ungültig. Der Datenschutz innerhalb der USA sei nicht umfangreich genug, weswegen das Gericht den Transfer der Daten in die USA ablehnt.

EuGH kippt „Privacy Shield"

Der österreichische Jurist Max Schrems setzt sich bereits seit dem Jahr 2011 aktiv für mehr Datenschutz bei sozialen Netzwerken ein. Alles begann vor etwa neun Jahren wegen Facebooks Geschäftspraktiken mit 16 Anzeigen beim Leiter der irischen Datenschutzbehörde. Schrems` Tätigkeit gipfelt nun vorerst im Urteil des Europäischen Gerichtshofes.

Unter den gegebenen Voraussetzungen müssen die Daten hier bleiben

Der EuGH stimmt zwar grundsätzlich weiterhin einem Transfer der Daten von EU-Bürgern in die USA zu. Aber eben nur, sofern innerhalb der USA ein gleichwertiges Niveau, bezogen auf die Qualität des Datenschutzes, vorherrschen würde. Und genau das ist laut Urteil bei Privacy Shield nicht der Fall.

Schrems legte Beschwerde ein, weil Facebook seine Daten bekanntlich an die eigenen Server innerhalb der USA überträgt. Zudem ist es gängige Praxis, dass Facebook diese Informationen mit US-Behörden und Geheimdiensten teilt. Die Nutzer:innen haben hüben wie drüben keine Möglichkeit, sich gegen diese Praxis zur Wehr zu setzen. Indem Facebook die Daten Dritten gegenüber offenlegt, gewährleiste man nicht die EU-Anforderungen an den Datenschutz, urteilt das Gericht.

US-Überwachungsreform unumgänglich

Das Verfahren betrifft nicht nur Facebook. Alle in den USA beheimateten Tech-Unternehmen müssen sich jetzt etwas Neues einfallen lassen. Die Auswertung der Nutzungs-Daten europäischer Anwender:innen müsste folglich innerhalb der EU stattfinden. Da es das Datenschutzabkommen „Privacy Shield" so nicht mehr gibt, müssen alle Daten innerhalb der EU bleiben. Oder aber die USA passen ihren eigenen Datenschutz an europäische Standards an, womit man sich aber sehr schwertun würde.

Privacy Shield = Totaler Schlag gegen Facebook & Co.

Schrems sieht das Urteil als" totalen Schlag gegen Facebook und die irische Datenschutzbehörde DPC", die diese Praxis nicht unterbunden hat. Da der EuGH Schrems` Beschwerde augenscheinlich in allen Aspekten gefolgt ist, bekundete er vollumfänglich seine Zufriedenheit:

„Der Gerichtshof hat nun zum zweiten Mal klargestellt, dass es einen Konflikt zwischen EU-Datenschutzrecht und US-Überwachungsrecht gibt. Da die EU ihre Grundrechte nicht ändern wird, um die NSA zufriedenzustellen, besteht die einzige Möglichkeit, diesen Konflikt zu überwinden, darin, dass die USA solide Datenschutzrechte für alle Menschen – auch für Ausländer:innen – einführen. Eine Überwachungsreform wird dadurch entscheidend für die Geschäftsinteressen von Silicon Valley.

Dieses Urteil ist nicht die Ursache für eine Beschränkung der Datenübermittlung, sondern die Folge der US-amerikanischen Überwachungsgesetze! Man kann dem Gerichtshof nicht vorwerfen, das Unvermeidliche zu sagen."

Sozialkredit-System vs. Datenkapitalismus: Online-Konferenz im Juni

von Lars Sobiraj

Die Gesellschaft für Informatik lädt zu Online-Vorträgen ein. Thema ist das chinesische Sozialkredit-System vs. westlicher Datenkapitalismus.

Zur kommenden Veranstaltung trifft man sich nicht im hohen Norden, sondern (pandemiebedingt) online. Die Gesellschaft für Informatik e.V. (GI), Fachgruppe Internet und Gesellschaft, schneidet dabei zwei spannende Themenbereiche an: Unser ausufernder Datenkapitalismus hierzulande und das chinesische Sozialkredit-System (SCS) im Fernen Osten. Wer sich dafür interessiert, sollte sich direkt anmelden. Die Teilnahme ist kostenlos.

Teufel vs. Beelzebub: Überwachung mittels Sozialkredit-System oder der westliche Datenkapitalismus?

In China versucht man die eigene Bevölkerung mithilfe des Sozialkredit-Systems unter Kontrolle zu bringen. Den Einwohner:inne:n vergibt man bei erwünschtem Verhalten positive Punkte, die sich in einem Rating widerspiegeln. Wer sich nicht regelkonform verhält, der muss hingegen erhebliche Nachteile in Kauf nehmen. Plötzlich stehen den Betroffenen soziale Dienste nicht mehr zur Verfügung. Oder aber man erhält wenig überraschend eine Absage für einen Studienplatz oder einen Job.

Voraussetzung dieses Systems ist eine allumfassende Überwachung, damit das Sozialkredit-System Punkte addieren oder vom Score abziehen kann. Im Idealfall kennen es die Menschen nicht anders und erfahren die totale Überwachung als eine ganz normale Sache.

Sozialkredit-System: Ein paar Vorträge exemplarisch vorgestellt

Der Informatiker Martin Warnke spricht über die Entstehungsgeschichte des Sozialkredit-Systems (SCS) in China. Antonia Hmaidi wird im Rahmen des Events hinterfragen, ob das SCS sogar möglicherweise dazu in der Lage ist, Ressourcen fairer zu verteilen. Spannend klingt auch der geplante Vortrag von Doris Fischer: Sie stellt den Konferenzteilnehmern die bestehenden Sozialkredit-Systeme für Unternehmen vor. Damit erfüllt das System Funktionen, die auch in anderen Wirtschaftsordnungen durchaus erwünscht sind.

Doch die Veranstalter:innen wollen sich nicht nur mit der chinesischen Regierung beschäftigen. Hierzulande überwachen Unternehmen so viel sie nur dürfen und auch, wenn sie es nicht dürfen. Die ungebremst voranschreitende Daten-Sammelleidenschaft hat in Europa und den USA schon vor vielen Jahren Einzug gehalten. Auch darum wird es inhaltlich gehen.

Schwer zu sagen, was schlimmer ist: die totale Überwachung durch die Organe eines Zentralstaats. Oder will man sich lieber von Unternehmen ausforschen lassen, die sich im Detail für unsere

Vorlieben interessieren? Das Ganze klingt wie die Wahl zwischen dem Teufel und dem Beelzebub. Pest oder Cholera.

Gesellschaft für Informatik

Übrigens. Am Ende des Vortragsprogramms schaffen die Veranstalter:innen außerdem noch Möglichkeiten zum Austausch zwischen den Referent:innen und Teilnehmer:innen. Zum Thema Sozialkredit-System bzw. Datenkapitalismus gibt es wahrlich viel zu sagen. Von daher dürften viele Gäste - und sollten wir alle - einen entsprechend großen Gesprächsbedarf haben.

RosKomSvoboda fordert Einstellung von Gesichtserkennungssystemen

von Antonia Frank

RosKomSvoboda forderte ein Verbot des Moskauer Gesichtserkennungssystems. Eine Aktivistin konnte ihre Stadt-Bewegungs-Daten im Darknet kaufen.

RosKomSvoboda, eine russische Nichtregierungsorganisation zum Schutz der digitalen Rechte von Nutzer:innen, forderte ein Verbot des Moskauer Gesichtserkennungssystems. Laut RosKomSvoboda können Informationen über die Bewegungen der Stadtbewohner:innen, die von Kameras aufgezeichnet werden, für symbolisches Geld im Darknet gekauft werden, berichtet die russische Nachrichtenagentur Kommersant.

RosKomSvoboda sieht Datenschutz durch Moskauer Gesichtserkennungssysteme verletzt

Die Nichtregierungsorganisation RosKomSvoboda forderte daher vor Gericht von den Moskauer Behörden, den Einsatz von Gesichtserkennungssystemen einzustellen. Eine Aktivistin der Nichtregierungsorganisation RosKomSvoboda, Anna Kuznetsova, konnte Daten im Darknet über ihr Stadt-Bewegungsprofil kaufen. Sie reichte folglich am 16. September beim Bezirksgericht Twerskoi in

Moskau eine Verwaltungsklage gegen das Amt für Informationstechnologie (DIT) der Moskauer Stadtverwaltung und die Hauptdirektion des Moskauer Innenministeriums ein.

Sie drängt darauf, die Nutzung von Gesichtserkennungssystemen einzustellen. Zudem solle künftig ein Gesetz verabschiedet werden, das den Betrieb solcher Systeme regelt. Zusätzlich zum Verbot der Gesichtserkennung verlangt sie von den Beklagten 100.000 Rubel (1.124 Euro) als Entschädigung für den verursachten Schaden.

Bewegungsprofile im Darknet verfügbar

Anna Kuznetsova hat im Darknet Datenhändler:innen gefunden und anonym ein Stadt-Bewegungsprofil von sich angefordert. Der Kontaktperson schickte sie ein Foto von sich und erhielt zwei Tage später einen Bericht für den Vormonat mit detaillierten Informationen darüber, wo das System ihr Gesicht erkannt hat. Fast alle Adressen stimmten mit der tatsächlichen Bewegungsroute von ihr überein. Es kostete sie 16 Tausend Rubel (ca. 180 Euro). Fakt ist, „dass für symbolisches Geld jede:r Interessierte Informationen über Bewegungsprofile bekommen kann. Dies ist eine schwerwiegende Verletzung des Rechts auf Privatsphäre. Die Moskauer Behörden garantieren keine Datensicherheit", kommentiert Ekaterina Abashina, Anwältin von RosKomSvoboda.

193.000 Kameras bieten Missbrauchspotenzial

RosKomSvoboda ist aufgrund des Vorfalls besorgt über die Sicherheit von Informationen. Immerhin könne man im Darknet problemlos detaillierte Daten zu Personen-Bewegungsprofilen kaufen. Das Gesichtserkennungssystem in Moskau gibt es bereits seit 2017. Derzeit sind rund 193.000 Kameras an das System angeschlossen. Vorhanden sind diese auf öffentlichen Plätzen, in Einfahrten, Innenhöfen, Schulen, Einzelhandelsgeschäften und auf Baustellen. Kamera-Aufzeichnungsdaten fließen in ein einzelnes Datenspeicherzentrum (ECHD). Von dort fordern Abteilungen, wie das Innenministerium, diese an. Das DIT-Amt stellte sicher, dass nur autorisierte Mitarbeiter von Abteilungen Zugang zum ECDC erhalten.

Laut einer Kommersant-Quelle wären die CCTV-Kameras in Moskau schlecht geschützt, sodass auch Hacker:innen problemlos auf sie zugreifen könnten. Ashot Hovhannisyan, Gründer von DeviceLock und DLBI Leak Intelligence Service, bestätigt dies:

„Auf dem Schwarzmarkt verkauft man Konten, die den Zugang zum ECDC ermöglichen, wo Sie sowohl das aktuelle Bild, als auch die Kamera-Aufzeichnungen anzeigen können. Der Preis für ein solches Konto liegt bei 30.000 Rubel".

Klage hat Erfolgsaussichten

Das Amt für die Informationstechnologien der Moskauer Stadtverwaltung (DIT) wies jedoch die Vorwürfe zurück. Gemäß der Behörde würde das städtische Überwachungssystem ausschließlich „Bilder" aufzeichnen. Laut Vertretern des DIT-Pressedienstes enthalten Bilder von Stadtkameras keine personenbezogenen Daten. Folglich sieht DIT keinen Grund, das Straßenüberwachungssystem einzuschränken. Yelena Avakyan, Geschäftsführerin von NP „Unterstützung bei der Entwicklung der Unternehmensgesetzgebung" sieht die Faktenlage jedoch anders. Sie ist der Meinung, dass für den Kläger theoretisch die Möglichkeit eines positiven Ergebnisses des Falls bestehen würde. Dazu führt sie aus:

„In Russland gibt es kein Verbot der Gesichtserkennung. Sobald jedoch Ihre Daten im Bild personalisiert sind, d.h., man feststellt, dass dieses Foto einer bestimmten Person gehört, beginnt ein Verstoß. Die Tatsache, dass die Klägerin in der Lage war, die Daten der Kameras über das Darknet zu personalisieren, deutet darauf hin, dass ein Leck im staatlichen System aufgetreten ist, und dies ist schon ein Verstoß". Es ist eine Vorratsdatenspeicherung von Gesichtern.

Zweite Klage von RosKomSvoboda

Bereits im Oktober 2019 versuchte RosKomSvoboda gerichtlich eine Verwendung des Moskauer Gesichtserkennungssystems zu unterbinden - jedoch ohne Erfolg, im Land der Russ:inn:en.

Vorratsdatenspeicherung: kein Erfolgs-Garant im Kampf gegen Cybercrime

von Antonia Frank

Eine Studie des Wissenschaftlichen Dienstes des Europäischen Parlaments besagt: "Strafverfolgung funktioniert ohne Vorratsdatenspeicherung".

Europaabgeordneter Dr. Patrick Breyer (Piratenpartei) veröffentlichte gestern zu einer Studie des Wissenschaftlichen Dienstes des Europäischen Parlaments die Vorratsdatenspeicherung betreffend. Es stellte sich heraus, dass „Gesetze zur flächendeckenden Vorratsspeicherung der Telefon-, Mobiltelefon- und Internetnutzung in keinem EU-Land einen messbaren Einfluss auf die Kriminalitätsrate oder die Aufklärungsquote haben".

Gemäß Studien-Ergebnis scheint es „nicht möglich zu sein, einen direkten Zusammenhang zwischen der Tatsache, ob Gesetze zur Vorratsdatenspeicherung bestehen oder nicht, und der Kriminalitätsstatistik herzustellen". Die Studie zeigt auf, dass es keinen Beleg dafür gibt, „dass dieser Nutzen speziell von einer flächendeckenden Vorratsspeicherung solcher Daten abhinge. Im Gegenteil zeigen die Kriminalstatistiken, dass es nicht einen einzigen EU-Mitgliedstaat gibt, in dem die verdachtsunabhängige und wahllose Vorratsdatenspeicherung einen statistisch signifikanten Einfluss auf die Begehung oder Aufklärung von Straftaten gehabt hätte".

Im Einzelnen zeigt die Studie beispielsweise:

- In Österreich gibt es seit 2015 kein Gesetz zur Vorratsdatenspeicherung mehr. Seither ist die Aufklärungsrate massiv gestiegen (von 44% im Jahr 2015 auf 52,5% im Jahr 2018), die Zahl der gemeldeten Straftaten zurückgegangen.
- In den Niederlanden ist seit 2016 kein Gesetz zur Vorratsdatenspeicherung mehr in Kraft. Seither ist die Aufklärungsquote erheblich gestiegen (von 25,5% im Jahr 2016 auf 28,5% im Jahr 2018).

- In Deutschland wird eine Vorratsdatenspeicherung von Kommunikationsdaten seit 2011 nicht mehr vorgenommen. Seitdem ist die Aufklärungsquote leicht gestiegen (von 55 % im Jahr 2011 auf 58 % im Jahr 2018), die Zahl der erfassten Straftaten ist zurückgegangen (von 6 Millionen im Jahr 2011 auf 5,6 Millionen im Jahr 2018).
- In Italien ist eine Vorratsdatenspeicherung in Kraft. Die Aufklärungsrate ist in etwa gleichgeblieben.
- In Spanien ist die Vorratsdatenspeicherung in Kraft. Die Zahl der Straftaten ist in etwa stabil, die Aufklärungsrate erheblich gesunken. Auch im Bereich der Cyberkriminalität ist die Kriminalitätsrate trotz Vorratsdatenspeicherung angestiegen, die Aufklärungsrate deutlich zurückgegangen.
- In Schweden – dem Herkunftsland der an einer neuen Vorratsdatenspeicherung arbeitenden EU-Sicherheitskommissarin – ist eine Vorratsdatenspeicherung in Kraft. Die Aufklärungsquote ist seither zurückgegangen (von 17% im Jahr 2009 auf 14% im Jahr 2018).

Patrick Breyer kommentiert dazu wie folgt: "Vorratsdatenspeicherung ist die verdachtslose Totalerfassung der telefonischen Kontakte und Bewegungen jedes einzelnen von uns. Sie verhindert vertrauliche Beratung etwa durch Jurist:inn:en und bedroht die freie Presse, die auf anonyme Whistleblower:innen angewiesen ist.

Kein anderes Überwachungsgesetz greift so tief in unsere Privatsphäre ein. Und jetzt erfahren wir, dass diese Totalerfassung zur Aufdeckung, Verfolgung und Bestrafung schwerer Straftaten überflüssig ist. Einzelfälle, die statistisch nicht ins Gewicht fallen, rechtfertigen keine Totalerfassung des Alltags der gesamten Bevölkerung. Dass EU-Innenkommissarin Johannson und EU-Regierungen trotzdem zu dieser Totalerfassung zurückkehren wollen, muss auf unseren entschiedenen Widerstand stoßen!"

Vorratsdatenspeicherung: Es bestehen noch technische Fragen – oder: Ist das Quick-Freeze-Verfahren gegenüber dem Verfahren der Login-Falle eine Vorratsdatenspeicherung durch die Hintertür?

von Claudio Unterbrink (red. gekürzte Fassung)

Den folgenden, sehr ausführlichen Online-Beitrag geben wir hier gekürzt um die ersten drei Abschnitte wieder, in denen es um

- ***IP-Re-Assing:*** *also die Zuweisung derselben IP-Adresse nach Trennung der Router-Verbindung möglicherweise über Monate und Jahre hinweg geht, um*
- ***IP-Hybrid-Pairing:*** *also die Zuweisung einer weiteren IPv6-Adresse, die sich ggf. niemals ändert aufgrund ihrer einzelnen Bestandteile und Nutzer:innen dauerhaft identifiziert*
- *sowie die **derzeitige Speicherungspraxis** von 7 Tagen nach Ende der Nutzung einer IP-Adresse, die als eine Mini-VDS bei allen gesehen werden könnte.*

Ebenso sind mehr als 44 technische Fragen zu diesen drei Bereichen online vorhanden. Hier stellen wir den letzten Abschnitt des Artikels vor, in dem es um eine Bewertung zu den bislang diskutierten VDS-Konzepten von SPD („Login-Falle") und FDF („Quick-Freeze") geht:

4. Droht eine Einführung der Vorratsdatenspeicherung durch die Hintertüre?

Eine Quick-Freeze Regelung, die nicht explizit darauf hinweist, dass IP-Daten, die zeitlich vor einem Datum eines richterlichen Beschlusses liegen, in der Betrachtung ausgeschlossen bleiben müssen, wäre eine Regelung, die ebenso nach bisherigen Urteilen verfassungsrechtlich zu prüfen wäre als Vorratsdatenspeicherung durch die Hintertüre.

Der Zeitpunkt des Beginns der Speicherung ist entscheidend

Ab wann, ab welchem Datum, soll im Einzelfall die Aufzeichnung z.B. des Surfverhaltens eines Individuums beginnen? – fragen Techniker:innen in dieser Diskussion.

Denn: Der Zeitpunkt der richterlichen Entscheidung ist nicht unbedingt ein Zeitpunkt einer ersten Tat.

Es hilft ggf. der Vergleich „wie bei der ZDF-Hitparade": es gilt der Zeitpunkt, ab wann jemand die Aufnahmetaste seines Kassetten-Recorders vor dem Fernseher drückt, um die Musik aufzunehmen (wie in alten Zeiten).

Liegt das Datum der Tat in der Vergangenheit vor dem Datum des richterlichen Beschlusses, dann müsste eine Aufzeichnung bei allen anlasslos greifen, es wäre eine Vorratsdatenspeicherung, die dann für den Einzelfall ausgefiltert wird. Und das ist und bleibt eine Vorratsdatenspeicherung bei allen – und für fast alle anlasslos. Das Konstrukt: „Wir zeichnen von allen auf, greifen aber im Bedarfsfall nur auf Einzelpersonen-Daten zu", ist brüchig.

Wenn diese Zeitpunkte des Aufzeichnungsbeginns und der Tat deckungsgleich (oder schon zu einem Zeitpunkt davor, um die Tat-Planung recherchieren zu können) sein sollen, muss eine richterliche Entscheidung rückwirkende Daten umfassen. Es erfordert immer eine Cache-Speicherung bei den technischen Providern bei allen Menschen anlasslos, für den Fall, dass eine:r dann mit schwerer Straftat auffallen sollte.

Quick-Freeze erfordert eine Aussage zu historischen Alt-Daten

Diese Cache-Speicherung – gleich für wieviel historische Tage nach dem Quick-Freeze-Konzept – ist eine Vorratsdatenspeicherung durch die Hintertüre und mit allen bisherigen gerichtlichen Entscheidungen zu prüfen, wenn das Quick-Freeze-Konzept nicht die Conditio explizit benennt, dass der Zeitpunkt der richterlichen Entscheidung als Startdatum gilt.

Diese Cache-Speicherung ist dem Quick-Freeze also ohne die oben genannte Bedingung immanent, insbesondere aus technischer Sicht und führt ebenso zur Prüfungsnotwendigkeit und ggf. Widrigkeit des Instrumentes Quick-Freeze. Wer dieses Instrument gestalten möchte, muss sich bei der Konzeptgestaltung die Frage gefallen lassen, ob technische Infrastrukturen aufgebaut werden sollen, die einer illegalen Vorratsdatenspeicherung bislang zuträglich wären.

Denn: Auch nur kurze Aufzeichnungen von allen gelten bereits jetzt schon als verfassungswidrig!

Wie lange dürfte sonst der Tatzeitpunkt vor dem Zeitpunkt der Richter-Entscheidung liegen?

Quick-Freeze mit einem Filter für nur eine Person aus historischen Daten von allen wirft alle Fragen aus mehr als 15 Jahren Diskussion um die Vorratsdatenspeicherung wieder auf.

Nachwirkende Cache-Speicherung hinfällig: Gilt derzeit rechtlich eine kurze „VDS-Light"?

Wie viele Tage sollte ein Provider IP-Adressen mit dem Vorwand von nötigen „Betriebsdaten" speichern dürfen? Ist das zehn Jahre alte Agreement zwischen Bundesdatenschützer und der Netzagentur (basierend auf u.g. BGH-Urteil) jetzt nach dem EuGH-Urteil (vom 20.09.2022, Az. C-793/19 und C-794/19) hinfällig hinsichtlich einer 7-Tage-Speicherfrist und heißt es für die IT-Provider nun: keine weitere Speicherung der IP-Adresse nach deren Nutzungsende?

Für die Internet-Provider gibt es keine wirklichen allgemeingültigen betrieblichen Gründe zur Speicherung der IP-Adresse über deren Nutzungszeit hinaus – denn auch diese Cache-Speicherung – bei allen anlasslos angewandt – ist eine mit entsprechenden Bedingungen nicht zulässige Vorratsdatenspeicherung – solange es auch andere Provider gibt, die dieses für einen bestimmten Grund eben nicht tun.

Eine Mini-Vorratsdatenspeicherung oder Vorratsdatenspeicherung-Light von z.B. 7 Tagen, um nicht-schwere Verbrechen zu verfolgen, würde bedeuten, Urheberrechtsverletzungen durch Musik-Downloads gleichzusetzen mit einem nationalen Notstand oder schweren Verbrechen z.B. im Bereich der Banden-Kriminalität.

Zeugt es zudem von völliger Naivität, zu sagen, die kleine Vorratsdatenspeicherung von 7 Tagen der VDS-Light wird nur für leichte Verbrechen wie Musik-Downloads genutzt, aber nicht für die schweren Verbrechen? Es ist in jedem Fall eine Vorratsdatenspeicherung, die zunächst anlasslos bei allen technisch aufgezeichnet werden müsste.

Ist es wohl mit den höchst-richterlichen Urteilen derzeit so, dass, wenn die IP-Adresse erloschen ist, auch kein Verbrechen mehr nachvollzogen werden kann – egal ob leicht oder schwer?

Es muss also sauber abgegrenzt werden: Eine „kleine Vorratsdatenspeicherung" der IP-Daten, um leichte Verbrechen durch eine „VDS-light" zu erkunden, steht auf keinem rechtlich sicheren (d.h. für eine Vorratsdatenspeicherung verfassungsrechtlichen und höchstrichterlichen) Boden – es würden/werden Daten von allen anlasslos gespeichert.

Auch kann es hier keine „betriebliche Übung" geben, die die Provider bislang unisono für andere übernahmen. Die Betrachtung einer 7-Tage-Aufzeichnung bei einer VDS-Light mit Daten aus der Vergangenheit ist ebenso eine Vorratsdatenspeicherung wie die 7-Tage nachwirkende Speicherung nach Nutzungsende einer IP-Adresse, die schon nur in einer Woche die Daten komplett zu historischen Daten einer Vorratsdatenspeicherung macht – einfach durch Zeitablauf. „Immer wieder Sonntags ...": Es fänden damit – sieben Tage in der Rückschau, wie auch sieben Tage in einer zukünftig anhaltenden Speicherung – an jedem Tag der Woche anlasslose Speicherungen auf Vorrat statt, die massenhaft in „Erinnerung" kommen könnten, falls sie im Einzelfall strafrechtlich relevant werden sollten.

Diese Befürchtung bzw. den Status-Quo der Rechtsrealität haben auch einzelne Akteure erkannt: Maciej Szpunar, Generalanwalt am Europäischen Gerichtshof, befürwortet nun dennoch eine Vorratsdatenspeicherung für leichte Straftaten wie

Urheberrechtsverletzungen im Bereich des Filesharings von Musik- und Kinofilm-Downloads (Szpunar 2023).

Vor dem Datum eines, und ohne einen richterlichen Beschluss sollte nichts an IP-Speicherung da sein? Eine Frage zur Speicherung, die die Bundesregierung und Jurist:inn:en im derzeitigen Rechtszustand an die Techniker: innen beantworten können sollten – erst dann kann man sich über den nicht-freiwilligen Speicherzeitraum einigen, der morgen schon das Heute als gestern definiert.

Manche meinen, der Zeitraum müsse sowohl in der Vorschau (Nachwirkende Speicherung) als auch in der Rückschau (Speicherung historischer Daten inkl. Löschfrist) derzeit bei Null liegen – daher speichern einige Provider die IP-Adresse und ihre Zuordnung zu Kund:inn:en nach Ende der Nutzung ja gar nicht, weil die Unternehmen vor ihren Datenschutzbeauftragten eine rechtswidrige Speicherung für alle nicht „freiwillig" bzw. „incompliant" ohne Rechtsgrundlage für höchst-richterlich bestätigte Löschfristen durchführen, um die Daten dann an Externe herauszugeben (vgl. BGH, Urteil v. 3.7.2014, III ZR 391/13: RN 23: „Ein Zugriff von Polizei oder Staatsanwaltschaft auf die gespeicherten Daten ist in dieser Rechtsgrundlage nicht vorgesehen"; sowie f. s. a. TKG § 100 (Abs. 1, Satz 4) Störungen von Telekommunikationsanlagen und TKG § 96 Verkehrsdaten jeweils altes TKG bis 30.11.2021 bzw. ab 01.12.2021 derzeit aktuelles TKG § 165 Abs. 3 sowie STPO § 100j Abs. 2 mit Verweis auf heutiges rechtswidriges TKG § 176: Pflichten zur Speicherung von Verkehrsdaten).

IP-Adressen sind nicht nur „sensible Bestandsdaten", sondern müssen selbst bei Analysen nach einer „Störungsbeseitigung" „unverzüglich gelöscht" sein – doch automatisierte Analysen von eingetretenen Störungen und Gefahren oder Bedrohungen scheinen zur „kontinuierlichen" Dauerstörung geführt zu haben: Darf man also ein `Störgefühl´ entwickeln, wenn man fragt: Mit welcher aktuellen „Rechtsgrundlage" dürfte man Provider also Verräter oder Kronzeuge nennen, weil sie betriebsinterne Daten, die eigentlich (seit wann?)

gelöscht sein müssten, (mit welcher Speicher- bzw. Existenz-Begründung?) an „Externe" herausgeben – sei es an Anwält:innen oder Polizist:inn:en – sei es mit oder ohne richterlichen Beschluss – und sei es bei leichten oder schweren Verbrechen? Diese verfassungsrechtlichen Fragen hinsichtlich Grundrechtseingriffen können auch nicht individualvertraglich zwischen Providern und Kund:inn:en beantwortet werden.

Ein latent-immanent-virtuelles Cyber-Risiko, das wir nicht Bedrohung der Nationalen Sicherheit nennen, rechtfertigt weder Grundrechtseingriffe in Form einer Vorratsdatenspeicherung bei allen – noch, und das ist hier entscheidend, eine IP-Speicherung nach Ende der IP-Nutzung anlasslos bei allen, deren sensible Bestands-Daten ohne richterlichen Beschluss an Provider-Externe herausgegeben werden sollen.

Unterschiede zwischen Login-Falle und Quick-Freeze

Der Unterschied zwischen Login-Falle und Quick-Freeze ist, dass bei der Login-Falle je nach Konzept-Ausgestaltung nur Wiederholungstäter gefasst werden. Historische Daten werden dann nicht herangezogen. Es wäre eine Falle für einen weiteren, erneuten Login, denn so stellt man – für definierte Umgebungen – Fallen.

Bei Quick-Freeze hingegen möchte man je nach Konzeptausgestaltung eine anlasslose Vorratsdatenspeicherung bei allen, um aber dann nur per Filterung bei denen auf die Daten zugreifen, die auffällig wurden.

Tik-Tok-er:innen nennen es oft wie folgt: „Da ist ein Filter drauf." Nehmen wir den Filter vom Quick-Freeze, verbirgt sich in dieser Annahme eine anlasslose Vorratsdatenspeicherung bei allen dahinter. Diese Cache-Speicherung benennt die Vorratsdatenspeicherung nur in „Quick-Freeze" um.

Daher kann Quick-Freeze eine Mogelpackung sein und müsste eigentlich Vorratsdatenspeicherung heißen bzw. kann eine Einführung der VDS durch die Hintertüre bedeuten, wenn das Speicherdatum X Tage (wie viel Tage genau?) vor einem Datum des richterlichen

Beschlusses liegen soll und dieses Konstrukt nicht im Einklang mit den bisherigen Urteilen zur Vorratsdatenspeicherung wäre. Um dieses klar als konform vertreten zu können, muss das Start-Datum der Aufzeichnung als identisch mit dem Datum des richterlichen Beschlusses explizit definiert sein. Quick-Freeze ist daher in mehrfacher Hinsicht eine Nebelkerze bzw. ein potenzieller Taschenspielertrick für eine Mogelpackung.

Aufgrund der notwendigen Ressort-Abstimmungen über die Ministerien und Parteien hinweg, erstens zur Verfahrens-Wahl zwischen Login-Falle oder Quick-Freeze, und zweitens ggf. zur Ausgestaltung eines Quick-Freeze, wird bei vielen Abgeordneten davon ausgegangen, dass es in dieser Legislatur keine Antworten auf die weiteren rechtlichen, konzeptionellen, parteipolitischen, prozessualen und vor allen technischen Fragestellungen geben wird, wie sie in diesem Beitrag aus den technischen Diskussionskreisen dokumentiert sind. Lediglich die Streichungen im § 176 TKG zu den widerrechtlichen Pflichten zur Speicherung von Verkehrsdaten werden in dieser Legislatur realistisch, notwendig und erwartbar sein.

Ein Zwischenstand mit Ausblick: Stärkung des Richterlichen Beschlusses notwendig

Quick-Freeze ohne Conditio zu historischen Alt-Daten, aber mit Filter für den Einzelfall aus der anlasslosen Massenaufzeichnung, ist also eine Mogelpackung, die wir besser weiterhin nicht-rechtskonforme Vorratsdatenspeicherung nennen.

Quick-Freeze mit Conditio, also mit Start-Datum der Aufzeichnung ab dem Datum des Vorliegens eines richterlichen Beschlusses, ist zwar möglich, aber ebenso eine konzeptionelle und ggf. parteipolitische Mogelpackung wie dargestellt, weil wir dieses Konstrukt besser weiterhin „Richterlichen Beschluss" nennen – und es ohne neue Gesetzgebung bereits heute möglich ist, Individuen zu „tracken". Und: dieses Quick-Freeze kann dann also nur ab dem Datum eines richterlichen Beschlusses gelten.

Damit kommt man zu dem Ergebnis, dass es keines Quick-Freeze bedarf.

Man muss sich verabschieden von zwei Bedingungen: Erstens der anlasslosen Speicherung in Massen von allen. Und zweitens von der Nutzung von historischen Alt-Daten. Historisch meint Daten, die vor dem Datum des Vorhandenseins eines richterlichen Beschlusses liegen und bei allen erhoben werden – wie derzeit (ohne aktuelle Rechtsgrundlage).

Die Advokat:inn:en zur Vorratsdatenspeicherung müssen nun nach all den jahrelangen Urteilen aus den Gerichtssälen gehen, und die Entscheidungen der Gerichte anerkennen. Oder anders ausgedrückt: Ein totes Pferd begraben. Oder zugespitzt: der „Karneval" (Krings 2011) des „Zombies" (Buschmann 2022) darf nicht zur „politischen" – Techniker:innen würden sagen – „Trollerei" werden, die 2030 nochmals widerrechtlich ins Gesetz geschrieben wird.

Ermittler:innen bleiben auch ohne Freifahrtschein bei Grundrechtseingriffen bei ihren Ermittlungen nicht Instrumente-los: Der richterliche Beschluss ist die zukünftige Gestaltungs-Grundlage – ohne historische Daten aus einer Vorratsdatenspeicherung (oder ggf. mit einer Login-Falle für Wiederholungstäter:innen mit zukünftigen Daten, egal ob die Login-Falle nun rechtlich definiert wurde oder nicht).

Nicht für alle Straftaten ist überhaupt eine IP-Adresse erforderlich und Urheberrechtsverletzungen durch den Download einer Musik-Datei sind von schweren Straftaten inhaltlich (wie auch in der Statistik) zu unterscheiden: Diese Anliegen von Kanzlei-Anwält:innen stellen m.E. keine unmittelbare Regelungslücke für die Arbeit der Polizist:inn:en dar. Auch ohne IP-Adressen einer Vorratsdatenspeicherung führen weitere Maßnahmen zudem nicht zu nennenswert schlechteren Ermittlungserfolgen. Strafmaße gegen schwere Kriminalität wie Bandenkriminalität oder kriminellen Handel und weitere Anliegen könnten als notwendige und geeignete Maßnahmen noch weiter erhöht werden.

Strafverfolgung ohne IP-Daten bleibt eine Strafverfolgung ohne richterlichen Beschluss zur Zielperson oder den Zielpersonen einer Gruppe bzw. Bande.

Abstimmung eines mögl. Gesetzentwurfes – nach Beantwortung technischer Fragen durch Gutachten

Statt einer Vorratsdatenspeicherung wäre also vielmehr – nach Klarheit bei technischen Fragen* auch durch Beauftragung von transdisziplinär einschätzenden Gutachten – eine rechtlich kurze Ausgestaltung zum richterlichen Beschluss zu diskutieren.

(Offene technische Fragen, Referenzen und Verlinkungen siehe im ungekürzten Beitrag online).*

Andrej Hunko: „Netzpolitik ist ein Querschnitts-Thema"

von Lars Sobiraj

Andrej Hunko hat sich schon häufiger mit seinem Kampf gegen anlasslose staatliche Überwachung und Datensammelleidenschaft profiliert. Neben netzpolitischen Themen interessiert er sich auch für das Schicksal der Flüchtlinge und die sozialen Belange der Bevölkerung.

Tarnkappe.info-Redaktion: *Hallo Andrej, zunächst vielen Dank für die Bereitschaft, Dich unseren Fragen zu stellen. Vielleicht magst Du Dich zu Anfang des Gesprächs einfach mal kurz vorstellen?*

Andrej Hunko: Ich lebe in Aachen, wo ich auch aufgewachsen bin, und habe zwischendurch in Freiburg und Berlin gelebt. In dieser Zeit habe ich studiert und gearbeitet, etwa als Drucker, Publizist und LKW-Fahrer, für einige Zeit auch in der Krankenpflege. Zur Zeit der unsozialen Hartz-Reformen war ich arbeitslos und dadurch aktiv an den bundesweiten Protesten gegen Hartz IV bzw. das heutige Bürger:innen-Geld beteiligt. Als sich 2005 die Perspektive einer neuen linken Partei abzeichnete, schloss ich mich dieser an. Seit 2009 wurde ich selbst in den Bundestag gewählt.

Tarnkappe.info-Redaktion: *Bei sozialen Themen ist die Linke sehr aktiv. Bei der Netzpolitik halten sich die meisten Abgeordneten sehr zurück. Woher kommt das? Haben andere Parteien das Thema schon erfolgreich besetzt? Oder besteht in der Bevölkerung grundsätzlich kein so großes Interesse daran? Oder ist das von vielen Abgeordneten einfach kein Thema, bei dem sie sich gut auskennen?*

Andrej Hunko: Ich denke das stimmt nur teilweise. Ich sehe soziale Themen gar nicht als Gegensatz zur Netzpolitik. Diese hat ja auch viele soziale Aspekte. Beispielsweise die Frage, wer mit welchem Recht über unsere Daten verfügt und damit Profit macht oder wie die soziale Position den Zugang zu digitaler Infrastruktur beeinflusst. Netzpolitik ist ein Querschnittsthema. Im Bundestag betrifft es verschiedene Ausschüsse. Ich zum Beispiel bin im Ausschuss für Angelegenheiten der Europäischen Union und wir widmen uns vor allem der zunehmenden Überwachung. Dies betrifft etwa Datenbanken auf EU-Ebene, aber auch Richtlinien und Verordnungen wie TERREG oder e-Evidence, mit denen das Internet stärker reglementiert wird. Andere netzpolitische Themen werden eher im Rechts- bzw. Innenausschuss oder auch im Ausschuss für Digitales bearbeitet, dort sind die Kolleg:inn:en recht aktiv. Zusammen sind wir aus meiner Sicht ganz gut aufgestellt zu Netzpolitik, aber zweifellos gibt es hier Luft nach oben.

Tarnkappe.info-Redaktion: *Noch immer verschicken Rechtsanwaltskanzleien jeden Monat unzählige P2P-Abmahnungen an DSL-Kunden. Wie steht Die Linke zum Thema der Rechte von Urheber:innen? Was würde sie auf Bundes- bzw. EU-Ebene daran ändern, wenn sie es könnte?*

Andrej Hunko: Ich bin der Ansicht, dass Urheber:innen für ihre Arbeit angemessen bezahlt werden müssen. Deshalb treten wir für die Entwicklung und Erprobung neuer Vergütungsmodelle für Kreativschaffende ein. Massenabmahnungen, an denen hauptsächlich Anwält:innen verdienen, halte ich hingegen für fatal – sie werden die Akzeptanz des Urheberrechts nicht verbessern, sondern schwächen. Gewerbliche Piraterie muss natürlich juristisch verfolgt werden. Die private, nicht-kommerzielle Nutzung von Musik oder Filmen sollte aber aus meiner Sicht vom Recht der Urheber:innen möglichst nicht berührt sein. Für Bagatellverstöße im Laienbereich ist deshalb eine Abmahnbremse zu fordern.

Tarnkappe.info-Redaktion: Wie stehst Du zur geplanten Aufweichung der Verschlüsselung für Messenger? Ist unter den Voraussetzungen überhaupt noch eine sichere Kommunikation möglich, wenn die Behörden bzw. Geheimdienste Hintertüren besitzen, um das eigene Volk zu belauschen?

Andrej Hunko: Natürlich kritisiere ich diesen abermaligen Kryptokrieg, der auch auf EU-Ebene ausgetragen wird. Das ist ein Frontalangriff auf die Freiheit der Telekommunikation – auch wenn der jetzige Vorstoß zunächst nur auf Messenger-Dienste und dort auch nur auf inkriminierte Dateianhänge fokussiert. Wir haben viele Anfragen zum Thema gestellt, mit denen wir die Rolle des Bundeskriminalamtes herausarbeiten konnten. Die Behörde ist auch bei der Entschlüsselung ein wichtiger Akteur, der etwa Europol bei der „Entschlüsselungsplattform" ZITIS und der Einführung von EU-Trojanern behilflich ist.

Tarnkappe.info-Redaktion: Wie bewertest Du das besondere elektronische Anwaltspostfach (beA), gerade in Hinblick auf das Thema Verschlüsselung?

Andrej Hunko: Grundsätzlich befürworte ich die Digitalisierung von Behörden, dass es also möglich ist, auch auf digitalem Wege verifizierte Schriftstücke auszutauschen. Das „besondere elektronische Anwaltspostfach" scheint mir aber am Ziel vorbei galoppiert zu sein. Soweit ich beurteilen kann, ist es viel zu teuer und hatte zumindest am Anfang Sicherheitslücken. Viel gravierender ist aber die Tatsache, dass immer noch keine Ende-zu-Ende-Verschlüsselung eingebaut ist – bei juristischem Austausch nicht nur von Personendaten, sondern äußerst heiklen persönlichen Informationen ist das nicht hinnehmbar. Ich halte deshalb auch nichts davon, diese Systeme für den Verkehr vorzuschreiben.

Tarnkappe.info-Redaktion: *Setzt Du bei der Digitalisierung der Schulen auf schuleigene Ausrüstung oder sollen Schüler:innen und Lehrer:innen ihre privaten Geräte in Schulnetzen verwenden können? Fefe vom CCC schrieb dazu, dass die Schüler:innen und Lehrer:innen einer Schule wohl keinen Internetzugang mehr haben, da für den neu gelegten Glasfaseranschluss wohl nur schuleigene Geräte und Schuldienste zulässig sein sollen.*

Andrej Hunko: Auch hier bin ich dafür, den Betroffenen keine Vorschriften zu machen. Unbedingt müssen natürlich Familien mit geringem Einkommen in der Anschaffung unterstützt werden, sonst ist „Bring Your Own Device" sozial äußerst ungerecht. Manche Menschen trennen IT-Geräte für den Gebrauch zu Hause und auf der Arbeit, auch Kinder und Jugendliche sollten dies in der Schule so handhaben dürfen. Dafür müssen in den Schulen ausreichend Laptops oder Tablets vorrätig sein. Das wird aber nicht funktionieren, wenn Schulen in vielen Bundesländern weiterhin auf die Bewilligung von Mitteln aus dem Digitalpakt warten müssen.

Tarnkappe.info-Redaktion: *2021 startete in Deutschland verpflichtend für alle Krankenkassen (GKV & PKV) die elektronische Patientenakte (ePA). Grundlage hierfür ist das neue Patient:inn:endatenschutzgesetz. Hat der Gesetzgeber alles getan, um die Daten der Patient:inn:en effektiv abzusichern? Was würdest Du bzw. Die Linke dabei anders machen?*

Andrej Hunko: Die Digitalisierung des Gesundheitswesens ist ein Thema, das uns schon länger beschäftigt. Sie birgt große Chancen und Risiken. Denn natürlich können viele Prozesse deutlich optimiert werden, wenn beispielsweise alle behandelnden Ärzt:innen schnell Zugriff auf die entscheidenden Befunde und andere Daten haben. Aber Gesundheitsdaten gehören vermutlich zu den sensibelsten Daten, die extrem gut vor Missbrauch geschützt werden müssen. Und dies ist bei zentraler Speicherung im digitalen Format natürlich nicht so einfach.

Die Begehrlichkeiten der eHealth-Industrie für den Zugriff auf diese Daten und deren Verwertung sind enorm. Wir haben deshalb von

Beginn an die Einführung der elektronischen Patient:inn:en-Akte kritisch begleitet, vor allem in Bezug auf den Datenschutz.

Das hat sicher auch damit zu tun, dass meiner Meinung nach privatwirtschaftliche Logik und Profitinteressen viel zu präsent in unserem Gesundheitssystem sind. In einem bedarfsorientierten und gut finanzierten öffentlichen Gesundheitssystem hätte ich vermutlich auch weniger Bedenken, was die Digitalisierung anbelangt.

Tarnkappe.info-Redaktion: *In erster Instanz hat Großbritannien den Wikileaks-Mitgründer Julian Assange nicht an die USA ausgeliefert. Welche Erwartungen hast Du an die Berufung? Ist es wirklich so viel gefährlicher geworden, brisante Dokumente der US-Behörden öffentlich zu beleuchten? Der langjährige Journalist John Pilger glaubt, man solle sich aus Sicherheitsgründen lieber nicht mit den USA anlegen. Niemand in den Redaktionen wäre noch sicher, sollte man Assange ausliefern. Siehst Du das ähnlich? Welche Auswirkungen wird dies kurz- bzw. mittelfristig auf den Journalismus haben?*

Andrej Hunko: Ja, ich denke es handelt sich wirklich um einen historischen Prozess mit enormer Tragweite, auch für den internationalen Journalismus. Es ist weiterhin möglich, dass Assange ausgeliefert wird. Auch wenn am Ende wohl der Europäische Gerichtshof für Menschenrechte über den Fall entscheiden wird. Dieser gehört ja zum Europarat, nicht zur EU und Großbritannien ist dort auch nach dem Brexit Mitglied und an die Europäische Menschenrechtskonvention gebunden.

Sollte Assange ausgeliefert werden, wäre das ein gravierender Präzedenzfall und eine enorme Gefahr für die Pressefreiheit weltweit. Man muss sich nur ansehen, warum er verfolgt wird. Er hat Kriegsverbrechen des US-Militärs unter anderem im Irak-Krieg aufgedeckt. Darum geht es.

Wenn ein Staat wie Großbritannien einen Journalisten wegen solcher Enthüllungen an die USA ausliefert, dann setzt das ein besorgniserregendes Exempel für alle Journalist:innen, die sich kritisch mit der US-Außenpolitik befassen.

Besonders skandalös finde ich in diesem Zusammenhang übrigens das aktive Wegschauen der Bundesregierung und auch der EU. Der Europarat hat es durch seine Parlamentarische Versammlung und die Menschenrechtskommissarin geschafft, klare und kritische Worte an die britische Regierung zu richten und die Freilassung von Assange zu fordern. Aber bei der EU-Kommission, dem Europäischen Parlament und der Bundesregierung wird aktiv geschwiegen. Das ist Komplizenschaft, die ich verurteile.

Tarnkappe.info-Redaktion: *Andrej, vielen Dank für das ausführliche Gespräch!*

Manuel Atug im Podcast-Interview: "Bei der Cyber-Sicherheit ist noch viel Luft nach oben!"

von Sunny

Manuel Atug hat Informatik und Angewandte IT-Sicherheit studiert. In unserem Podcast geht es um die dringend notwendige Absicherung Kritischer Infrastrukturen.

Kaum jemand weiß besser als Manuel Atug, dass unsere Welt von Jahr zu Jahr mehr von der Technik beherrscht wird. Umso katastrophaler wären die Folgen, wenn es gelänge, in die Steuerung von Fabriken, Kraftwerken, Mobilfunknetzen und vielem mehr einzudringen.

Wie soll man kommunizieren, wenn Computer, Festnetztelefone und Smartphones keine Verbindung mehr zur Außenwelt haben? Was tun, wenn der Strom dauerhaft ausfällt oder die Börsenkurse durch Manipulationen ins Bodenlose fallen? Wie kann man sich schützen, wenn Hacker:innen in die Flugsicherung eingedrungen sind, um die Flugzeuge zum Absturz zu bringen?

Der erste nationale Warntag verlief alles andere als gut

Die Folgen sind kaum auszudenken. Die Sicherung der Kritischen Infrastrukturen müsste daher allen Behörden, dem Staat und den

Unternehmen am Herzen liegen. Wir fragen Manuel Atug: ist das wirklich so? Wie viel Priorität hat IT-Sicherheit?

Der Verlauf des bundesweiten Warntages im Dezember 2022 hat zumindest nicht gerade zur Beruhigung beigetragen. Ganz im Gegenteil. Viele Warnmeldungen erreichten die Geräte einfach nicht. Dafür war der Cell Broadcast bei einigen intelligenten Kaffeemaschinen zu hören, die gar nicht für die Warnung vorgesehen waren.

Manuel Atug beantwortet eure Fragen: Redakteur Sunny hat mit Manuel Atug, Sprecher und Mitbegründer der AG KRITIS, ein fast zweistündiges Gespräch geführt. Willkommen zu "Unter dem Radar", der neuen Folge des Podcasts von Tarnkappe.info. Dank der vielen Fragen unserer Forumsteilnehmer:innen ging der Dialog weit über Cybersicherheit im Allgemeinen und den Warntag im Besonderen hinaus.

Doch nicht nur der Schutz Kritischer Infrastrukturen liegt unserem Gesprächspartner am Herzen. Unser auch als HonkHase bekannter Interviewpartner setzt sich für die "nachhaltige Digitalisierung" ein. Was nachhaltige Digitalisierung ist, erklärt Manuel ausführlich im Podcast, der online zu finden ist.

„Wir brauchen eine sichere und vor allem sinnvolle Digitalisierung"

Weil die angesprochenen Themenbereiche so komplex sind, haben wir uns entschieden, statt eines Artikels oder schriftlichen Interviews einen ausführlichen Podcast mit HonkHase online zu machen. Eine sinnvolle Digitalisierung ist nicht nur für den Unterricht an den Schulen unerlässlich. Sie betrifft auch den Schutz von Kritischen Infrastrukturen. Das aber erfordert ein Umdenken.

Manuel Atug findet dazu in unserem Podcast klare Worte: „Wenn man eine sichere und vernünftige Digitalisierung mit Verantwortung für den Schutz realisieren will, dann braucht man Sicherheits-Know-how, Digitalisierungs-Know-how, Kompetenzen und Ahnung.

Das kann man auch nicht per Software einkaufen. Einmal das Produkt digital, bitte. Das kann man sich auch nicht mit irgendwelchen ‚Glitzer Hypes' wie ‚Blockchain' und ‚KI' erklicken.

Das bleibt maximal ein Leuchtturm oder Schaufenster-Projekt, was vor die Wand semmelt und Selbstprofilierung ergibt. Aber sichere Systeme bekommen wir nur hin, wenn wir Kompetenz und Know-how ins jeweilige Unternehmen oder in die jeweilige KRITIS Betreiber:in einbringen und das dann auch wirklich leben. Anders geht's nicht. Es gibt keinen Shortcut dafür."

IT-Sicherheit ist weder einfach noch billig

Fragt man Unternehmensverantwortliche nach ihren Wünschen, so würden viele die Maßnahmen zur Absicherung ihrer technischen Infrastruktur am liebsten einfach bestellen, bezahlen und gut ist. Doch so funktioniert IT-Sicherheit leider nicht.

Der Kauf von Programmlizenzen allein macht noch keinen sicheren Server. Dazu braucht es immer noch Spezialist:inn:en, die viele Stunden damit verbringen und sich ständig weiterbilden müssen. Und diese Arbeitszeit ist teuer. Teurer, als ein digitales Wundermittel von einem Dienstleister zu kaufen und zu hoffen, dass das Thema damit erledigt sei. Hört also mal rein in den Podcast.

Digitalisierung in Deutschland: Mit Fax und Aktenordner in die digitale Zukunft?

von Sunny

 Die Digitalisierung der Verwaltung hinkt hier bei uns in Deutschland digitalen Standards hinterher. Das zeigt die aktuelle Digimeter-Studie des Instituts der deutschen Wirtschaft (IW) im Auftrag der Initiative Neue Soziale Marktwirtschaft (INSM). Forscher sind sich sicher: „Wenn die Politik in diesem Tempo weitermacht, werden die Ziele erst in zehn Jahren erreicht sein".

Digitalisierung in Deutschland: Peinlicher Rückstand und dringender Handlungsbedarf

Die an sich so wichtige Digitalisierung in Deutschland will nicht gelingen. Denn ursprünglich sollten bis Ende letzten Jahres 575 öffentliche Dienstleistungen online verfügbar sein. Sie sollen Bürgern und Unternehmen lästige Behördengänge zu ersparen. Neun Monate nach Ablauf der Frist sind bundesweit jedoch erst 145 dieser Angebote im Netz zugänglich. Das sind nur neun mehr als im Vorquartal. Damit wurde gerade einmal ein Viertel der bis 2022 geplanten Vorhaben umgesetzt.

Kritisch äußert sich IW-Forscher Klaus-Heiner Röhl: „Wenn die Politik in diesem Tempo weitermacht, werden die Ziele erst in zehn Jahren erreicht."

Digitalisierung in Deutschland auf den Punkt gebracht – Die Studie resümiert: "Deutschland ist es damit nicht gelungen, seinen hinteren Platz im europaweiten E-Government zu verbessern. Bei den digitalen öffentlichen Diensten steht Deutschland in der EU in der Erhebung 2022 auf Rang 18 und schneidet hiermit nach wie vor unterdurchschnittlich ab; im Vergleich zum Vorjahr ist das Land von Platz 17 um einen Platz zurückgefallen (Digital Economy and Society Index, DESI) Führend in dem Ranking sind dagegen nordische Staaten wie Estland und Finnland, aber auch die Niederlande und Spanien schneiden sehr gut ab."

Und in den Bundesländern von Deutschland? - Die Bundesländer sind bei der Digitalisierung unterschiedlich weit fortgeschritten. Spitzenreiter ist Bayern mit 246 online verfügbaren Dienstleistungen, gefolgt von Hamburg (229) und Hessen (222). Bayern hat seit Jahresbeginn 68 neue Angebote eingeführt, nur übertroffen von Hamburg (+70).

Aber auch hier ist der Nachholbedarf alarmierend. Ende des Jahres steht die Einführung der EU-weiten „Single Digital Gateway-Verordnung" (SDGVO) an, die einen EU-weit einheitlichen digitalen

Zugang zu Verwaltungsdienstleistungen vorsieht. Auch hier schneidet Deutschland bisher schlecht ab.

Der Rückstand ist peinlich

Thorsten Alsleben, Geschäftsführer der INSM, betont: „Der Rückstand bei der Digitalisierung ist peinlich und schreckt Investoren ab. Wir brauchen jetzt deutsches Tempo auch bei der Modernisierung der Verwaltung. Mit Faxgeräten und Aktenordnern machen wir Deutschland nicht fit."

Ein Blick nach Österreich zeigt, dass eine zentrale Steuerung durch eine Digitalagentur zu erfolgreichen, bundesweit einheitlichen Online-Lösungen führen kann. In Deutschland hingegen fehlt eine vergleichbare Institution. Österreich treibt die Umsetzung der DSGVO voran, integriert Angebote in das EU-Portal „Your Europe" und ist Deutschland bei der Nutzung der elektronischen Identität (eID) weit voraus.

Die Zeit drängt und die Politik muss die Weichen für eine moderne und effiziente Verwaltung stellen. Der peinliche Digitalisierungsrückstand darf nicht länger ignoriert werden, wenn Deutschland im internationalen Wettbewerb mithalten will: Deutschlands Rückstand bei der Digitalisierung ist nicht nur peinlich, sondern erschreckend.

Minister verlangt Schaffung eines Bundesdigitalministeriums

von Antonia Frank

Die Antwort auf die stets wachsenden Herausforderungen unserer digitalen Welt sieht damaliger Bundesverkehrsminister Alexander Dobrindt in der Gründung eines Bundesdigitalministeriums. Das teilte der CSU-Politiker dem Nachrichtenmagazin Bild am Sonntag mit.

Alexander Dobrindt setzt auf eine bessere Vernetzung. Auch in Sachen Internet der Dinge. Das neue Ministerium soll die digitalen Kompetenzen von bisher vier Ministerien bündeln. Es soll von der

Infrastruktur über die Bildung bis zum Datenschutz alles Digitale auf nur einer Ebene konzentrieren.

„Wir können uns keine Reibungsverluste oder Parallelstrukturen leisten und müssen in Zukunft alle unsere Kompetenzen bündeln – in einem Bundesdigitalministerium", sagte Dobrindt der „Bild am Sonntag". Das neue Ministerium soll sich nach Dobrindts Vorstellungen von der Gigabit-Infrastruktur über das Internet der Dinge, die Industrie 4.0 und das automatisierte Fahren bis hin zur digitalen Bildung, der Förderung von Start-ups und dem Datenschutz um alles Digitale in Deutschland kümmern.

Mit den Worten: „Damit können wir unsere Schlagkraft deutlich erhöhen und uns gemeinsam mit der Wirtschaft an die Spitze kämpfen in der neuen digitalen Weltordnung", begründet Dobrindt seine Forderung.

Die Umsetzung der digitalen Agenda ist verteilt auf mehrere Bundesministerien: das Innen-, das Verkehrs-, das Wirtschafts- und das Bildungsministerium. Laut Dobrindt müssten in Zukunft die jeweiligen Kompetenzen unter einem Dach gebündelt werden: Ein eigenständiges Digitalministerium.

PS: Derzeit in der aktuellen Legislatur ist „das Digitale" nur noch einem Bundesministerium angehangen (derzeit: Verkehr) – und weiterhin nicht ein eigenständiges Ministerium.

Finanzen: Olaf Scholz warnt vor dem Monero

von Bill

Der Olaf Scholz (SPD) ist ein bekannter Kryptwährungsgegner. Doch nun äußerte er sich positiv über den Bitcoin, aber warnte zugleich vor dem Monero (XMR).

Vorurteile gegenüber Kryptowährungen

Olaf Scholz macht sich in der Kryptowährungs-Community schon damals unbeliebt, als er das Vorurteil der Terrorfinanzierung und Geldwäsche in Verbindung mit den digitalen Coins ins Spiel brachte. Hinzu kam dann noch sein Gesetzesentwurf, unter dem Kryptowährungsbörsen strengen Kontrollen unterworfen sind.

Bitcoin sei nun ungefährlich in dieser Hinsicht, Monero nicht

Das Finanzministerium hat mit der Ersten Nationalen Risikoanalyse 2018/2019 die Vorurteile des Finanzministers entkräftigt. Umso überraschender lässt sich auch aus dem Bericht herauslesen, dass man „derzeit noch keine großumfänglichen Geldwäscheaktivitäten" durch die Nutzung von Kryptowährungen feststellen konnte. Die erste Wahl sei – wer hätte das gedacht – Bargeld. Die Gründe sprechen auch für sich, denn Bargeld ist anonymer als eine Kryptowährung und es unterliegt nicht so starken Schwankungen. Was das für den Digitalen Euro bedeutet, wird sich zeigen. „Das Risiko der Nutzung von Kryptowerten für die Terrorismusfinanzierung wird derzeit als niedrig eingestuft", heißt es aus dem Finanzministerium.

Kryptowährung Monero (XMR), die große Gefahr?

Trotz des Berichts, in dem man davon ausgeht, dass es noch keine Geldwäscheaktivitäten mit Kryptowährungen gibt, ist die Furcht vor Monero (XMR) am größten. Die anonyme Kryptowährung Monero sei auf dem Vormarsch im Darknet. Das Besondere an dieser Währung ist die Anonymität. Diese Kryptowährung hat das Potenzial, sich zu einer besseren Alternative zu Bitcoin zu entwickeln. Des Weiteren geht das Finanzministerium davon aus, dass bisherige Coins weitere

Anonymität-Features erhalten. So kündigte bereits schon der Ethereum-Mitgründer Vitalik Buterin bei der Schließung von Bestmixer.io an, dass Ethereum (ETH) noch anonymer werden soll. Für Liebhaber des Monero gibt es Portale wie XMR.to, wo man anonym und ohne Anmeldung tauschen kann.

Anonymität durch Kryptomixer

Was das Bundesfinanzministerium in seinem Bericht außer Acht gelassen hat, sind die Mixer von Kryptowährungen. Kryptowährungsmixer verwenden zahlreiche Funktionen, um die Privatsphäre und Anonymität zu gewährleisten. In der Regel müssen Benutzer temporäre Wallets anlegen. Die Plattformen, die die temporären Wallets erstellen, speichern die Benutzerinformationen nicht länger als 24 Stunden. Diese Dienste verschleiern dann durch das Mixen, die Adressen von Absender:innen und Empfänger:innen bei Transaktionen. Bezüglich der Sicherheit muss man sich letztlich auf die vollmundigen Versprechen der Anbieter verlassen, eine andere Möglichkeit gibt es nicht. Wer ganz sicher gehen will, tauscht besser sein Guthaben in XMR um und dann bei Bedarf wieder zurück in BTC oder eine andere Kryptowährung.

Anhang

Autor:inn:en-Hinweise & Danksagung

Viele Autor:inn:en haben zum Erfolg unseres Portals beigetragen: Sei es als enges Kern-Team, als zeitweise Begleiter:in der Redaktion bzw. als Freie:r Mitarbeiter:in oder als Gast-Autor:in. Die Autor:inn:en-Beschreibungen einzelner finden sich online.

Mehrere Tausend Beitrage sind in den zehn Jahren verfasst worden. Täglich kommen neue Beiträge in unserem Portal hinzu, wir werden bald fünfstellig. Für wirklich jede:n müsste etwas dabei sein. Auch ist unsere Redaktion größer geworden.

Ich möchte mich an dieser Stelle ganz herzlich bei allen Mitgliedern unserer Teams bedanken. Das gilt sowohl für die Redaktion, die Technik, die Beteuer:innen der Fragenden in unserem Forum und last, but not least, die Server-Betreiber:innen für unser eigenes E-Mail bzw. Chat. Ohne euch wäre die das Tarnkappe-Portal nicht das, was es heute ist. Und nicht zuletzt, sondern an erster Stelle - gilt unser Dank allen Leser:innen, sei es im Online-Magazin, oder von diesem Buch-Band! Ihr seid alle herzlich zum 10. Jahrestag des Tech-Portals eingeladen – einen nächsten Kongress oder Workshop zum Feiern werden wir finden!

Bedanken möchte ich mich auch erneut bei allen Spender:inne:n, die unsere Arbeit ermöglichen. Per Monero, Bitcoin oder PayPal kommt schon mal ein bisschen was rein.

Das beruhigt sehr, zumal wir letztens mal wieder mit bezahlter Unterstützung eines Anwalts, eine anonyme Anzeige beim Landesdatenschutzbeauftragten von NRW abgewehrt haben. Man warf uns vor, gegen die DSGVO verstoßen zu haben. Ohne Fachanwalt im Rücken weiß man einfach nicht, welche juristischen Forderungen gerechtfertigt sind und welche nicht. Die E-Mails gingen hin und her. Doch der Jurist macht das natürlich NICHT umsonst.

Ehrlich gesagt, ich rechne fest damit, dass wir bald schon wieder angezeigt werden. Vielleicht wirft man uns diesmal Steuerhinterziehung oder andere Dinge vor, die wir nicht begangen haben. Wir haben ja schon bei der letzten Hausdurchsuchung der Redaktion gemerkt, wie wenig ausreichend ist, um zu rechtfertigen, dass die Polizei sämtliche Hardware für ein Jahr und länger mitgenommen hat. Ich betreibe ja laut Durchsuchungsbeschluss das Crime Network (CNW), so lautete die anonyme Online-Anzeige des angeblichen Pädagogen aus Baden-Württemberg. Angeblich deswegen, aber der Herr Lehrer war nicht einmal dazu in der Lage, einen Satz fehlerfrei zu schreiben. Auch Drogenhandel wurde dem Impressumsgeber schon ungerechtfertigt vorgeworfen.

Gekommen sind die Polizist:inn:en damals - obwohl anonyme und offensichtliche Fake-Anzeige - trotzdem, die haben den Hinweis für bare Münze genommen. Da fehlen einem die Worte! – wie schnell ungerechtfertigte Anschuldigungen einem die Lebensgrundlage als kritischer Journalist entziehen sollen.

Vielleicht holt ja der nächste Spinner die Kipo-Keule raus. Meine Wahlheimat Bergisch Gladbach hat bei der hochgradig strafbaren Verbreitung von solchen Materialien ja leider schon eine wirklich traurige Bekanntheit erlangt. Wenn ich schon ein Drogenbaron sein soll, warum nicht auch sowas? Für die Staatsanwälte ist offenbar kaum ein Tatvorwurf zu absurd. Niemand braucht falsche Anschuldigungen, denn sie sind Rufmord.

Zwischenzeitlich habe ich eine weitere Anzeige privater Natur abgewehrt, weil ein Ex-Chef von vor fünf Jahren behauptet, ich würde versuchen, sein Facebook-Konto zu hacken. Unfassbar! Das war ausreichend, um mir eine Vorladung zuzustellen. Es gab keinerlei Beweise und nicht mal Indizien, die für mich als Täter gesprochen haben. Auch das habe ich mit anwaltlicher Hilfe regeln lassen. Doch diese Beschuldigungen und das alles kostet halt alles Geld. Geld, was ich ohne eure Spenden nicht hätte.

Warum die Tarnkappe-Redaktion ständig angezeigt wird? Ich weiß es nicht, um ehrlich zu sein. Der Inhalt eines Beitrages könnte ursächlich sein. Ansonsten spielen Missgunst und Neid sicher eine große Rolle, wie auch der Wunsch, kritische Berichterstattung auch zu neuen Themen zu unterbinden. IT-Software und Prozesse definiert auch gesellschaftliche Prozesse, wie z.B. beim File-Sharing und der Diskussion um einen Ausgleich mit Kulturabgaben oder der Elfenturm-Befreiung und Demokratisierung wissenschaftlicher Bücher, damit sie allen zur Verfügung stehen und neue gesellschaftliche Modelle der Vergütung von Urheber:innen gefunden werden.

In letzter Zeit kam es auch wieder vermehrt zu starken Cyberangriffen. Da hat jemand mit viel Sachverstand gezielt versucht, in unsere Infrastruktur einzudringen. Außerdem wurde der Blog, das Forum und der Chat-/Mail-Server recht massiv durch DDoS-Angriffe angegriffen, wenn auch nicht lahmgelegt.

Clemens, der bei uns für die IT-Sicherheit zuständig ist, konnte alles abwenden. Doch so etwas nervt trotzdem und bindet Zeit und Energie. Energie, die wir zum Beispiel viel lieber in die nächste Episode unseres Podcasts oder ein schriftliches Interview stecken würden.

Doch all dieses wäre nicht ohne das Engagement und den Einsatz aller Beitragenden und Helfer:innen möglich gewesen. Dank gilt daher allen Beteiligten online wie auch in dem vorliegenden Band, deren Beiträge nach unterschiedlichen Kriterien aus vielen Tausenden ausgewählt wurden und thematisch gruppiert sind.

Allen gilt der herzliche Dank der Redaktion unseres Portals und des Herausgebers. Ohne Euch Autor:inn:en, inklusive der Leser:innen und Gesprächspartner:innen wäre das Tech-Portal und Online-Magazin Tarnkappe.Info nicht möglich und so erfolgreich geworden - und Ihr und Euer Ghandy nicht eine so lange Zeit der Koordinator der unterschiedlichsten Berichte und Bog-Artikel über IT.

Wir wollen daher auch journalistisch Interessierte aufrufen, gerne weiterhin Beiträge zur Prüfung online einzusenden. Wir leben auch vom Mitmachen - und freuen uns ebenso, wenn dieser Band, der einen

Querschnitt aus unseren Autor:inn:en und Themen darstellt, auch in der Community begrüßt wird, und ihr viel Spaß beim Schmökern habt – oder den Band auch einfach als Geschenk mal mit zu einer Party bringt?

Wir haben uns bemüht, den Buchpreis quasi zum Selbstkostenpreis der Herstellung anzubieten, um auch Menschen mit geringerem Einkommen die Inhalte zur Diskussion unserer Netzpolitik in Buchform (oder weiterhin gänzlich frei: online) zu ermöglichen.

Vielen Dank allen, die mit Mitarbeit bzw. Mitlesen und Mitdiskutieren zum Gelingen beigetragen haben, beitragen und noch beitragen werden.

Bis bald!

Ihr und Euer Lars Sobiraj aka Ghandy

für das gesamte Team.

Literatur & Links

Sollte diese Publikation Links, ISBNs oder bibliographische Referenzen auf Webseiten oder Publikationen Dritter enthalten, so übernehmen wir für deren Inhalte keine Haftung, da wir uns diese nicht zu eigen machen, sondern lediglich auf deren Stand zum Zeitpunkt der Erstveröffentlichung (online) verweisen. Dieses gilt auch für diese hier vorliegende Zweit-Veröffentlichung (Re-Print) in Form eines Buches oder E-Books. Die Buchform erfordert, dass ggf. als Satz gedruckte URLs keine Hyperlinks sind und wir verweisen auch nicht in diesem Sinne auf URLs, sondern müssen journalistisch die Domain-Namen im Domain-Name-System-(DNS)-Sinne lediglich als Gegenstand benennen, über die wir sprechen und schreiben.

Respektpause

Ein IMHO von Anna (Mitarbeit Lektorat)

Mach doch mal eine Respekt-Pause. Dieses Buch ist gegendert. Es bräuchte eigentlich kein Statement dazu. Wir haben die Beiträge aus mehreren Jahrzehnten zusammengesucht und viele Autor:inne:n haben in all den Jahren schon gegendert. Nicht immer durchgängig im jeweiligen Artikel, aber sehr oft - und orthographisch oft entsprechend dem Zeitalter.

Denn die Ansprache von weiblichen Menschen in Texten ist dabei schon viele Jahre alt: In den Achtzigern schrieben viele mit großem I: „Liebe LeserInnen". In den Neunzigern folgte der Slash: „Liebe Leser/-innen", zur Jahrtausendwende war es der Stern: „Liebe Leser*innen" und danach und zwischendurch auch immer wieder: „Liebe Leserinnen und Leser". Frauen gehört 50 % der Welt, dieses teilen die meisten, die sich für Quelloffenheit, freien Zugang zu Wissen und Gleichberechtigung einsetzen. Viele IT`ler:innen sind selbst divers: und in der IT-Community respektiert - sie sind also non-binär und keinem der beiden Geschlechter zuzuordnen. Das biologische Geschlecht (engl: „Sex") kennt immer auch ein soziales Geschlecht (engl.: „Gender"), daher der Begriff des Genderns. Ob wir uns männlich oder weiblich sehen oder von anderen gesehen werden, bestimmt nicht das Vorhandensein eines Hautfetzens in der Hose oder im Rock: Es kommt ein soziales Geschlecht zu den X/Y-Chromosomen hinzu und das ist wissenschaftlich kaum bestritten.

Doch was unterscheidet „Liebe Leser:innen" von „Liebe Leserinnen und Leser"? – Seitdem das Bundesverfassungsgericht anerkannt hat, dass es drei Geschlechter gibt, weiblich, männlich und divers, sind IT-ler:innen bemüht, in jedem elektronischen Formular ein Drop-Down-Menü einzubauen, das diese 3-fach-Realität auch in der Datenbank abbildet. Es ist auch rechtlich (im allgemeinen Gleichbehandlungsgesetz AGG) vorgeschrieben, so müssen Stellenausschreibungen für Web-Entwickler:innen mit MWD ausgeschrieben sein.

Sprachlich wurde vielfach der Doppelpunkt nach dem Urteil des Bundesverfassungsreichts eingeführt – auch wenn einige ihn schon zuvor anstelle des Sternchens eingesetzt hatten. „Liebe Leser" [Pause] „innen" bezieht sich mit dieser sogenannten „Respekt-Pause" auf drei Geschlechter. Hingegen wird mit „Liebe Leserinnen und Leser" nur auf zwei Geschlechter verwiesen. Aber das ist auch schon gut. Es muss nicht immer in dieser theoretischen Tiefe für die kleine Minderheit der Diversen durchdacht sein? Ausführlich kann man dieses Nachlesen bei Petra Gerster und Christian Nürnberger in ihrem sehr lesenswerten Buch „Vermintes Gelände". Sie sprechen sich dafür aus, dass eine „Respektpause" (mit einem Doppelpunkt zwischen „Leser" (und) „innen") höflich ist und uns nichts kostet, und sie dennoch allgemein ein Weg zu mehr Respekt in unserer Gesellschaft sein kann.

Frauen in Texten zu berücksichtigen, zeigt zumindest, dass sie 50 % der Welt ausmachen und diese Realität abgebildet wird. Und das ist in der IT zu fördern, da viel Ausbildungsstrukturen Frauen derzeit noch nicht magnetisch in dieses Feld anziehen.

Ein Lektorat und eine Schlussredaktion hat daher den Band durchgängig gegendert und aus dem Slash der Artikel z.B. aus 2010 und dem Sternchen der Artikel z.B. aus 2015 nun einen Doppelpunkt gemacht, damit es in diesem Band für alle Leser:innen und alle drei Geschlechter orthographisch aktuell ist und sich nicht nur auf zwei Geschlechter bezieht. Mehr nicht, und auch nicht weniger.

Manche Parteien, die Gendern verbieten wollen und „MWD" eher als „Männlich Weiß Deutsch" verstehen, sind oft am rechten Rand orientiert. Dieses damit verbundene oft rassistische, nicht-integrierende Menschenbild passt weniger zu einem Band, in dem viele verschiedene Autor:innen ihr Wissen, ihre News, ihre Themen zusammenbringen. Diese Kompilation und deren Texte ist so vielfältig wie die Einladungsliste zum Geburtstag dieses Portals oder auch der Leser:innenschaft. Vielen Dank, dass es Euch gibt und trefft selbst zukünftig eine weise Wahl, falls ihr mal selbst etwas schreibt, Menschen auch beim Texten nicht auszuschließen. Eine geschriebene oder gesprochene Respekt-Pause mit Doppelpunkt kann eine neue Zukunft - ja, vielleicht bessere Gesellschaft bedeuten? Denn: in der IT arbeiten nicht nur diverse Menschen, auch Frauen sind willkommen und zu respektieren!

Abbildungsverzeichnis

Alle Abbildungen sind online in den Beiträgen zur Quelle verlinkt (und mit Genehmigung oder eigene Darstellungen bzw. Public Domain). Quelle Coverbild: Mit Genehmigung zur freien Verwendung von Zlatko Najdenovski https://www.flaticon.com/de/kostenloses-icon/radar_188595 http://www.pixelinspired.com

Stichwortverzeichnis